台儿庄涅槃

徐锦庚 著

献给抗日战争胜利70周年
献给血浓于水的海峡两岸

人民日报出版社

图书在版编目（CIP）数据

台儿庄涅槃 / 徐锦庚著 . —北京：人民日报出版社，2015.7
ISBN 978-7-5115-3272-5

Ⅰ. ①台⋯　Ⅱ. ①徐⋯　Ⅲ. ①台儿庄会战（1938）—史料　Ⅳ. ① K265.210.6

中国版本图书馆 CIP 数据核字（2015）第 153291 号

书　　名	台儿庄涅槃
著　　者	徐锦庚
出 版 人	董　伟
责任编辑	赖凌丽　马苏娜
封面设计	主语设计

出版发行：人民日报出版社
社　　址：北京金台西路 2 号
邮政编码：100733
发行热线：(010) 65369527　65369846　65359509　65369510
邮购热线：(010) 65369530　65363527
编辑热线：(010) 65363532
网　　址：www.peopledailypress.com
经　　销：新华书店
印　　刷：北京朝阳印刷厂有限责任公司

开　　本：710mm×1000mm　1/16
字　　数：458 千字
印　　张：31
版　　次：2015 年 8 月第 1 版　2015 年 10 月第 2 次印刷
书　　号：ISBN 978-7-5115-3272-5
定　　价：58.00 元

历史总是在最精彩处呈现(序)

何建明

有些书的厚重,是因为它定格在一个特定的重要历史点上。我手上的这本书,属于这种厚重之书。

《台儿庄涅槃》讲述的是中国抗战期间的一个大战役——台儿庄战役以及之后的故事。提起20世纪的那场触目惊心的日军侵华战争,相信在每个中国人心底都会留下深深的烙印,包括曾经经历过的先辈以及不曾经历的后代。任时光荏苒,再飞速的时间也抛不却中国人民的那段沉痛的记忆。抗日战争是中国历史的一个转折点,更是中国成千上万人命运的转折点,几千万中国人民以及军队在战争中受到损失。

台儿庄战役历来在抗战史中被称为是:中华民族全面抗战以来,继长城战役、平型关大捷等战役后,中国人民取得的又一次胜利,是抗日战争以来取得的最大胜利,也是徐州会战中国民革命军取得的一次重大胜利。虽然台儿庄血战是"大捷",但是我方的代价是巨大的。书中这样写道:在1938年春,国民党杂牌军3.6万多将士,在临沂与日本王牌军厮战,消灭日军3000多人,牺牲的士兵是两万人。台儿庄大战第一阶段历时16天,歼灭日军1万余人,中国参战部队4.6万人,牺牲1.9万余人。台儿庄捷报传开,国民政府和全国各界及海外一片欢腾。但是看到这些死去的将士数字,我的心情是沉重的:在整个抗战过程中,我们的士兵和人民牺牲了太多,我们的胜利来之不易!

好在台儿庄大捷有效地振奋了国民精神,打击了日军的嚣张气焰,这是日军在中国战场上的首次败退,在当时其意义非同一般。如此看来,台儿庄如此重要的战役在整个抗战史中也是有重要地位的,它值得我们好好去研究和记录。目前有关抗战的书很多,但是专门写台儿庄战役的还是少数,写好的就更少了。而这本《台儿庄涅槃》,正是写台儿庄战役的为数不多的优秀报告文学作品,它资料翔实,纪事大开大阖,再现将士英勇抗战、共赴国难的画面,又不失情节的细腻性,读来荡气回肠,尤其是战争场面,波澜壮阔,惊天动地,异常生动精彩,是难得的文学好叙述!

对于战争史的描写,可以是多维式的,但把握和展现决定整个战争命运的决策层的风采,毫无疑问是最主要和根本的。徐锦庚做到了这一点。书中很准确地树起了国民党将领李宗仁等人的战时形象,同时又不惜笔墨展现了很少被人所知的共产党人周恩来在台儿庄战役中的重要作用。过去在评价台儿庄大捷时,经常突出的是国民党的正面战场,却忽略了共产党的作用。台儿庄大捷其实是国共合作抗战的战果。台儿庄战役前,第五战区的司令李宗仁早已谋划在先,当时他正是采纳了周恩来提出的作战方针:"固守据点,各个击破,要阵地战与运动战相结合,把敌人歼灭在台儿庄"。书中详细描写了周恩来、叶剑英等人向李宗仁提出作战计划的过程,如果不是他们不厌其烦地积极推动,李宗仁也许就与台儿庄的胜果失之交臂了。

作为一部抗战题材的报告文学作品,《台儿庄涅槃》不只拘泥于单纯的描写战争场景本身,而是从中挖掘出战争中的人性与问题,反思战争的前因后果,使得这部书有了较强的艺术延伸力。比如书中所讲到的建川博物馆,这是国内目前投资最大、规模最大的民间博物馆,很难想象这个民间投资的博物馆已建成抗战、"红色年代"等25座场馆,占地500多亩,让人不由得对樊建川这个人肃然起敬。历史是最好的教科书,我们应该时刻记得这些人所做的贡献,它时刻提醒我们不忘过去的惨痛教训。而这个博物馆其中之一就是要兴建汉奸丑态馆,这不得不再次引起我们的兴趣和思考,抗战时期为什么会出现如此之多的汉奸?时至今日汉奸现象国人有无深刻反思过?正如书中樊建川所说的:抗战胜利都70年了,对汉奸没有一个声讨的场所,殊不知日本人打仗用的金银铜铁锡全是在中国拉的,上海、天津等地的税收全给他们充当了军费。一个县里只有几十个日本人,却把整个几万人的县城搞得鸡犬不宁,很多野蛮行径全是有文化和社会关系的中国人在帮他们。不敢说民族基因里有无汉奸文化,但如果历史重演时,这样的汉奸还会一样多吗?我在创作《南京大屠杀》时,有同样的感受,因而也提出了"中国为什么多汉奸"这样的责问。

除了整个作战过程的全记述,该书还通过国内外记者的角度来评价台儿庄战役的意义和极大的国内外影响力,同时对台儿庄大捷后蒋介石令人费解地限制台儿庄大战宣传的动机作了分析。书中还提及了除川军和西北军在台儿庄战役中的作用外,一些不为人所知的滇军在战役中的英勇事迹,并记述了张自忠与庞炳勋并肩作战时,由于价值观、思想境界的不同,而导致的两条截然相反的结果:前者在战斗中英勇就义,后者由于投机圆滑而苟且偷生……这些细节描写,都显示出作者写这部书时所展现出来的独特细腻的思维视角。

当然,《台儿庄涅槃》不只讲战役,还有战后发生在这个地方的故事。从"流亡陷孤岛"这一章节中,我们看到了因为战争而导致海峡两岸众多亲人分离至今仍相隔天涯的浓浓乡愁。而书中提到的流亡学生,也是那个年代的独特标记,因为战争的缘故,国内千余所学校不得不停办,学生们和民众一样,开始了命运的大迁徙。这让我们看到战争对一个民族几代人的影响。"房产变遗产"一章中,如今的革命战区台儿庄已经融入商业化大潮流当中,台儿庄政府并没有盲目紧跟大肆兴建房地产项目,而是努力把它打造成红色文化产业,这也让我们想到当今的红色资源文化的重要性。书中还借用了波兰华沙和苏联斯大林格勒城的例子,告诉我们要重视历史文化遗产的开发与保护。台儿庄在战争年代经历过激烈的敌我厮杀,现如今它又开始了新一轮的重生。

这也许正是书名所说的台儿庄的"涅槃"吧!

回过头来,再来看书中这么一段话:日本占领东北后,"1917年,日军派出间谍潜入台儿庄,在此生活了半年,把台儿庄的情况摸了个透,连羊肉汤多少钱一碗、热豆腐多少钱一碗、信天主教的人数、信耶稣新教的人数、清真回民有多少、有多少房子多少店铺、商业怎么样，都写得清清楚楚，甚至还有手绘的台儿庄地图"……要知道，这离1938年日军入侵台儿庄早了整整20多年。今年是中国人民抗日战争胜利70周年，全国各地都在举办各种纪念活动，作家们也创作着各式各样的只顾描写战争如何如何精彩的作品。再想想上面让人惊出一身冷汗的话，难道我们不应该从中得到一些什么吗？

其实，对作家来说，也有一个"涅槃"的过程。锦庚同志是人民日报的一名大记者，写报告文学的时间不长，但其出手不凡。去年与铁流合作的《中国民办教育调查》获鲁迅文学奖后，又推出《国家记忆》，后者比前者写得还要好，令人振奋！这部作品又是他的一次重要"涅槃"，相信锦庚的创作会有自己在中国文坛上的份量，我充满信心地期待着。

2015年6月16日

（作者系中国作家协会副主席、中国报告文学学会会长、著名报告文学作家）

目 录

引子　梦圆当可期　　　　　　　　　　　　001

上篇　浴火

第一章　携手御外侮

祸起萧墙　　　　　　　　　011
美庐交锋　　　　　　　　　016
出尔反尔　　　　　　　　　021
深明大义　　　　　　　　　026
大敌当前　　　　　　　　　029
峰回路转　　　　　　　　　034
同仇敌忾　　　　　　　　　038

第二章　国难思良将

瑜亮情结　　　　　　　　　042
慷慨赴任　　　　　　　　　048
排兵布阵　　　　　　　　　053
杀一儆百　　　　　　　　　060
仁厚将将　　　　　　　　　068

第三章　同心拒强敌

杂牌挡锋　　　　　　　　　076

冰释前嫌　　　　　　　　　082

复战临沂　　　　　　　　　091

三战临沂　　　　　　　　　098

血洗临沂　　　　　　　　　102

寻访旧址　　　　　　　　　105

第四章　热血铸丰碑

入川觅踪　　　　　　　　　109

樊氏之论　　　　　　　　　113

两个战场　　　　　　　　　118

第五章　奋战守孤城

壮士出川　　　　　　　　　127

苦撑危局　　　　　　　　　134

短兵相接　　　　　　　　　138

壮烈捐躯　　　　　　　　　145

身后哀荣　　　　　　　　　153

不同周同　　　　　　　　　156

第六章　妙计布擂台

三献良策　　　　　　　　　159

流离失所　　　　　　　　　167

严阵以待　　　　　　　　　175

第七章　浴血歼顽寇

　　以弱对强　　　　　　　　　　181
　　殊死巷战　　　　　　　　　　188
　　进退之间　　　　　　　　　　194
　　最后一击　　　　　　　　　　201

第八章　浩气震寰宇

　　记者之眼　　　　　　　　　　208
　　世界之声　　　　　　　　　　214
　　黎明之光　　　　　　　　　　220
　　滇军之憾　　　　　　　　　　228

第九章　英雄归落寞

　　梅花凋零　　　　　　　　　　234
　　各奔前程　　　　　　　　　　241
　　命运之殇　　　　　　　　　　248

下篇　重生

第十章　流亡陷孤岛

　　城头易帜　　　　　　　　　　259
　　千里流亡　　　　　　　　　　265
　　澎湖磨难　　　　　　　　　　271
　　弃武从文　　　　　　　　　　279

第十一章　荒漠现绿洲

　　苦难岁月　　　　　　　　　　　　284
　　银幕再现　　　　　　　　　　　　296
　　两岸融冰　　　　　　　　　　　　303
　　树碑立传　　　　　　　　　　　　307
　　孜孜以求　　　　　　　　　　　　311

第十二章　房产变遗产

　　遗孤之羡　　　　　　　　　　　　316
　　运河寻宝　　　　　　　　　　　　320
　　前世今生　　　　　　　　　　　　325
　　两岸风云　　　　　　　　　　　　333
　　叫停项目　　　　　　　　　　　　341

第十三章　废墟觅文脉

　　寻找记忆　　　　　　　　　　　　344
　　华山论剑　　　　　　　　　　　　355
　　他山之玉　　　　　　　　　　　　360

第十四章　画龙巧点睛

　　以煤换城　　　　　　　　　　　　366
　　复活古城　　　　　　　　　　　　371
　　文化之魂　　　　　　　　　　　　385

第十五章　两岸谋共识

　　宝岛之行　　　　　　　　　　　　395
　　拳拳之心　　　　　　　　　　　　405

第十六章　游子归故里

　　寻梦之旅　　　　　　　　　　　　　　423

　　圆梦之旅　　　　　　　　　　　　　　432

　　报效桑梓　　　　　　　　　　　　　　436

　　两岸使者　　　　　　　　　　　　　　438

　　灵魂律动　　　　　　　　　　　　　　445

第十七章　文化展魅力

　　微博开街　　　　　　　　　　　　　　449

　　文化自信　　　　　　　　　　　　　　452

　　告慰先烈　　　　　　　　　　　　　　458

　　重树信心　　　　　　　　　　　　　　462

　　精神家园　　　　　　　　　　　　　　468

报告文学创作是桩苦差事（跋）　　　　　　475

后记　　　　　　　　　　　　　　　　　　480

引子　梦圆当可期

2010年5月4日，山东枣庄，台儿庄。

这个时节，季春正向孟夏交棒，鲁南大地开始换装，褪去梨花的雪白，卸下桃花的绛红，铺上油菜花的金黄，树枝上弥漫着浓郁的翠绿。

这天下午，阳光透过薄薄的云层，温柔地笼罩着万物，古色古香的台儿庄披红挂绿，空气中氤氲着节庆喜悦。台儿庄大战纪念馆前的广场上，碧草如茵，松柏苍翠。广场中央，喷泉潺潺翩翩，犹如曼妙少女的优美舞姿，数百个喷嘴状似枪炮壳，凸显出战争馆的特点。

此时，聚集在广场上的人们，正一个个伸长脖子，望着前面的路口。

"来了，来了！"有人喊道。人们纷纷让开一条道。

几辆小车鱼贯而至。车门开处，一位西装革履、戴着眼镜的儒雅长者探出身来；另一侧，出现一位身着鲜艳连衣裙的靓丽女性。人群骚动起来，密集的摄像机、照相机蜂拥而上，顿时把他俩团团包围。

这对伉俪，便是中国国民党荣誉主席连战和他的夫人连方瑀。

从后面的车里，陆续走出中国国民党副主席林丰正，中国国民党中央评议委员会主席徐立德、丁懋时，中共中央台办、国务院台办副主任陈元丰，海协会副会长李炳才等人。

1938年3月27日，当台儿庄战事吃紧时，蒋介石曾亲临台儿庄一线慰问。连战的到来，是1949年中国共产党执政后，中国国民党首脑首次出现在台儿庄，出现在这块让中国人民扬眉吐气、也让中国国民党引以为豪的血染土地上。

纪念馆前，铺设着38级汉白玉大理石台阶。连战一边拾级而上，一边听着讲解员的解释：38级的寓意，是指台儿庄大战发生在1938年；平台上这24根立柱，顶着白色天棚，寓意为中华民族顶天立地，傲立于世界民族之林；展馆顶部的球形建筑物，告诉人们这场大战是举世瞩目的壮举。

听说纪念馆奠基于1992年10月，竣工于1993年4月8日，1997年6月被中共中央宣传部命名为"全国爱国主义教育示范基地"，连战"哦"了一声，显得若有所思。

此时的连战，或许想起了中共中央总书记胡锦涛5年前的讲话内容。那是2005年9月3日，在中国人民抗日战争暨世界反法西斯战争胜利60周年纪念大会上，胡锦涛第一次肯定了国民党军队在抗日正面战场的贡献。

纪念馆分展览馆、书画馆、影视馆和全景画馆。连战步入展览馆，一边听着讲解，一边不时发问，看得非常认真，在一些历史画面前驻足。

展览馆里，一幅幅照片、一件件实物，把人们的记忆拉回到72年前：1938年3月23日至4月8日，在方圆不足50公里的地域内，日军先后投入两个师团的大部分兵力，共3万人；中国军队投入近10个师，约10万人，双方展开血腥厮杀，中国军队浴血奋战，歼灭日军一万余人，创八年抗战之伟绩，扬中华民族之雄威。

一面庞大的烈士墙上，排列着密密麻麻的名字，这是部分为国捐躯的将士英名。连战默默地注视着他们，嘴角紧抿，表情凝重，似乎思绪已穿越时光隧道。

连战停在一组实物照片前。讲解员解释：早在1918年，日本特务机关就对台儿庄一带的经济、资源、气候乃至民风等十几个方面做了详细的调查，为他们后来的侵略打下了基础。

连战叹道：大战20年前，日本人就打这里的主意，开始收集情报了。

一组残垣断壁、弹痕累累的照片，吸引了连战的目光。讲解员说：在这场战役中，台儿庄变成一片焦土、一片废墟，这面布满弹孔的墙是清真寺的墙，现在还存在，1988年8月，从上面取走一块，陈列在北京的中国革命历史博物馆，属于国家一级文物。

台儿庄大战也是国共两党第二次合作的光辉结晶，展览馆里的珍贵文物，印证了国共两党的精诚团结。台儿庄战役之前，白崇禧曾拜访周恩来、叶剑英，共商作战方略，张爱萍专赴徐州会见李宗仁，促使作战方略的实施。整个战役中，新四军张云逸部在津浦线南段协同李品仙阻击日军北进，山东的抗日武装在津浦线北段也展开游击战。

毛泽东在《论持久战》中说："每个月打一个较大的胜仗，如平型关、台儿庄一类的，就能大大地沮丧敌人的精神，振起我军的士气，号召世界的声援。"

周恩来说："这次战役，虽然在一个地方，但它的意义却在影响战斗全局、影响全国、影响敌人、影响世界！"

离开大战纪念馆，连战一行驱车数分钟，来到一座古城前。连战下车后，牵着夫人的手，踏上护城河上的石拱桥。前面，是一座巍峨的城门，两侧城墙连绵。

"这就是重建的台儿庄？"连战问。

"对。去年8月正式动工，一期工程刚刚竣工，咱们站的地方，是西城门。"陪同者介绍道。

连战抬起头，望着城门上方的横匾，口里念念有词："天下第一庄。"

"好响亮的名字！这是谁的字？"

"乾隆皇帝。"

"乾隆来过吗？"

"康熙、乾隆都来过。乾隆一生六下江南，走水路必经台儿庄。第四次路过台儿庄时，留下了'天下第一庄'的御笔。"

进入城门，前面有一幅很大的图，上面写着一行字：台儿庄古城胜迹复原图。

"这是台儿庄原来的样子？这么繁华的一座城市？"连战问。

"大战前，台儿庄是这个规模，可惜在战火中被毁了。"旁边的人回答。

连战缓步前行，转过一个弯，左面一棵古柳树旁，有一座官式建筑，门前横卧着一条沟渠。讲解员是位灵秀端庄的姑娘，她向客人介绍："这是参将署，俗称大衙门，始建于清朝康熙二十二年，为清朝正三品参将行署，现在是'台儿庄古城重建博物馆'。门口的这条古街，被称作大衙门街。1947年，进驻台儿庄的国民党军队，将街名改为中央大街，1958年，改为繁荣街。重建古城时，恢复旧名。"

一个沿运城镇，为什么要派这样一位高官进驻呢？讲解员卖个关子，随即道出缘由："这有两个原因：一是管辖从微山湖湖口至江苏邳州260华里的漕运治安，二是这段运河一度盗匪横行，官船和商船都受到侵扰。"

讲解员以考据家的口吻，讲述清朝初年发生在台儿庄的一宗大案：清朝顺治八年，一支号称"九山王"的反清队伍，在台儿庄附近劫持朝廷的船队，把专为顺治皇帝绣制的龙袍抢走，震动朝野。

为此，朝廷开始在台儿庄驻军，负责河道防务，后来不断升格，到康熙年间，驻守台儿庄的武官为三品参将。

前面出现一座牌坊，上面写着"水路通衢"几个字。从牌坊往东望去，大衙门街石板铺就，水渠依偎，曲径通幽。街道两侧，风格迥异的古式建筑鳞次栉比：弧形卷棚的拐角楼，是京津冀风格；白墙黛瓦的久和客栈，是徽派建筑；敦实质朴的三恪堂，是鲁南风格；低调内敛的文汇酒楼，是京城风格……

台儿庄是一座移民城市，南来北往的客商，把原乡的建筑风格带到台儿庄，使这座两平方公里的城市，拥有8种风格的建筑，台儿庄被誉为"中国民居建筑博览城"，现在都原样重建了。听了陪同人的介绍，连战频频点头，脸上的表情越来越生动。

穿过大衙门街南侧的小巷，眼前出现一条窄窄的河道。这是台儿庄古城特有的水街，水街两侧建有许多私家码头，通往各家各户的后院，成为古城的独特景观。水街与运河相连，在古城内形成纵横交错的水网，构成一幅碧水灵动、以河带路、以船代步的东方水城风貌。一条摇曳的小船，在一位船妹子掌舵下，正沿着水街徐徐而行，船上几位游客怡然自得。

连战立在二楼的阳台上，俯瞰水街上摇曳的小船，脸上露出难得一见的笑容，由衷感叹道："大战后，国民政府曾经打算重建台儿庄，但是没有如愿，是共产党帮国民党圆了一个梦。"

顿了顿，他又补充一句："共产党胸怀博大！"

跨过水街上的石拱桥，从小巷往南步出，前面豁然开朗，一条清澈河流静静流淌。陪同的人向连战介绍："这段河是古运河，全长3公里，有400年历史，号称'活着的运河'。1959年，国家改造京杭运河，将河道取直，这段古运河保留在旧城内，成为景观河，世界旅游组织称它是京杭大运河仅存的清代文化遗产。大战之前，运河上有座浮桥，战斗进入白热化时，守军将领为了决一死战，命令工兵炸掉浮桥，破釜沉舟，背水一战。"

连战肃然起敬，对着运河注目良久。他的耳边，是否响起愤怒的呐喊声和悲壮的嘶吼声？

运河之畔，有一排深宅大院。其中最气派的，是晋派建筑"扶风堂"，俗称万家大院，分四合院、过庭院、偏正套院，有60多间房屋，青砖青瓦加梁柱，楼高院深，墙厚基宽，设计精巧，雕刻考究，豪华程度为台儿庄之最。讲解员介绍："这座建筑是在原有的地基上重建的，被专家称为'文化基因复活的成功范例'。"

进到院内，院中央挺立着一棵古银杏，树冠如巨型华盖，树枝上正绽放着嫩芽。陪同人员介绍，院中原有两棵银杏树，一棵毁于1938年的战火，留下的这一棵，连续7年没有结果，直到抗战胜利，才重新结果。现在，每年结果200多斤。

连战笑了："哟，有这么神奇？看来，这棵银杏很有气节。"他仰头观望，发现树枝上还有一只鸟窝。旁边人说："那是喜鹊窝。每到夏天，喜鹊就会在院里喳喳叫，十分喜庆。"

嘉宾们一听，啧啧称奇。

第一期建成的"台城旧志"景区，已全部投入运营，街巷里随处可见游客。连战一行在游客中穿行，饶有兴趣地观看柳琴戏、运河大鼓和皮影戏的表演后，进入正在施工的二期工地。此行，连战还有一项重要活动：为海峡两岸交流基地标志性建筑泰和楼奠基。

海峡两岸交流基地是经国台办批准，2009年12月在台儿庄挂牌成立的，系大陆首家。随后，大陆各地陆续建立海峡两岸交流基地。

泰和楼位于古城核心区，由海峡两岸知名专家联袂设计，主体高度38米，寓含1938年的台儿庄大捷，内部楼梯设计为大运河造型，西北侧设计有"交流桥"，寓意两岸的交流沟通。

宾主一行来到工地，共同植下一棵香樟树纪念，并为泰和楼挥锹奠基。奠基仪式上，中共山东省委副书记刘伟、海协会副会长李炳才、中国国民党荣誉主席连战先后致辞。

刘伟激情四溢，语调铿锵：

台儿庄是一片古老的土地，举世闻名的京杭大运河经过这里，带着千年沧桑，在这座城市静静流淌了400多年，见证了我们这个伟大民族的沧桑巨变；台儿庄是一片英雄的土地，72年前著名的台儿庄大战，见证了我们这个伟大民族万众一心、众志成城、同仇敌忾、共赴国难的顽强精神。

今天的台儿庄，是一片充满生机和活力、充满希望，也是让我们充满期待的土地，作为一个新平台、新载体，海峡两岸交流基地的建设，必将进一步促进鲁台交流合作和两岸关系和平发展。台儿庄将见证海峡两岸中华儿女共怀手足之情，携手走向未来的新努力、新历程，这是台儿庄为我们这个伟大民族做出的新的贡献！

李炳才说："海峡两岸交流基地泰和楼是基地建设的重要组成部分，它将激励着两岸同胞凝心聚力共同弘扬中华文化、共同促进两岸关系的和平发展、共同推进中华民族的伟大复兴。"

连战款款上台，沉稳中掩饰不住激动：

今天，是我头一次偕同我的家人和朋友来到台儿庄，我们感到非常振奋，能够来到千古的名城，一个交通枢纽，一个充满丰富的文化历史的地方，同时看到各方面现代化脚步快速向前迈进，感佩，振奋。

连战顿了顿，加重语气：

在另外一方面，我们心中也充满了崇敬、感怀以及感恩。因为，在1938年，就在这个地方，发生了惊天地、动鬼神的一场中日战争。我们回想到当时的种种，今天实在充满了崇敬和感恩。那场战役，可以说是继甲午战争之后，中国人第一次打败日本人的战役，也是日本侵略中国头一次面对重大挫折的一次战役，是一次表现中国人民不屈不挠、同仇敌忾、牺牲奉献、为国为民的民族精神的一次战役！

台下响起热烈的掌声。连战继续说：

今天，我们来到这里，回想从小的时候开始，在历史书籍上面，在传播媒体上面，看到了好多可歌可泣的事情，我在这里不再一一叙述，因为战地的乡亲最了解，你们最深入知道我们是怎么走过来的。所以，我感到荣宠，能在今天为过去的光荣出席这个活动。

今天，泰和楼的兴建，是因为在去年12月时，两岸交流基地首创成立，那是一个历史时刻，是一个非常有意义的一个时刻，尤其是在枣庄、台儿庄。

连战环顾台下，将人们的思绪引到过去的岁月：

因为让我们回想起来，在20世纪三四十年代的时候，我们全体中国人，用自己的血肉，就在这个地方，建筑起了我们心里面的长城，我们当时人不分男女老幼，地不分东西南北，一心一意、贯彻始终地要把侵略者打败，要重新恢复中华民族的生存和尊严，只有一条路，那就是大家团结奋斗，一心一德。我们在那种精神下，浴血抗战8年之久，终于得到了最后的胜利。那种精神，又何尝不是中华民族复兴、兴盛、进步、发展来的一个指标？我个人感到非常兴奋！

连战语带感慨地说：

在过去几年，我和胡锦涛总书记有过一系列谈话、交换意见。最近几年来，大陆各界能够正面介绍国民党在第二次世界大战中保卫国家、抵抗日寇所做的一些贡献，让我们大家共同尊重历史、珍惜历史，这是我们大家共同的财富。

连战提高声调，坚定有力地说：

让我们在这样一个文化遗产之下、文化财富之下，携手合作，同舟共济，深化交流，共创未来。今天，泰和楼的兴建，可以说是一个最美好的开始。

掌声再次回响。一群和平鸽腾空而起，"中华龙"风筝随风飘摇。

仪式结束后，台儿庄的群众万人空巷，自发地集聚街头，向客人们鼓掌欢送。连战一手牵着夫人，一手频频向人群挥动，脸上依依不舍。

上篇　浴火

第一章　携手御外侮

祸起萧墙

1936年12月13日。山东枣庄。

在神州大地，以"庄"命名的城市，数量不多，背后都有讲不完的故事。

枣庄因枣得名。早在东汉时期，袁绍的爷爷袁安在峄县（今枣庄市峄城）任阴平长时，从家乡汝阳引进优质枣种，推广栽种。因枣树耐瘠薄旱涝，百姓视枣为歉收之年的救命果、丰收之年的吉祥物，感念袁安恩德，称此枣为"袁安枣"。据说，明朝朱棣发动"靖难之役"后，路过峄县时，百姓向朱棣献上袁安枣，称颂"袁安枣助大王早安天下"，朱棣闻罢大悦，登基后把袁安枣列为贡品。

今天，人们往往把"村"和"庄"混为一谈。在古代，村和庄是两个概念。村，是由家族聚居而自然形成的居民点，后来成为最基础的行政单位；庄，是朝廷、贵族所拥有的土地，在这些圈定的土地上居住的居民，是军人或雇农，如果土地易主，"庄"演变为"村"，庄名往往依旧使用。

一百多年前，枣庄仅仅是古峄县境内的一个普通田庄。因为有煤，田庄成为矿区，成为城镇，成为中国近代民族工业的发源地之一。

1872年，张之洞、李鸿章在这里创办了中兴矿局。6年后，中兴矿局改为中兴公司，这是中国历史上第一家股份制民族企业，发行了第一支筹集民族资本的股票。中兴公司开启使用机器采煤的先河，是中国民族工业步入现代化的重要标志。最令中兴公司自豪的是，徐世昌、黎元洪两任民国总统曾任中兴公司董事长,周自齐、朱启钤两任民国总理任财务总监。这在中国历史上绝无仅有,足见当年枣庄的辉煌地位。

火车站是枣庄最气派的建筑。车站前面,有个不大的广场。广场西侧,有一家新中华饭店。饭店后面,是旅馆、戏院、戏班子,还有妓院。

这是一个清冷的早晨。金黄色的朝阳,斜斜地掠过火车站广场,投到新中华饭店的铺面上。几块门板长了脚似的,一块跟着一块,移动起来,挪到屋里的角落。一个头戴瓜皮帽、身穿灰长衫的年轻男子,捂住嘴打了个哈欠,探出头来。阳光懒洋洋地停在他的身上,把脸庞映衬得棱角分明。

他叫郁德义,是饭店的老板,刚满30岁。郁老板是个勤快人,虽然夜夜被饭店后面的戏院、妓院闹腾得睡不好觉,可还是天天起早贪黑,早点的小本买卖照样做。

"新中华"店面不大,店堂里摆着五六张桌子。在枣庄,这样的饭店有好几家。趁着客人没到,郁德义拿起鸡毛掸子,一张张桌子掸过去,店堂里的几缕光柱,原本是静止透彻的,这会便滚动着粗壮起来。

店堂角落的柜台后面,靠墙摆着一张长条高茶几。茶几上,一台崭新的台式五灯收音机,显得很耀眼。前些日子,郁德义去上海时,见这玩意儿很俏,很多人排着队买。他是读过私塾的,算是个文化人,所以便狠狠心,捎了一台回来。这是一种电子管收音机,在上海的家庭已是常见,在枣庄却是稀罕物,是郁家的值钱家当。

收拾停当后,阳光已铺满门前的马路,店堂里也洒满一地金光。郁德义撮几片茶叶,放进紫砂壶里,泡了一壶茶。这是龙井茶,也是他从上海捎来的。枣庄人喝茶没南方人讲究,大多喝的是低档红茶,茶叶尽是些碎末子,里面掺杂些茉莉花。

泡罢茶,郁德义拧开收音机开关。这收音机外壳是红色木质的,左边是个音箱,外面蒙着一层格子布。右边是个玻璃窗,里面有一格格的数字,还有一根细细的红针。窗子下面有3个黑色旋钮。

可供选择的频道不多,且杂音大。郁德义耐心地调到最佳位置。他最爱听里面那个女中音,温温柔柔,慢声细语,腔调像南方口音,判断不出真实年龄，经常会告诉他一些稀奇古怪的事儿。在郁德义的想象中，这应该是个烫着卷发、描着口红的时髦女郎吧？就像他前些日子在上海滩上见过的那样。

奇怪！刚听了两句，郁德义就觉得不对劲。今天这个时髦女郎怎么了？声音不再那么淡定，显得局促不安，语速也比原先快了许多。他把脸贴到收音机的音箱上，支棱起两只耳朵：

东北沦亡，时逾五载，国权凌夷，疆土日蹙，淞沪协定屈辱于前，塘沽、何梅协定继之于后，凡属国人，无不痛心……蒋委员长介公受群小包围，弃绝民众，误国咎深。学良等涕泣进谏，屡遭重斥。日昨西安学生举行爱国运动，竟嗾使警察枪杀爱国幼童，稍具人心，孰忍出此。学良等多年袍泽，不忍坐视，因对介公为最后之诤谏，保其安全，促其反省。

听到这里，郁德义不由得心惊肉跳：糟了，西安发生兵变，蒋委员长被抓起来了！

他捂了捂怦怦直跳的心，一屁股坐在椅子上，歪着脑袋，继续听下去：

一、改组南京政府，容纳各党各派，共同抗日救国。二、停止一切内战。三、立即释放上海被捕之爱国领袖。四、释放全国一切政治犯。五、开放民众爱国运动。六、保障人民集会结社之政治自由。七、确实遵行总理遗嘱。八、立即召开救国会议……

渐渐地，他听出个大概。原来，东北军少帅张学良和西北军首领杨虎城昨日发动兵谏，拘捕了正在西安的蒋介石。刚才播报的，正是张学良、杨虎城向全国各地和南京国民政府发的通电。

郁德义感到纳闷：九一八事变后，张学良领导的东北军却不抵抗，把东四省拱手让给日本军队，使东北成伪满洲国，3000万东北同胞当了亡国奴。天下都在骂张学良是卖国贼呢，这会儿怎么逼蒋委员长抗日了？

别看郁德义是个商人，心里却装着天下事。那些天，他心思不在生意上，天天守着收音机，听着那个时髦女郎用不自信的语气，梦呓般地播报着事态进展：

陈诚、蒋鼎文、朱绍良、卫立煌、陈继承、陈调元、万耀煌、蒋作宾、蒋百里、张冲等一大批军政要员悉数被扣押；

南京召开中常会及中央政治会议联席会议，决议夺张学良本兼各职，交军事委员会严办；

兵变事件震惊国内外，社会各界纷纷函电交驰，要求讨伐；

南京政治委员会决议派何应钦为讨逆军总司令，刘峙为讨逆军东路集团军总司令，顾祝同为西路集团军总司令，同时向西安压迫；

何应钦称事变系延安共匪与张、杨内外勾结，命令空军开始轰炸西安近邻城市，逐渐转向西安；

有人大骂何应钦暗通日本，唯恐天下不乱，浑水摸鱼，火中取栗，欲借机除掉蒋介石取而代之，并嫁祸共产党，达到"一石双鸟"目的；

延安的共产党幸灾乐祸，主张公审杀蒋；

宋美龄邀请澳大利亚籍友人端纳斡旋，宋美龄、宋子文、端纳一行抵达西安谈判；

张学良、杨虎城邀请中共派代表团赴西安共商抗日救国大计；

……

这些消息，显然来自不同的渠道，有的自相矛盾，有的前后矛盾。

郁德义发觉，外面的世界，像是一本猜谜的书，只知道开头，不知道结尾。他不知道哪条消息是真，哪条消息是假。但有一点，他确信无疑：每一条消息的背后，都有一段惊心动魄。

终于，郁德义听到好消息：在中共代表周恩来的力主下，西安事变得以和平解决；蒋介石承诺今后停止剿共，联共抗日；蒋介石乘飞机离开西安，经洛阳抵达南京，张学良亲自陪同，西安事变和平解决。

郁德义高悬的一颗心放了下来。他钦佩共产党的深明大义，也为国共两党这对昔日冤家对头握手言和而欣慰。从那以后，他开始密切关注国共两党的互动。

转眼到了 1937 年 6 月初，郁德义从收音机里听到，正在庐山筹办暑期训练团的蒋介石，邀请中共代表周恩来到庐山谈判。

庐山？郁德义想起苏东坡的名句："横看成岭侧成峰，远近高低各不同。不识庐山真面目，只缘身在此山中。"

庐山，是一座崛起于平原的巍峨的孤立山系，自古以雄、险、奇、秀闻名于世。《太平寰宇记》说它"高三千三百六十丈，周回二百五十里，其山九叠，川亦九派"。《开山图》说它"山四方周四百余里，叠嶂之岩万仞，怀灵抱异，苞诸仙迹"。古人说得有些夸张。经精确测量，山体面积为 280 平方公里，主峰大汉阳峰海拔高度 1474 米。

庐山北部山势平缓，相貌寻常，而山南到处都是兀立千仞的绝壁、飞流直下的瀑布，这里层峦叠翠，万壑葱茏，多巉岩、峭壁、清泉、碧潭之胜。李白歌咏的庐山瀑布、雄奇的三叠泉、《桃花源记》中桃花源的原型康王谷、苏轼称为庐山胜景之最的青玉峡与三峡涧，都在山南。山南的人文景观也非常丰富。相传周朝时匡俗在此筑庐读书，故庐山又名匡庐。古往今来，慕名而至的文人墨客或栖鸣泉畔，或筑庐篁林，饮清泉，啸山谷，吟诗赋词。

19 世纪以前，庐山除了处于山腰处的大林寺、仙人洞、天池寺等寺观外，大量的寺院道观都在山下，以南部为最多。由于山高林密，野兽出没，交通不便，山上游人寥寥。1841 年鸦片战争后，外国列强深入内地瓜分中国，相中庐山中段牯牛岭东谷的长冲一带，这里林木茂盛、风景优雅、地势平坦。英国驻九江领事趁清廷甲午战败，逼九江道台签订庐山英租界条约。英人结合"牯牛岭"之音，将之英译为"KULING"，取"COOLING"即"清凉"之意。于是，"牯牛岭"便被人叫作"牯岭"。那时，"牯岭"之名比庐山还有名。不几年，牯岭租界便出现 20 多个国家的别墅群。

国民政府收回牯岭租界后，择地盖起大型会堂和宾馆。因庐山地处长江之侧，水陆空交通方便，牯岭便成为国民政府的"夏都"，从 1926 年起，蒋介石每年都在这里度夏，召开重要军事会议，各党派的重要会议也在这里召开,使此山又成为闻名中外的政治名山。

"中国人不要再打中国人了,但愿国共从此能齐心协力,让天下安宁。"郁德义自言自语。他隐隐约约觉得,千里之外的庐山国共谈判,与自己所处的弹丸小城,似乎也有千丝万缕的联系。

美庐交锋

1937年6月4日,一位头戴礼帽、浓眉大眼、面庞俊朗的年轻人,出现在庐山牯岭镇河东路94号的仙居饭店。他就是中共谈判代表周恩来。这一年,周恩来刚39岁,正是意气风发的年纪。与他同行的,还有林伯渠和博古(秦邦宪)。

唐代著名诗人白居易游览庐山大林寺时,曾经留下这样的佳句:"人间四月芳菲尽,山寺桃花始盛开。长恨春归无觅处,不知转入此中来。"前两句意思是说,农历的四月,庐山下的桃花已经凋谢了,而山上的桃花刚刚盛开。

此时,虽然已是农历四月末,庐山处处仍可见到妖娆的桃花。放眼望去,满山遍野青翠葱茏,令人赏心悦目。空气清新馥郁,吸一口让人痴迷陶醉。周恩来的心情,与大自然的美景融为一体。

这是自西安事变以来,周恩来第三次面见蒋介石。对此次庐山之行,周恩来抱着很大的期望。

西安事变是蒋介石人生最大的噩梦,也是他一生中最狼狈的时候。几年前,我去西安采访时,曾去过临潼华清池,参观了"五间厅"、"捉蒋亭"等历史遗迹。在五间厅的一块玻璃上,还保留着一个破洞,这是事发时被子弹打穿的。这些遗迹,都成了老蒋的耻辱。陪同的朋友熟谙西安事变历史,绘声绘色地还原了当时的场景:事发当天凌晨,夜宿华清池的蒋介石穿着睡衣,从卧室窗户跳出,摔伤后背,躲在一块大石头后面,被东北军发现活捉。指挥过5次"剿共"的陈诚也丑态百出,慌不择路,居然钻进一只装啤酒的纸箱里,被杨虎城的十七路军翻箱倒柜才找到。

被活捉后,蒋介石原以为必死无疑,得悉是周恩来极力游说才保全性命,自然感激不尽。周恩来与张学良、杨虎城谈判之余，专程探望软禁中的蒋介石。当时，蒋介石正躺在床上，瘪着嘴在哼哼唧唧，看到周恩来进来，犹如见到救命稻草，连忙欠身而起，请周恩来坐下。一张嘴，周恩来才发现他满嘴没牙，原来是事发时忙于逃命，顾不上戴假牙。那副可怜兮兮的样子，谁见了都会心生恻隐。

这是他俩分道扬镳10年后的首次相见。对周恩来，蒋介石可谓爱恨交加。在黄埔军校，蒋介石最器重的是两个人，一个是邓演达，一个便是周恩来。可惜，周恩来是共产党的人，与他不是一条心，道不同不相为谋。经历西安事变后，患难见真情，他俩的关系得到很大修复。

1937年3月，蒋介石在杭州与周恩来第二次见面。事隔3个月，蒋介石惊魂甫定，对周恩来表现出异乎寻常的热情，见面的气氛很好。蒋介石满脸笑容，称赞中共有民族意识、革命精神，是新生力量，对中共中央提出的国共合作的一些条件，答应得也比较爽快，还让周恩来回延安后，尽快拿出一个共同纲领，然后再见面细谈。

蒋介石的态度，给了延安很大鼓舞，中共中央认真研究拟订《关于御侮救亡、复兴中国的民族统一纲领草案》。这份草案顾全大局，充分考虑到蒋介石及国民党的利益，比如在蒋介石承认此纲领的条件下，中共可承认他为领袖。

此次上庐山，周恩来就是带着这份纲领草案来的，满心以为能得到蒋介石的首肯。

陪同上山的张冲，把周恩来一行送到仙居饭店后，客气地说："你们休息一会，我马上去禀报委员长，安排你们尽快见面。"

周恩来简单洗了一把脸，把那份纲领草案取出来放在桌上，随时准备去面见蒋介石。

可是，左等右等，就是不见张冲露面。

两个多小时过去了，张冲终于出现。敏锐的周恩来察觉，张冲脸上暗藏一丝沮丧。

"这个，"张冲吞吞吐吐，"委员长说要接待来庐山的许多要员，让你们稍等几天。"

周恩来皱了皱剑眉："你们委员长这是唱的哪出戏啊？"

张冲连忙摆摆手："哪能，哪能，他纯粹是公务繁忙，抽不开身，特地嘱咐我，陪你们各处看看风景，庐山的风景还是不错的。"

"我哪有心思逛风景！"周恩来望着窗外美景，深深地叹一口气，"风景再美又有什么用？再这么内耗下去，这里迟早会飘起膏药旗！"

张冲心头一震，张了张口，却不知该如何应答，便咽了回去。

此话被周恩来不幸言中。就在周恩来叹气的一年之后，1938年7月，日军占领九江。从1938年7月到1939年4月，中国军队为保卫庐山，与日军浴血奋战200余次，千余名官兵献出生命，在固守9个月后，"夏都"最终失守。九江一带，被日军统治长达7年。

6月8日下午，张冲兴冲冲来到仙居饭店，顾不得礼节，一把推开周恩来房门："周先生，委员长答应今晚见你！"

周恩来微微一笑，略带嘲讽："他老人家还没得健忘症，终于想起我来了。"尽管已经对这次谈判的期望值大打折扣，他仍然要努力争取。

晚饭后，周恩来一行在张冲和戴笠的引领下，顺着蜿蜒的长冲河，来到牯岭东谷。在绿荫深处，有一座英国券廊式的别墅。

张冲悄悄在周恩来耳边说：这里便是"美庐"。

周恩来"噢"了一声，恍然大悟。原来，他对闻名遐迩而又充满神秘感的"美庐"早有所闻。

"美庐"建于1903年，最初的主人是英国勋爵兰诺兹，1922年转让给巴莉女士。1934年，巴莉女士将它作为礼物，赠送给好友宋美龄。蒋介石给它取名为"美庐"，据说意为"美的房子"，但也有一种说法，是"美龄之庐"。久而久之，它便成了蒋介石的夏都官邸、主席行辕。

周恩来发现，这里三步一岗，五步一哨，戒备森严。他暗暗一乐：看来，西安事变把蒋介石吓得不轻，胆子越发小了。

站在门口的宋美龄和宋子文笑容可掬，快步迎上前，远远地伸出手。经过西安事变后，兄妹俩对周恩来印象极好。

按张学良、杨虎城的初衷，如果兵谏未达目的，将除掉蒋介石。周恩来深刻分析了国内外的严峻局势，力劝张、杨二位，杀蒋会造成群龙无首，导致全国混乱，中国会一盘散沙，让日本坐收渔利。张学良对周恩来佩服至极，他晚年回忆时说，真正最后的决定，还是周副主席来了以后。

西安谈判时，参与谈判的宋美龄明确表示赞成停止内战，并说："我等皆为黄帝裔胄，断不应自相残杀，凡内政问题，都应该在政治上求解决，不应动用武力。"当周恩来与蒋介石见面时，在场的宋美龄直言不讳地对蒋介石说："以后不要剿共了，这次多亏周先生千里迢迢来西安斡旋，实在感激得很！"所以，她是十分乐见蒋介石与周恩来和谈的。

周恩来随着宋氏兄妹步入会客室。身着长衫的蒋介石站起身来，与周恩来握了握手，客气地让了座。周恩来坐定后，其他人也依次坐下。

周恩来张目一瞧，发现蒋介石的气色明显好多了，但是脸上的笑容显得矜持，甚至有点僵硬，远不如3个月前那般真诚。

寒暄过后，周恩来示意博古取出那份纲领草案，接过来双手递给蒋介石："委员长，我回延安后，汇报了您的意见，大家都很受鼓舞，认为您的态度有很大的变化。根据您的意见，我们认真协商，拟订了这份纲领草案，请您仔细过目，补充完善，尽快批准实施。"

蒋介石接过来，顺手搁在茶几上，端起茶杯，揭开杯盖，轻轻呷了一口。

"恩来哪。"蒋介石拉长声调，耷拉着眼皮，"听说你们的武装经常与政府军队发生冲突，嗯，这是怎么回事？民众怨言很多啊。"

周恩来微微皱起眉头，很快就恢复常态，微微一笑，也端起茶杯，慢条斯理地喝了一口。

"委员长啊，您的信息好像不灵呀。"周恩来不紧不慢地回敬道，"据我所知，自您下令停止剿共后，你们的军队依然故我，到处挑衅骚扰我们。是我们一直以大局为重，次次忍让、步步退让呀。"说到这里，周恩来掰着手指，一五一十地举起实例。

末了，周恩来又嘲讽了一句："外界说，蒋委员长自西安受惊后，威信顿挫，说话不像以前管用了。"

"这个，这个，有这事？"蒋介石脸上红一阵白一阵，干咳一声，掩饰自己的尴尬，"我这几个月都在养伤，不知道发生了这么些事。"

见蒋介石陷入被动，宋美龄赶紧朝周恩来欠了欠身，打起圆场："周先生，国共两党交恶这么多年，心结没这么快打开，互相之间存在一些误会，冲突在所难免，咱们还是摒弃前嫌，团结起来，共同御敌。"

周恩来朝宋美龄点头微笑，接过话头："夫人言之有理，这也是我党的心愿，我们抱着最大的诚意，认真拟订了这份纲领草案，就是期望国共两党能再度合作，携起手来，团结一切有生力量，共同抵抗日本侵略者。"

"你们不要整天打打杀杀的，就凭你们那几条破枪，还想同日本真刀真枪干？"蒋介石显得有些不屑，"我想提醒你们，不要借抗日之由，乘机扩大地盘，这样做，我是绝不容许的！"说到这里，他重重拍了一下扶手，以示不满。

周恩来有理有节："我们共产党向来是讲信用的，大敌当前，我们希望委员长以中华民族大业为重，彻底放弃'攘外必先安内'的主张，只要委员长勇于担当，带领全国民众奋起抗击，我们保证服从您的指挥！"

蒋介石口气软下来："我看日本人的目标是东四省，在东四省建立起傀儡政府，现在他的目的已经达到，应该会收敛些，我们的国力还太弱，还没法同他们对抗，不要再刺激他们，先维持现状，以和为贵，待国家强盛后，再争取把东四省要回来。"

周恩来一针见血："豺狼的贪欲是无止境的，日本的胃口绝不只是东四省，他们的目标是整个中国，指望与日本和谈，无异于与虎谋皮，委员长的想法未免太天真了吧？"

"我天真？哼！"蒋介石面露愠色，"我是一国之领袖，我要站在全国大局考虑，不能让无辜的百姓卷入战火，遭受生灵涂炭。不似你们在小小的延安坐井观天！"说到这里，他端起茶杯。

坐在一旁的张冲和戴笠早已局促不安，见到这个送客的动作，连忙站起来，戴笠朝周恩来做了一个手势："周先生，委员长今天忙了一天，有些累了，请。"

涵养极好的周恩来毫不介意，朝蒋介石微笑颔首，坚定地说："那好，我明天再来。"站起身来，与宋氏兄妹一一握手道别。蒋介石顾自低头喝茶，纹丝不动。

宋美龄和宋子文将周恩来一直送到门口，歉意地朝他笑笑，再次握手告别。

宋氏兄妹的身后，传来茶杯重重落下的声音。

出尔反尔

第二天上午，周恩来一行在张冲的陪同下，又来到蒋介石下榻处。宋美龄和宋子文依然在门口笑脸相迎。

不知是意识到了昨晚的失礼，还是经宋美龄提醒过了，蒋介石今天态度变得和蔼了些。周恩来进门后，他往前迎了几步，握着周恩来的手，晃了晃："恩来来了，请坐，上茶。"

周恩来好像什么事也没发生过，关心地问："委员长昨晚睡得好吧？公务繁忙，还得多注意休息。"

蒋介石摇摇头："年纪大了，容易失眠，你睡得咋样？"实际上，他年纪并不大，才51岁。

"委员长正值盛年，怎能言老？"周恩来逗趣道，"看样子，我还太年轻，一觉睡到天亮，哎呀，这里空气清新，又很清静，怪不得委员长舍不得离开，原来是要做活神仙哪！"

蒋介石刚喝了口茶，闻听此言不由得哈哈大笑，口里的一口茶水喷出来，把胸襟弄湿了。在座的张冲、戴笠等人，先是跟着笑出声来，见到蒋介石的胸襟湿了一片，又慌忙闭住嘴，手忙脚乱地掏出手绢，抢着帮他擦。宋美龄难得见到蒋介石这么开怀大笑，也掩嘴而乐。只有宋子文沉得住气，一没笑，二没动。毕竟是大舅哥，此等小事上犯不着取悦妹夫。

气氛顿时变得融洽起来，话题也自然转到正事上。

"委员长，3个月前在杭州时，记得您亲口对我承诺过。"周恩来趁热打铁，重复着蒋介石当初的话，"我们在几个月后便可参加国民大会、国防会议；陕甘宁行政区可以是整个的，由我们推荐南京政府的人任正职，我们派人任副职；红军改编为3个师，4万余人，可以设总指挥部；绝不派人破坏我们的部队；粮食接济定额设法解决。您还提到永久合作应有一个有效的办法。我们拟订的这份共同纲领草案，基本满足了您的要求。希望您能认真审核。"

蒋介石岔开话头："恩来啊，这几个月事态有了一些新的变化，促使我认真思考，有了一些更成熟、更符合我们合作的想法。"

周恩来不动声色，看蒋介石葫芦里究竟卖什么药。

蒋介石顿了顿，缓缓道来："我打算成立一个国民革命同盟会，国共两党推出数量相同的人组成，由我任主席，有最后的决定权；两党一切对外行动及宣传，统由同盟会讨论决定，然后执行，纲领问题也由同盟会来加以讨论；同盟会在进行顺利后，将来视情况许可扩大为国共两党合组之党；同盟会将来还可与第三国际发生代替共产党关系，并由此坚定联俄政策，形成民族国家之联合。"

周恩来心里咯噔一下。这岂不是要把共产党溶化于国民党之中，最终消灭共产党吗？战场上真刀真枪消灭不了共产党，如今又设计出一个兵不血刃的圈套，还找出一个冠冕堂皇的理由。

周恩来刚想反驳，蒋介石一摆手，制止其开口，继续顺着他的思路说下去：

"你们先发一个宣言，国民政府即公布红军3个师的番号，人数嘛，定为4.5万人。"他干咳一声，"至于原先议的在3个师之上设总司令部，不妥，改为设政治训练处。陕甘宁边区政府仍然由你们推荐国民政府方面的人任正职，边区自己推举副的。至于参加国民大会，你们可以派代表参加，但不得以共党名义出席。"

听着蒋介石高谈阔论，在座的人面面相觑，张冲更是显得诧异。这段时间以来，张冲在与周恩来的多轮谈判中，大多是围绕蒋介石之前的意图展开的，对他今天抛出的这些主张深感意外。

蒋介石还要继续说下去，周恩来打断他的话："您的这些主张，等于是全盘推翻 3 个月前您自己的意见，这让我们很意外。您所提的成立国民革命同盟会组织，事关重大，我必须请示中央后才能答复。还有，不设总司令部，光设一个政治训练处，怎么能够指挥军事行动呢？"

蒋介石刚愎自用惯了，平时说话，哪容得别人打断甚至反驳？他刚想发作，看到宋美龄向他使了个眼色，这才想起对面这个人不是他发作的对象，瘪了瘪嘴，强迫自己住口，但鼻子里还是忍不住哼了一声。他用手指敲了敲桌面："政训处可以代行指挥权嘛，我要你们指挥，你们就能指挥，这是没有问题的。"

周恩来听明白了，蒋介石这是要架空中共中央啊，真是一厢情愿！他强忍住内心的愤怒，冷静地问："您把中共中央摆在什么位置呢？"

蒋介石面无表情，加重语气，从口里蹦出几个字："请毛先生、朱先生出洋！"

在场的人一个个都惊呆了，他们都把眼光转向周恩来，看他有什么反应。

周恩来表现出了出奇的冷静，他微微一笑，语带讥讽，连称呼和语气也改变了："蒋先生，我想提醒一句，我这次来庐山，是代表共产党中央，与国民党商谈合作抗日的事，而不是来向国民党投诚，要国民党收编的！"

说到这里，他站起身来："既然蒋先生如此没有诚意，我们之间的距离相差太大了，很难再谈得拢，我看还是改日再谈吧。"博古和林伯渠也跟着站起来。

宋氏兄妹和张冲、戴笠连忙起身。宋子文朝宋美龄努努嘴，宋美龄会意，这个时候只有她才能表态，她连忙上前一步："周先生，你不要性急，谈判嘛，总是讨价还价的，你有不同意见，可以商量嘛。"

说到这里，她转向蒋介石："达令，你说呢？"

蒋介石正不知所措，听宋美龄这一说，便顺坡下驴："嗯，恩来啊，我只是提个概要，具体问题，由你和淮南（张冲）他们谈吧。"

有人把蒋介石对共产党如此言而无信、出尔反尔，说成是他品性低劣，这恐怕有失偏颇。事实上，蒋十分重视人格、慎独、隐忍方面的修炼。从《蒋介石日记》里不难看出，他平时非常注重自身的反思，甚至有"见艳女心动，记大过一次"这样的记载。看来，仅仅用普通人所理解的"品德"、"品性"来衡量一个政治人物，尤其是一个处于社会剧烈变革时期、处于风口浪尖上的政治人物，还远远不够。

如果站在蒋介石和国民党的立场来审视，蒋介石百般刁难共产党、处处与共产党为敌，似乎又能理解。大凡统治者，概不能容忍对其政权造成威胁的人，总是想方设法设置重重障碍，极力扼制其发展，将其置之死地而后快。蒋介石千方百计要剥夺共产党的军事指挥权，也正是出于削弱共产党的威胁、巩固国民党统治地位的需要。

从6月10日到15日，周恩来一行与张冲等人反复磋商。这期间，周恩来与蒋介石又见了几次面，每次都谈得不欢而散。宋美龄和宋子文虽然居中调停，奈何蒋介石固执己见，始终不肯松口，谈判难以深入。

谈判间隙，张冲建议周恩来到庐山各景点走走，周恩来哪有这个心情？中共中央对他这次庐山之行寄予厚望，原以为只是在一些细节问题上商谈而已，未料蒋介石竟如此言而无信。

那些天，庐山天气一日三变，早上还是阳光明媚，下午却大雨倾盆，到晚上又浓雾弥漫。林伯渠打趣道："这庐山的天气，跟老蒋的秉性一样反复无常，令人捉摸不定。"

博古嘟囔了一句："这呀，叫近墨者黑！"

周恩来做出决定："谈判已陷入僵局，再谈下去已无意义，我们明天就下山，向中央汇报，商量对策。"

博古和林伯渠点点头。林伯渠叹了口气："除此之外，别无良策。"

周恩来有所不知的是，当蒋介石放出那句"请毛先生、朱先生出洋"的狠话时，他内心的真实想法是想让3个人出洋，另一个便是周恩来！只是当着周恩来的面，不便说出口。这个心思，他记载在日记里。

蒋介石20世纪50年代时的侍卫长、担任过台当局"行政院院长"的郝柏村，后来在解读蒋介石八年抗战日记时，这样评论道："共党首要应离军区或出洋，意指毛泽东、朱德、周恩来应离开延安出洋，当然不可能。"

蒋介石能在西安事变中得以平安无事，周恩来功莫大焉。对这一点，不仅宋美龄感激不尽，连曾经应宋美龄请求参与斡旋的端纳，后来也回忆说：周恩来实际上是使委员长在1936年西安御驾中能够安然无恙地离开的人。这个端纳，不是平庸之辈：早年曾做过孙中山的顾问，后来又做张学良的顾问。张学良"东北易帜"后，他成为蒋介石的顾问。

对这样一位救命恩人，蒋介石居然不能容忍，意欲迫其出国，足见老蒋心胸之狭窄。

耐人寻味的是，后来，蒋介石和宋美龄无论是口头回忆，还是文字回忆，对周恩来的恩情却都绝口不提。

离开前，周恩来环顾了一下庐山。此时，桃花已谢，鲜嫩的绿叶爬满枝头，满山遍野愈发青翠欲滴。美景虽然依旧，却与他的心境格格不入，与刚上山时大相径庭。

为周恩来送行的张冲，努力挤出一点笑容，打开车门，恭敬地说："周先生，请上车。"

张冲的心情，也与周恩来同样沉重。作为国民党的谈判代表，他与周恩来本来是对立面的。但是，从西安事变开始，他在与周恩来的频繁接触中，既深深折服于周恩来的机警睿智和人格魅力，也十分赞赏共产党的深明大义。若不是囿于蒋介石的政治主张，不得不为蒋介石背书，他可能早就与周恩来达成高度一致。

自从与周恩来熟识后，张冲的内心深处还生发出一种歉疚之情。1932年2月，上海各大报纸相继刊登《伍豪等脱离共产党启事》，"伍豪"即周恩来。这则"启事"既是国民党造谣诬蔑共产党的伎俩，也是恶毒离间共产党的阴谋，玷污周恩来等共产党员的清白。很多年之后，人们才知道，"伍豪事件"的始作俑者便是张冲。当时，他是国民党中央组织部调查科（即中统）总干事，主管情报事务。

1941年3月，张冲兼代国民党中央组织部副部长，同年8月因患伤寒，在重庆英年早逝，年仅37岁。毛泽东、董必武、邓颖超等7人联名挽联："大计赖支持，内联共，外联苏，奔走不辞劳，七载辛勤如一日；斯人独憔悴，始病寒，继病疟，深沉竟莫起，数声哭泣已千秋。"周恩来在《悼张淮南先生》一文中云："因先生之力，两党得更接近，合作之局以成。"

然而，张冲所炮制的"伍豪事件"，却如挥之不去的阴影，影响了周恩来的一生。此事虽经陈云等出面辟谣，毛泽东也出面宣告，说明此事纯属诬蔑，但"文革"期间，江青一伙又以此栽赃周恩来，对周恩来造成很大困扰。身心疲惫的周恩来，在身患绝症进手术室前，还要被迫为此签字。这大概是张冲一辈子干的最后悔的一件事。

深明大义

宝塔山下，月色朦胧。

夜已静谧，一个端着枪的年轻士兵，正在警惕地巡视着周围的动静。他身后的窑洞，大门紧闭，门上方的窗口里透出昏黄的亮光，一股浓烈的烟草味从门缝里飘出。哨兵隐约听到，里面时而高声争辩，时而慢声细语，但听不清在说什么。对这个战士来说，他并不关心里面在说什么，他关心的是外面的任何动静。

屋里，已是烟雾弥漫，呛得人睁不开眼。透过烟雾，可以看到，炕中央摆着一张矮桌子，桌子上点着一盏马灯。盘腿坐在炕桌左侧，手上端着根烟杆的，是朱德；坐在炕桌右侧，正伏案疾书的，是周恩来；紧挨着周恩来而坐，正与周恩来细声交谈的，是洛甫（张闻天）；手指间夹根纸烟，在地上来回踱着步的，是毛泽东。炕下的几张高低不等的矮凳上，坐着林伯渠、博古等人。显然，这个会议已开了不短时间。

毛泽东的身影投到墙上，一会儿大，一会儿小。他边踱着步边说："西安事变后，最初我是主张公审杀蒋的，因为老蒋对共产党欠下的血债太多，不杀不足以平民愤，还是恩来有眼光，力主不杀，并最终促使这次事件得到和平解决。本来以为，老蒋会投桃报李，放共产党一条生路，促成国共第二次合作，枪口一致对外。现在看来，我们天真了，老蒋骨子里依然仇视共产党，没有放弃赶尽杀绝的念头，仍然固守着'攘外必先安内'的观念。"

"润之，你走了一晚上，也不嫌累？晃得我脑壳都大喽。"朱德往角落挪了挪，腾出位置，"来来来，你坐一下子嘛。"

毛泽东顺从地坐在朱德身边，对着马灯点着纸烟，美美地吸了一口。正伏案疾书的周恩来，不小心被呛了一下。毛泽东歉意地笑笑，身子往后仰了仰，尽量离周恩来远点。

洛甫挠挠头："现在他强我弱，我们缺少谈判的筹码，很难叫他让步。"

周恩来转过头，接过洛甫的话茬："前些日子，我们请斯大林帮忙找到蒋经国，促成小蒋回国，让他们分别多年的父子得以团聚。对这一点，老蒋还是心存感激的，这次在庐山见面时，还特地向我们表示感谢。小蒋也确实做了些工作，只是老蒋太固执，小蒋的效果不明显。"

林伯渠和博古也补充了一些在庐山的所见所闻。

毛泽东眯着眼，小心地将纸烟抽到只剩一小截烟蒂，掐灭后，又把烟蒂收起来，用纸包起来塞进口袋，以备缺烟时继续享用。听完林、博二人的补充后，他朝周恩来凑了凑："恩来，你对老蒋最了解，又是具体当事人，你有什么看法？"

周恩来果断地说："洛甫说得对，我们缺少谈判的筹码，很难让老蒋让步。日寇占领东四省后，正蠢蠢欲动，强兵压境，随时都可能制造借口，大举进犯。为了顾全抗日大局，尽快形成统一战线，我们只有对老蒋做出妥协和让步，尽量满足他的要求。"

毛泽东沉吟了一会，说："是啊，一些开明人士，也含蓄地向我表示，希望我们委曲求全，做出些让步。"

朱德接过话头："大丈夫能屈能伸，我们把眼光放长远些，犯不着与老蒋争一时之短长。我看，组织国民革命同盟会，也没啥了不起，他飞机大炮都奈何不了我们，一个狗屁同盟会就想把我们吃了？做的美梦！"

洛甫赞同道："我看可以原则上同意组织国民革命同盟会，但要求先确定共同纲领,以便奠定同盟会及两党合作之政治基础。"

林伯渠建议:"在承认共同纲领的基础上,可同意国共两方面各推出同数干部组织最高会议。另以老蒋为主席,承认其依据纲领有最后决定之权。"

毛泽东点头同意,接着说:"老蒋不是提出我们应先发表宣言吗?我们就准备在7月中旬发表宣言,宣言发表后,如蒋同意设立总的军事指挥部,红军即待其名义发表后改编,否则即于8月1日自行宣布改编,采用国民革命军暂编军、师名义,编3个正规师,共4.5万人。"

洛甫建议:"陕甘宁边区可于7月实行民主选举,我们推荐国民党的张继、宋子文、于右任3人中,选举一人任边区行政长官,副长官林老担任比较合适。"

毛泽东一击巴掌:"好!退一步海阔天空。虽然我们共产党的本钱不多,但是,只要有利于尽快形成抗日统一战线,有利于能拯救中华民族于水火之中,我们共产党人不要说牺牲些自我利益,就是赴汤蹈火、粉身碎骨,又算得了什么!这不是委曲求全,这是深明大义!"

"有些方面,我们是坚决不能让步的。老蒋要你们两位出洋,这简直是痴人说梦!"周恩来说,"我看是否可以这样,我致电老蒋,专门谈军事指挥权机关的问题,就说改编后的红军可以政治机关名义指挥,但是,朱老总应为这个机关的主任。时下,朱老总不能离去,红军倘若改编,将有许多工作要做。同时,我再致电张冲、顾祝同,让他们帮忙向老蒋进言,就说朱德去留影响极大,朱不离军队为好。"

毛泽东说:"恩来考虑得很周到,就这么办!"

朱德诙谐地说:"那老子就等着坐这把交椅,不跟老蒋谦让喽!"

6月22日,周恩来致电蒋介石。南京方面很快给延安回电:红军改编后只能设政训处。

6月26日,南京方面来电,催周恩来再上庐山,继续谈判。这对中共中央来说,无疑是则喜讯。他们分析,估计是蒋介石态度有所松动,谈判有了转圜之地。

在周恩来负责下,中共中央很快起草了一份《两党关系调整方案》。这个方案围绕蒋介石的主张，对国民革命同盟会的设想做了进一步细化，表示愿由国民革命同盟会负责调整两党关系、决定两党共同行动事项，同时要求同盟会不能干涉两党内部事务，两党均须遵守共同纲领。显然，这是一份开明务实、充满诚意的方案，既顾全大局，充分满足了蒋介石的要求，又公平合理，给两党各自留下一定的自主空间。

周恩来似乎已经看到：读罢方案内容后，蒋介石脸上露出满意的笑容。

我看到一份资料，在1927年4月至1928年上半年，死难的共产党员和进步群众达33.7万人，到1932年，这个数字急速膨胀至百万以上！如此血腥的屠戮，即便是蒋介石同一阵营的人，也不忍卒睹。国民党爱国将领陈铭枢曾经愤然而起，痛心疾首地指责：国民党为"救党"而屠杀了中国数百万有志有识的青年。这个损失是中国空前的损失，即秦始皇之焚书坑儒亦必不至于此。

为了维护国民党的利益、维护他的政权，蒋介石对共产党的镇压可谓不择手段、冷酷残暴。然而，中国共产党在外敌入侵、中华民族遭受蹂躏的危急关头，却毅然抛弃党派之恩怨，顾全大局，深明大义，不计前嫌，委曲求全，千方百计与国民党谋求和解之路，组成抗日统一战线。如此宽广胸怀，令人肃然起敬！

就在延安的中共中央运筹帷幄之际，远在鲁南枣庄的郁德义，这天照例打开收音机。一则消息引起他的注意：蒋委员长决定召开庐山谈话会，邀请社会各界名流共商国是。

郁德义反复咀嚼着这则新闻的含义。前些日子是邀请共产党谈判，现在是邀请社会各界名流共商国是，看来蒋委员长要有大动作了？

大敌当前

1937年7月7日，中共谈判代表周恩来和林伯渠、博古经西安飞抵上海。

就在这天，日寇终于撕下伪装，张开血盆大口——震惊中外的卢沟桥事变爆发。全国性的抗日战争也从这一天开始了。

7月8日，中共中央向全国发出《中国共产党为日军进攻卢沟桥通电》，呼吁全国同胞、政府与军队"团结起来，筑成民族统一战线的坚固长城，抵抗日寇的侵略"。毛泽东、朱德、彭德怀、贺龙、林彪、刘伯承、徐向前7人还联名给蒋介石发电报：

庐山蒋委员长钧鉴：日寇进攻卢沟桥，实行其武装夺取华北之已定步骤……平津为华北重镇，万不容再有疏失。敬恳严令二十九军，奋勇抵抗，并本三中全会御侮抗战之旨，实行全国总动员，保卫平津，保卫华北，收复失地。红军将士，咸愿在委员长领导之下，为国效命，与敌周旋，以达保土卫国之目的，迫切陈词，不胜屏营待命。

7月9日，彭德怀、贺龙、刘伯承、林彪、徐向前、叶剑英、左权、萧克、徐海东等红军将领联名向国民政府主席林森、军事委员会委员长蒋介石等发出通电：

德怀等以抗日救国为职志，枕戈待旦，请缨杀敌，已非一日。当华北危急存亡之紧要关头，敬敢吁请我国民政府迅调大军增援河北，勿使忠勇之廿九军陷于孤军抗战，红军愿即改名为国民革命军，并请授命为抗日前驱，与日寇决一死战。

上述电文充分宣示了中共的诚意，为第二次庐山谈判创造了良好的气氛。

7月13日，周恩来和林伯渠、博古到达庐山。此时，庐山轿舆如梭，人来车往，应邀参加谈话会的代表陆续抵达，可谓群贤毕至。周恩来见了，十分振奋。

周恩来一行被安排住在陈诚别墅，接待他们的仍是张冲。再次见面，双方都显得很亲热。周恩来将《中共中央为公布国共合作宣言》递给张冲,请他转呈蒋介石,希望能与蒋介石尽快面晤。

这份《宣言》以团结抗日、实行民主政治为主旨:

(一)战胜日本帝国主义的侵略,争取中华民族的独立自由与解放;(二)实现民权政治;(三)实现中国人民的幸福和愉快的生活,并且重申中共的四项保证:"一、孙中山先生的三民主义为中国今后之必需。本党愿为其彻底的实现而奋斗。二、取消一切推翻国民党政权的暴动政策及赤化运动,停止暴力没收地主土地的政策。三、取消现在的苏维埃政府,实行民主政治,以期全国政权之统一。四、取消红军名义及番号,改编为国民革命军,受国民政府军事委员会统辖,并待命出发,担任抗战前线之职责。"

第二天,张冲传达了蒋介石的意见:因要接见出席谈话会的各方代表,这几天安排不出时间会谈,关于中共所拟国民革命同盟会纲领可以讨论,但是红军改编后,各师须直隶行营,政治机关只管联络。

周恩来一愣:"一个月前,他不是当着大家的面说,3个师以上的政治训练处可以代行军事指挥权吗?怎么又变卦了?"

张冲支支吾吾,竭力辩解。平心而论,他并不认同蒋介石政策上的朝三暮四,但各为其主,他必须忠实贯彻蒋的意愿。

周恩来一摆手:"算了,咱们也别辩论了,我知道你的难处,不为难你了。请你转告委员长,大敌当前,强兵压境,希望他早做决策,振臂高呼,号召全国民众奋起抗击!"

张冲连忙说:"我这就去禀报。"

当天晚上,周恩来把博古和林伯渠叫到一块,商量应对之策。他说:"老蒋这是有意避见我们。这样吧,我们立刻把这里的情况以及我们的建议向中央报告,我再给老蒋写封信,表明我们的态度。"

会议结束时,已过子夜时分,进入7月15日,庐山万籁俱静,只有昆虫在墙角旮旯里撒着欢叫。

周恩来用冷水洗了把脸，铺开信笺，略一思索，笔下行云流水：

"现在华北炮火正浓，国内问题更应迅速解决，其最急者为苏区改制与红军改编之具体实施。""乃昨据张君转告，部队在改编后各师须直隶行营，政治机关只管联络。此与来上次在庐所面聆及归陕向党中同志所面告者出入甚大，不仅事难做通，且使来一再失信于党中同志，恐碍此后各事之进行。"

7月15日下午，蒋介石从张冲手里接过周恩来的信，展开看了一遍后，哼了一声，未置一词。

7月16日，蒋介石在庐山召集全国各党派及无党派人士座谈会，各省省长、各军总指挥及大学校长、名流学者等158人出席，周恩来等中共代表却未受邀请，被排除在谈话会之外。

周恩来对此十分愤慨。1945年4月30日，他在中共七大的发言中讲到抗日民族统一战线时，曾回忆这次谈话会：

不是大家坐下来开圆桌会谈，一道商量，而是以国民党做主人，请大家谈话一番……庐山谈话会的时候，共产党没有份。我同林伯渠、博古同志3个人不露面，是秘密的。

蒋介石为什么可以广泛邀请社会各界名流共商国是，却唯独把共产党晾在一边？因为那些社会各界名流已臣服于他，不会给他带来威胁，而他把共产党视作他政权的最大威胁者，所以极力将共产党边缘化，极力消除共产党的影响力。

7月17日，在庐山第二次谈话会上，面对着社会各界人士，一身戎装的蒋介石，笔挺地站在麦克风前，发表了一番大义凛然的演说：

如果临到最后关头，便只有拼全民族的生命，以求国家生存，那时节再不允许我们中途妥协，须知中途妥协的条件，便是整个投降、整个灭亡的条件。全国国民最要认清，所谓最后关头的意义，最后关头一至，我们只有牺牲到底，抗战到底，"唯有牺牲到底"的决心，才能博得最后的胜利。若是彷徨不定，妄想苟安，便会陷民族于万劫不复之地！

人为刀俎，我为鱼肉！我们已快要临到这个人世悲惨之境地。这在世界上稍有人格的民族，都无法忍受的……现在冲突地点已到了北平门口的卢沟桥。如果卢沟桥可以受人压迫强占，那么我们百年故都，北方政治文化的中心与军事重镇的北平，就要变成沈阳第二！今日的北平，若果变成昔日的沈阳，今日的冀察，亦将成为昔日的东四省。北平若可变成沈阳，南京又何尝不会变成北平！所以卢沟桥事变的推演，是关系中国国家整个的问题，此事能否结束，就是最后关头的境界。

万一真到了无可避免的最后关头，我们当然只有牺牲，只有抗战……如果放弃尺寸土地与主权，便是中华民族的千古罪人！那时便只有拼全民族的生命，求我们最后的胜利。

台下的人，个个群情激愤，有的热泪滚滚。此时，距东北失陷已有 6 年时间，亡国奴的屈辱深深刺痛了国人之心。

在演说中，蒋介石既表示出准备抗战的决心，也表示和平解决卢沟桥事件的希望：

"在和平根本绝望之前一秒钟，我们还是希望和平的，希望由和平的外交方法，求得卢事的解决。""我们希望和平，而不求苟安；准备应战，而决不求战。"

不过，他最后强调：

如果战端一开，那就是地无分南北，年无分老幼，无论何人，皆有守土抗战之责任，皆应抱定牺牲一切之决心。

卢沟桥事变后，蒋介石和国民政府提出"不屈服、不扩大"和"不求战，必抗战"的方针。庐山讲话的精神仍是此意。郝柏村在解读蒋介石日记时说：

蒋公今日决定发表谈话，盖判断日寇使用不战而屈之惯伎，已暴露无遗，我须以战而不屈之决心待之，或可制彼凶暴，消弭战祸，但表不惜全面抗战决心之时机已至，使日寇知我最后立场，或可压制日本野心……当时汪精卫亦在庐山，表示慷慨激昂号召抗日，故7月17日为抗战史上重要的一天。

蒋介石发表演说的第二天，郁德义从收音机听到他浓重的奉化口音。虽然听得有些吃力，但郁德义不敢漏掉一个字。听完之后，他既激动又担心，激动的是，蒋委员长终于下决心抗日了，东四省收复有望；担心的是，万一同日本人打起来，战火会不会烧到枣庄呢？他把店铺里里外外看了一遍，虽然算不上很值钱，毕竟是养家糊口的全部家当。

枣庄距东四省远着呢，应该不会有事的。郁德义这样自我安慰一番后，心里宽松许多。他最盼望的是，蒋委员长指挥棒一挥，中国军队立刻开赴前线，很快把日本鬼子赶出中国去。

峰回路转

就在蒋介石慷慨陈词时，周恩来收到洛甫、毛泽东来电：

为大局计，可承认平时指挥人事等之政治处制度，请要求设立正副主任，朱正彭副。但战时不能不设指挥部，以资统帅。

周恩来把电报递给林、博二人。博古看过后，摇了摇头："就怕老蒋不答应。"

周恩来说："我们尽力争取吧。"

根据中央指示精神，他们拟订了12条意见，通过宋美龄转交给蒋介石。

这天下午，蒋介石终于在美庐与周恩来等见面。国民党谈判代表邵力子、张冲也在场。

周恩来握着蒋介石的手，由衷说道："委员长上午的演说慷慨激昂，道出了全国民众共同抗战的意愿，中共中央非常赞同，愿意团结在委员长领导的抗日大旗之下，赴汤蹈火，冲锋陷阵！"

蒋介石脸上泛着光："好，好，从社会各界的反响来看，我上午的讲话，效果还是蛮不错的。我这个讲话，一是向全国发一个动员令，二是向日本政府发一个信号，希望他们悬崖勒马，不要扩大战事。我还是希望能通过和平手段解决争端，中国国力衰弱，一旦战事扩大，会祸及民众，造成生灵涂炭呀。"

周恩来道："就怕日本政府不领这个情，恃强凌弱，得陇望蜀，觊觎整个中国啊。"

一句话触到蒋介石的痛处。他默默地坐下，靠在椅背上，闭着眼睛，沉默了好一会，缓缓开口："如果这样，中国就没有退路可言，只有玉石俱焚了！"

这时，周恩来吃惊地发现，说完这句悲怆之语，两滴清泪竟涌出蒋介石的眼眶，顺着瘦削的面庞滚了下来。

周恩来忽然意识到，眼前这个不苟言笑、外表威严、性格坚强的人，内心正承受着巨大的压力。原来，他也是一个有血有肉有心肠的人，只是他把自己包裹得严严实实，变成一副铁石心肠。

周恩来朝张冲一示意，张冲赶紧掏出自己的手绢，轻轻塞到蒋介石手心里。

蒋介石拭了拭眼睛，将手绢递给张冲。只一刹那间，他便恢复常态，口气又变得坚硬起来："恩来呀，你们的宣言我看了，贵党愿意取消苏维埃政府，取消红军名义及番号，改编为国民革命军，受国民政府军事委员会统辖，这很好，说明你们对合作是有诚意的。看来，国共两党合作的大障碍已没有了。"

周恩来朝他微微一笑，静静地听他下文。

"既然你们愿意接受国民政府军事委员会统辖，"他朝张冲看了一眼，"国民政府和军事委员会已经研究决定——"

张冲摊开公文夹，操着温州口音照本宣科起来。周恩来端起茶杯，一边轻轻地品着茶，一边仔细倾听张冲的话，不放过任何一个字。听着听着，他拧起了眉头。

依照这份决定，红军将被改编成3个师、12个团的编制，共计4.5万人，不设独立指挥机关，归属西北行营管辖。师、团二级设政训处，直接指挥军队，由国民党方面派人担任政训处主任，共产党方面派人担任副主任。另由国民党方面委派人担任3个师的参谋长，具体负责军事行动。

在张冲宣读决定时，蒋介石微闭着眼睛，并不看周恩来的反应。显然，他对周恩来的反应是心中有数的。他也十分清楚，如果红军改编后一切听命于西北行营，要不了多久，共产党就两手空空了。这正是他所希望的，但共产党不是傻瓜。

张冲宣读完后，周恩来放下茶杯，以不容置疑的口气说："我们对编制和人数没有意见。但是，要我们放弃对红军改编后的独立指挥权，这是我党所不能接受的。换成委员长，您会同意吗？关于这一点，我已反复向委员长申明过，这是我党的底线，恳请委员长体谅。"

蒋介石知道奈何不了周恩来，心里也许已经放弃这个非分之想，可又不想轻易松口。他故作轻松，指了指邵力子和张冲："这些细枝末叶的事，留着你们继续商谈吧，只要贵党能与国民政府同心协力，共赴国难，不要借机与政府争抢地盘，我们可以正式承认陕甘宁边区，一切等赶走日本人再说。"

说罢，他站起来，微笑着向周恩来伸出手。

第二天，周、林、博与邵、张等人，就两党合作的一些具体事项详细沟通。邵力子和张冲都是开明人士，双方商谈得十分融洽。周恩来提出，希望在国统区办一份公开发行的机关报和刊物。邵力子是国民党中宣部长，这些事是他权力范围内的事，他痛快答应。

很快,《新华日报》就开始在南京筹办。后来,由于上海、南京先后沦陷,国民政府要迁都武汉、重庆,《新华日报》的筹备工作便转移到汉口进行。当年12月11日,《群众》周刊正式出版。1938年1月11日,《新华日报》也在武汉与读者见面。这是中共第一次在国统区发行党报和党刊。

除了红军改编后的独立指挥权未谈拢外,此次谈判基本达到预期目的。周恩来一行与邵力子、张冲热情告别,离开庐山,飞往上海。蒋介石也于7月20日自庐山回到南京,召集军政人员,商讨抗日之策。

有人可能不解,九一八事变已经过去6年,为什么在东北沦丧、国难当头之时,蒋介石对日本忍气吞声、妥协退让,与共产党和谈时却得寸进尺、毫不退让?

如果站在蒋介石和国民党的角度考虑,对此也不难理解。慈禧有句名言:"宁赠友邦,不予家奴。"蒋介石的"攘外必先安内"也折射出这种心态,即宁愿把东北拱手让给日本人、甘于偏安一隅,甚至宁愿做日本人的傀儡政府,也要对共产党兵戎相见、赶尽杀绝,不愿与共产党分享天下。

因此,蒋介石始终视共产党为心腹之患,担心心腹之患未除,又与比自己强大的日本交恶,会造成腹背受敌的被动局面。面对日军的一次次挑衅,他一直坚持"和平未到根本绝望时期,决不放弃和平;牺牲未到最后关头,决不轻言牺牲",只是被动应战,决不主动求战。可以肯定,如果日本只满足于在东北经营伪满洲国,不要贪得无厌妄图吞并全中国,如果不是张学良、杨虎城以兵谏相逼,逼得蒋介石无退路可走,他决不会竖起抗日大旗,自然不会有庐山这一番慷慨激昂。所以,说蒋介石"消极抗战",一点也没冤枉他。

从这个意义说,西安事变是中国共产党摆脱被国民党迫害的天赐良机,也是中国共产党充分伸张民族大义的天赐良机。

1964年7月,毛泽东在接见日本社会党人士佐佐木更三、黑田寿男、细迫兼光等时,说过这样一段话:"我曾经跟日本朋友谈过,他们说,'很对不起,日本皇军侵略了中国。'我说,'不,没有你们皇军侵略大半个中国,中国人民就不能团结起来对付你们,中国共产党就夺取不了政权。'"

对毛泽东的这番话，见智见仁，解读不一。我的理解是：这是一个骄傲的胜利者举重若轻式的诙谐幽默，当然不是真的感谢日本侵略者。

同仇敌忾

此时的中国，烽烟四起。

日本侵略军大举进犯华北，国民党二十九军将士奋力英勇抵抗，华北乃至全国民众强烈要求抗战，反对动摇妥协的呼声日益高涨，国民政府中的许多高级将领和国民党地方党部公开通电要求抗战。蒋介石表现出强硬态度，开始调兵遣将增援华北，并向河北、山西和绥远投入大量的兵力，以阻止日寇的进攻。全国上下展开一致抗日的行动。

7月26日，周恩来一行从上海返回西安，立即把在庐山与蒋介石谈判的详细情况电告中央，并对下一步国共合作事宜提出建议。

7月27日，刚接替顾祝同代行西安行营主任的蒋鼎文，奉蒋介石之命面见周恩来，催促红军迅速出动抗日。

周恩来明白，蒋介石迫于日军的全面进攻，需要共产党协同配合，遂机敏地说："这没有问题，国民党应当立即发表《中共中央为公布国共合作宣言》。"

蒋鼎文回答："我立刻向委员长报告，争取尽快发表。"

第二天，周恩来和林伯渠、博古返回延安。中共中央召开会议，详细听取周恩来的汇报，商讨如何利用此时机迅速推进国共合作，决定争取西安行营同意，红军立即集中陕西三原进行改编，出师抗日。同时决定，不再征求蒋介石意见，3个师以上设总指挥部，朱德任总指挥，彭德怀任副总指挥。

短短几天，局势急转直下，华北战事日趋紧迫。7月29日，北平失守。7月30日，天津沦陷，民族危亡已迫在眉睫！

蒋介石深感形势的严重性，决定召开国防会议，商讨解决的办法。他令张冲给中共中央拍去邀请电，密邀毛泽东、朱德、周恩来速至南京共商国防问题。这是蒋介石首次秘密邀请中共商讨国防和抗日问题。

此时，周恩来正在陕西泾阳县云阳镇红军前敌总指挥部，与朱德、彭德怀安排红军改编事宜。根据中央的意见，他复电张冲，如开国防会议，他与朱德、叶剑英同去；如系谈话，则同林伯渠、博古、叶剑英去。张冲复电说召开国防会议。

8月3日，延安的毛泽东、洛甫紧急会商后，电告云阳的周恩来，在南京谈判中要解决如下问题：（1）发表国共合作宣言；（2）确定政治纲领；（3）决定国防计划；（4）发表红军指挥系统及确定初步补充数量；（5）红军作战方针。

周恩来与同在云阳的朱德、林伯渠、博古、彭德怀、任弼时商议后，拟订了《关于全国对日抗战及红军参战问题的意见》和《关于红军主力出去抗战的意见》，8月4日电告延安。这两份意见提出，抗日战争的方针是要南京发动全国抗战，我们争取参加和领导。为实现这一方针，我们应参战不迟疑，但要独立自主担任作战任务，发挥运动战、游击战、持久战的优点。关于红军出兵问题，以主力出去为妥，但为适应持久战的需要，出去后要节约兵力，谨慎使用，不打硬仗，多进行侧面的运动战和游击战。

次日，周恩来收到洛甫、毛泽东复电：红军担负的作战任务是独立自主的游击运动战，按情况使用兵力，在此原则下，同意开拔主力。

8月6日，周恩来、朱德从云阳红军前指总部到达西安。9日，他们偕同在西安红军联络处的叶剑英和从云南来的龙云等，同乘一架飞机抵达南京。邵力子和张冲等人亲到机场迎接，并设欢迎午餐招待周恩来一行，这在国共两党合作的历史上，恐怕也是破天荒的事。

8月11日，在南京国民政府军事委员会军事部的谈话会上，周恩来和朱德代表中共分别做了发言。对于周恩来，南京政府的军政要员并不陌生。但朱德出现时，会场上出现小小的骚动，与会人员伸长着脖子，目不转睛地盯住朱德。

自南昌起义以来，在国共两党的10年较量中，朱德已成为国民党眼里的一个神话般的人物。有把他描绘成三头六臂、呼风唤雨的神人，也有把他丑化成青面獠牙、豹头环眼的恶煞。见了面后，他们对这位慈祥中透露着威严、憨厚中折射出刚毅的老对手肃然起敬。

谈话会上，周恩来阐述了中共中央的主张：在当前的战争中，必须培养出可以独立持久的战斗能力。在正面防御上，不可以停顿一线或数线的阵地，而应当由阵地战转为平原与山地的扩大运动战；另一方面，则要采取游击战。

周恩来、朱德代表中共提出的战略意见，对南京国民政府军事委员会日后制定全国抗战的战略方针，也产生积极的影响。难怪国外一位资深的军事评论家在评论周恩来时说："他不仅是一位杰出的军事外交家，而且还是一位智谋超人的军事战略家。"

1937年8月13日，日本侵略军突然大举进攻上海，爆发"八一三"淞沪会战，战火已燃烧到南京政府的心脏地带。

焦灼的蒋介石知道，中日之间的全面战争已难避免，与日寇决一死战的日子已经来临。为了能调遣红军开赴抗日前线共同作战，他同意中共的一些重要意见，同时还同意红军充任战略游击支队，执行侧面战，协助友军骚扰和钳制日军大部并消灭一部的作战任务。国共两党高层谈判长期拖而不决的状况，也在共同抵抗外敌的形势下迎刃而解。

8月18日，周恩来与蒋介石在南京再次谈判，决定将中国工农红军改编为国民革命军第八路军，并设立总指挥部，任命朱德、彭德怀为八路军正、副总指挥，下编一一五师、一二零师和一二九师。蒋介石答应国民党不派军官到八路军中任职，只在总部和3个师之间各派联络参谋一人。争执已久的红军改编后的指挥和人事问题，终于获得解决。

当天，周恩来、叶剑英立即将这一消息电告中央，并建议至少应派一个旅为先遣部队，先行东进。中共中央当即同意这个建议，并派由红一军团改编成的八路军一一五师为先遣部队，日内出动。

从8月下旬起，改编后的八路军3个师主力，陆续由陕西三原、泾阳向韩城芝川镇和禹门口一带集结，并在那里举行抗日出征誓师大会。为了中华民族的整体利益，4.5万名红军将士挥泪告别红军帽，开始东渡黄河，经同蒲铁路开赴山西抗日前线，与日寇展开殊死搏斗。

60年后的1996年8月，在当年八路军出师抗日、东渡黄河的芝川镇，在面对黄河的山梁上，竖起一座造型别致的纪念碑。3根立柱，共同托起一个红星军帽。碑上，镌刻着14个镏金大字："八路军东渡黄河出征抗日纪念碑"。这是萧克将军90岁高龄时亲笔题写的，这位德高望重的老将军享年101岁。当年，身为一二零师副师长的萧克，与贺龙、关向应一起挥师东渡黄河，出兵山西，创建了晋西北抗日根据地。这个纪念碑，就是纪念中华民族在抵抗日本侵略中的这一重大历史事件。

为建立抗日民族统一战线而运筹帷幄的毛泽东，在看到第二次国共合作终于实现时欣慰无比。1937年9月29日，他在延安窑洞晕黄的灯光下，一边吸着粗劣的卷烟，一边奋笔疾书《国共合作成立后的迫切任务》。文章中说：

现在两党重新结成的统一战线，形成了中国革命的一个新时期……历史的车轮将经过这个统一战线，把中国革命带到一个崭新的阶段上去。

这在中国革命史上开辟了一个新纪元。这将给予中国革命以广大的深刻的影响，将对于打倒日本帝国主义发生决定性的作用。

第二章　国难思良将

瑜亮情结

　　1938年8月,天气又闷又热,令人躁动不安。这天,郁德义从收音机听到一则惊人消息:国军与日军在上海发生激战,敌我实力悬殊,国军虽然顽强抵抗,但损失惨重,渐居下风!

　　郁德义不由得倒吸一口冷气:国民政府首都南京与上海近在咫尺,如果上海被日军攻陷,南京也危在旦夕。南京离枣庄不过几百里,一天的车程,万一南京不保,倾巢之下,安有完卵?他仿佛听到了隆隆的枪炮声。那些天,他惶惶不安,夜不能寐,嘱咐妻子打点行装,以备战祸来临时逃难。

　　夜不能寐的岂止是郁德义。自淞沪会战爆发以来,蒋介石更是寝食不安。

　　当第一缕熹微的晨光,透过树隙和浓影照射到雕花窗棂时,蒋介石悄悄起床,蹑手蹑脚走到书房,两臂扩胸做深呼吸,望着窗外出神。老天爷昨晚动了脾气,一整夜都是狂风暴雨,把院内的花草苗木打得七零八落,直到现在还没消气,淅淅沥沥地击打着窗外的芭蕉树叶,发出噼噼啪啪的繁杂噪音,就像是蒋介石此时的心情。

　　唉,烦心的事太多。昨夜,美龄与美国朋友的越洋电话打了半宿,英语他听不懂,耳朵却没闲着,跟着支棱了半宿。电话是他授意打的,让她托人游说美国国会,最好是向罗斯福总统进言,希望美英等国能出面干预日本的军事行动。

　　自西安事变后,宋美龄在他心目中的地位越来越重。事变中,为了营救他，她力排众议，反对军事讨伐，坚持和平谈判，后来又不顾安危，亲赴西安安抚张、杨，真是患难见真情！这一事变也造就了她，使她在国际社会崭露头角，博得美国等西方国家政要的好感。

蒋介石深知，美国人一向与他合不来，自中日爆发冲突以来，美国人一直怀疑他私下与日本谈和，也质疑他的"攘外必先安内"的政策。这次，他之所以下决心与日本在上海决一死战，一方面是形势所迫，他没有退路可言。更重要的考量是，上海是国际大都市，多个大国在这里有租界，欧美人在此投下大量资金，如果他在上海摆出一副与日军决一死战的姿态，不仅可以改变欧美国家一向轻华之心，也不再质疑他对日妥协，他们还会考虑到自身利益，出面居间调停，甚至武装干涉，可以让他体面地与日本坐下来谈和。所以，他想利用宋美龄受西方国家欢迎的优势，为他当回说客。

但是，从通话情况来看，并不乐观。西方国家对淞沪会战的评价是，这是中国军队在上海非军事区主动挑起的战争，是破坏和平的行为，责任在中国。所以，他们不愿意居间调停。

宋美龄悻悻然放下电话，向一直竖着耳朵在旁听的蒋介石道了原委。

蒋介石手上正端着茶杯，闻听此言，气得将茶杯往地上一摔："娘希匹，明明是他们不想得罪日本人，反过来把屎盆子往我头上扣！"

宋美龄嗔怪地看了他一眼，俯下身子捡起碎片，放到旁边的茶几上，柔声劝解道："现在西方国家正盛行绥靖之风，多一事不如少一事，犯不着为了咱们得罪日本人。现在战事吃紧，咱们还须多想些应对之策。"

蒋介石长叹一声："这世道哪有什么救世主？只能靠自己救自己。"

这一夜，他俩几乎通宵未眠。直到天快亮时，宋美龄才沉沉睡去。

雨停了，蒋介石推开房门，走到阳台上。一股清新而湿润的空气，使他混浊的大脑清醒了许多，思维的马达又开始快速运转起来：第五战区是统管战略要地津浦路重镇徐州为中心的枢纽，假如那里一失，等于东部大门洞开，后果不敢想象，谁能堪当第五战区的重任？

自己统领军队多年，黄埔出类拔萃的弟子也不少，但真正可以放心使用、堪当大任的统将之才也不多呀！像周恩来、林彪、陈赓这样的人才，都跑到共产党那里去了。俗话说，家贫思贤妻，国难思良将。如今正是国难当头，这良将又在哪呢？

他首先想到一个人，继而坚决否定。接着，脑海里闪现出一张又一张面孔。可是，无论出现谁，都被最初那个人比了下去。他努力不想那个人，可那个人却总是顽固地占据着，绕不过去。他一拍栏杆：罢了罢了，田单《为士卒倡辞》云："可往矣，宗庙亡矣！云日尚矣！归于何党矣！"是啊，如果国家灭亡了，无家可归了，还有什么是是非非、恩恩怨怨？现在到了事关国家存亡的关键时刻，岂能再纠缠于个人恩怨？非常时期只能起用非常之人。

是什么人，让蒋介石剪不断，理还乱，别有一般滋味在心头？

是李宗仁。

纵横江湖几十年，蒋介石阅人无数，无论多么飞扬跋扈的人，都被他收拾得服服帖帖。唯有这个李宗仁，外表温良随和，谦恭有礼，内心却桀骜不驯，如今虽然归于自己麾下，仍与他保持若即若离的关系。

如果把近代中国比作一座高楼大厦，李宗仁无疑是大厦中的一根重要支柱。

1926年至1928年的北伐战争，其基础是"两广统一"。"两广统一"，则归功于之前的广西统一。无论是广西统一，还是"两广统一"，李宗仁都功不可没。

广西的统一，得益于3个青年才俊：李宗仁、黄绍竑、白崇禧，史称"广西三杰"。1925年秋季，"广西三杰"统一广西后，没有像其他省份那样割据自雄、自立为王，而是毅然投靠广东的国民党，形成两广"共同革命"的局面。那个时代，个人行为足以影响一个国家政治的发展方向。如果没有"广西三杰"非凡的胸襟和气度，国民党根本经不起吴佩孚、唐继尧、陈炯明的三面夹攻，更不可能那么快形成气候、挥师北上。

"广西三杰"中，李宗仁无疑是灵魂和核心，一"黄"一"白"，是他的左膀右臂。其中，李宗仁与白崇禧的关系更加密切，两人长期合作，亲如兄弟，世人因此称他俩是"李白"。当时，中国政坛还因他俩而成一则谜语：是文人又是武人，是今人又是古人，是一人又是两人，是两人乃是一人。

北伐时期，李宗仁的取舍偏废，对中国局势起着改写历史的作用。当时，国民党、共产党、蒋介石、汪精卫，几股势力互相纠缠在一起，暗潮汹涌。李宗仁作为一支举足轻重的中间力量，无论偏倚哪一方，天平都会跟着倾斜。而他所做的拥蒋的个人决定，也支配当时中国历史所走的方向。这当中，包括支持蒋发动"四·一二"政变，实行"反共清党"。这是蒋对其念恩之处。

然而，由于蒋介石忌惮桂系势力，处处压制、掣肘桂系扩张，李宗仁十分不满，遂利用蒋介石与汪精卫的矛盾，逼蒋下野，蒋、李从此结下梁子。蒋重新上台后，自然不会善待李，双方矛盾日渐加深，最终导致蒋桂战争爆发，进而演变为蒋、李、冯（玉祥）、阎（锡山）"同党操戈"，打了3年内战，中国再度陷入分裂状态，让日本人坐收渔利，乘机占领东北，建立起"伪满洲国"。

1932年初，李宗仁因不满蒋介石对日不抵抗政策，在广西党政军联席会上发表了抗日反蒋的讲话。他大声呼吁："现在我们的国贼是独裁者，故我们要消灭他，才可以抵抗外敌。"

此话表明，李宗仁主张先反蒋而后抗日，蒋对此当然忌恨。

1933年，李宗仁发表一篇著名的文章《焦土抗战论》，就抗日战略问题明确公开自己的抗日主张：

与其听任敌人蚕食而亡国，毋宁奋起而全面抗战以图存。我们虽是一个落后国家，工业建设和交通设备尚未现代化，从战略方面说，若与日本侵略者进行堂堂正正的阵地战，则彼强我弱，胜负之数，不待著龟。故敌人利在速战速决，以迫我作城下之盟。但吾人必须避我之所短，而发挥我之所长，利用我广土众民、山川险阻等优越条件来困扰敌人，作有计划的节节抵抗的长期消耗战。到敌人被诱深入我国广大无边原野时，我即实行坚壁清野，使敌人无法利用我们的人力和物资，并发动敌后区域游击战，破坏敌人后方交通，使敌人疲于奔命，顾此失彼，陷入泥沼之中，积年累月，则累日必败无疑。

"焦土抗战"一词，在后来抗战期间风靡一时，被频频引用，成为最悲壮的抗战口号。

李宗仁后来在回忆录中解释说，"焦土抗战"，并非是指自行将所有的物资烧毁一空，而是指宁为玉碎、不为瓦全的心理，以激励全民与敌人火拼。

西安事变发生后，李宗仁不计旧恶，与白崇禧、李济深联名通电，提出政治解决事变的5点基本立场：西安事变主张政治解决；统一抗日战线，立即对日宣战；反对独裁政治，确立举国一致之政府；出动攻击西安之中央军，从速开赴绥远前线；广西军一部北上援绥。

1937年1月，李宗仁又与刘湘等联名通电，吁请"中央军停止入陕，消弭内战，团结对外……共同致力于抗敌御侮"。

可以说，西安事变的和平解决，除了共产党起重要作用外，李、白态度之审慎，对张、杨也起到重要影响。

李宗仁虽然在蒋桂战争中吃了败仗，但在地方势力中资格最老、威望最高，云南的龙云、四川的刘湘、湖南的何键、山东的韩复榘、山西的阎锡山、绥远的傅作义、西北的诸马，都视他为"龙头大哥"，亦步亦趋。所以，桂系对西安事变的鲜明主张，对正在观望中的地方实力派起了积极的影响。对这一点，蒋介石又是心存感激的。

李宗仁对日作战的决心一直坚定不移。1937年2月，他向国民党五届三中全会提交《抗日救亡之方案》，要求：立即发动对日抗战，以救危亡；迅速组织民众，训练民众，武装民众，以为抗日总动员之基础；保障人民爱国言论，解放民众爱国运动，扩大救国力量。

在抗日民族统一战线大旗之下，桂系积极投入抗日大业。李宗仁、白崇禧在广西进行军事总动员，一个月内即扩编武装达40个团。

这年6月，李宗仁与中国共产党所派代表多次会谈后，表示完全赞同中共提出的抗日民族统一战线政策，并达成"一致挥动，实现抗日"的六条纲领草案。

8月4日，白崇禧在南京中央军事长官联席会议上表示：桂省可立即出动全部兵力的七分之五共5个师投入抗日作战，"俟第二次征兵实行可望增加若干"。

8月6日，桂军抗日部队被整编为第十一、第二十一、第三十七集团军，先后开赴淞沪等地投入抗战。在"八一三"淞沪会战中，第二十一集团军与敌浴血奋战，不怕牺牲，表现出广西人民誓死卫国的英雄气概。

正是由于广西军队所表现的坚决抗战态度，李宗仁、白崇禧等桂系遂成为国民政府内公认的主战派代表人物。

别看李宗仁在蒋桂战争中打不过蒋介石，那是双方力量相差太悬殊。论治国用兵的才智，李宗仁并不在蒋介石之下。论治国，他早年雄踞八桂，军而不阀，全省励精图治，举国有口皆碑。论用兵，正如唐德刚在李宗仁口述、他撰写的《李宗仁回忆录》的序言中所说的：

如把国民党政权中数十员翎顶辉煌的"上将"，以传统所谓"将才"标准来排排队，则桂系这两位首领，实应分居第一二位。"小诸葛"白崇禧，在海内外享有盛名已数十年。不过纵是真诸葛当年亦不过是羽扇纶巾的戎幕之才。若论威镇三军之"主帅"的风范，则李宗仁还应居首位，非白参谋长所能企望也。

抑有进者。论将兵、将将，则李氏的本领亦非他的上级蒋中正所能及。蒋公熟读《孙子》，细玩《国策》。驭人每重权谋；将兵时轻喜怒。在疆场之上率数万之众，亲冒矢石，冲锋陷阵，于攻惠州、打棉湖等小战役中，亦不失为一员猛将；然统大军百十万，转战千里，进攻退守，如在棋局之上，则蒋氏便不逮李、白远矣。

所以，在蒋介石心目中，他对李宗仁怀有复杂的情感，既有爱恨交织，也有瑜亮情结。危难时刻，他的决策清晰而坚定：只有李德邻（李宗仁）才能胜任第五战区司令官，也只有他才能撑起这个危局。

雨打芭蕉的噼啪声，宛如蒋介石心里的算盘声。

天色渐渐亮起来，阳台外，满院子的名贵古木，被淡淡的白雾缠绕着，显得朦胧而神秘。这让蒋介石想起同样朦胧而神秘的白崇禧。白崇禧以能征善战、机智过人而闻名，人称"小诸葛"。

对，就让这"小诸葛"来担任国民政府军事委员会副参谋总长兼军训部部长，主持制订抗战计划，参与抗战军事决策指挥！蒋介石果断做出决定，转身返回室内。

慷慨赴任

李宗仁接到蒋介石的电报后，马上把白崇禧叫到办公室，将电报递给他。

白崇禧看罢以后，见李宗仁正用征询的目光看着自己，试探道："你是不是担心这是老蒋的圈套？"

与蒋介石打了这么多年的交道，李、白焉能不知蒋之为人？1929年3月，蒋桂战争爆发时，与李宗仁关系密切的广东省政府主席李济深跑到南京当和事佬，劝蒋介石不要同室操戈。蒋介石勃然大怒，以李济深勾结李宗仁、白崇禧"分头发难，谋反党国"的罪名，扣押李济深，软禁在南京东郊的汤山，剥夺军政大权，并"永远开除党籍"，后迫于多方压力将他释放，但仍将他软禁在南京鼓楼家中。

李宗仁沉吟一会，字斟句酌："嗯，刚接到电报时，我闪过这样的念头，前面有任潮（李济深）、张学良的前车之鉴，我们不能不防。可仔细想想，这回老蒋应该是情势所迫，不会再玩这个伎俩。"

说到这里，李宗仁拿起指挥棒，指着办公室墙上的地图，分析说："日本人现正着着逼我，不只是蚕食而已，而是实行其一举征服中国的政策，相信中枢已无忍让的余地。今日的局势只有两条路可循，不是抗战图存，便是投降亡国。"

白崇禧点点，若有所思："是啊，中央和老蒋纵使有意拖延，日本人也未必容许。如果中央这一次仍然无心抗战，而打算走投降路线，不仅全国军民不会同意，即使老蒋的嫡系部队恐怕也会自动抗战。"

李宗仁将指挥棒往地图上轻轻一敲："就凭这两点，中央和老蒋唯有奋起抗战，此外并无其他路可走。如今，既然老蒋有发动抗战的决心，广西自当响应号召，实行全省动员，参加抗日！"

白崇禧两掌一击："好，就这么办！"

两人当即商议妥当，给蒋介石复电："中央既已决心抗战，我辈誓当拥护到底，健生当即遵命首途，听候驱遣，德邻则暂留桂林，筹划全省动员事宜，一俟稍有头绪，亦即兼程北上，共效驱驰。"

就在他们俩与蒋介石电报往返之时，消息传到四川省政府主席刘湘、云南省政府主席龙云的耳朵里。他俩急了，赶紧来电劝阻："传闻中央预备对日抗战，不过是否出于诚意，尚在未知之数，兄等殊未可轻易入京，万一抗日不成，反而失去自由，则国家将因此愈益多事，务盼兄等深思熟虑。"

刘、龙二人对李、白颇为尊重，国是意见都愿听李、白的主张，故对李、白北上特别关切。在他们看来，蒋介石为人最尚权诈，万一借抗日之名，将李、白骗往中央加以羁縻，则广西省政必为蒋系所控制，唇亡则齿寒，川、滇两省也将岌岌可危了。

接到刘、龙二人的电报后，李、白在复电中据此分析时势，打消他们的顾虑，同时希望他俩也秉"先国难而后私仇"的大义，动员全省人力物力，拥护中央，参加抗战，不要迟疑不决，给蒋介石落下他们不愿共赴国难的口实。

白崇禧立刻收拾行装，乘广西省府所购的法国制6座小飞机直飞南京。李宗仁则暂留桂林，主持动员计划。

不论是带兵，还是治疆，李宗仁都很有一套。从1933年起，广西开始实行寓兵于农政策，新兵训练一年后退伍，平时只保留常备军14个团，其中两团还被用作兵工，在贺县开采锡矿。"七七事变"前，已有四届经训练的士兵退伍在乡，各级干部也储备齐全。抗战爆发后，李宗仁决定编成40个团，开赴前线。一声号令，各县农民呼啦一下涌到县政府，抢着报名入伍。因为报到人数太多，政府还须以抽签的方式决定取舍。不到一个月，便迅速编成4个军，共40个团，后来又改编为3个集团军。

这一着妙棋，开中国近代史上军事动员前所未有的先例。即使到今天，这种"寓兵于民"的思路也不无借鉴意义，与现在实施的预备役制度有异曲同工之处。相比之下，国民党军队平时不注重储备兵源，一俟兵员不足时，动辄以粗暴的方式强抓壮丁，充兵扩军，搞得民怨载道，其兵员素质能好到哪里？

1937年10月10日，李宗仁出席各界人士庆祝双十国庆节后，立即乘专机飞离桂林前往南京。此时，淞沪会战已持续两个月，中国军队伤亡很大，损失惨重。

当飞机跃升天空时，李宗仁俯瞰窗下的桂林，百感交集。自1913年秋从广西陆军速成学堂毕业后，自己在护国战争、护法战争、粤桂战争和定桂讨贼战争中出生入死，从排长做起，一步步成长起来，直至完成统一广西任务，成为新桂系军队首脑。后来，又与蒋介石分分合合，打打和和。但戎马倥偬20年，一直都是在打内战，无论孰是孰非，给国家和百姓带来的大多是灾难。这一次，终于可以枪口对外，有了一个为国出力、为民立功的机会。

飞机在云彩中穿行，李宗仁头枕着座位，双手轻轻地梳理着两鬓。虽然不到50岁，连年的征战和操劳，已使他两鬓染雪。他忽然想起陆游那句悲怆之诗："一身报国有万死，双鬓向人无再青。"

李宗仁眼睛微闭，心潮澎湃。"纵使马革裹尸，我也要为国为民重筑功勋！"

飞机在湖南长沙机场经停时，大雨滂沱，持续不停，致使飞机无法起飞。李宗仁心急如焚，为了尽早赶到南京，不得不改乘火车北上，打算到达武昌后，再乘船到南京。

李宗仁到达武汉后，又遇轮班开航无定期，湖北省政府主席黄绍竑闻讯后，指示建设厅厅长伍廷飏找到一艘小火轮。李宗仁在武汉耽搁一天，次日一早急急登船而行。

此时，雾锁长江，小火轮在江中摸索着顺流而下。行至途中，狂风骤起，白浪滔天，小火轮摇摇晃晃，险情不断，战战兢兢而行，船上的人提心吊胆。

直到第二天晚上，小火轮才精疲力竭地靠上南京下关码头。

早在码头翘首恭候的白崇禧，这才把心放回肚里，欢天喜地地把李宗仁接到自己所住的洋房。这座洋房，据说是张学良被囚前的私人住宅。

李宗仁向蒋介石领命后，蒋介石并没有让他北上徐州赴任，而是把他暂留南京。此时，淞沪激战正酣，中国军队死伤甚巨，南京也常受敌机空袭，市面萧条。向来要强的蒋介石，虽然彻夜难眠、寝食不安，但在李宗仁面前却硬撑着，还不时大发豪语，一再对李宗仁说："要把敌人赶下黄浦江去！"

李宗仁心如明镜，不以为然："如果能这么容易把日军赶下黄浦江去，日军也不敢来侵犯我们了，为最高统帅的，断不可意气用事。"不过，值此鏖战正烈、民气沸腾之时，最高统帅有此豪情，李宗仁不便浇他冷水，但强烈的责任感，又告诉他必须仗义执言。

这一天，李宗仁见蒋介石兴致颇高，赶紧将自己深思熟虑的想法和盘托出："淞沪不设防三角地带，不宜死守；为避免不必要的牺牲，我军在沪作战应适可而止，建议将廖磊第二十一集团军和其他增援前线的部队调至苏嘉路国防线上的既设阵地，凭险据守，然后将沪上久战之师抽调回南京整补，再伺机增援。如此更番抵抗，才能持久消耗敌人的力量。至不得已时，我军便自动放弃南京，将大军向长江两岸撤退，诱敌深入，节节抵抗，实行长期的消耗战。"

李宗仁一边字斟句酌地陈述，一边偷眼观察蒋介石的表情。他发现，蒋介石脸上的肌肉慢慢僵硬起来，嘴角紧抿，眼睑低垂。多年以后，他在《李宗仁回忆录》中，依然对当时的场景记忆犹新：

无奈蒋先生个性倔强，不听我的建议。那时的作战计划，全以他一人的意志为依归，旁人简直没有置喙的余地。他坚持死守淞沪三角地带，并告诉我说，他已命令廖磊的第二十一集团军赶赴上海参战，要我去电催促他一下。这是最高统帅的命令，我的建议未蒙采纳，自然只有绝对服从。不久，廖磊所部六旅之众赶到上海，奉命参加大场的决战。

李宗仁对蒋介石的刚愎自用十分失望。他已经痛心地预料到：淞沪一战，国军必然惨败！

1937年11月12日，历时3个月的淞沪会战，以中国军队失败而告终，是抗日战争中规模最大、战斗最惨的一役。这场战役，日军投入30余万人，30艘舰艇（其中航母3艘），作战飞机约390架，其中陆航210架、海航180架，宣布死伤4万余人；中国军队投入75万人，实际到达战场的兵力为40万左右，约有200架飞机、40余艘舰艇，自己统计死伤30万人。

在检讨淞沪会战的教训时，李宗仁将责任归咎于蒋介石犯了战略上的严重错误，以匹夫之勇来从事国际大规模战争。李宗仁在回忆录中进而评道：

> 兵法有云："知己知彼，百战百胜。"我敢说，蒋先生固不知彼，连自己也茫然不知。乘危用险，破釜沉舟，只可在少数场合偶一用之。长期战争，断不可竭泽而渔，自丧元气。
>
> 淞沪之战，不过表示我国抗战的决心而已，自应适可而止。当我方败征已现时，蒋先生应即采纳白副总参谋长的建议，作有计划的撤退，实行节节抵抗。则我虽退不败，敌虽胜不武，以空间换取时间，达成消耗战的目的。
>
> 无奈蒋先生不此之图，意气用事，甚至溃败之兆已显，他还要一守、再守，终于溃不成军。试问在长期抗战的原则下，多守一两日和少守一两日，究有多少区别？但是在用兵上说，有计划的撤退和无计划的溃败，则相去远甚。可惜蒋公不明此道，而好逞匹夫之勇，怎能不糟？

李宗仁进一步评述道：

> 蒋先生在中国战场纵横数十年，他所凭借的武器，不外金钱收买和分化离间的伎俩。若从纯军事观点立论，则蒋先生实在是既不能将将，也不能将兵，若以他一己的意志来统兵作战，安有不败之理？

从李宗仁的这些话中不难看出，对蒋介石，他是从心底里瞧不起的。

李宗仁所言不无道理。让蒋介石指挥如此规模的一场大战，确实超过他的能力和经验范围之外，加上中日两军在武器装备和军人素质上的实力都相差悬殊，如此硬碰硬地打阵地战，中方必败。

虽然后人对淞沪会战的评价褒贬不一，但有一点不可否认：淞沪会战激发了中国人民"纵使战到一兵一枪，亦绝不终止抗战"的斗志，令世界各国对中国抗战决心和实力刮目相看，也动摇了日本的民心士气，改变了日军在中国战场的战略部署，还为上海资本向重庆转移，赢得了3个月的宝贵时间。

淞沪会战失败后，蒋介石召集李宗仁、白崇禧、唐生智、何应钦、徐永昌等国民党高级将领开会，讨论南京应否固守的问题。讨论中出现了分歧。

李宗仁、白崇禧不主张固守南京，认为无论从战略和战役上说，日军必然以优势兵力攻占南京，而南京又是一个绝地，敌人可三面合围，而北面又有长江所阻，无路可退，难于固守。

但是，唐生智等慷慨激昂，认为南京是国府所在地，一旦失守，事关全国民心、全军士气，影响国际形象，主张死守南京，与敌人血战到底。

急欲一雪淞沪之耻的蒋介石，赞同唐生智的主张，遂任命他为南京城防总司令，立刻筹划防务，以迎战日军对南京的进攻。

听了蒋介石的战略部署，李宗仁叫苦不迭，深感南京危如累卵。

后来的事实证明，李、白的主张是理智的。

战争年代，几乎所有经验和教训，都是以鲜血和生命换来的。只是，这次的代价实在太大了！

排兵布阵

1937年11月12日，上海失守，淞沪会战结束，日军开始向南京方向发动进攻。蒋介石这才决定，让李宗仁北上就任，镇守徐州。

李宗仁久经沙场，善于谋划战略。当时，军中同僚纷纷猜测，日军一旦占领南京，会长驱直入，直取武汉。李宗仁则认为，这是纸上谈兵的谬论，沪宁战事一旦结束，日军必定先夺取、打通津浦线，以清除右侧的威胁，然后才会西进武汉。所以，他深思熟虑后，做出充分的战略谋划。

离开南京前，李宗仁以恳切的语气，向蒋介石晓以利害："津浦线处于重要的战略地位，如能在津浦线上拖住日军数月，或歼其主力，使武汉后方有充分时间部署，则抗战还可继续；如津浦线上国军迅速瓦解，日军一举攻下武汉，占领中原，则抗战前途将不堪设想。所以，津浦线不可轻易失守。"

"但是，"李宗仁话锋一转，顿了顿，见蒋介石正侧耳倾听，加强了语气，"津浦线处于日军南北夹攻之中，日军还可在海州、青岛随时登陆，而目前第五战区只有7个军的兵力，长期坚守是非常困难的。"

听到这里，蒋介石抬头瞧了他一眼。这回，他把李宗仁的话听进了耳朵，当即表态："将来沪宁线上撤往江北的部队，都可归你指挥。"

忧心忡忡的李宗仁，匆匆赶往徐州。他知道，南京必不能久守，津浦线上的战事已无法避免，一场与日军的拼搏战迫在眉睫。

此时的徐州城，笼罩在战前的恐慌之中。为躲避战祸，百姓有的背井离乡，有的投亲靠友，市面显得很萧条。李宗仁果断部署："我们一定要稳定军心，唤起民众与侵略者血战到底的勇气！"

声势浩大的民众大会召开后，一些南北流亡的学生闻风而至，踊跃开展各种抗日活动。

为安抚人心，李宗仁巧施一计：每天清晨或午后，他骑马上街，巡视市容，有时还下马与街边小贩拉呱几句。沿街市民看到司令长官尚且如此悠闲淡定，相信战局必可稳定，消息一传十、十传百，不少人陆续返回徐州城开店复业，城内人心很快安定下来。

为了稳定军心民心、便于指挥协调，李宗仁还违背蒋介石的旨意，婉拒将长官部迁到交通、通讯落后的归德和亳州，全然将个人安危抛到脑后，不惜背水一战。

1938年3月下旬，美国合众社记者爱泼斯坦乘火车来到徐州时，惊讶地发现，虽然这里距台儿庄前线仅30公里，已经能够听到枪炮声，车站月台上还躺着许多死亡的战士。但是——

城市里充满活力，所有商店都开门营业。墙上书写了许多强烈爱国主义的标语，街道上熙熙攘攘，挤满了士兵、自卫队员和市民，报童叫卖报纸，剧院做三明治的广告，妇女和儿童在城里两个公园散步和游玩。男女中学生散发传单，他们扛着第五战区总动员委员会的巨幅标语。郑州已遭受过一次严重的轰炸，那里深度的沉寂伴随着恐惧和失望。徐州更接近敌人，遭受着更严重的轰炸，若是敌人攻进台儿庄，则可以期待一两天之内完成对敌军的合击。然而这里和郑州相比，却有着不可比拟的轻松气氛和信心，也较汉口更具有稳定的气氛，这就很能说明这里的情绪了。在汉口人们不希望敌军打过去，而在徐州，他们准备好了迫使愚蠢的敌军冒险去接近这个城市，这个仅仅距前线30多公里的城市，他们没有接受失败教训的可能。

这一切，功在李宗仁指挥若定的大将之风和临危不惧的安抚之策。

在百姓面前谈笑风生的李宗仁，一回到军营，立刻像变了个人似的，神情严肃，不苟言笑。他内心背负着沉重的压力，处在矛盾和焦虑之中，哪里还笑得出来？

李宗仁反复掂量得失：是在津浦线上不惜血本，与日军硬碰硬打一场恶仗呢，还是守不住便撤，只图拖住敌人，延缓日军西进攻占武汉时间呢？如果是前者，搞得好，歼敌精锐壮我军威；搞不好，可能会一败涂地，甚至拼光家底，血本无归。如果是后者，或许能保存实力，但会落个败军之将的名声，被国人唾骂。

在军阀割据时代，各路军阀的兵员是靠自己招募、自己供给的，谁的兵力强，谁的拳头就硬，谁的底气就足。所以，抗战期间，一些军阀遭遇日军强敌时，一击即溃，望风而逃，大多是为了保存实力，不舍得拼光家底，未必会想到是否丧失民族大义尊严。我们这些后人在评价历史时，不能脱离当时的实际情况，关起门来说风凉话。

但是，李宗仁非等闲之辈。以他的血性和睿智，第二条路显然非他所愿。

所以，他早早就开始运筹帷幄，排兵布阵。

首先是网罗人才。善用人才是李宗仁的特长，这也是桂系军队骁勇善战的一个重要因素。他相中的第一个人是徐祖诒，提议由他担任第五战区参谋长。

有意思的是，在这之前，李宗仁从未与徐祖诒谋过面。既然如此，怎么会想到用他呢？

一是对徐早有耳闻。徐祖诒是江苏无锡人，早年毕业于保定军官学校，后又入日本士官学校和陆军大学，"九一八"事变后，调至国民党中央军委，出任军令部第一厅厅长，筹划对日作战事宜，十分了解日军的状况，加上处事干练，军事学识和指挥作战的经验都很丰富，是一流的军事参谋干才，完全能够胜任参谋长一职。

二是李的高明之处。他是桂系将领，平时与国民党中央多有隔阂，蒋对李一直抱有很强的戒备心，这次起用他，与其说是对他器重，不如说是别无选择。他挑选在国民党中央军事委员会中任过职的徐祖诒，一来可减少蒋的猜忌心，二来有利于与中央军委保持联系。

蒋介石欣然应允。徐祖诒受命后立即奔赴徐州，筹建司令长官部。当上海沦陷、南京告急时，徐州的第五战区司令长官部已组建就绪。

善于谋划军队，是李宗仁带兵打仗的又一特点，他在桂系军队中的威望也由此而来。在第五战区，归李宗仁直接管辖的部队只有第三十一军，军长刘士毅，下辖一三一师、一三五师、一三八师。这个军是李宗仁在广西亲自征调成立的部队，团长以上干部多系北伐前后的班底，颇有作战经验，具有桂系部队的特点。虽然士兵多系新近入伍的农民子弟，缺乏训练，更缺少作战经验，但因为一直归李宗仁直接领导，指挥起来得心应手。抗战开始后，三十一军奉调北上，在苏北海州驻防，以防日军登陆侵占苏北地区。

其余的部队，则都是临时划归的杂牌军。

第十二军和第五十五军，军长分别为孙桐萱、曹福林，是第三集团军总司令兼山东省政府主席韩复榘所管辖的部队，驻扎在山东省境内。论训练和装备，远不如桂系军队，并且军纪不严，士兵自由散漫，在地方称王称霸。韩复榘原是冯玉祥嫡系，现在划归第五战区管辖，能否服从命令，拼死作战，李宗仁十分担忧。他还获悉，韩复榘曾暗地里派人到天津与日军联系，有妥协投降的企图。所以，李宗仁初到徐州上任时，曾亲自去济南会见韩复榘，为日后指挥这两个军作战做准备。

第五十七军，军长缪澂流，下辖两个师，原为张学良管辖下的东北军，装备尚可，但战斗力较弱，驻守在苏北地区。

第八十九军，军长韩德勤，下辖两个师，原非正规部队，是由江苏省保安队改编成立的，战斗力很差，也无作战经验。

第五十一军，军长于学忠，下辖两个师，原为东北军，有一定的作战经验，战斗力也较强，虽算不上劲旅，但在各军中可列为上乘，驻扎在青岛地区。

第三军团，军团长庞炳勋，下辖5个团，原为西北军，由于庞炳勋年资甚高，故位至军团长。军团作战能力有限，驻扎在江苏砀山地区。

编制大，兵力少，是国民党部队的通病，这7个军更是兵员少、装备差、派系多、人心乱。面对这样一支杂牌军，李宗仁深深地叹了口气。他在回忆录中感慨道："和当时参加上海作战的部队相比拟，这些部队实在是三四等的货色。"

想当年，秦王为让大将王翦重新出山灭六国，爽快答应让他统兵60万，这几乎倾全国之兵。看来，蒋介石的气度比秦王小多了。

不过，今天看来，这也不能完全怪蒋介石。《红楼梦》里的贾宝玉那么深爱黛玉，气急时骂挂在脖子上的宝玉是"劳什子"，但他从来没有说过要送给黛玉。枪杆子是带兵人的命根子，李宗仁与蒋介石嫌隙又这么深，蒋介石岂肯把王牌和精锐拨给他指挥？

这倒罢了。问题在于，李宗仁洞察到蒋介石更隐秘的用意：欲借全国军民团结一致、共赴国难之机，消灭非嫡系的"杂牌军"，排斥异己，保存实力。正如他后来在回忆时所评价的：

蒋先生统兵、治政的本领均极端低能，但其使用权谋，用诈术则天下第一。

我和蒋先生共事数十年，对蒋先生的手法领教太多，所以他一举一动的用意何在，我均洞若观火。

对这支杂牌军，李宗仁怀着深深的同情：一方面，为了国家和民族独立与生存，必须与日军决一死战，以尽军人的天职；另一方面，又担心蒋介石不给补充给养，还以作战不力的名义治他们罪。

大敌当前，不能让弟兄们流血又寒心啊！李宗仁深入各部队巡视，安抚军心，激励士气，与各路将领推心置腹，以诚相待，并晓以利害，成功地将这个"草堂班子"聚拢在一起。

正当徐州市面恢复正常的时候，传来南京失守的噩耗。紧接着的一个月内，日军在南京城内大肆屠杀，30多万军民惨遭屠戮！刚刚趋于平静的徐州城，又变得惶恐不安起来。

战事骤紧，李宗仁反倒从容不迫。他把准日军的脉搏：本来就不可一世，这回更骄狂无比。他深谙"骄兵必败"古训，定要抓住日军这一弱点，在津浦线上缜密布兵，充分运用数万哀兵的力量，给予日军以痛击！

根据最高统帅部确定的战略方针，李宗仁制订第五战区的作战计划：

（1）保有鲁省大部分及苏北地域，与敌行持久战。（2）作战初期，应把守黄河及沿海要点，直接阻止敌人之侵入；不得已时亦须逐次诱敌深入鲁南及苏北地区，准备会战，予以极大打击，获得最后胜利。

根据此计划，第五战区做了3个阶段的部署：第一阶段，以第一线兵团将日军阻止在黄河北岸及沿海地区，延缓日军南进速度，使第二线兵团有充裕时间在徐州附近部署完毕；第二阶段，如黄河失守，第一线兵团退至莱芜、泰安、新泰一线，设防固守，会同朝邹县、滕县推进之第二线兵团的有力部队在兖州附近同日军会战；第三阶段，兖州附近会战万一失利，则在徐州进行决战。

李宗仁确定了决战方针：以少数部队固守徐州，以大多数部队沿津浦路侧击，开展运动战、游击战，阻敌南进。

历史证明，这些作战方针和部署，体现了积极防御的作战精神，是在敌强我弱的形势下采取的正确的作战方针。

1937年12月，日军华中方面军继占领南京后，随即渡江北进，攻占浦口、滁县一带，显示出沿津浦线北上的作战意图。

第五战区根据敌情变化，适时修订作战指导方针，提出"以一部仍守备海岸及黄河沿岸，以大部转移淮河之线，拒止北上之敌，相机转移攻势"；"第三集团军以主力配备于济阳、东阿、泰安，沿黄河右岸设防……竭力拒止敌之渡河，以巩固本战区北面"；"第五十一军即日以主力向临淮关、蚌埠间地区转进待命"；"战区直辖之各部队，仍位置于徐州附近，司令长官部仍在徐州"。

1937年12月20日，国民政府军事委员会电令第五战区：

（一）战区范围修订为：南界自长江口沿长江至湖北阳逻止，西南自阳逻至礼山沿豫鄂边境迄吴山镇，东北自黄河口，沿黄河至兰封、陈留、鄢陵、郾城、沁阳至吴山镇，与第一战区为界。（二）战区根据地，为泰安鲁南间山地及豫皖边境固始、立煌（今金寨）、经扶（今新县）间山地。（三）战区作战方针，为阻止侵入之敌，粉碎其打通津浦铁路线之企图，战区主力应配合地方武力，并用刚性与柔性之战法，展开全面作战，坚守战区根据地，与敌持久抗战。

李宗仁一声令下，第五战区迅速进入战斗状态：

第一分区（山东省境）以第三集团军为基干，沿济南、泰安间铁路线两侧纵深配备有力部队开展游击，胁敌侧背，使其不能越过泰安南进，同时为本战区北战场挽回战局之枢轴。

第二分区（江苏省境）以第二十八集团军为主干，沿运河南段纵深配备阻敌南进，必要时主力退入徐州西南山地，随时乘机出击，挽回局势。

第三分区（安徽省境）以第十一集团军为主干，于津浦线南段、淮南铁路北段及淮河间，以有力部队纵深配备，阻敌前进，于两侧展开游击战，务使敌不能深入至霍山、六安、正阳关、颍上、阜阳之线，同时于固始、立煌、经扶间山地构成根据地，以为战区南战场挽回战局之枢轴。

青岛、东海守备队于敌登陆后开展游击，阻敌西进或南进；战区并在砀山、商丘间控置有力部队（第二十二集团军作预备队），掩护战区左侧背，支援第一、二分区之作战。

杀一儆百

就在这时，一件意外的事情发生了。

镇守山东的韩复榘，虽然身为第五战区副司令，却不听李宗仁调遣，为保存实力，不战而退，一逃再逃，先弃济南，后离泰安，几天工夫就跑出几百里。李宗仁急令其重入泰安，以泰山为根据地打游击战，部队不得进入其他战区。韩复榘竟复电称："南京且不守，何有于泰安？""全面抗战，何分彼此？"把大半个山东拱手让给日军，使日军第十师团轻易占领济南。

济南是津浦铁路和胶济铁路的交会处，济南一失，日军便可沿铁路长驱直入，打通津浦线，把华北和华东连接起来。

第十师团装备精良，因师团长叫矶谷廉介，又被称作矶谷师团。矶谷师团占领济南后，一路东取青岛，一路南逼徐州。而在南线，由板垣征四郎率领的第五师团已渡过长江北上，沿着津浦线向北推进。第五战区面临南北之敌的两面夹击，华东战场局势十分险恶。

李宗仁叫苦不迭，原订的作战计划成为废纸，不得不重新调整部署，以部分兵力在南线顽强阻击敌人，延滞敌人北上；以主要兵力在北线抗击敌人，寻机吃掉一路敌人。

蒋介石极为震怒。在蒋介石眼里，韩复榘一直是个桀骜不驯的角色，阳奉阴违，拥兵自保，还与日本人眉来眼去，挟洋自重，早就对他不满。这次，蒋决定拿他开刀，杀一儆百，遂带着白崇禧飞到河南开封，在归德召开军事会议，要求第一、五战区师长以上军官全部到齐。

接到开会通知时，韩复榘心存疑虑，赶紧派人到徐州，请示李宗仁是否要亲自去。李宗仁明知蒋介石的真实用意，并不说破，而是要求韩必须去。

1938年1月11日，两个战区的80余名师以上军官齐集归德会议。李宗仁发现，才一个月不见，蒋介石憔悴了许多，眉头紧锁，声音嘶哑。他知道，这一个月来，国府南京正陷入人间炼狱，作为国家和军队的最高统帅，蒋介石所受的压力和煎熬，比任何人都大。

会议先由蒋介石训话。面对着满屋子一身戎装的将领们，蒋介石威严地干咳了一声，语气低缓，一字一句：

自从上海、南京失守，我们唯一的政治外交经济的中心就在武汉，武汉决不容再失，我们要维持国家的命脉，就一定要死守武汉，巩固武汉；但是我们要巩固武汉，就要东守津浦，北守道清，如果津浦、道清两路失守，武汉就失了屏障；屏障失了，武汉就受威胁！所以津浦、道清两路，我们无论如何要抵死固守，决不容敌人进犯！

接着，第一战区司令程潜和第五战区司令李宗仁报告战况。此时此刻，李宗仁知道，自己必须坚决维护最高统帅的权威。报告完战况后，他坚定地表态：

抗战至今日，已到了千钧一发的关头，我们如果能在津浦线上将敌人拖住，使武汉、重庆后方地区有充分时间重新部署，则我们抗战还可继续，以待国际局势的转变。如果我军在津浦线上的抵抗迅速瓦解，则敌人一举可攻下武汉，囊括中原，使我军无喘息机会，则抗战前途不堪设想。所以，徐州不是能否守住的问题，是必须守住！我身为战区司令官，决心率全战区将士死守徐州，直到统帅部在后方筑起新的防线。

两人报告完毕，蒋介石便宣布散会，起身先离去。

坐在门边的韩复榘一看，蒋介石并没有难为自己，松了一口气，连忙站起来，欲溜之大吉。这时，第一战区副司令刘峙忽然高声唤道："韩总司令，请慢点走，委员长有话要同你讲。"

韩复榘脸色一变，僵立在原地。与会者个个心里一凛，偷偷打量他一眼，不敢在会场多停留，出门后，纷纷交头接耳："韩复榘这回糟了，肯定凶多吉少！"

这时，从门外进来几个便衣卫士，站在韩复榘的身边。刘峙对韩说："韩总司令，你跟他们走吧。"

韩复榘顿时脸色发青，张了张嘴，似乎要申辩什么，却没发出声音。两个卫士向韩复榘做了一个请的动作，在前面带路，韩复榘低着头，跟着卫士出门，另外两个卫士押后。

当天，韩复榘即被解赴武汉，关押在武昌市平阅路33号内院一座二层小楼上，共关了七八天，当武汉的报纸连篇累牍地刊载审判他的消息时，他还蒙在鼓里呢。

韩复榘被关押期间，别人唯恐避之不及，只有他的把兄弟孙连仲冒着风险去探望，给了韩复榘很大宽慰。他俩见面时，韩复榘不知自己死期将至，还愤愤不平地说："济南不守，这是我的责任，我负责。那么，南京、上海不守，谁负责？"

孙连仲无言以对，只好说些宽心话安慰他。

此前，韩复榘天真地以为，就算自己没听命令，丢了济南，可蒋介石亲自指挥的淞沪会战，不是也没守住上海吗？南京不是也没守住吗？所以，他以为大不了受蒋介石一顿呵斥，不至于被一撸到底，更没有意识到会因此丢了性命。

在蒋介石授意下，鹿钟麟任审判长，何成濬和何应钦任副审判长，徐业进、贾焕臣任军法官，组成最高军事法庭，对韩缺席审判，于1938年1月

24 日将其处死。

韩复榘不是被公开处死,而是在禁闭室里被人背后偷偷枪杀。这天,有人来告诉他,何审判长请他去。他下楼走到楼梯拐弯处时,看到下面的人荷枪实弹,如临大敌,感到不妙,说了句,"我回去换一下鞋,这个鞋不合适",转身欲上楼。刚转身,后面就响起枪声。他大叫一声:"有,有刺客!"后面又连响几枪。他身中 7 枪,倒在血泊中,死时 48 岁。

事后,蒋介石假惺惺地说,他嘱令不准打韩的头部,因为韩是二级上将,又是一省政府主席。

韩复榘被葬在湖北和河南交界的鸡公山(1954 年由其子女迁往北京香山万安公墓),达官显贵无人敢去参加葬礼,唯有孙连仲赶去送行,足见孙连仲义重如山。

韩复榘被处死的第二天,郁德义从收音机里听到这个惊人的消息。他还听到,军事法庭给韩定了十大罪状:(1)违抗命令,擅自撤退;(2)按兵不动,拥兵自保;(3)勾结日寇,阴谋独立;(4)收缴民枪;(5)纵兵殃民;(6)派销鸦片;(7)破坏司法独立;(8)擅征和截留国家税款,破坏税制;(9)侵吞国防经费;(10)扰乱金融。

在处决韩复榘之前,国民政府军事委员会已枪毙 8 名旅以上军官,其中职务最高的是第六十一军军长李服膺。他们当中,有的在作战中严重失职,有的临阵脱逃。另外,国民政府军事委员会还撤职查办 40 多名旅以上的军官。

韩复榘是国民党在大陆执政时期按军法处死的军衔、军阶最高的国民党军将领。韩被处死的消息传开后,全军将士受到极大震动,令人头疼的军纪涣散状况得到很大改观,统帅部的各种军令也迅速畅通起来,全国军民的民心士气为此大振。

我在山东工作多年,经常听到人们拿韩复榘开涮,给他编排了很多笑话,成为茶余饭后的谈资。有说他胡乱断案、信口雌黄的,有说他胸无点墨、粗鄙不堪的,有说他孤陋寡闻、洋相百出的。

比如，有一次，韩复榘手下抓了两个小偷，一个偷牛，一个偷鸡。韩复榘审理时，判偷牛的释放，偷鸡的有罪。偷鸡者当然不服，连呼冤枉。韩复榘振振有词："牛没有反抗，乖乖地跟着走了。鸡又叫唤又扑愣的你都敢偷，还说你冤枉？"

有一则笑话说，韩复榘当上山东省政府主席后，第一次用上电灯。当天晚上，办公室里灯火通明，亮了一夜，外面的人以为他在办公。第二天早上，勤务兵端着洗脸水，拿着牙膏、香皂进到他房间时，见他正光着膀子对着电灯吹，身上汗流浃背。还边吹边骂："奶奶个熊，什么灯呀！俺吹了一宿都吹不灭！"过了一会，勤务兵进去倒洗脸水时，韩复榘苦着脸说："今天的早点，方的不好吃，太苦；长的还行，有点甜；汤我喝了，太淡，好像没搁盐。"

还有一则笑话说，有一回，韩复榘视察齐鲁大学，校长请他给师生训话。他装模作样地说："你们都是喝墨水长大的，每个人都懂七八国英文，兄弟我是大老粗，是吃枪子儿长大的，连中国的英文也不懂，我没有资格给你们训话，要训话，也是对牛弹琴，也可以说是鹤立鸡群了。蒋委员长提倡新生活，新生活当然好，要提倡。就是一条，'行人靠右走'着实不妥，实在太糊涂了，大家想想，行人都靠右走，那左边留给谁呢？我刚才进门时，看到十几个人穿着裤衩抢一个球（打篮球），成何体统！一个球才几个钱？犯得着这么抢吗？你们多买几个球，每人发一个，省得你争我抢的。还有，那个篮子也太破了，丢一个，漏一个。这不是丢球，是丢人哪。再没钱，补一补篮子总行吧？"

听这些笑话，似乎韩复榘纯粹是个混世魔王、草莽英雄。事实并非如此。韩复榘祖父是清末秀才，以教书为生，他本人1891年出生于河北霸县（旧称霸州）东山台村，在本村小学毕业后，又随祖父在私塾中读了七八年，能诗会文，书法也很见功底，曾在县衙当过"帖写"（即文书）。他能在冯玉祥麾下由一名低级军官逐步被升为拥兵数万的将军，很大程度上也是得益于能诗文、善书法，因为这在旧军队中十分难得。1937年，国民政府批准在北京西郊建立"辛亥滦州革命先烈纪念陵园"。韩因参加过滦州起义，遂奉冯玉祥之命，亲笔撰写纪念碑文。

1994年,《炎黄春秋》发表陆立之的一篇文章。陆早年曾受国民政府派遣,到山东工作过一段时间,与韩接触过几次。他在文章中回忆:"凭我个人观察,根据其人待人接物的各种姿态、其谈吐表白、其心态流露,我认为韩是一个不平凡的人。""在当时国民党所谓'儒将'中,还很难找到第二人。"

　　韩复榘年轻时骁勇善战,是冯玉祥手下最能打仗的"韩石二孙"(即韩复榘、石友三、孙良诚、孙连仲)四大将军之一。冯玉祥常对人炫耀说:"这是我的4只老虎。"

　　韩复榘也为山东做出过不少事。他治鲁7年,实施过"澄清吏治"、"根本清乡"、"严禁毒品"、"普及教育"4项计划,有一定成效,尤其是教育事业起色很大,并且没在教育界安排过一个亲友,殊为难得。韩复榘仰慕梁漱溟的道德学问,还大力推进梁漱溟的乡村建设计划。梁漱溟曾这样评价他:"他对儒家哲学颇为赞赏,且读过一些孔孟理学之作,并非完全是一介武夫。"

　　由此看来,李宗仁在回忆录中对韩复榘"识字不多,言谈也很粗俗"的评价,有失偏颇。

　　韩复榘有一妻两妾,共育有4子。长子韩嗣燮在他被处决后受到刺激,后来死于精神病院;次子韩嗣煜新中国成立后就读军政大学,参加过抗美援朝,复员后在兰州教书;三子韩嗣烽受过军事教育,新中国成立后在陕西交通部门任职;四子韩嗣煌曾留学奥地利,后定居国外。

　　韩复榘被抓的那天下午,蒋介石在归德行辕里开了一个小型会议,仅有程潜、李宗仁和白崇禧参加。

　　坐定后,蒋介石仍然余怒未消,眼露杀机:"韩复榘这次不听命令,擅自行动,我要严办他!"

　　程潜愤愤不平:"韩复榘应该严办!如果将领都像他这样各行其是,把上司命令当耳边风,我们的仗还怎么打?"

　　李宗仁和白崇禧只顾低头喝茶,没有吭声。

　　过去,李宗仁很少与韩复榘打交道,自担任第五战区司令成为韩的上司后,韩不把他放在眼里,关键时刻还公然抗拒他的命令,这令他非常窝火,私下与白崇禧密商，由白向蒋介石告发韩的问题，利用蒋对韩的不满，鼓动其严厉处置。此次借归德会议之名诱捕韩复榘，便是白崇禧出的主意。但韩毕竟是一省政府主席，又是第五战区副司令兼集团军司令，如何处置，李、白公开场合不便过多表态。

军家最忌临阵换将，此时日寇虎狼之师大军压阵，韩复榘留下的部队更不能因军中无将而自乱阵脚，必须尽快安排人顶上。

按理说，这是第五战区管辖的部队，应先由李宗仁提出人事安排。蒋介石当惯大家长了，事先并没征求李的意见，在会上直接做出安排：让十二军军长孙桐萱当第三集团军司令，五十五军的曹福林当副司令兼前敌总司令。

见蒋介石如此不把自己放在眼里，李宗仁心里自然不悦。不过，他是个有涵养的人，蒋是他的上司，他俩的关系又那么微妙，何况孙桐萱和曹福林的作战能力都不差，他不好表现出不满情绪，遂外表平静地表态："行，这几个人都是第三集团军的，他们升任，部队不会乱。"

会议结束后，蒋介石留下几位晚宴。他平时烟酒不沾，吃得也比较清淡，加上又是上下级之间的饭局，所以这顿饭吃得寡淡无味，草草了事。

蒋介石示意几个人随他去书房。这时，机要秘书早就在书房门外恭候，手上捧着一个文件夹。

蒋介石在沙发上坐定后，机要秘书趋步上前，打开文件夹，递上一份电报。蒋介石眼角余光一扫，见李、程、白仍在旁边垂手立着，心里很满意，就当没看到，顾自低头看了几分钟，然后签上名，抬起头来，机要秘书接过电报，快速瞄一眼，夹进公文包，迈着小碎步，悄无声息地出门。房间里只剩下他们4个人。

蒋介石好像这才发现似的，故作惊讶地说："咦，你们怎么还站着？坐，坐。"他指指旁边的沙发，示意李宗仁坐到他身边。

其实，李宗仁心里明镜似的。蒋这是故意要摆摆自己的威严，挫挫他们的锐气，但又不想让他们看出来。他也给足蒋的面子，谦推了一番，然后面向蒋侧身坐下，依然挺直着身板。程、白依次坐下，个个身板笔直。

蒋介石身子往沙发后一靠，双手摩挲着面颊，嘴里含糊不清地说："德邻哪，韩复榘公然抗命，一逃再逃，不光动摇军心，还丢失大半个山东，后果很严重哪，现在日本人已经逼到济宁，你看徐州还能守住吗？"

程、白的眼光都齐刷刷地转向李宗仁，看他如何表态。

这个问题，李宗仁早就思考过，布下应对之策。他斟词酌句地说："是啊，这个损失已经无法挽救了，津浦线的局势更加严峻了。不过，徐州的压力虽然加大，我认为徐州还是能守住的，起码短期内没问题。"

蒋介石一听，停止摩挲的动作，侧身盯着李宗仁。

这话让蒋介石感到意外。他原以为，李宗仁会向他诉一番苦，他也准备好一番话，要借着拿下韩复榘的余威，给李一点颜色。李的回答，让他一时不知说什么好，他愣了愣神，问道："你这么有把握？"

李宗仁没有马上回答，先是略作思考状，然后转向蒋介石，字字千钧："如果给我充足的补给，我保证守3个月，甚至还有可能获胜。"

蒋介石一下坐直起来，身子转向李宗仁，目光犀利，盯住他看了足足有一分钟，阴阴地说："德邻啊，军中无戏言哪。"

李宗仁从这几个字中品味出杀气，不由得心里一震。毕竟是久经沙场的人，他不动声色："如果韩复榘不丢济南，我可能守更长的时间，获胜的把握更大。"

"继续说下去。"蒋介石显得有点急迫。

李宗仁回答："上海、南京失守，损失固然惨重。但是，淞沪一战，打出了我军士气；南京遭屠，全军将士义愤填膺，对日寇恨之入骨，急于复仇，一雪国耻。这种激昂的士气和复仇的决心，是我们与日军连续作战的最重要条件！"

这话说到蒋介石的心坎上。上海、南京相继失守，他压力空前，经常彻夜难眠。此刻，如果是他的嫡系将领说这番话，他会当作是安慰和奉承，但从李宗仁嘴里说出来，意义就大不一样了。所以，他的心情一下变得舒畅起来，兴奋得身子晃动了几下，笑容满面，态度也变得亲切，指指茶杯，对在座的将领说："喝茶，喝茶，这茶香郁味醇。"

难得见到蒋有这样的大好心情，原本压抑的气氛顿时活跃起来。几个人边喝茶边聊天。守候在外面的两个侍者，大概是听到茶杯声，推门进来，添上热水，退出门去。

蒋介石还是有点不放心，放下茶杯，叮嘱道："话虽如此，你们第五战区毕竟南北受敌，不能掉以轻心啊。"

李宗仁若有所思地点点头："是啊，正因为如此，我不敢说守更长时间。不过，我们也有自己的优势，比日军熟悉地形，可以借助徐州外围的地形，消耗日军的有生力量，尽量拖住他们。"

蒋介石双手猛地一击沙发扶手："好！你有什么困难？只管说，我来解决。"

李宗仁微微一笑，提出一个要求："兵马未动，粮草先行。恳请委员长在军事补给上，向我第五战区倾斜一下。"

"没问题！"蒋介石十分干脆。

蒋介石身子后仰，脸上露出愉悦的表情。他这次拿韩复榘开刀，一方面是为整肃军纪，另一方面也是想杀一儆百，警告那些怀有异心、阳奉阴违、桀骜不驯者，李宗仁就是他想警告的对象之一。他安排的这顿宴席，一是安抚李、程二人，二也是给他们施压。没想到，李宗仁对战局的把握比他更精到，反倒大大舒缓了他的压力，给他增强了信心。真是响鼓不用重锤敲啊！

蒋介石心里暗暗宽慰：看来，这第五战区司令的人选没有挑错！

后来的事实是：李宗仁不是坚守3个月，而是4个月。

仁厚将将

无论做什么事，都离不开必要的物质基础，"巧妇难为无米之炊"便是例证。现在，"蒋婆婆"就是在难为"李媳妇"，只给他一点五谷杂粮，却要他做一顿可口之炊，供一大家人吃饱吃好。不过，这"五谷杂粮"实在是良莠不齐，有的油滑苟营，有的互存芥蒂，有的破履烂屦。捉襟见肘的李宗仁，凭着自己的一颗真诚、包容之心，见招拆招，尽显"巧妇"之能。

庞炳勋，便是一个被人认作油滑苟营的人。他还有一个绰号："庞瘸子"。

第二章 国难思良将

庞炳勋生于1879年10月，河北省新河县南阳庄人，幼年读书，后投笔从戎，参加清军，毕业于东北测绘学院，在清军第三镇充当测量官。辛亥革命前加入同盟会，后因受当局怀疑，被迫弃军还乡。由于家中经济拮据，兼做小本生意，有小商人的精明。内战时期，他从一名下层军官一步步发迹，升至军长，又当上集团军总司令兼省长，直至后来的国民党中央监察委员、陆军上将。

对被人戏称"庞瘸子"，庞炳勋是愤愤然的。

大凡起外号，因其个性突出、技艺超群，便呼他如"拼命三郎"或"小李广"等，都是褒义；那么"鼓上蚤"、"黑旋风"等便是褒贬兼含，褒其跳得高却是"蚤"，谓其如旋风却是"黑"；至于李瞎子、张聋子、王麻子之类，完全是以其生理缺陷开涮。但也不尽然，如"无脚飞将军"、"独臂将军"，都可说得上是荣耀的别称。

1922年4月第一次直奉大战，庞炳勋担任孙岳第十五混成旅步兵营长，率部在北京以南长辛店附近的南岗洼与奉军展开激战，被奉军的炮弹炸伤一条腿，这是光荣挂彩，但从此却落得个"庞瘸子"的外号。

在外人眼里，庞炳勋是个投机圆滑之人，作战时见风使舵，避重就轻，避实就虚，善于保存实力，所以在军界名声不太好。

对这些风凉话，庞炳勋嗤之以鼻："你们读过《孙子兵法》吗？懂不懂'保存自己，消灭敌人'是军事法则？保存自己是第一位嘛，不然有何本钱去消灭敌人？就说我庞某会保存实力，你们就舍得拼血本？我就这么几条枪、这么一帮人，每仗必损、拼光本钱，我不是成了光杆司令？"

即便如此，仍然让庞炳勋发窘的是：自己苦心经营多年，虽然身为军团长，职位比军长要高，但所指挥的军队只有5个步兵团，论实力还不如一个军。

对庞炳勋这些不好的名声，李宗仁早有所闻。但他想，庞炳勋久经沙场，经验丰富，圆滑也是机警，国难当头正是用人之际，只要驾驭得当，完全可以为我所用。

所谓"大匠无弃材"。李宗仁独具慧眼，看到庞炳勋的长处：宽厚待人，爱兵如子，平时与士兵同甘共苦，深得部下爱戴，兵力虽然不多，却是一支忠心耿耿、生死与共的子弟兵，将士在战场上如果被敌方俘虏，或者被友军收编，无论对方如何厚待，只要有机会，都会想方设法开小差，重新投奔庞炳勋，就像当年关云长被曹操所俘后，依然义无反顾地弃曹归蜀一样。

第三军团编入第五战区序列后，庞炳勋到徐州向李宗仁报到。因为久仰李宗仁威名，见面时，庞炳勋恭恭敬敬，甚至有些拘谨。

李宗仁张眼一瞧，这庞炳勋长得身材敦实，肥头大耳，鼻厚嘴阔，稀松的头发已经染雪，两道浓眉下，一双小眼睛滴溜溜转，给人以豪爽而狡黠的印象。

深谙统兵御将之道的李宗仁，特意为他摆酒接风，盛情款待。

席间，两人论起年龄，庞炳勋正巧长李宗仁一轮，都是属兔。这一论，论出一番惊喜，两人的感情马上接近了。

酒酣耳热之际，李宗仁端起酒，敬了庞炳勋一杯，言辞恳切："论序齿，庞将军是兄长，德邻是小弟，本不该指挥你，此番担任要职，实是奉命行事，也是抗战需要，今后调兵遣将之时，恐有得罪老兄之处，还望老兄多多包涵。"

花甲之年的庞炳勋，听了这番朴实诚恳的话语，拘束尽消，激动地站起来，搜肠刮肚，说了一通不文不白的话："李长官对庞某如此抬爱，愧煞人也！我虽是驽骞之乘，如今能在衰朽之年，听令于长官麾下，此乃三生有幸，岂敢不效前驱，尽心尽力，即使肝脑涂地，亦无所惜！"说罢，一仰脖子，将满满一杯白酒倒进嘴里。

李宗仁两颊绯红，眼珠里的血丝愈加明显，已经酒意微醺，感慨地说："打了20多年内战，当年打得热血沸腾，现在回头想想，往往敌我不分，是非不明，很难说正义或者非正义。现在日本欲亡我中华，是我们的共同敌人。这一次，我们是为国家、为民族而打，这样的仗打得才有意义，即使为国捐躯，也是死得其所。所以，我们应当抛弃过去的一切恩恩怨怨，把枪口一致对外。"

这番肺腑之言，在饱经风霜的庞炳勋听来，字字顺耳，句句入心。他也向李宗仁掏心窝子:"请长官放心,我庞某虽是粗夯之人,但'士为知己者死'的古训还是懂的,有您这样宽厚仁义的长官,庞某自当冲锋陷阵,万死不辞!这一次,我豁上全部家底,一定同小鬼子血战到底!"

能从庞炳勋口里听到这样的话,李宗仁十分欣慰。他给庞满满斟上一杯酒,趁势启迪开导:"当长官的会保存实力,这是爱兵的表现。这么多弟兄的性命交给我们,我们就轻于一掷?好钢要用在刀刃上嘛!唐人边塞诗中说,'战士军前半死生,美人帐下犹歌舞','身当恩遇常轻敌,力尽关山未解围',这样的将军是好将军吗?"

说到这里,李宗仁话锋一转:"日军狂妄放言,说中国军队不堪一击,毫不隐晦要在6个月内灭亡中国,我们作为中国军人,肩负中华民族希望与四万万同胞重托,此时不拼,还待何时?我们要给敌以当头痛击,让他们尝尝中国人的铁拳!若当了亡国奴,徒有实力又有何用?"

李宗仁句句在理,庞炳勋频频点头,更加坚定与日军搏杀的决心。他涨红着脸孔,霍地站立起来,向李宗仁敬了一个标准的军礼。

李宗仁情有所动,也站起来,端端正正地回敬一个军礼。

两个老军人的这个无声军礼,胜似千言万语。

李宗仁示意他坐下,关切地问:"贵部的士气如何?有什么困难?"

"都是子弟兵,士气没问题,只是,唉!"庞炳勋叹了一口气,"我只有5个团,人马本来就不多,现在上面要把我的一个特务团归并,缩编为4个团。我每个团兵额都是足额的,这一个团的人马归并到哪去呢?如果不能归并,就只好遣散。现在正是用兵之时,各部都在招兵买马搞扩充,唯独要我的部队缩编遣散,不知是何用意?"

李宗仁说:"有这事?你没申诉部队的实际情况吗?"

庞炳勋说:"申诉了。上面说,我如不遵令归并,就要停发整个部队粮饷呢!"

"荒唐!"李宗仁把筷子一放,有些生气,想了想,说,"这样吧,这件事我来处理。养兵千日,用兵一时,眼下正是用兵之际,怎么反倒不养了呢?"

庞炳勋喜出望外:"若能这样,我与全体官兵,对长官恩惠感激不尽!"

李宗仁又问道:"你的部队还缺少些什么?"

庞炳勋不好意思地摸摸后脑勺:"最缺的是子弹,枪支也很陈旧了,不堪作战。"

"行,我尽量予以补充。"李宗仁干脆利落。

庞炳勋千恩万谢,举起酒杯,与李宗仁重重地碰一下,两人一饮而尽。

他俩一个是广西人,一个是河北人,一个绵里藏针,一个粗中有细,之前从未打过交道,这场剖腹深谈,让两个性格迥异的人肝胆相照。

庞炳勋离开后,李宗仁立刻向中央交涉,请求收回成命。

在庞部开拔海州之前,军政部复电说:"奉蒋总司令谕,庞部暂时维持现状。"

李宗仁更命令本战区兵站总监石化龙,尽量补充第三军团的弹药和装备,然后调其赴海州接防。

庞炳勋闻知喜讯,感激涕零,深为李宗仁的细心体恤而感动。他告诫部下:"有李长官这样知冷疼热的好长官,我庞某人为了国家安危,肝脑涂地也在所不惜!你们记住,这是你们报效国家、报效祖宗的时刻,断不可贪生怕死!"

有道是按下葫芦浮起瓢。李宗仁这边刚刚安抚了庞炳勋,那边又冒出一个张自忠。

1938年2月,奉军令部之令,张自忠率五十九军增援第五战区。不过,他在向李宗仁报到时,提出一个意外要求:"我在任何战场上都可以力拼一死,唯独不愿与庞炳勋并肩作战,望长官见谅。"

李宗仁和在场的参谋长徐祖诒一愣,先是面面相觑,继而不解地望着张自忠。

张自忠恨恨地道出来龙去脉。

原来,庞炳勋和张自忠都来自西北军,过去都在冯玉祥的手下,彼此称兄道弟。1930年,蒋、冯、阎中原大战时,庞炳勋被蒋介石暗中收买,临阵倒戈反冯。当时,张自忠部就驻扎在庞炳勋的旁边,庞居然搂草打兔子,企图捎带把张自忠部一起吞并，竟出其不意偷袭张自忠师部，用一阵迫击炮猛轰。张自忠猝不及防，差点被迫击炮炸死。从那以后，只要提起庞炳勋，张自忠总是恨得牙痒痒。

听了张自忠的陈述，李宗仁一时不知如何劝解。沉默了一会，他踱到张自忠身边，紧紧地搂住张自忠的肩膀，柔声说道："你的心情，我非常理解。换成我，我也是不共戴天。今后调遣时，我尽量考虑周全些。可是老弟啊，"李宗仁拍拍张自忠肩膀，"冤家宜解不宜结，你是个深明大义的人，宰相肚里能撑船，事情已经过去这么多年了，你不要被这些枝枝蔓蔓纠葛，老埋在心里，对自己也是折磨，就把它放下来吧，得饶人处且饶人。现在是非常时期，咱们的共同敌人是日本侵略者。"

一番知冷知热的暖心话，说得张自忠两眼潮红，连连点头。

对李宗仁，张自忠内心充满着敬意，不仅是敬重他的人格，更是因为他俩之间有一段渊源。

张自忠是山东临清人，1914年入伍当兵，历任排、连、营、团、旅、师、军长、军团长、集团军总司令，1935年兼任察哈尔省主席，1936年兼任天津市市长，1937年兼任北平市市长，代理冀察政务委员会委员长。

张自忠原是宋哲元的部下，在宋的第二十九军任师长，两人关系密切，被宋举荐为北平市市长。"七七"事变前后，张自忠奉宋哲元之命，以市长身份与日本人周旋，在艰难环境中忍辱负重。华北战事爆发后，张自忠的部队南撤，他本人则被困在北平城内，好不容易才逃脱，到南京主动向中央请罪。外界不明真相，先是把他当成汉奸，后来又指责他不抵抗，舆论界对他口诛笔伐，呼吁中央严惩。听说他逃到南京，南京街头还贴出标语骂他是汉奸。军委会上，也有人主张军法审判他。张自忠百口莫辩，压力巨大。

这时，李宗仁刚从广西来南京，了解到张自忠乃忠义之人后，深为他惋惜，遂托人请他来面叙。开始，张自忠不敢来，说是待罪之人，没脸见李长官，经不住李一再邀请，他才前来，但见到李宗仁时，竟不敢抬头。

李宗仁看戏的时候，见过犯人上堂时低着头说，"犯人有罪，不敢抬头"，想不到北方军人中尚有此遗风，颇为感慨。他在回忆录中，对这个细节有清晰的记忆：

我说："荩忱兄，我知道你是受委屈了。但是我想中央是明白的，你自己也是明白的。我们更是谅解你。现在舆论界责备你，我希望你原谅他们。群众是没有理智的，他们不知真相才骂你，你应该原谅他们，他们的动机是纯洁的……"

张在一旁默坐，只说："个人冒险来京，戴罪投案，等候中央治罪。"

我说："我希望你不要灰心，将来将功折罪。我预备向委员长进言，让你回去，继续带你的部队！"

张说："如蒙李长官缓颊，中央能恕我罪过，让我戴罪图功，我当以我的生命报答国家。"

他俩论起序齿，惊讶地发现，竟是同年同月生的，都是1891年8月，李宗仁是8月11日，张自忠只比他小两天，感情自然接近不少。

果然，李宗仁随后便去见蒋介石。

蒋介石对张自忠还是了解的，听了李宗仁的陈述后，没有难为张自忠，而是让他仍回本部队，编入第一战区战斗序列。

复归部队后，在第五十九军官兵组织的欢迎会上，张自忠的讲话同样是一曲慷慨悲歌：

在天津时，我连累了大家。我们没有为国家为民族殉职，这是我们的耻辱。现在敌人气焰嚣张，正是我们戴罪立功之时。无论什么部队都可以打败仗，唯独我张自忠的部队不能打败仗。我的冤枉，只有一拼与死，拿真实的战绩，才能洗白干净。

因为有这段往事，张自忠对李宗仁一直怀有知遇之恩。所以，当军令部命令他率部增援第五战区时，他欣然应允，把这当作是一次报答恩情的机会。

关于张自忠和庞炳勋两人的过节,庞炳勋的第四十军副官处长李凤鸣后来在回忆临沂之战时,对此说法予以否定:

笔者随庞将军任职甚久,对过去史实记忆犹新,庞、张从无恩怨,而中枢统帅部是因人善用,绝非是无军可派增援临沂。今张、庞均已作古,国人不可误解,使庞、张两将军地下难安。

那么,为什么会有这样的误解呢?李凤鸣分析:

可能是民国十九年春中原大战时,在河南陇海线上的巩县黑石关,韩复榘曾攻袭庞部落败,而绕道东去开封,或系因此"张冠李戴"有所误解。

近来也有人撰文分析,认为张自忠是与石友三结仇,而庞炳勋是与韩复榘结仇。至于张自忠与庞炳勋结仇,是系南方将领的李宗仁误听人言,把他们各自的仇人闹了个张冠李戴,并写在回忆录里,致使后人以讹传讹。

虽然上述两君认定是李宗仁张冠李戴,但作为当事人的李宗仁,在其回忆录中曾言之凿凿地说,他曾据此劝解过张自忠(第三章还要陈述)。我想,假如张、庞之间的恩怨是讹传,当李宗仁劝解张自忠时,张肯定会当面向李宗仁澄清。若果真如此,李宗仁不会再在回忆录里睁着眼说瞎话。因此,我还是认可李宗仁的话。

第三章　同心拒强敌

杂牌挡锋

2014年4月26日上午，一夜透彻的春雨，使久旱的临沂城云烟朦胧。霏霏细雨中，沂蒙革命纪念馆正式开馆。在沂蒙老区工作战斗过的陈毅元帅、粟裕将军、陈光将军、肖华将军及朱瑞、黎玉、谷牧、赵镈等老革命的子女代表莅临开馆仪式，原中央政治局委员、中央军委副主席、国务委员兼国防部部长迟浩田发来贺信。作为应邀嘉宾，我有幸登上开馆仪式的主席台。

八百里沂蒙，可谓钟灵毓秀。战争年代，沂蒙百万人民拥军支前，10万英烈血洒疆场，"一口饭当军粮，一块布做军装，最后一个儿子送战场"，为中国革命做出巨大贡献，涌现出"红嫂"、"沂蒙母亲"王换于、支前模范"沂蒙六姐妹"等英模人物和先进群体。陈毅元帅曾深情慨叹："我就是躺在棺材里也忘不了沂蒙山人。他们用小米供养了革命，用小车把革命推过了长江！"

2013年11月，中共中央总书记习近平莅临临沂时，饱含深情地说："山东是革命老区，有着光荣传统，军民水乳交融、生死与共铸就的沂蒙精神，对我们今天抓党的建设仍然具有十分重要的启示作用。""沂蒙精神与延安精神、井冈山精神、西柏坡精神一样，是党和国家的宝贵精神财富，要不断结合新的时代条件发扬光大。"

在沂蒙革命纪念馆，我怀着景仰之情，流连于一幅幅历史图片前。然而，看罢之后，却有些遗憾：在抗日战争的版块里，没有看到国民党军队的抗战影子。

第三章 同心拒强敌

我们不能忘记：1938年的那个春天，国民党杂牌军的3.6万多将士，在临沂与日本王牌军杀得天昏地暗、神哭鬼泣，以两万多条生命的代价，消灭日军3000多人，有效地阻滞日军北上会合的步伐，为台儿庄大捷创造了积极的条件，极大地提振了屡战屡败的中国军队的士气！

且让我们把镜头摇回到76年前的那个春天。

1938年1月，日军王牌部队第五师团在青岛的崂山湾和福岛强行登陆，占领青岛。随后沿胶济铁路线，一路西进。2月上旬，直逼临沂城下，临沂告急。

第五师团组建于1888年春，是日本编组最早的7个师团之一，也是日军最精锐的机械化部队，有"钢军"之称。第十九任师团长叫板垣征四郎，曾参与策划九一八事变，因此该师团也称作"板垣师团"。

卢沟桥事变爆发后，板垣师团当月即被调入中国华北地区，先后参与南口战役、平型关战斗和忻中战役，其中一部分参与淞沪会战，还参与了南京大屠杀。到1937年底，板垣师团共击溃30多个中国师，创下显赫战绩。

临沂是鲁南地区的军事重镇，距台儿庄90公里，为徐州东北之屏障。临沂一旦失守，板垣师团就会与沿津浦线南下的另一支王牌部队——矶谷廉介师团会合。日军意图很明显：南北两支部队形成钳形攻势，一举占领徐州，彻底打通津浦线。

此时的临沂城只有少量守军，在日军面前可谓螳臂挡车。危急关头，李宗仁手下兵力窘迫，只好就近抽调守卫海州的庞炳勋三军团驻守临沂，堵截敌人前进，庞部防地则由驻苏北的缪澂流军接替。向来避实就虚的庞炳勋，这回却一反常态，接到命令后二话没说，立刻拔营而走。

军事会议上，李宗仁向蒋介石汇报战情。听说调庞炳勋部去守临沂，蒋介石大吃一惊，责怪李宗仁："临沂成败事关全局，你怎么能派这个人守呢？"

李宗仁苦笑了一下，暗自想，"还怪我呢，这不是你拨给我的杂牌军吗？"心里不悦，嘴上却说："我也是'蜀中无大将，廖化作先锋'啊。不过，凭我对他的了解，我相信他能够担起这副重担！"

有道是哀兵必胜。战幕刚刚拉开，庞炳勋部就为李宗仁争了一口气。

1938年2月中旬，庞炳勋率三军团集结完毕。三军团只辖一个军，即四十军，由庞炳勋兼任军长。四十军直属只有一个特务营和三十九师，师属两个步兵旅和一个补充团，全军1.3万余人。

抵达临沂后，庞炳勋派朱家麟的一一五旅驻城东相公庄一带、李运通的一一六旅在城北葛沟一带构筑阵地，派李振清的补充团驻城关附近，自己则率军部和三十九师师部驻扎在临沂南关，指挥所设在山东省立第三乡村师范驻城关学校。

庞炳勋部到临沂后，百姓夹道欢迎，纷纷献上自己的鸡鸭鱼肉、萝卜大葱、馒头煎饼。一位老大娘迈着小脚，一扭一扭地把一篮鸡蛋送到军部。由此看来，沂蒙人民不只对共产党及其军队情有独钟，对抗日的国民党军队也是踊跃支前的。

为什么沂蒙百姓在国难当头时支持国民党军队，而在国共内战时却支持共产党军队？只能有一种解释：老百姓拥护的是正义之师。换言之，谁能保护老百姓，谁能维护老百姓利益，老百姓就拥护谁。

时隔一个月后，同样温馨的一幕，出现在第五战区长官司令部里。那天，美国合众社记者爱泼斯坦去拜访李宗仁时，看到3位农民赶着一群黑猪，从满脸笑脸的卫兵面前走过，径往长官司令部的庭院。"这是干什么的？"爱泼斯坦问一位跟随他的年轻官员。官员告诉爱泼斯坦："这是农民来慰劳国军。"

看到纯朴的沂蒙百姓如此厚爱自己，庞炳勋感动得灰胡须直抖，抱拳对劳军百姓说："请父老乡亲放心，只要我庞某在，即使只剩一兵一卒一弹，也要与临沂共存亡！"

此时的庞炳勋，为什么会与内战时期避重就轻、吝惜用兵判若两人？为什么会如此义无反顾、大义凛然？究其原因，除了他受李宗仁感化之外，更重要的因素，应该是他深知此次面对的是外国侵略者，他是为国家存亡而战、为民族兴衰而战。

刚驻扎不久，庞炳勋就接到情报，有一股敌人从蒙阴沿公路南下。他当即派李振清的补充团前往迎击。

出发前，李振清给四十军副官处长李凤鸣打电话："李处长，我想请你帮个忙。"

李凤鸣负责后勤运输事务，他问："是要运输枪弹粮食吗？"

"不是，想请你派两个司机，随我团一起出发。"李振清说。

"派司机有啥用场？"李凤鸣感到奇怪。

"去开日本人的汽车。"李振清笑嘻嘻地说。

"到哪开？"李凤鸣愈发奇怪。

"嘿嘿，到时候你就知道了。"李振清故作神秘。

李凤鸣不知李振清葫芦里卖啥药，又不好多问，虽然手下司机不多，还是派出两人。

3天以后，从蒙阴传来好消息：补充团在垛庄北大石桥伏击了日军一支小股部队，把鬼子揍得丢盔弃甲、抱头鼠窜，击毙、击伤敌军数十人，炸毁3辆汽车，缴获一辆全新六轮卡车，还有9支步枪和甚多物资。李凤鸣这才恍然大悟。

不过，两个司机并未完全发挥作用。公路上到处被炸得坑坑洼洼，缴获的汽车无法行驶。打扫战场时，李振清见很多百姓围着东洋货看稀罕，灵机一动，让百姓抬起汽车试试。一些青壮年一哄而上，犹如蚂蚁搬家一般，抬着汽车走得飞快。一路上，能开则开，路况差无法行车时，李振清又发动沿途百姓接力抬行。就这样抬抬开开，走了近百公里，好不容易把车子弄回到临沂。

李振清亲自押车，浩浩荡荡地开进军部，军部的人呼啦一下围上来。庞炳勋接到报告，三步并作两步从屋里奔出，拨开人群，围着车子转了两圈，拍拍李振清肩膀，乐得直咧嘴："有种！这是我军旗开得胜的好预兆啊！"

他忽然想起什么，扯着脖子吼了一句："王信孚呀！"

"到！"军部秘书王信孚挤进人群。

"你去找支排笔，在车帮上写上一句话。嗯，就写'补充团攻蒙阴虏获日军之装甲车'，然后把车子开到大门前，停在那里展览，让老百姓开开眼界、长长志气，让他们知道，咱老庞家的队伍不是吃干饭的！"

"是！"王信孚乐颠颠地转身去了。

汽车在师范学校门前展出后，老百姓像赶大集似的蜂拥而至，马路被挤得水泄不通，人们边看边议论："这小鬼子也是爹娘养的，没啥了不起嘛，照样吃俺中国军队败仗！"

原本人心惶惶的临沂城，顿时民心大振。

2月下旬，板垣师团下属的田野支队在飞机、大炮、装甲车的支援下，向莒县进犯。2月21日，日军距莒县城只有十五六华里时，莒县县长许树声仓皇弃城南逃，原本有二三十万人的县城，几乎成了一座空城，而奉令守卫莒城的庞炳勋部队还未赶到。

正在莒县执行游击任务的第五战区第二路游击队司令刘震东，见状电话请示庞炳勋："莒城还守不守？"

庞炳勋命令："你立即率部入城，争取坚守6小时，援军随后赶到！"

"是！"刘震东口气坚定。虽然庞炳勋不是直接上级，但刘震东毫不含糊，坚决执行。当天下午5时30分，他率部入城，堵塞城门，布岗设防，做好一切固守城防的准备。

夜间12时，援军——五旅抵达莒县。因城南公路和桥梁被南逃的许树声破坏，援军只好下车跑步入城。

2月22日凌晨4时，城外已有敌人在活动。刘震东下令："一定要沉住气！不到一枪打一个的时候，决不发枪。"

到5时30分，日军已经密集于县城四周，开始发起进攻。游击队员们待敌开始攀爬城墙时，一齐开火，打得日军鬼哭狼嚎，横尸一片。

刘震东分拨两营士兵冲出南门，分东西两路包抄日军后方。到9时左右，出城部队已到敌人背后，冲锋号响起，一片喊杀声，敌人狼狈而逃。

然而，莒县西、北两面却被千余敌人包围，炮火猛烈。二二九团团长邵恩三左臂受伤，仍坚持在城上督战。战斗持续到下午2时，终将敌人击退。

半夜时分，日军大举反扑，一个班的日军带着一挺轻机枪，偷上城西北角，向城东南面猛烈扫射，城内守军顿时大乱，纷纷向南门撤退。副旅长黄书勋和团长邵恩三登上城南门，组织火力向城西北角反击，同时命令炮兵从城东南角向西北角发射，终于干掉了西北角的日军。

23日拂晓，日军又偷袭城东北角。刘震东在城墙上来回奔跑督战，指挥部下不顾一切抢堵还击。就在这时，一发炮弹呼啸而至，在他身边爆炸，他的头部、腹部中弹，壮烈牺牲。

在日军的大炮轰击和飞机轰炸配合下，上千名日军步兵围城环攻，守城的一一五旅和刘震东残部抵挡不住，被迫放弃莒县县城，撤至夏庄一带。

刘震东牺牲后，中国共产党领导的人民抗日宣传队在临沂为他召开追悼大会。同年3月9日，李宗仁在徐州为刘震东举行隆重的追悼大会，国民革命政府追赠刘震东为陆军中将。

日军占领莒县之后，南下经夏庄、黄庄，向临沂前沿阵地汤头逼近。在此阻击的是一一六旅二三二团。日机每天数次轰炸，又不停地以排炮射击，坦克掩护步兵向守军阵地冲击，炮火异常猛烈。战事持续五六日，二三二团伤亡过重，不得不放弃汤头，撤至后方整顿。

汤头撤守，太平、白塔吃紧，庞炳勋命令一一六旅二三一团坚守，拖住敌军主力；另由垛庄调回补充团，从葛沟以北抄袭日军的右侧背；由相公庄抽调一一五旅二二九团，沿沭河东岸抄袭敌人的左侧背。当二二九团二营前进至铜佛官庄时，与敌相遇，展开激战，营长汪大章身先士卒，挥舞着大刀冲锋陷阵，不幸被敌人射中。

日军见中国军队将其左右包围，被迫于3月6日放弃太平、白塔一带村庄，撤回汤头镇，汤头以南阵地重新回到庞炳勋部队手中。

为了尽快夺取临沂，板垣师团在飞机、大炮和坦克的支援下，向临沂发起猛烈攻击。此次进攻临沂，板垣师团除了一个师团的优势兵力外，还附属一个山炮团和一个骑兵旅。双方力量如此悬殊，照理说，三军团的胜算几乎为零。然而，有道是兄弟同心，其利断金。三军团拼死严守，日军反复冲杀，阵前尸横遍野，一时竟无法破城。

就在庞炳勋拼死抵抗时，徐州城里聚集数十位观战的中外记者和外国友邦武官。闻知凶悍的板垣师团竟然在庞炳勋的杂牌军面前束手无策，非常惊讶。消息迅速传播开来，令不可一世的日军大挫锐气。

冰释前嫌

临沂屡攻不克，板垣征四郎恼羞成怒，将一线攻击部队增至5000余人，令支队长坂本亲自坐镇指挥，再次向庞军猛扑，先后占领沂河以东、汤头以南的南沙岭子、白塔、太平、停子头等村庄，步步逼近临沂城。庞部伤亡惨重，渐渐不支，连电告急。

李宗仁向庞炳勋发去电报："临沂为台（儿庄）、徐（州）屏障，必须坚决保卫，拒敌前进，已令张自忠部前往增援，并派本部参谋长徐祖诒前往就近指挥。"

接到电报，庞炳勋又喜又惊。喜的是终于盼来了援军，惊的是援军竟是老冤家张自忠。

从3月初起，张自忠的五十九军集结于滕县以西大坞村、池头村一带，此时正以三十八师的部分兵力袭击邹县之敌，主力则向济宁、兖州间之敌进攻。接到战区长官部急电后，张自忠火速赶到徐州。

李宗仁是个通情达理的人，明知张、庞不和，为什么偏要为难张自忠？他实在是迫于无奈，手头兵力太少，只有五十九军可以调动。

鉴于李凤鸣等人对张、庞恩怨的质疑，这里有必要原文照录李宗仁在回忆录中的一段话：

徐参谋长颇感为难。我闻讯，乃将张自忠请来，对他诚恳地说："你和庞炳勋有宿怨，我甚为了解，颇不欲强人之所难。不过以前的内战，不论谁是谁非，皆为不名誉的私怨私仇。庞炳勋现在前方浴血抗战，乃属雪国耻，报国仇。我希望你以国家为重，受点委屈，捐弃个人前嫌。我今命令你即率所部，在临沂作战。你务要绝对服从庞军团长的指挥。切勿迟疑，致误戎机！"

自忠闻言，不假思索，便回答说："绝对服从命令，请长官放心！"

可以想象，假如张、庞没有恩怨，当李宗仁说这番话时，张自忠肯定会予以澄清。

李宗仁心细如发，特地让参谋长徐祖诒随张自忠同行，一是协助张、庞阻击日军，二是调和张、庞二人的关系。

深明大义的张自忠，自然明白"兄弟阋于墙，外御其侮"的道理。他立刻返回位于峄县的军部，紧急动员部署。

五十九军下辖两个师：三十八师师长黄维纲，辖一一二旅（旅长李金镇）、一一三旅（旅长朱春芳）、一一四旅（旅长董升堂）；一八零师师长刘振三，辖二十六旅（旅长张宗衡）、三十九旅（旅长祁光远）；连同军直属部队，共约2.1万人。全军装备中正式步枪，每班配有一挺捷克式轻机枪，军中尚有少量的步兵炮和重机枪。此外，每个士兵都备有一把大刀。

峄县距离临沂90公里，按正常速度需要3天。张自忠掐指一算，若按这个速度，即使赶到临沂，庞炳勋也已全军覆没。他给部队下了急行军的死命令：务必在明天晚上之前赶到，若有违反，军法处置！

不巧得很，这个时候雨雪交加，道路泥泞。将士们迈开步伐，日夜兼程，硬是在24小时内走完了90公里路程。3月12日下午，部队提前到达临沂城外的沂河西岸。

安顿好部队后，已是天近黄昏，张自忠立即前往庞炳勋的指挥部报到。

张自忠的部队从天而降，让庞炳勋大吃一惊，不由得对张自忠肃然起敬。以庞炳勋的精明，当然明白：这次张自忠不必打他，只需走慢点，就能借日本人之手灭了自己，报了一箭之仇。他狠狠地捶着胸脯，暗暗地骂着自己："老庞啊老庞，如果换成是你，你可能就这么干了，还是张自忠仗义啊！"

庞炳勋早早走出军团部，恭恭敬敬地立在大门口迎候。当能看到对方时，两人急步趋前，先是互敬军礼，继而紧紧相拥，互相拍着对方的后背，久久不肯分开。

此时此刻，一切语言都显得苍白无力。这一抱，淤积在心底多年的愤懑，顷刻间烟消云散。

远处，不时传来密集的枪声，炮弹从头顶上呼啸而过，有一发还落在军部院里爆炸，他俩竟视而不见。

庞炳勋眼里泛着泪花，使劲晃动着张自忠的双手，慨叹道："荩忱老弟啊，你是我的救星啊！我这里已经不敷应付，部队全都拉上去了，连我的警卫都增援到第一线。如果援军不到，我只有舍出这条老命了。不过，我是决心和敌人拼到底的！"

张自忠笑了："大哥你放心，我一定尽全力帮你打赢这一仗！"

张自忠的话，对庞炳勋是字字千钧。他感慨地说："我年将六十，如果能在中国复兴史上增添光辉的一页，固然是我的愿望；即使把我们壮烈牺牲的事迹在亡国史上写上一行，也算对得起祖宗啊！"

张自忠深受感动，紧紧握住庞炳勋的手，摇了又摇。面对共同的敌人，两个宿敌冰释前嫌。

庞、张闹翻前，曾并肩战斗多年，经常在一起插科打诨，无话不说。此番心结解开后，两人又一下子回到从前，说话无遮无挡。

庞炳勋快言快语："老弟呀，人家说你在北平当汉奸，我才不相信呢。记得我们在北平，曾和宋明轩一道通电全国，'宁为战死鬼，不做亡国奴'，所以我对你大为放心。"

张将军仰头大笑："今天倒要他们看看，我张自忠是不是汉奸！"

3月13日，在徐祖诒主持下，两支部队的高级将领召开军事会议，商讨作战计划。

庞炳勋说："敌强我弱，力量悬殊，我认为当下之策是据沂河之阻，坚守防御。"

张自忠摇摇头："沂河水浅，难以阻敌。日军武器比我们强，火力比我们猛，一旦进攻，我们只有挨打的份。进攻是最好的防御，主动进攻比被动挨打要好。这样吧，我部承担进攻，炳勋兄仍固守城池，配合出击。"

庞炳勋说："荩忱老弟，你的队伍刚刚强行军到此，非常疲惫，是不是先休整两天？"

张自忠说："兵贵神速，乘日军还没有掌握我军的动态，我们明天凌晨就发起攻击，打他个措手不及！"

徐祖诒一拍桌子："好，就这么定了，小鬼子正在加强攻势呢。"

原来，日军第二军司令官西尾寿造已命令第五师团迅速攻取临沂，然后向峄县进发，以配合在津浦线上作战的第十师团。

军事会议决定，庞炳勋指挥四十军从正面后撤，诱敌深入，使日军的右侧翼暴露在五十九军面前；张自忠指挥五十九军从沂河西岸渡河，侧击东岸尤家庄附近之敌；四十军主力在沂河东岸与五十九军相呼应，包围敌人的主力并予以歼灭。

3月14日凌晨2时，五十九军强渡沂河，以迅雷不及掩耳之势向坂本支队发起猛攻。此前，板垣只专攻庞炳勋部，没料到半路杀出个程咬金，顿时首尾难顾，只好放弃进攻临沂城，掉转头来对付五十九军。双方在沂河两岸拉开架势，反复冲杀，战线屈伸，犬牙交错，形成逐村、逐户的争夺拉锯战。

与此同时，庞炳勋配合张自忠，沿沂河东岸向北进击，先占领甘屯、寇屯，再分出一部分兵力进攻尤庄、柳行头外，主力向相公庄方面迂回。

3月15日晨，战局突然发生变化：沂河东岸的日军主力分别由塔桥、车庄偷渡沂河，到达西岸，在两辆坦克、10辆装甲车以及数门大炮的配合下，向五十九军左翼阵地——茶叶山附近的石家屯高地发起猛攻，企图占领制高点，并一度侵入茶叶山，威胁整个五十九军。张自忠急调已经渡河的三十八师迅速撤回河西，阻击过河日军。

当天，四十军进至平墩湖、曹家丹、东西张官庄、前后河湾之线，于次日向大小刘寨方面进攻。次日拂晓，在河东开始攻击沙埠岭、大小张家寨子、尤庄、东西水湖崖等地，激战数小时，迫使日军向北败退，部队继续朝东庄屯方向追击。

但日军却视五十九军为心腹大患，避开四十军的进攻，把攻击的重点对淮河西的五十九军阵地。

16日晨6时,日军由莒县开来增援部队千余人,又从四十军正面的东庄屯一带抽调大部,在炮火的掩护下向钓鱼台一带攻击,同时10架飞机对淮崖头、茶叶山狂轰滥炸,阵地工事悉被炸平,守卫茶叶山的三十八师二二五团七连全部阵亡,守崖头的两个连仅剩数十人,战士们毅然挥刀冲锋,将敌击退,恢复原有阵地。

茶叶山是临沂城北的屏障,也是五十九军左翼阵地的制高点,有一个团的兵力守护。这天上午,在日军炮火的猛烈轰击下,茶叶山失守。日军占领茶叶山后,在山脚下构筑起工事,又把半山腰的小庙作为第二道防线,山顶则驻守一个中队。

午后3时,日军从河东向河西增援五六百人和4门炮,向五十九军左翼阵地发起攻击,战事重心开始转至沂河西岸。整个河西炮声隆隆,火光冲天,一场惨烈的战斗在茶叶山、刘家湖、苗家庄等地展开。

黄昏时分,二二七团向茶叶山发起攻击,野炮、迫击炮先向半山腰的小庙开炮,然后轰击山顶,部队则猛攻日军的山脚阵地,突破第一道防线后,一鼓作气攻占了小庙。但是,日军的火力太猛,二二七团伤亡惨重,被迫放弃已占领的阵地,转向刘家湖作战。

在刘家湖,二二八团已与日军拼杀整整一天。夜里,二二七团加入战斗。村中有一个面积数亩的大水塘,双方在水塘两侧对射,阵地几度易手,水塘两侧堆满数百具尸体。

激烈的厮杀,使五十九军伤亡惨重,三十八师伤亡近4000人,一八零师也伤亡两千余人,全军在一线作战的部队营长伤亡三分之一,连、排长全部易人。由于五十九军伤亡过重,随军作战的徐祖诒建议撤出战斗,加以整补。

激战犹酣的张自忠不甘后撤,要求再坚持一天一夜。经李宗仁同意后,他将师长黄维纲、刘振三招来军部,铿锵有力地说:"我军伤亡很大,敌人伤亡也大。敌我双方都在苦撑,战争的胜负,决定于谁能坚持最后5分钟!"随即下达作战命令。

第三章 同心拒强敌

入夜之后,炮火连天,枪声大作,五十九军全部出动,饿虎扑食般向茶叶山及刘家湖、小苗家庄、船流、崖头等十多个村庄同时扑去。

经过一昼夜的激烈战斗,终于将日军击溃。按以往习惯,日军在战场上遗尸极少,即使不能运走,也要割取战死者的一个手指或一只耳朵,回去交给他们的亲属。但这次战斗,日军连割掉战死者一个手指、一只耳朵都来不及,就仓皇逃命。

在沙岭、大太平、崖头、船流、凤仪官庄等处,一场你拼我杀的肉搏战同时进行着。我军拼死向前,敌军狼狈而逃,各村庄逐个被收复。

四十军被五十九军的猛烈攻势所鼓舞,也向日军的侧背发起进攻,夺取日军后方兵站尤庄子。固守九曲店的补充团也发动攻势,猛击敌群。

在五十九军和四十军的合力进攻下,日军被全线击溃,无心恋战,仓皇向汤头、莒县方向逃窜。

关于张庞两军齐心协力、顽强搏杀、痛歼强敌的情况,当年有一位叫剑心的战地记者,曾随军做过采访。他在一篇名为《记张自忠将军》的报道中描摹绘声绘色:

张自忠将军对记者剑心说:"这样血战了一昼夜,为了完成我们歼灭的任务,便将敌人大部引到沂河西岸,使他们向我们进攻,我们可以逸待劳,杀他们一个痛快。"说到这里,他笑了一笑,便又接着说:"他们虽然有最新式的利器,准备向我们大屠杀,可是攻进了我们的村庄之后,我们立刻又猛烈反攻,和他们作一次白刃战,这时候,坦克车、装甲车、飞机,都失掉了效用,而有许多的敌人的利器,便成了我们的战利品。"他说到这里,更兴奋了:"我们前线上的弟兄,多数已经使上了敌人的自动步枪,穿上了黄呢的大衣了。"

张自忠将军回忆在临沂与日军恶战时继续说:

"在15日的那天,敌人在莒县方面,又派了2900多增援部队,他们在汤头南边下车后,便立刻急行沂河西岸,向我茶叶山进攻。茶叶山是沂河西岸的唯一高地,为兵家必争之地。我们在那里,早配备了雄厚的兵力,他们数度的攻击，只是多死几个人而已。曾经有一次，敌机12架，向我们的茶叶山狂炸，我们的阵地全部被毁，敌人便在大炮掩护之下，用坦克车装甲车向我们冲锋，这样血战了一天，终究被他们占领了。茶叶山如果被他们占领，那么我们，沂河西岸，将无立足之地，于是我们在生力军增加之后，便乘他们立足未定，加以猛烈攻击，肉搏多时，茶叶山失而复得。敌人在茶叶山碰壁之后，便想包围茶叶山，而致我们的死命，便猛烈向茶叶山附近的几个重要村寨进攻。"

"他们也抱必死决心，倾师进攻茶叶山附近的崖头、刘家湖二处，我们的阵地被炸毁后，即被敌人占领，可是不一会儿，我们增援部队到后，便立刻奋力反攻，和他们肉搏，刘家湖失而复得者4次，崖头失而复得者3次，在那里，真是杀得'尸积如山，血流如渠'，有一次刘家湖失陷，敌人以为我们决不能反攻了，便在那里设了炮兵阵地，不料他们喘息甫定，我们便在此猛烈反攻，肉搏一小时之久，立刻又克复了原有阵地，敌仓忙逃去，所有一连炮兵，几乎全部被杀，他们4门七生五的大炮，只运走了一门，其他3门便被我们夺获。进攻的部队中，有一连长，原是炮科出身的，便立刻将炮位调整，向敌溃退部队猛轰，敌人前遂全部被断送在炮火之下。"

……

此时，在场的李文田将军插嘴笑着说："在抗战的过程中，如果我们要和敌人阵地战，那么，必定要吃到一个大亏。受到了血的教训之后，我们在军事上已经有很大的进展。这一次我们可以说是：将主力战、运动战、游击战，配合起来，才获得了这一个胜利。同时最使我们兴奋的，便是所杀的完全是日本人，没有一个伪满部队和匪军。"

在接受剑心采访时，张自忠还高度赞扬庞炳勋军团作战表现：要不是庞军的向北猛进，我们前后夹攻，也绝不会有这么好的成绩。他还特别列举庞军四连连长郭清顺英勇无畏、视死如归的壮烈事迹：

郭清顺于15日进攻傅家屯时，他的腹部中了好几颗子弹，他的部下，便劝他回到后方去，他说："我这伤决计是医不好了，我愿意在我未死之前，亲眼看见我们忠勇的弟兄，占领傅家屯，那我在九泉之下，死也瞑目了。"这一连士兵，便在他们的长官没有断气之前，一鼓作气地占领了傅家屯，这真是感天地而泣鬼神，使我们无限地敬仰与悲悼，痛惜这一位忠勇的将领。

战斗结束后，四十军补充团团长李振清率部打扫战场，正在一个叫付家草坡的村庄忙乎时，从村旁的树林里急急奔出两个士兵，气喘吁吁地向他报告：

"团长，里面吊着8个鬼子！"

"什么？看看去！"李振清吃了一惊，横跨下马，一头钻进林子。

林子深处，果然吊着8个人，都穿着日军军装。有两个胖一点的，把树枝也压弯了，脚几乎快触到地面。

开始，李振清还以为他们是被当地百姓吊死的，可是四下一看，8个日本兵衣着整齐，铺满落叶的地上没有打斗的痕迹，而且枪支和其他随身物品都放在各自的脚下，一样没少。

难道他们是上吊自杀？李振清百思不得其解，下令道："把他们都放下来，看看他们口袋里有没有东西。"

"团长，这里有一张纸。"一个士兵从一个日本兵口袋里摸出一张折叠着的纸，递给李振清。

李振清展开一看，上面草草写着一段中文："吾是琉球人，不愿打祖国，望保全尸体予以掩埋。"

李振清恍然大悟：原来他们都是琉球兵！

李振清幼年读过私塾，后来考入中央军校第七分校（西安分校）第15期，肚子里有些墨水，知道琉球与台湾一衣带水，不少琉球人的祖先是从大陆或者台湾漂流过去的渔民，对大陆的感情始终很深。他得出判断，这8个日本兵可能是他们的后裔，肯定是被强迫征兵来的。

周围叽叽喳喳议论着的官兵们，霎时鸦雀无声。

李振清沉默良久，吩咐道："挖一个深一点的大坑，把他们好好安葬。"

一个半人深的长方形大坑很快挖好，士兵们把8个琉球兵抬进坑里，整齐地排放在一起，将他们的随身物品放在身边，还细心地用他们的帽子盖住各自的脸。

忙完这一切后，李振清脱下帽子，低头默哀。周围的人纷纷效仿。

默哀完毕，李振清挥挥手，士兵们轻轻地培上土，还细心地捡去土里的石子，生怕砸疼他们。

蒋介石对临沂之战十分满意。3月17日上午，他致电李宗仁、张自忠、庞炳勋，嘉勉临沂之捷。电报说："临沂捷报频传，殊堪嘉慰。仍希督率所部，确切协同，包围敌人于战场附近而歼灭之。如敌脱逸须跟踪猛追，开作战以来歼敌之新纪录，借报国军之气势，有厚望焉。"

从18日起，五十九军东渡沂河，与四十军一起乘胜追击，目标是围歼退守汤头的日军。汤头在临沂东北45公里，为通莒县之大道。此时，日军坂本支队已陷入重围，成瓮中之鳖。

就在这时，李宗仁突然来电，命令五十九军停止攻击，留下一旅归庞炳勋指挥，阻止临沂以北之敌，其余即开赴费县，准备攻击矶谷师团左侧背，策应台儿庄正面作战。面对到手的猎物，张自忠好不惋惜，但军令如山，他只好留下一二二旅协同庞军守城，主力部队于21日下午冒雨向费县开进。

李宗仁的这道命令是否得当？现在看来，有待商榷。本来，张、庞两军可乘气势如虹之际，一举围歼坂本支队，力挫日军之锐气。但李宗仁的阵前抽兵，不仅使坂本支队逃过一劫，给了日军以喘息的机会，也使庞炳勋部队陷入孤军奋战之地。表面看来，李宗仁下这道命令时，或许迫于矶谷师团来势凶猛，他用兵捉襟见肘，只好令张自忠临时救急。但细细分析，更深的原因或许是：李宗仁的重心放在台儿庄，临沂的阻击战只不过是他的权宜之计，是为了阻滞日军北上步伐，从未对重挫板垣师团抱有希望，临沂之胜纯属意外之喜，他也没有想进一步巩固战果。

不妨这样设想：假如容张自忠先与庞炳勋合力围歼坂本支队，再留在原地休整，以逸待劳，板垣可能会有所顾忌，放缓对临沂的攻势和推进步伐，李宗仁将减轻后顾之忧，集中力量围歼矶谷师团，台儿庄之战可能打得更漂亮，徐州的压力也会为之减轻，至少会延迟失守时间，从而可能改变整个中国战局。

当然，历史没有"假如"。

历经4天的临沂第一次激战，以中国军队胜利而告终。此役成功阻滞板垣师团北上的步伐，打破板垣与矶谷两军会师台儿庄、合围徐州的企图，并造成矶谷师团孤军深入的态势，为台儿庄大捷奠定了基础。

3月22日，国民政府军事委员会通令嘉勉前线各军将士努力作战，并撤销对张自忠撤职查办的处分。

这场战斗，五十九军伤亡上万人，运尸卡车有120余辆。尽管这样，还有近千具尸体来不及运走，只好就地掩埋。日军损失惨重，伤亡3000余人。

长期以来的说法是：在这次战斗中，板垣师团第九旅团第十一联队队长野裕一郎大佐、第三大队长牟田中佐及第九中队长中村等人被击毙。

我在参加沂蒙革命纪念馆开馆仪式的间隙，与临沂市委党史征集委员会原主任、编审唐士文交谈时获悉：就在几天前，央视七套节目组在临沂拍摄徐州会战的专题片时，曾专门采访他，并告诉他，节目组赴日本拍摄有关徐州会战素材时，意外得知，野裕一郎并非死于临沂，而是死于太平洋战争。

复战临沂

正当张自忠率五十九军向费县疾进时，身后的临沂战局又趋紧张。

急于与矶谷师团会合的板垣，在侦知张自忠部开往费县的消息后，心中大喜，忙纠集4000多人，朝临沂卷土重来，敌机轮番轰炸，重炮连日射击。3月23日，日军推进到距临沂城仅十多华里的埠前店、三官庙一带。

独当一面的四十军虽然顽强抵抗，奋力拼杀，终因损兵折将而渐感不支。庞炳勋向蒋介石发出告急电："杀敌有心，恨乏实力，揆之现势，临沂城危急万分。"

此时,台儿庄大战也正在紧张地进行之中,临沂如若不保,战役全局必受影响。

23日中午,李宗仁急电张自忠:"第五十九军全部开赴临沂,协力庞军肃清临沂以北之敌。"

激战之后,五十九军连日奔波,将士们没有得到好好休息,已是疲惫不堪。但张自忠不敢怠慢,立即率部杀了个回马枪。

此时,日军已经渗透到回援路上。五十九军抖擞精神,一路奔杀。日军已经领教过五十九军的厉害,闻风丧胆,仓皇而退。

3月24日晨,五十九军到达临沂城北。张自忠下令各部安营扎寨,自己马不停蹄,立刻赶往临沂城内见庞炳勋。当他踏入四十军军部时,卫兵们正在收拾行囊,准备撤退。

庞炳勋一见张自忠,顿时老泪纵横:"荩忱老弟啊,真难为你了,要是你不回来,我部必全军覆没,临沂城也势所难保。"

原来,才短短两天,敌我形势已发生易位。日军援军已到,兵力得到补充,报复心切,攻势凌厉,已悉数渡过沂河,占领临沂城北的刘家湖、邵双湖等要地,一路向沂河东岸的桃园、三官庙进攻,另一路向毛家庄、西北园进逼,对临沂城形成从东西两侧夹击之势。

而四十军已元气大伤,短时间内无法补充兵员,无力抵抗,被迫缩短战线,只勉强守卫临沂城周边的九曲店、小李家庄、石埠岭、黄山之线。

张自忠拍拍庞炳勋肩膀,笑呵呵地说:"男儿有泪不轻弹,不要说泄气话,小日本是欺软怕硬,咱老哥俩再合作一把,把他狗日的再揍回去!"

庞炳勋用衣袖抹了一把眼睛,叹了一口气:"唉,谈何容易哪。"

他走到桌前,从文件夹里取出一张纸,递给张自忠:"在你到达前,我刚刚给委员长发了封求援电报,你看看电文。"

张自忠展开电文,上面写着:"苦战月余,疲惫已极,官兵牺牲,武器损失,均甚奇重。职本革命军人并不气馁,乃实无战斗,请令五十九军先接职军现在防线,以固临沂。否则,出击尚未成功,而城垣不守,前功尽弃,影响战局。即职自问殊无以对国家及牺牲之官兵，现督励残部，誓死扼守，仍在激战中。伏请迅予定夺示遵。"

庞炳勋解释道："老弟啊，不是我不仗义，非要把你拉下水，生死关头，只有你才能救我于水火啊！"

对于这仗该如何打，张自忠在回援路上已有盘算。他摆出自己的思路："现在战势十分危急，如果以我残破之军固守城垣，或我部接防贵部继续实行正面抵御，均非上策；马上发动攻势，也准备不及……"

庞炳勋一听急了，打断张自忠的话："荩忱老弟哟，我的队伍已经拼得差不多了，这你是知道的。贵部若不接城防，也不取攻势，那我只有全军覆没了。"

"我不是这个意思。"张自忠摆摆手，接着说，"最好的办法是我部逼敌侧背，肃清河西，站稳脚跟，建立阵地。此举既可避免敌绕道河西南下台儿庄，又可引敌回攻，以解临沂之围，届时我再转入攻势，予敌重创。"

"好是好，只是我已经朝不保夕，实在撑不住了。"庞炳勋用近乎哀求的口气说，"请老弟无论如何也要想办法尽快进攻，你的恩德，于公于私，我当永志不忘！"

听到庞炳勋如此说，张自忠沉吟起来。他端着茶杯，在屋里来回踱步。庞炳勋眼睛随着他的背影转。庞炳勋了解这位老伙计，如果不是心中没底，他不会这样犹豫不决。

过了一会，张自忠把茶杯往桌上重重一搁，断然决定："既然如此，我部全力发动进攻，为你们解围！"

庞炳勋跨步上前，紧紧抓住张自忠的胳膊："好老弟，你对我庞某有再生之德啊！"

张自忠告别庞炳勋，匆匆赶回军部。一番紧锣密鼓的部署后，当天晚上，张自忠下达进攻命令。

三十八师向东、西明坡及古城村之敌发动突然袭击，不发一弹，挥刃冲杀。日军猝不及防，阵脚大乱，被砍杀不少。到次日晨，三十八师占领古城一带。

敌增援部队很快赶到，十几架飞机轮番轰炸、扫射，大批步兵在坦克的掩护下将古城村三面包围，发起猛烈的反攻。三十八师奋起反击，凭屋据垣抵抗。张自忠命令集结待命的一八零师迅速逐次增援到古城战场，激战终日，才将反攻之敌击退。

此时，庞军阵地告急。张自忠急令三十八师抽调3个团，于25日晚8时分别自七沟子、朱皋强渡沂河，向临沂东北的三官庙、桃园、独树头一线的日军发起进攻，以解庞军之围。

日军乘虚而入，向古城阵地发起反扑，激战3个小时之后，抢占寨西的两个大院。三十八师战士撤出后，知道其中一个院子里堆满高粱和谷子的秸秆，悄悄摸近，将整捆的秫秸点上火，投向院内，继而又把抛弹筒和手榴弹投将进去，院内顿时大火熊熊。战士们趁势将院墙推倒，发起冲锋。敌见势不妙，仓皇溃逃。随后，张自忠把军部移至古城，指挥部队继续实施攻击。

在沂河东岸，日军用猛烈炮火掩护步兵，向庞军的阵地数次突击。庞军伤亡惨重，眼看就要招架不住，幸亏增援的三十八师3个团及时赶到，抄袭敌背，于26日上午攻克桃园，再向三官庙进攻。

三官庙的工事是庞军筑的，十分坚固，现在反为敌所利用。三十八师久攻不克，兵力受损严重。双方正相持不下时，日军又调大批援军，由身后独树头压迫而来，并集中炮火袭击。三十八师的一个团浴血奋战，几乎全军覆没。

日军4架飞机，加上数门重炮，向桃园猛烈轰炸，张自忠部的阵地均被击毁，部队弹尽粮绝，只好白刃格斗，大部壮烈牺牲，不得已于26日晚复撤至沂河西岸。

此役虽使临沂之围得解，但三十八师渡河的3个团却伤亡2000多人。不过，日军也同样损兵折将，伤亡惨重。

四十军三十九师特务营营长白玉峰，晚年曾特地到沂河以东原战场三官庙、桃园等村实地走访，同当年一些战事目击者座谈回忆。

三官庙村党支部副书记杨青发告诉白玉峰，当时四十军的士兵，光着膀子和敌人拼杀，曾经三进三出，同敌争夺。村里的草房全被烧光。村里、村外，敌遗尸数百具。事后敌人来收尸，把尸体像垛麦捆一样垛起来，泼上汽油烧化。牺牲在这里的四十军官兵的尸体，也有很多被当地群众就地掩埋了。

在桃园村，有位姜老大爷，亲眼看到四十军从汤头撤下来的情况：农历二月初二的下午，大批第四十军官兵从太平方向南撤。有些满脸血汗，手提大刀边走边喊："老乡们，快跑吧，鬼子来了！"经他们一喊，全村老少，一夜全跑光了，避免了一场屠杀。在桃园以西沂河滩上，曾经发生过一场恶战。四十军的500多人，白天渡河，被日军用机枪扫射，全部战死在沙滩上。

白玉峰在城北七沟子走访时了解到，在一次战斗中，五十九军打死数百名日军，村里的孩子光子弹壳就捡了数百斤。

彭于埠村党支部书记彭守刚回忆说："村北面有个大庙，里面有四十军构筑的暗堡。一天下雨，敌人的汽车陷在暗堡旁的泥坑里，敌军下来推车，被暗堡里的四十军官兵杀伤很多。有几辆汽车被打坏。没有打坏的，被四十军开走了。"

白玉峰还了解到，日军曾将尸体运到孙于埠村集中烧化。村民看见，光烧剩的尸骨，就堆好几车子。

3月26日，战斗进入白热化状态。日军步兵、炮兵三四千人，西渡沂河向五十九军左翼运动，已到达临沂以北地区；先由高密增援而来的铃木联队也渡河西进，先头部队已到达义堂集附近；同时，在临（沂）费（县）公路距临沂10公里处，又发现千余日军，临沂城陷于敌炮有效射程之内。

此时，四十军已基本丧失战斗力，临沂局面主要靠五十九军支撑。但五十九军也因苦战经旬，伤亡过半。

26日晚，张、庞再度紧急会商，认为若不增派援军，临沂恐难再守。战区参谋长徐祖诒将情况告知李宗仁。李宗仁闻报后，立即下令增兵。

27日早7时，集结于义堂集附近的铃木联队，兵分三路向五十九军发起进攻：一路由二十里铺、大岭向小岭攻击，一路经由响河屯攻击南沙埠，一路经城后攻打古城。其中尤以小岭方面战斗最为激烈。日军6架飞机往复盘旋轰炸，村中房屋全被炸毁，浓烟滚滚，火焰烈烈。三十八师守军因无所依据，阵地曾一度失陷，又被夺回，大部伤亡。

眼看阵地将不守，师长黄维纲不得不用电话向张自忠请援。

张自忠说："你们要坚决顶住！我们困难时，敌人更困难，要坚持最后5分钟！"

黄维纲焦急地说："问题是正面部队快顶不住了，我这里实在无人可调了！"

张自忠勃然大怒，对着话筒吼道："没有人吗？为什么还有人说话？"说罢，把话筒重重搁下。

咚的一声，黄维纲只觉得耳朵一麻。他知道，自己已经没有退路了，一摔话筒，直奔阵地督战。

张自忠话虽这么说，却深知黄维纲的为人，不到万不得已，是不轻易求援的。他立即亲率保卫军部的手枪营，还有六七六团二营前往赴援。到达阵地后，他登上南道、北道的小高地，举起望远镜仔细观察敌情。

日军似乎有所察觉，连珠般的炮弹射来，在张自忠周围纷纷爆炸，可他却似钢浇铁铸一般纹丝不动。这等临危不惧的沉稳，立即使军心大稳。

通过观察，张自忠发现敌军的破绽：其左翼攻势猛烈，右翼火力较弱。他立即命令，对左翼佯攻吸引敌人火力，组织敢死队向右翼发动袭击。

敢死队很快组成，队员个个膀大腰圆，眦目欲裂。他们身佩大刀，趁着朦胧夜色，由小岭村后秘密绕至敌后背，抡圆大刀，杀得鬼子哭爹唤娘，丢盔弃甲。正面部队喊声震天，乘势而上，日军全线崩溃。

3月28日晨，日军又增添千余步兵和12门炮，共纠集4000余人和20余门炮，向小岭、南沙埠、古城发动更加猛烈的反扑。这时的五十九军，已是师劳兵疲、伤亡惨重，但哀兵不倒，喋血抵抗，激战竟日，阵地岿然不动。

日军则源源增兵，攻势不减。五十九军苦撑至入夜，仍不见援军赶来，四面阵地八方告急，张自忠把能抽调的预备队全部投入战斗，自己持刀跃马，往来督战。他发觉，防守正面过宽，兵力分散，遂当机立断，下令收缩战线，于午夜转移至临沂西北的七得、前后十里铺、前后岗头、道沟之线占领新阵地，以同四十军东西呼应，拱卫临沂城。

板垣师团被阻临沂之际，正是矶谷师团在台儿庄吃紧待援之时。久攻临沂不克的板垣暴跳如雷。29日一早，又向五十九军进攻，韦家屯、亘后、岗头一线炮火连天，敌兵如麻。

五十九军官兵虽然疲惫至极，仍咬紧牙关，阵地不让敌人半分。战至中午，日军弃尸五六百具，仍进展不得。

无奈，日军改变策略，将兵力转移集中，专攻前后岗头。守军坚忍苦撑，击退日军两次进攻。

3月29日，张自忠打电报向李宗仁报告战况："职军两日以来伤亡两千余人，连前此伤亡达万余人。职一息尚存，决与敌奋战到底。"

正当守军殊死苦战的时候，传来援军已到的好消息，精疲力竭的官兵精神大振。张自忠振臂一呼："五十九军全线出击！"全体官兵又似下山猛虎、出水蛟龙般地朝敌扑去。此时的日军，也因连战疲乏，惶惧困怠，在山崩海啸面前力不能支，向东北方向逃遁而去。张自忠立刻部署全面反攻。

3月30日拂晓，庞、张两军在增援部队的配合下，全线发起反击，又将板垣师团赶出30多华里，一直溃退到莒县和汤头，解了临沂之围。

就在这时，矶谷师团的濑谷支队在台儿庄招架不住，日军第二军司令官西尾寿造命令第五师团火速前往救援。板垣慌忙停止对临沂的进攻，带领主力开往西南。留下的两个大队，在我守军的追击下向汤头退去。

这是临沂之战的第二次胜利。五十九军参谋长李文田在日记中兴奋地写道："昔日所向披靡不可一世的皇军之板垣师团，为我中华好男儿已打得威风扫地，'铁军'碰到了打铁汉！"

战斗结束后，张自忠的五十九军和增援部队全部调走，临沂仍由庞炳勋孤军坚守。

庞炳勋的三军团共在临沂坚守一个多月，损失惨重，全部兵力只剩下3000人，还不足一个旅。

李宗仁后来在回忆录中说："若非张自忠大义凛然，捐弃前嫌，及时赴援，则庞炳勋所部已成瓮中之鳖，必至全军覆没。其感激张氏，自不待言。

从此庞、张二人竟成莫逆，为抗战过程中一段佳话。"

三战临沂

在临沂两度受挫后，板垣一方面向临沂守城部队频频发动攻势，另一方面通过汤头、义堂集、向城、兰陵一线向台儿庄输送辎重和援军，他本人则坐镇汤头，扼守义堂集、艾山一带，以保其交通线安全。

在台儿庄决战期间，张、庞的任务主要是扼守临沂，阻断日军的补给和增援。

台儿庄决战尾声，板垣下属的坂本支队才到达台儿庄。板垣命令坂本支队：迅速歼灭当面之敌后，即攻下沂州（临沂）。

此时，张、庞守军均苦战月余，精疲力竭，既未得到休整，又无后援，再遇强敌，实乃心有余而力不足。所以，守军一面扼守临沂，一面采取分路游击的形式，骚扰、破坏日军的交通线，待援军到达后，在朱陈、向城等地展开阻击战。

4月2日，临沂阵地的形势又紧张起来。这天早晨，日军40余辆汽车满载士兵到达汤头。随后，从蒙阴方向来的500名日军到达费县附近的上冶地区。

张自忠获悉情报后，得出判断：日军将再度进犯临沂。他立即命游击队前往截击，同时令主力部队严阵以待。

午后一时，战区司令部来电，令五十九军以主力固守临沂附近原阵地，同时抽调部队，一路向临沂、沂水间，一路向蒙阴、费县间游击。张自忠迅速下达命令：三十八师派部赴临朐、沂水一带，一八零师派部赴新泰、蒙阴一带伏击敌人。

4月3日下午，日军在沙埠庄发起进攻。守军击退敌人后，三十八师乘势攻占文埠屯。

入夜，日军从化沂庄、乾沂庄分头向五十九军阵地发起猛攻。张自忠调集部队，在姜庄激战两小时，打退敌人进攻。日军对姜庄实施报复性轰击，整个村庄顿时烟焰弥漫，毁于一旦。

4月4日，日军派出四五百名步兵，在密集的炮火和多辆装甲车掩护下，再次从乾沂庄、化沂庄方向进攻，角沂庄、砚台冷的守军苦苦坚持，顽强地守住阵地。

由于对正面阵地屡攻不克，5日晨，日军转向侧翼的房家庄攻击，并围攻古城、城前等村。房家庄只有警戒部队，但战士们不畏强敌，竭力抵抗，激战到中午，房家庄所有民房悉被炸毁，守军无所依据，日军乘势冲入阵地。这时，古城、城前也被日军占领，守军被迫撤至西墩阵地。

就在五十九军陷于苦战、自顾不暇之时，战区司令部向张自忠下令，要求他必须阻断敌之接济。原来，板垣在对临沂阵地发动进攻的同时，又从义堂集一带向台儿庄方面运送辎重和援军。

这对张自忠来说，实在是一桩艰难的任务。但是，久经沙场的他，深知这道命令的分量：我军正在台儿庄与日军殊死搏斗，能否阻断敌人的接济之路，直接关系到台儿庄的胜负及战局的前途。

张自忠毫不犹豫地下令，调一八零师一个团游击胡子峪，三十八师一个团游击乔家湖。

这天晚上，战区长官部又来急电：台儿庄之敌正向东北溃退。张自忠马上命令一八零师主力前往堵截，其原防务交由三十八师接替。

4月5日晚，三十八师游击队在乔家湖遇敌。这支日军有200余人和百余辆辎重汽车。游击队当即迎头痛击，击毙日军数十名，焚毁辎重车辆六七十辆。与此同时，一八零师游击队在芦家湖一带击毁焚烧十余辆日军辎重汽车。

正当五十九军左右开弓之时，突然传来坏消息：5日下午，朱陈被艾山方向开来的三四百名日军占领。

朱陈是临沂西南的重镇，失守后将直接威胁临沂安全。张自忠急忙调兵开赴朱陈，据守临沂城的庞炳勋也派出工兵营和学兵营。

晚八九时，张、庞两军将朱陈包围。日军几次突破包围，一度占领距临沂城更近的湖南崖、湖西崖、王庄，均被张、庞部队收复，将其逼回朱陈寨内。

这时，由晋南开来的姚景川骑兵十三旅到达临沂。张自忠除派一部向敌后方搜索，破坏交通、扰敌运输外，将其主力用于对付朱陈之敌。8日，九十二军十三师吴良琛部也开到临沂战场归张自忠指挥，张自忠也将十三师用于解决朱陈之敌。

板垣察觉张自忠意图后，慌忙从同口派来增援部队。双方的力量都得到加强，因而仍处于对峙状态。

4月9日，朱陈的日军企图从西南突围，张自忠一声号令，部队将日军打得缩了回去。此后的十来天内，日军多次组织突围，张自忠也发动多次进攻，双方均无战果。

就在这当口，临（沂）台（儿庄）公路上的向城又燃起硝烟。

向城是日军后方补给线上的重镇，从3月底起，日军一直派守备队驻守。4月3日，李宗仁向张自忠下令：破坏敌之交通，截断敌之补给。张自忠立即派部围攻向城，差点拿下向城。

4月11日，日军派出林田支队增援向城。张自忠派骑兵十三旅一、三两团截击林田支队，在薛南遭遇日军步炮兵六七百人。在骑兵十三旅的凌厉攻势下，日军败下阵来，朝将相台、贾庄方向逃窜。

日军不甘心，13日晨，500名步兵、上百名骑兵，加上4门重炮和五六十辆三轮摩托车，从北面往向城开进。张自忠立即派出骑兵十三旅二团，在大中村截击敌人。激战中，双方伤亡都很大。午后，骑兵二团终于占领大秦庄一带高地，阻断日军的增援之路。同时，二十军团的骑兵团占领肖陵、东作一带高地，七十七团高营占领将相台一带高地，与大秦庄高地相拱卫。

也是在这天，国民政府军委会任命张自忠为第二十七军团军团长，仍兼五十九军军长。一时间，五十九军成为抗战明星部队。

14日晨，林田支队动用所有火炮，向我阵地发动猛烈攻势。截击部队严守阵地，分毫不让，战斗呈胶着状态。相持数日后，林田终因火力优势渐占上风，突破封锁线，越过大中村，将补给送达向城。完成增援补给任务后，林田支队又于次日冲破包围，朝东北方向义堂集窜去。张自忠立即派骑兵十三旅截击，十三旅在芦家湖前堵后截，焚毁了 10 辆给养车。

此时，整个战局已经发生很大变化。台儿庄战役已经结束，受挫后的日军急于挽回颓势，决定发动更大规模的战争。

4 月 7 日，日本大本营下达攻击徐州的作战命令，企图将徐州地区的中国军队主力全部歼灭。华北日军重新调整部署，集结部队，向鲁南地区发起进攻。

4 月 14 日，第五师团的国崎第九旅团和长野第四十一联队、栗饭原第四十二联队都已经集结到义堂集地区，临时配属第十师团的坂本支队也由峄县出发，4 月 19 日进入向城。

临沂战场上，原本呈胶着相持状态的双方力量，天平立刻发生倾斜，敌强我弱的态势严重。

从 4 月 16 日开始，国崎支队向临沂外围阵地发起攻击。张自忠率领五十九军和援军浴血奋战，拼力抵抗。阻敌 3 日后，大岭、小岭、西钦宿、水甸、林庄等阵地相继失守。

19 日上午，临沂西门城墙被日机重磅炸弹炸塌，日军乘隙侵入。四十军守北关部队腹背受敌，只好撤入城内，庞炳勋命守备沂河东岸阵地的二二三团也撤回城内。

苦战两月下来，四十军严重减员，临沂城内的部队已经没有多少战斗力。日军很快占领城内北半部及北关、西关，又开始进攻东关，对守城部队形成包围之势。守城部队奋勇抵抗，与日军展开激烈的巷战肉搏，600 余官兵阵亡，占守城部队十分之六七。

4 月 19 日下午，在请示战区司令李宗仁后，庞炳勋黯然下令：守城部队向城外撤退。夜间 12 时以后，全部守城部队皆由东门撤出。

至此，持续近两月之久的临沂战役终告结束。

三战临沂，虽然以临沂沦陷而告终，但它的重大意义不可抹杀。此期间正值台儿庄决战，张、庞两军据守临沂，牵制了日军第五师团的兵力，阻截了日军的补给和增援,对于保证台儿庄决战的胜利,起到十分重要的作用。正如五战区参谋长徐祖诒所说:临沂守军"前后支持 50 日之久,俾由台儿庄北上之我军不感侧背之威胁,完成包围敌于附近山地之企图,实徐州会战中最为重要之关键也"。

血洗临沂

临沂市志办公室主任朱海涛是个热心人,听说我要了解临沂之战的往事,他把已退休的老主任李兴河请到办公室,第二天又把临沂市委党史征集委员会的老主任唐士文拉来,向我介绍临沂之战的情况,还帮我收集史料。

唐士文和李兴河对临沂之战的历史了然于胸,而朱海涛最念念不忘的,则是饱受战火殃及、惨遭日寇屠戮的临沂百姓:在临沂之战中和临沂失守后,共有 3000 多名百姓被日寇杀害!

板垣征四郎向来嚣张跋扈,国民党中央军尚不放在眼里,区区杂牌军何足挂齿?以为攻克临沂指日可待,没想到竟在阴沟里翻了船,在临沂被阻 50 多天,颜面尽失,恨不得切腹自杀。所以,日军除了对中国军队痛下杀手外,还对临沂手无寸铁的无辜群众大开杀戒。

朱海涛提供的史料,翔实记载着百姓遭受屠杀的情况:

3 月下旬的一天,天刚放亮,日军如狼似虎地闯入古城村。农民王汉友一家 4 口躲在地瓜窖里,被日军用点燃的秫秸堵住窖口,活活烧死。接着,日军放火烧房,农民王殿思背起被火烧伤的母亲往外逃,没跑多远,被日军用枪打死,母子双双倒在血泊中。一个躲在墙角里吓昏的老嬷嬷,被日军拖到街上点火焚烧,老人惨叫,日军却站在一边狂笑。不到一天的时间,古城村就变成一片废墟,断垣残壁,血迹斑斑,全村被杀害 62 人,有一户被杀绝。逃难的群众在渡祊河时,又被日军抓住数十人,用刺刀逼着脱光衣服朝河里跳,谁不跳,上去就是一刺刀。除个别人死里逃生外,多数人惨死在水中,日军却在岸上狂笑。

日军进大岭村后,更是无恶不作。刘志贤母亲的嘴巴、王富德母亲的乳房被割掉，姜志敏之父及祖母等 27 人被枪杀。躲在村西观音庙里的避难群众，除二人逃脱外，被日军用机枪打死 45 人。全村 300 多间房被烧光，姜志茂、赵洪义、姜志顺、张守信等 4 户被杀绝。

与此同时，日军不断派飞机对城里滥肆轰炸，特别在城垣弃守之前的两三天内，轰炸扫射日甚一日。一枚炸弹在城内北大街路南王贞一杂货店的防空洞爆炸，在洞内避难的男女老少 30 多人，有的被炸死，有的被闷死，无一幸免。颜家巷郁鸣漪一家，除本人逃出外，其他人全部遇难。郁本人也因忧愤过度，当晚自缢身亡。西门里路南开杂货店的李润生之父被炸死在自己家中。在西门里天主教堂内避难的群众被炸死炸伤 300 多人，修女尤姑娘被炸得骨肉分离，糊到墙上。

日军占领临沂城后，把战场上受到的窝囊气撒到百姓身上，疯狂报复，对临沂大肆屠城。随着朱海涛的讲述，我的面前出现一幅血淋淋的画面：

日军每到一家，遇人就是一刺刀，对中青年妇女先奸后杀，连老人、小孩也不放过。有个郑嬷嬷被一个鬼子抓住，要糟蹋她，李树英的三公爹说了句"她老了"，就被鬼子一刺刀捅死，旁边两个邻居也一道被捅死。可怜的郑嬷嬷，遭奸淫后仍然被刺死。

来不及逃走的居民纷纷跑到西门里天主教堂，寻求避难。但是，德国神甫慑于日军淫威，不敢开门。很快，教堂门前挤满 700 多名百姓。日军堵住几个路口，架起机枪，开始疯狂的集体大屠杀，子弹犹如一条条毒蛇，扑向手无寸铁的群众，700 多名百姓无一幸免！事后，用车拉了好几天，尸体才被清理干净，那个惨啊！

日军只要在城里发现居民，不留一个活口。他们从南门里一杂货店院里的防空洞中搜出 20 多人，当场用刺刀刺死。崔家巷一户的娃娃出疹子，门口挂红布条，日军怕被传染，点火将孩子活活烧死。西门里太公巷一个姑娘，被日军轮奸后又用刺刀刺死。老营坊巷东一个姑娘，被敌人轮奸致残后死去。日军搜查城隍庙东杨家园时，妇女纷纷跳井自杀，死尸塞满井筒。茶棚街胡士英家的防空洞里藏了很多人，日军堵门用机枪扫射，并向洞内扔手榴弹，走时还在胡家大门上写上：此院死尸大有。北门里路西一老太太年过七旬，卧病数月，生命垂危，全家7人守在病床，日军将男子全部刺死，女的被逼得背起病人一同跳井。一次，日军驱赶30多人清扫北大寺，干完活后，喝令他们排好队，用机枪扫射。

家住城里书院街的孙建芝一家躲在城墙洞里，她和母亲实在渴极了，偷偷跑出来找水喝，被日军发现，跟踪到城墙洞前。日军先是往里面打枪、扔手榴弹，又往里放毒气。孙建芝的棉袄被子弹穿了好几个洞，幸亏没伤着皮肉。她的三舅当场被打死，三舅母被打断腿，大舅、舅母和表哥实在坚持不住了，就一起爬出去，都被日军刺死。鬼子走后，幸存的几个女子商量，与其叫鬼子杀死，不如自己死了好，就一起跑到丁家园跳井。她姥姥和大姐先跳进去，都沉了下去。她和母亲、二姐后跳，因井底塞满了跳井的人，娘仨没有被淹死，被人救上来，又躲到徐家园地窖里，白天不敢露头，半夜出来找水喝、找树叶和野草充饥，一直在地窖里熬了100多天。从那以后40年间，只要一回忆起这段往事，孙建芝就会浑身发抖。

日军在城里屠杀十多天后，又在火神庙旁和南门里路设两处杀人场，用军犬、刺刀连续残杀百姓。王学武的父亲被日军用刀剁成3截，徐廷香父亲、吕宝禄等人被军犬活活咬死。

杀了人后，日军又点火烧城。从火神庙以西、僧王庙前玉聚福街东、洗砚池以南，北到石碑坊、杨家巷至刘宅一带，大火一直延续六七天，整个城西南隅化为灰烬。南关老母庙前、阁子内外，房屋全被烧毁。

唐士文悲愤填膺："日军占领临沂城后，短短几天内，有据可查的，就有2840多名无辜群众惨遭杀害，酿成山东最大的惨案，临沂城内血流成河！"

"你应该去见一见宁振芳，她是临沂大屠杀的幸存者。"唐士文向我建议。

"这主意好！我来帮你联系。"热心协助我寻访的宋瑞高自告奋勇。老宋是位转业军人，曾任《临沂生活报》总编辑、临沂市文化执法局的副调研员。

宁振芳的家在一条弯弯曲曲的小巷子里，门牌号是兰山路尚家巷28号，这里距西门里天主教堂只有五六十米。老人今年76岁，面部慈祥，耳比较背，右眼失明。

1938年4月21日，鬼子进城当天，发现一些百姓躲在西北坝子的3个防空洞里和西城墙根，先用机枪扫，再用刺刀捅，当场就杀害480多人。宁振芳全家10口人躲在防空洞里，9口被刺刀捅死。当时，宁振芳刚出生48天，正钻在母亲怀里吃奶。母亲穿着件大棉袄，上下挨了3刺刀，幸亏伏身护着她，她才没被刺着。

老人平静地叙述着："街坊陆大爷被鬼子撵去掩埋尸首，听到俺哭出声来，才发现俺，见俺满头满脸都是血，赶紧撕下俺娘的一块袄大襟，把俺包起来，放到筐头里，背到天主教堂里藏了起来。两三个月后，俺被在天主教堂里做饭的养母抱去，当成亲闺女养大，俺就跟着养父姓了宁。俺的右眼，是被俺娘的热血扑瞎的。"

日寇屠刀下侥幸逃生的宁振芳，长大后受到共产党政府的关怀，被安排在公路部门工作，有了一个幸福的家庭，育有两儿两女，均已成家。如今，她与老伴安度晚年。

寻访旧址

为了寻访当年临沂之战的旧址，我从城里到城外，费尽周折。受访之人对那场激战知之甚少，即使专门从事史志研究的人，有时也给我指错了道。

我想寻访庞炳勋的南关指挥部——山东省立第三乡村师范驻城关学校旧址，有人告诉我就是现在的临沂第二中学。我慕名而去，里里外外搜寻旧址痕迹，想象着当年张、庞这对昔日冤家在这里激情拥抱的情景，想象着南关美国医院的近百名四十军伤员惨遭日军残杀的情景，想象着这些遇难者曝尸于麦地成为累累白骨的情景。

不料，寻访归来后，唐士文的一番话，却让我大跌眼镜："指挥部旧址是在临沂第二实验小学，并非是在临沂二中——现在的临沂二中位置，当年还是一片庄稼地呢。"我又赶到临沂二小寻访，虽然一无所获，毕竟了却一桩心愿。

我沿着沂河两岸一路寻访。路旁的指示牌上，一个个熟悉的地名跃入眼帘：三官庙、诸葛、钓鱼台、崖头、刘家湖、茶叶山……三官庙村已经看不出农村的样子，尽是一排排新建的高楼大厦，三官庙修缮一新，委身于高楼的脚下。诸葛、钓鱼台村、崖头等村绿色葱茏，也找不到一点旧战场的痕迹。

每到一个村，我都请村干部帮忙，把80岁以上的老人请到村部。76年前，也是这样的春天，这些老人的父母正带着年幼的他们东躲西藏，侥幸逃脱日寇杀戮。我原以为，他们肯定对那段记忆刻骨铭心。让我失望的是，这些目光宁静、表情安详的老人，大多茫然地摇着头，没人能说出一个囫囵的故事。有的甚至不以为然地说："那些陈芝麻烂谷子的事，记它作甚？"

我真想告诉他们一句："忘记过去，意味着背叛。"转念一想，把话咽了回去。不能苛求这些老人，这样的话，对他们已经失去意义了。在这些饱经风霜的老人眼里，一切都已云淡风轻，天大的事都俱往矣。是啊，他们已经将接力棒交给后代了，这个世界正在与他们渐行渐远。该铭记那段屈辱岁月的，是我们这些并不年轻的后代，还有比我们更年轻的后代！

我在崖头村没问出有价值的东西，就转向刘家湖村。崖头村与刘家湖村毗邻，同属于兰山区白沙埠镇，崖头村的支书王运良是个热心人，他领着我来到邻近的刘家湖村，找到村支书于金法。

于金法听说我是来找抗战旧址的，爽快地说："走，我带你去！"

在村中一处倒塌的泥坯房，于金法停下脚步，指着一面土墙说："当年，中央军就躲在这座房子里，通过墙上的雀眼狙击鬼子。"

村后有一个养殖场，一个矮小精瘦的中年人正在忙乎着。听说我们找旧战场，他热心地同于金法一起带路。于金法介绍，他叫刘德双，是村里的养殖专业户。

刘德双说："俺村里本来就有很多汪（水塘），同日本人打仗时，鬼子的飞机又炸出很多坑，汪就更多了。听老人讲，打完仗后，这些汪里的水都被血染红了。我们小时数过，共有37个，现在基本都填没了。"

他俩领着我来到一个水塘前。这个水塘较浅,几近干涸,面积超过篮球场。于金法指着水塘说:"村里人管这个汪叫鬼子汪,里面埋满了尸体,以前周围都是树和芦苇,没人敢来。"

正说着,一个拎着鸟笼的老人蹒跚而来。于金法说:"他叫刘大山,已经80多岁。"

刘大爷一番话,让我毛骨悚然:"中央军与日本人打仗那年,我才6岁。开仗时,村里人都跑光了,打完仗才回来,房子都烧没了,到处都是残缺不全的尸体,有中央军的,也有日本人的。全庄的青壮年用绳子拴住尸体,有头的就拴住头,没头的就拴住脚,拉到这个汪里扔进去,一头是中央军,一头是日本人,整整拉了一个星期。这个汪原来很深的,后来被尸体填满了。"

刘德双的手往水塘周围的旱地一划拉:"这一带,一扒都是骨头,越挖越多。前几年,我在这里还挖出两个炮弹呢。"

刘德双的话,让我想起之前在崖头村听到的一个故事:村里有个叫刘焕金的人,年轻时到刘家湖的水塘里捉鱼,渔网捞上来一只骷髅头,里面尽是活蹦乱跳的虾,足足有半斤。这个故事,一直堵着我的心口。

沂河西岸的茶叶山,也是我寻访的重点。有人告诉我,临沂人现在管茶叶山叫茶山,山上有座庙。我一路打听到了茶山,山上郁郁葱葱,果然有座天齐庙。细问之下,才知这座山已被当地一家企业买断,无论是上山还是进香,都须买门票。天齐庙是一位台湾张姓老太太十多年前出资建的,张老太原是沂南人,后来去了台湾。

我打听当年在山上打仗的事,把门的一男一女浑然不知。听说我要找茶叶山,他俩恍然大悟:"你找茶叶山呀,你找错了,喏——他俩指了指几公里外的一座山包说,那才是茶叶山!"

那座山就在我刚经过的路旁,山脚下不远就是崖头村,半山腰上也有一座崭新的庙。因为天色已晚,我只好无功而返。

当天晚上,我向唐士文求证。他说:"茶叶山不是一座山,而是方圆几十公里内的几座山的统称。"听了我的描述,他判断崖头村旁边的那座山就是当年的旧战场。

第二天,我又特地来登这座山。山脚有家简陋的"农家乐"餐馆,名字取得挺洋气:玉泉山庄。年轻的老板孙伟宝指着半山腰的庙宇告诉我:"听村里老人说过,那里原先有座小庙,好像是打仗时被炮轰掉了。"他这一句话,让我得出判断,这里就是曾经发生过激战的旧战场。

离庙还有半里远,就能听到"阿弥陀佛"的念唱声,声音把半座山都包裹了进去。循声望去,才发现树上挂着好几只扩音器,不由得叹服起建庙者的良苦用心。庙宇尚未完全竣工,登庙台阶刚建了一半,但庙里已经香火缭绕。殿堂前,几个善男信女正在虔诚地跪拜佛像,旁边几个做法事的僧人正念念有词。原来,这满山的念唱声就是他们发出的。

山上正在开挖一条通往山顶的公路,孙伟宝说是气象部门要在山顶建塔。站在山顶,不远处的沂河像是一条腰带,蜿蜒地镶嵌在绿色原野上。俯瞰脚下的一个个村落,我在想象着那场鏖战的场景。山下的念佛声不依不饶,固执地直往耳朵里灌,让人无处可躲。

我心里忽然五味杂陈:政府有钱建馆,民间有钱修庙,怎么就没人想起在旧战场上立几块碑,让那些战死沙场的烈士英灵有个立身之所,也让我们这些怀旧者有个凭吊之处呢?

时近黄昏,无日的天空格外灰暗,我的心情也有些沮丧。

第四章　热血铸丰碑

入川觅踪

2014年1月11日，我专程飞往成都，了解当年川军出川抗日的情况。要写台儿庄大战，不能不写川军。

在中国抗日军队中，川军参战人数之多、牺牲之惨烈，居全国之首。有一种说法：在国民革命军的中央军中，每五六个参战者中，就有一个四川人。如果加上地方军阀的30万出川大军，这个数字更加惊人。

我此番要了解的，主要是地方军阀出川抗日情况。

在抗战之前，川军以爱打内战出了名。辛亥革命后，四川军阀割据，连年混战。从1912年成都的"省门之战"，到1935年中央军入川，各派军阀为争地盘，互相残杀，20多年间发生500多次混战，害得四川经济衰退，生灵涂炭。所以，那时川军给人的印象是喜欢"狗咬狗"。

卢沟桥事变的炮声，震醒埋头混战的四川军阀们。刘湘、邓锡侯、李家钰等川军将领，过去都是水火不容的死对头，在外族入侵面前，他们摒弃前嫌，纷纷致电国民政府，请缨杀敌。蒋介石欣然应允，任命刘湘为第二路预备军总司令，辖两个纵队：第一纵队正副司令为邓锡侯、孙震，下辖四十一军（孙震部）、四十五军（邓锡侯部）；第二纵队正副司令为唐式遵、潘文华，下辖二十一军（唐式遵部）、二十三军（潘文华部）。后来，两个纵队改称为第二十二、二十三集团军。此外，其他川军也陆续奉命组建了12个军。

从1937年9月起，浩浩荡荡的30万川军、300万壮丁，义无反顾地告别家乡父老，转战南北，在抗日战场浴血奋战，先后参加淞沪会战、太原会战、广德泗安战役、徐州会战、武汉会战、长沙会战、南昌会战等28次大小战役，26万人捐躯疆场，战功卓著，出现许多彪炳史册、为国捐躯的英烈，为抗战承担了重大责任，也做出巨大的贡献。

我到成都时，正赶上电视里热播连续剧《壮士出川》，说的就是这段激昂悲壮的往事。

要了解川军抗战情况，最好的场所是建川博物馆。我的同事、人民日报社四川分社社长张忠领着我，从成都驱车一个多小时，来到博物馆所在地大邑县安仁古镇。

腊月时节，齐鲁大地呼气成雾，天府之国却温暖如春。一路上，到处可见怒放的蜡梅，空气中能闻到春的气息。

下车后，我惊奇地发现，安仁古镇已成为一个巨大的博物馆聚落。在建川博物馆的马路对面，就是赫赫有名的大地主刘文彩的庄院。记得上小学时，课本里的刘文彩面目狰狞，心狠手辣，庄园里设有水牢、收租院，颇为恐怖。而眼前的刘氏庄园环境幽雅，人头攒动，与我内心深处的印象天壤之别。

建川博物馆占地500亩，已建成抗战、"红色年代"、地震、民俗四大系列25座场馆，收藏文物800余万件，其中国家一级文物329件，是目前国内民间资金投入最多、建设规模和展览面积最大、收藏内容最丰的民间博物馆。

进了博物馆聚落的大门，只见所有从身边走过的服务员，都身穿灰布军服，戴着军帽，打着绑腿，像是20世纪二三十年代的国民党兵。仔细一看，帽徽上缀的不是青天白日，而是一个"川"字，是建川博物馆的标志。

往里面步行不远，一个奇特的老兵手印碑林广场，令人震撼。广场上，树立着一排排钢化玻璃，上面印满一枚枚鲜红的手印。每枚手印旁，都标注着主人当年的抗战组织名称，有的还有职务。听工作人员介绍，这些钢化玻璃手印碑高3.7米，宽2.4米，共有80块，上面有近4000枚老兵手印，是采用腐蚀的方法印上去的，手印的主人都是参加过抗战的老兵，有的来自共产党，有的来自国民党，有的来自正规军，有的来自游击队。老兵摁手印时，年龄最大的99岁，最小的也有79岁。这些老兵，有的尚健在，有的已经去世。

我环绕着手印碑林，默默地缓步而行，就像是在景仰一支金戈铁马的队伍。每一枚鲜红手印的背后，都是一条鲜活的生命，都有一段刀光剑影的故事。抚摸着这一枚枚手印，我似乎能听到他们排山倒海的呐喊，能看到他们腾挪跳跃的身影，能感受到一股民族浩然正气！

在碑林上，我轻易找到了山东老兵的手印：山东省长清县大队李树贵；山东军区胶东莱西南县大队李广道；八路军山东军区胶东军分区第十四团三营卫生所姜俊武；山东莱州市梁郭区武装抗日委员会主任王希发；山东莘县武委会主任朱帮记……

手印碑林广场的路旁，竖着一块牌子，上面有10幅老兵按手印的照片。有两幅照片触动了我：一幅照片上，一位年迈老兵坐在床上，两人扶着他的背，一人在帮他按手印；另一幅照片上，一位老兵躺在病床上，旁边的人正往他的左手掌上抹红颜料，给人以血淋淋的感觉。显然，前一位老兵坐立已困难，而后一位老兵则已无法坐立。

我心里一动：这两位可敬的老兵还在人世吗？无论如何，他们的手印，犹如永恒的生命，将永远留在这个世界上，成为他们对中华民族的最后一次贡献。

国人应该感谢建川博物馆的这个创举。他们留下的不仅是抗战老兵的手印，更是中华民族那段受尽屈辱、不畏强暴、浴血抗争的历史，那是一段全民族都不能忘却的记忆。

让我震撼的，还有壮观的"中国壮士"群雕广场。

广场是一个呈"V"字形下沉式的凹槽，凹槽总长81.5米，宽45米，象征1945年8月15日抗日战争胜利时刻。在这个3000平方米的广场地面上，绘制有抽象的中国各战区和战役的示意图，上面巍然屹立着200多位抗日壮士的塑像，形成威武雄壮之师。他们是1931年至1945年中国抗日战争期间，全民族抗日将士英雄的群体形象。

我看到很多熟悉的身影：毛泽东、周恩来、朱德、邓小平、彭德怀、杨靖宇、叶挺、冯玉祥、张学良、李宗仁、王铭章，还有狼牙山五壮士……这些群雕人物根据历史真人照片，按真人1∶1.25放大，用铸铁翻制，每尊塑像重达400至500斤，整组雕塑所用铸铁达100多吨，由30多位雕塑家耗时近两年共同完成，2005年抗战胜利60周年时对外开放。

壮士站立的位置有讲究，是他们当年参战的战区位置。在各战区中，再具体按照重大战役、战斗分组排列站位，各自坚守当年战斗或牺牲的地方，象征着壮士们守土有责。如张学良、杨虎城在西安，吉星文在卢沟桥，林彪在平型关，彭德怀在百团大战中，李宗仁在台儿庄……

在波澜壮阔的八年抗战史上，中国抗战将士风起云涌，不可能将他们一一再现在面积有限的广场上，每个壮士人物的确定，都是建川博物馆与中国抗战史学研究会一道，以严谨的态度，经过4次遴选和专家的讨论修改确定的。目前，壮士人数已增加到219人。这里，越来越成为抗战将士后代关注的地方。

这是一个洋溢着民族凛然正气的方阵，这是一个依靠前仆后继夺取胜利的方阵，这是一个永远彪炳史册的方阵。

在赴成都前，我搜集了一些建川博物馆的资料。看罢资料，我对博物馆馆长樊建川肃然起敬。

樊建川1957年出生在四川宜宾，1976年冬天参军，1979年考入解放军西安政治学院，毕业后到重庆第三军医大学任教，1987年转业，1991年任宜宾市常务副市长，1993年为收藏而辞官经商，1994年创办房屋开发公司，多次入选胡润中国富豪排行榜，2007年列第397位（资产20亿元），2008年获美国布莱恩特大学荣誉博士学位。2005年创建建川博物馆聚落，建馆目的是：为了和平，收藏战争（抗战）；为了未来，收藏教训（"文革"）；为了民族，收藏传统（民俗）。

我非常认同这样一句评语：他在记录别人历史的同时，也把自己留在历史上。

在樊建川的办公室，我们见到了博物馆的主人。很短的寸头，透露出干练；皮肤粗糙，有沧桑之感；眼睛不大，有刚毅之神；而一件草绿色的圆领衫，又衬托出率真个性。

办公室很宽敞，正中"忠义堂"3个大字，让我想起山东的一群草莽英雄。四周的墙上挂满字画，落款都是"建川"。字乃草书，天马行空；画似漫画，拙中藏巧。在一张原木茶几的上方，悬挂着一幅龙飞凤舞的字，我费了半天劲，才辨认完整：以金相交，金耗则忘；以利相交，利尽则散；以势相交，势去则倾；以权相交，权去则弃；以情相交，情逝人伤；唯心相交，宁静致远。

有一幅画，中间是一碗米饭，上面插着一双筷子，旁边两只酒杯，两旁题着两句：干胡豆下烧酒，扎耳根送干饭。虽然没弄明白"扎耳根"是啥玩意，但我还是笑出了声。

让我笑出声的，还有这样一幅字：人在江湖漂，怎不挨飞镖。

也有让我驻足良久的：一寸山河一寸血，一寸理想一寸金。

还有让我感同身受的：来世投胎到青藏高原的无人区，做一只鸟，生命虽然短暂，却自由自在。

不过，也有一些奇奇怪怪的内容："穷骨头"、"挨球"、"锤子"。樊建川说，"挨球"、"锤子"是四川方言。

品味这些字画，我在诙谐幽默、放荡不羁的背后，看到了主人的嶙峋傲骨。

樊氏之论

毕竟是学政治出身的，见到一下子来了两位人民日报社分社的社长，樊建川显得很兴奋，操着一口浓重的四川口音，滔滔不绝，不时冒出一句"希望人民日报支持"、"希望人民日报关注"。他的思绪跳跃性很大，若不是事先做足功课，我肯定会被绕得云里雾里。最初的话题，虽然与台儿庄大战没有直接关系，但都与抗战的话题密切联系，他的观点犀利，有的甚至振聋发聩，我实在不忍割爱，略加整理，据实记录：

我正在做侵华日军馆，请的是日本最著名的设计师，叫矶崎新，他当年设计巴塞罗那奥运会场馆。矶崎新80岁了，他在日本的辈分，相当于中国的贝聿铭，他设计的侵华日军馆修好了，2015年抗战胜利70周年就要开，我要把侵略日军馆做出来。

日本人给矶崎新寄恐吓信，说你是大和民族最优秀的建筑师，你设计巴塞罗那奥运会的场馆，为什么给中国人设计抗战博物馆？为什么设计侵华日军馆？有人给他寄子弹。矶崎新说："樊先生是为了和平，为了中日永不再战，我同意樊建川的理念。"

我是怎么搞侵华日军馆的？这个馆是如实地讲一个师团，这个师团到了东北，后来又到了南洋，在南洋被消灭的，我是如实地讲，我的文物全部从日本买回来的。我从日本搜集来的资料，按照军史，1931年一个厅，1932年一个厅，1933年一个厅，一直到1945年，一年一个专题，把日本侵华的事说得清清楚楚。你一支军队即使没有南京大屠杀、没有平顶山大屠杀，你侵略就是最大的罪行，谁让你来的？没有经过海关同意来的，侵略就是最大的罪行，哪怕你是文明之师，哪怕日本人的军纪再好，从来不强奸、从来不杀人放火，还是军事行为，你还是侵略行为，侵略是最大的罪行。侵华日军馆的预展已经开始展了，现在还差点儿钱，正在筹备。

我的《一个人的抗战》得了"中国图书奖"。有我唱歌的碟子，我自己唱的歌，但是比较困难的是先要听我说段四川话，说段四川话唱首歌。

我父亲叫樊忠义，他去世了，所以我这里叫忠义堂，我们是山西人。我父亲是1940年参加八路，岳父是1938年参加八路，他们对我的影响也很大，我姑姑是被日本人杀了的。

我这个馆做了就是捐给国家，我女儿不要。我写了一个法律文书，我老婆签了字，我在一天，就把它管好，继续建，我要今天死，明天就捐给成都市政府。成都市政府专门过来做了评估，大概80多个亿，连土地，土地都是拍卖买的房地产用地，我全部捐给成都市政府，我不要。你们把我这25个馆看完，只是看到了1%的文物，99%还在库房里面。我今年收了新中国成立以来六七十年代的日记两万本，收了手写的资料50吨，一万个电影拷贝，300万枚毛主席像章，100多万票证，库房里面的东西是巨大的，根本没出来，但是全部捐给国家。所以，我觉得人民日报可以支持我们。

第一，援华美军馆是中国唯一的。第二，侵华日军馆做出来可能也是中国唯一的，真正讲日本人的行为、这支军队的行为、侵华日军的行为。第三，还有一个汉奸丑态馆，汉奸丑态馆还没陈列。

侵华日军馆的争论不大。但是对汉奸馆就有很多不同的说法，比如说汪精卫，有的人认为，沦陷区的教育谁来办？沦陷区的治安谁来管？需要有个政权。我同意你在沦陷区做的这些事，但是你给日本人大量地收税，享受荣华富贵，给日本人送情报，甚至配合日本人抓武工队，抓八路军，这个肯定是很大一个问题，我在书里面写了。人民日报可以关注一下这个事，帮我宣传一下。这个馆没陈列，我就怕引起很大的分歧，但是我觉得这件事不陈列不行。

汉奸丑态馆这件事情，很奇怪的是，抗战胜利到明年就70年了，对汉奸没有一个声讨的场所。1945年，在中国大陆整个投降的日军，包括东北，加在一起130万人，还有10万人不是日本人，5万台湾人、5万朝鲜人，说日语的是日军，我说的是大数。

国共两党加起来700多万。700多万对130多万，为什么长期搞不定？以前老有一个说法是，100多万的伪军。其实有两个说法：将近300万的公务员、170多万警察（再加100多万伪军），这加起来就将近600万人。600万有文化、有社会关系的中国人帮日本人干活。否则的话，一个县里只有二三十个日本人，他怎么干活？全是中国人帮他干，为什么会出现这种状况？

这是其他国家没有的，像法国的维新政权，帮德国人维持政权，但是他的元帅跟德国人说清楚：我可以给你维持治安，可以给你做警察负责治安，但是有两条我不给你做：第一，我不能组织一支军队去和我们的同胞作战，这是我不能接受的；第二，我不能有这种特务组织，你们要抓抵抗组织你们抓，我给你们维持治安，这是法奸的底线。

苏联卫国战争中，被德军俘虏了580万苏联军人。这些人当中，有些是车臣人、吉卜赛人、哈萨克人，这些民族本身跟俄罗斯族有矛盾，纳粹再一煽动，他们就组织一个军，所谓的一个军只有3000人。正儿八经跟着德国人一起冲锋陷阵、向本民族开战的，只有这3000人。

中国人很特殊，这是很奇特的现象，我觉得可能跟蒙古人统治我们的元朝、清朝200万人统治我们两亿人有关，形成了民族基因里面有妥协或投降的、苟且的因素。

现在为汪精卫翻案已经翻到了极致。我为汉奸丑态馆搜集了很多文物，准备这样来建：我不说你是不是汉奸，我如实地讲汪精卫政权干了什么事，溥仪政权干了什么事，王克敏政权干了什么事，察哈尔德王政权干了什么事，冀东自治干了什么事，你就是分裂国家、分裂民族，就是为侵略者为虎作伥。我如实地讲，你是不是汉奸大家来说。

比如说，日本人打仗用的金银铜铁锡全是在中国拉的，上海、武汉、天津的税收基本上交给他，他有了军费跟中国人打。所以，我觉得汉奸丑态馆这件事很重要，明年我不一定开得了，明年先把侵华日军馆开了。如果再中性一点，按照欧洲的说法，就是与侵略军的合作者。

这个事情的分歧特别大，我们认为，两种人肯定是汉奸。我收了很多审判汉奸的审判状，收了很多文物，包括汪精卫的、周佛海、王克敏、梁鸿志的都收了，包括汉奸的坦白书。我认为两种人算汉奸是铁板上钉钉的，第一类是手上沾血的。你就是一个士兵，你是一个排长，但是你杀了八路、杀了国军的抗战人士，杀了军统的地下潜伏特工。山西和河北有一种什么汉奸？我们两家是一个村的，世代就有矛盾，我现在就要整你，你不是八路、不是国民党、不是抗战人士，我就给日本宪兵队写条子说你这家伙抗战，他儿子就在八路军当排长，他给八路送5块大洋、500斤粮食和小米，就带着日本宪兵队到他家抓了、杀了，这种人算汉奸毫无疑问，这是沾血的。

我爸那个时候当八路，刚开始是15岁当兵，因为他是本地人，有一次他们的县委书记让他混到日本人的队伍里，干什么？很简单的任务，就是买土纸，买回来以后要印小文件、小传单，然后我爸就去了，伪造了一个良民证，去了以后我爸给他看良民证，看门的日本人一看什么也不懂，一挥手让我爸走了。这时，过来一个伪军就把我爸叫住了，他说你是什么村的，我好像见过你，听说你当八路了。我爸当时就对他说，我也认识你，你就是我们上面那个什么什么村的，你今天把我杀了，我们也杀你家里人，那个伪军就怔了一下，甩甩手让我爸进去了。我爸说，真正麻烦的是伪军，不是日军，日军好骗，伪军不好骗。

第二类是职务，我把他定义为县以上，有的汉奸当县长、当维持会长、当个团长以上的，像鲁迅的弟弟周作人就是搞教育的，还有就是胡兰成。在国难当头时，利用自己的影响给日本人做事，享受了8年的荣华富贵，吃香的，喝辣的。比如说，山西的税务局局长、李敖的爸爸，我看到李敖的书，他讲跟日本人一起看戏、看相扑、下酒馆，日本人给他们家里面配了小车，享受了8年的荣华富贵，算李敖的爸爸是汉奸，没问题吧？但是汉奸不一定够杀的罪。享受了8年的荣华富贵，你蹲8年监牢可不可以？8年不行，蹲4年行不行？再不行就再减半，蹲2年行不行？你给日本军收税，你总得为这个承担一定的责任吧？汉奸也有死罪汉奸和不治死罪的汉奸，这两种汉奸是铁板上钉钉，其他的士兵、警察可以算是谋生、胁从。

我想汉奸馆一定要如实地讲出来，大家给他评判该不该这样做，当一支侵略队来了以后，该不该有几百万军队跟他配合，现在汪精卫变成什么了？变成民族英雄了，我不入地狱谁入地狱？现在，这种论调甚嚣尘上，越来越张狂。

我这儿收藏的文件，北平政权王克敏他们签字的文件我这儿有。我说一个细节，这个管理区的公务员每一个局比如自来水公司、供电局都有日本的督导员。自来水公司的总经理是中国人，是汉奸，但是他们有一个督导员，任何工程、人事任免都要日本这个督导员签字。他们发的什么文件？原件在我这里。（大致意思是）为了大东亚共荣，为了更好地跟日本顾问督导员沟通，现在我们的公务员一定要自修日语，要进日语讲习班。如果你的日语达到什么程度，可以给你涨一级工资，再达到什么程度涨两级工资，再达到什么程度涨三级工资。如果能涨点工资，可以买几袋面粉、多买几块肉和几瓶酒，他就拼命去学日语。

台湾被日本统治50年，日语已经成为台湾的官方语言，已经日语化了，东北才14年，很多老人都受了日语教育。如果中国当年真的被日本人占了，电视台、广播都已经是日语了，这是亡国灭种的问题。

这个馆修好了以后不敢陈列，我就怕遇到很大的阻力和争论。我觉得清除民族基因里面的汉奸文化，当中华民族再遇到这种事情的时候，汉奸能不止少一点。

两个战场

建川博物馆聚落中的抗战博物馆，由中流砥柱馆、正面战场馆、不屈战俘馆、飞虎奇兵馆、川军抗战馆以及中国壮士群雕广场和中国老兵手印广场等组成。中流砥柱馆再现的是中国共产党的抗日史，其建筑由两部分组成，象征中国共产党领导下的两支抗日武装力量：八路军和新四军。参观入口处是一个狭窄的行道，寓意中国共产党在抗战中的艰苦卓绝。

而正面战场展示的则是中国国民党的抗日史，馆的门口立着一个巨大的铸铁雕塑，一个衣衫褴褛的中国士兵端着枪、弯着腰，似乎正在行军。雕塑的名称是"哀兵"，取自于成语"哀兵必胜"，蕴含的意思是，因国家和民族受到侵略、凌辱而悲愤激昂，奋起反抗的军队一定能胜利。

入口上方，悬挂着一块横匾，上书"国民党抗日军队馆"。这是2005年7月7日，国民党荣誉主席连战题写的。

进入门内，在一楼通往二楼的台阶两侧墙上，挂满国民党军队将领的瓷板头像，不少将领只有一个姓名牌位。我费力地想一一清点，可是脖子仰酸了，还是统计不全。陪同的工作人员轻轻地说了一句："一共有256位。"她紧接下去的一句话，让我凛然一震："这是抗战阵亡将军墙。"

这些倒在正面战场上的国民党军队将领，有的是中了枪炮，有的是伤病，有的是被俘遇难，有的是负伤后不甘被俘受辱而自戕殉国。我看到很多熟悉的名字，也有很多陌生的名字。他们在国家和民族存亡之际，挺身而出，舍生忘死；在艰苦卓绝的恶战中，精忠报国，捐躯疆场。

我本想一一记录下他们的姓名，因时间不允许，只好一步三回头地离开。这份名单，并非是我写台儿庄大战所必需的，本来以为自己会就此搁下。没想到，自离开博物馆后，那些阵亡将领的头像就在心里扎下根，他们肃穆地看着我，向我静静地讲述着他们的故事，促使我萌发一个强烈愿望：一定要把他们的姓名记录下来，存在我的书里，流传下去，让后人永远记住他们！

建川博物馆的正面战场馆提供的数据是，阵亡将领人数为256位，我从其他资料看到的数据是206位将领。搜集这份国民党军队阵亡高级将领名单时，发现有好几个版本。我耐心地收集起各个版本，然后逐一筛选、甄别。限于篇幅，下面的这份名单仅以阵亡时少将军衔以上为准，牺牲后追赠为少将的没有收入。

虽然我力求完整，但是心里仍十分惶恐，担心因自己的疏忽而遗漏，这将是对被遗漏者的大不敬。我乞求被遗漏者的在天之灵多多宽恕，也请求他们的后人多多包涵。

1. 佟麟阁上将（追赠），二十九军副军长，1937年7月28日于北京南苑；
2. 赵登禹上将（追赠），一三二师师长，1937年7月28日于北京南苑；
3. 蔡炳炎中将（追赠），六十七师二零一旅旅长，1937年8月13日于上海；
4. 黄梅兴中将（追赠），八十八师二六四旅旅长，1937年8月14日于上海；
5. 蔡炳兴中将（追赠），一一零旅旅长，1937年8月26日于上海罗店；
6. 张本禹少将，十三军四师十二旅旅长，1937年8月30日于昌平南口车站；
7. 尉迟凤岗少将，七师二十一旅副旅长，1937年9月下旬于河北董村；
8. 梁鉴堂少将，三十三军六十九师二零三旅旅长，1937年9月29日于山西繁峙；
9. 姜玉贞中将（追赠），六十六军一九六旅旅长，1937年10月8日于山西原平；
10. 杨杰少将，一军一师一旅副旅长，1937年10月11日于上海；

11. 庞泰峰少将，九十一师二十二旅副旅长，1937年10月12日于河北宁晋（自戕）；

12. 郝梦龄上将（追赠），九军军长，1937年10月16日于山西忻口；

13. 刘家麒中将（追赠），五十四师师长，1937年10月16日于山西忻口；

14. 郑廷珍中将（追赠），独立五旅旅长，1937年10月16日于山西忻口；

15. 庞汉桢中将（追赠），七军一七零师五一零旅旅长，1937年10月23日于上海；

16. 秦霖中将（追赠），一七一师五一一旅旅长，1937年10月23日于上海；

17. 官惠民少将，九十师二七零旅旅长，1937年10月28日于上海；

18. 吴克仁中将，六十七军军长，1937年11月9日于上海松江；

19. 吴桐岗少将，六十七军参谋长，1937年11月9日于上海松江；

20. 邓玉琢少将，六十七军一零七师参谋长，1937年11月9日于上海松江；

21. 吴继光少将，五十八师一七四旅旅长，1937年11月11日于上海；

22. 夏国璋中将（追赠），一七二师副师长，1937年11月21日于浙江湖州；

23. 吴国璋中将，七十五师副师长，1937年11月26日于浙江湖州；

24. 饶国华上将（追赠），一四五师师长，1937年11月30日于安徽广德（自戕）；

25. 萧山令中将，南京卫戍部队代理司令，1937年12月12日于江苏南京（自戕）；

26. 姚中英少将，一五六师参谋长，1937年12月12日于江苏南京；

27. 司徒非中将（追赠），一六零师参谋长，1937年12月12日于江苏南京；

28. 高致嵩中将（追赠），八十八师二六四旅旅长，1937年12月12日于江苏南京；

29. 李兰池少将，一一二师三三六旅代旅长，1937年12月12日于江苏南京；

30. 易安华少将，八十七师二五九旅旅长，1937年12月12日于江苏南京；

31. 朱赤少将，八十八师二六二旅旅长，1937年12月12日于南京雨花台；

32. 林英灿少将，一五二师副师长，1938年1月13日于广东清远；

33. 徐积璋少将，十九军七十师二零五旅旅长，1938年2月于山西闻喜；

34. 赵锡章中将（追赠），七十师二一五旅旅长，1938年2月21日于山西隰县；

35. 刘震东中将（追赠），第五战区第二路游击司令，1938年2月22日于山东莒县；

36. 范廷兰少将，一战区游击四总队总队长，1938年3月8日于河南修武；

37. 王铭章上将（追赠），一二二师师长，1938年3月17日于山东滕县；

38. 邹绍孟少将，一二四师参谋长，1938年3月17日于山东滕县；

39. 赵渭滨少将，一二二师参谋长，1938年3月17日于山东滕县；

40. 扈先梅少将，五十一军一一四师三四一旅旅长，1938年4月于山东台儿庄；

41. 刘桂五中将（追赠），骑兵六师师长，1938年4月22日于内蒙古黄油干子；

42. 陈钟书中将（追赠），六十军一八三师五四二旅旅长，1938年4月24日于山东台儿庄；

43. 周元中将，一七三师副师长，1938年5月9日于山东蒙城；

44. 李必蕃中将（追赠），二十三师师长，1938年5月14日于山东菏泽（自戕）；

45. 黄启东少将，二十三师参谋长，1938年5月15日于山东菏泽；

46. 方叔洪中将，一一四师师长，1938年6月25日于山东冯家场；

47. 付忠贵少将，鲁北游击军总司令，1938年9月23日于山东；

48. 冯安邦中将，四十二军军长，1938年11月3日于湖北襄阳；

49. 范筑先少将，山东省六区游击司令，1938年11月15日于山东聊城（自戕）；

50. 李国良中将，军训部辎重总监，1939年3月7日于陕西西安；

51. 张胥行上将（追赠），第一战区副参谋长，1939年3月7日于陕西西安；

52. 王禹九中将（追赠），七十九军参谋处长，1939年3月27日于江西高安；

53. 陈安保上将（追赠），二十九军军长，1939年5月6日于江西龙里；

54. 唐聚五中将，东北游击队总司令，1939年5月18日于河北平台山；

55. 马玉仁中将（追赠），苏鲁第一路游击司令，1940年1月3日于江苏望乡台；

56. 丁炳权中将，一九七师师长，1940年1月25日于江西武宁（病故）；

57. 郑作民中将，二军副军长，1940年3月3日于广西昆仑；

58. 钟毅中将，八十四军一七三师师长，1940年5月9日于湖北苍台（自戕）；

59. 张自忠上将，三十三集团军总司令，1940年5月16日于湖北南瓜店；

60. 张敬中将（追赠），三十三集团军高参，1940年5月16日于湖北南瓜店；

61. 戴民权中将，豫南游击第五纵队司令，1940年5月于河南遂平；

62. 蒋志英中将，浙江台州守备司令，1941年4月于浙江台州；

63. 王竣中将（追赠），新二十七师师长，1941年5月9日于山西台寨；

64. 梁希贤少将，新二十七师副师长，1941年5月9日于山西台寨（自戕）；

65. 陈文杞少将，新二十七师参谋长，1941年5月9日于山西台寨；

66. 唐淮源上将，三军军长，1941年5月12日于山西县山；

67. 寸性奇中将，三军十二师师长，1941年5月13日于山西毛家湾（自戕）；

68. 陈中柱中将（追赠），鲁苏皖边区游击四纵队司令，1941年7月1日于江苏武家泽；

69. 金崇印少将，十七军参谋长，1941年9月16日于山西横水镇（被俘殉难）；

70. 石作衡中将（追赠），七十师师长，1941年9月6日于山西绛县；

71. 赖传湘中将（追赠），一九零师代师长，1941年9月24日于湖南梁家段；

72. 朱实夫少将，新三师副师长，1941年9月25日于甘肃；

73. 李翰卿中将（追赠），五十七师步兵指挥官，1941年9月27日于江西上高；

74. 武士敏中将，九十八军军长，1941年9月29日于山西东峪；

75. 朱世勤中将（追赠），暂三十师师长，1942年5月4日于山东潘庄；

76. 郭子斌少将，暂三十师副师长，1942年5月4日于山东潘庄；

77. 戴安澜中将（追赠），二零零师师长，1942年5月26日于缅甸茅邦村；

78. 王凤山中将（追赠），暂四十五师师长，1942年6月23日于山西张翁村；

79. 胡义宾少将，九十六师副师长，1942年7月于缅甸埋通；

80. 张庆澍少将，鲁苏战区高参，1942年8月于山东唐王山；

81. 周复上将（追赠），鲁苏战区政治部主任，1943年2月21日于山东城顶山；

82. 张少舫少将，一一三师参谋长，1943年2月21日于山东城顶山；

83. 高道先少将，山东铁道破坏总队长，1943年5月于山东；

84. 江春炎少将，一一四师参谋长，1943年7月4日于山东邹县；

85. 彭士量中将（追赠），暂五师师长，1943年11月15日于湖北石门；

86. 许国璋中将（追赠），一五零师师长，1943年11月21日于湖南陬市（自戕）；

87. 孙明瑾中将（追赠），预十师师长，1943年12月1日于湖南常德；

88. 卢广伟少将，骑八师副师长，1944年5月5日于安徽颍上；

89. 李家钰上将（追赠），三十六集团军总司令，1944年5月21日于河南秦家坡；

90. 陈绍堂少将，三十六集团军步兵指挥官，1944年5月21日于河南秦家坡；

91. 周鼎铭少将，三十六集团军副官处长，1944年5月21日于河南秦家坡；

92. 王剑岳少将，八师副师长，1944年6月10日于河南灵宝；

93. 王甲本中将，七十九军军长，1944年9月7日于湖南东安；

94. 阚维雍中将（追赠），一三一师师长，1944年11月9日于广西桂林（自戕）；

95. 陈济恒中将（追赠），桂林防守司令部参谋长，1944 年 11 月 10 日于广西桂林（自戕）；

96. 吕旃蒙中将（追赠），三十一军参谋长，1944 年 11 月 10 日于广西桂林；

97. 史蔚馥少将，广西绥靖公署高参，1944 年 11 月于广西永福；

98. 齐学启中将（追赠），新三十八师副师长，1945 年 5 月 13 日于缅甸仰光；

在过往的岁月里，这份名单，曾经因为政治原因被淡化。随着时代的进步，这个话题不再是禁忌，尤其是随着海峡两岸关系趋暖，谈论的人越来越多。这些抗战英烈已几乎全部被当地政府追认为革命烈士，曾经很陌生的名字越来越为人们所熟识。

但是，一个新的话题出现了。有的网友说，共产党军队的将领中，只有副参谋长左权称得上是将军，其余都是普通指挥员。有的网友据此否定中国共产党的抗战之功。

我不否认中国国民党在正面战场所做出的牺牲和贡献，但如果据此否定中国共产党的抗战之功，无疑是矫枉过正，有失偏颇。

国共第二次合作之初，中共曾派出一批干部进入国民政府任职，其中有 31 位高级指挥员被国民政府授予将军军衔。后来，蒋介石制止这个做法，再没有共产党人被国民政府授衔。虽然八路军和新四军名义上隶属于国民革命军领导，但国民政府并没有为这两支队伍授衔。因此，八路军和新四军的绝大多数将领是没有军衔的，更不存在牺牲后被国民政府追赠军衔的情况。

抗战时期，在国民革命军的阵亡将领中，有近 60 人牺牲后被国民政府追赠为少将。如果以少将军衔作为衡量高级将领的标准，那么可以说，这近 60 人生前并非是高级将领，死后的追赠则是一种荣誉。而对共产党阵亡的高级指挥员来说，他们生前没有被国民政府授予将军军衔，死后也没有享受到国民政府的这份殊荣，这显然是不公平的。

国民革命军的军衔制度比较宽松，一些团级军官可以授上校至少将军衔，旅长可以授少将至中将军衔，师长可以授少将、中将甚至上将军衔。因此，有相当一部分将军的实力与其军衔并不相称。

曾有人拿抗战时期国共两军做过一番比较：一二二师师长王铭章虽然生前是中将，死后被追赠为上将，但其实际兵力不足5000人；而八路军晋察冀军区冀东军分区副司令员包森，牺牲时仅26岁，却已拥兵8000人，但他生前死后却什么军衔也没有。暂三十师师长朱世勤生前虽然贵为少将，实际兵力仅1500人，最多时也不到3000人，而他死后却被追赠为中将。四一六团团长张树桢、五一零团团长刘眉生，兵力均在千人以下，死后却都被追赠为少将。而八路军团长叶成焕，其作战实力与朱世勤最强时相近，其生前死后连上校衔也没有。在国民革命军，甚至一些职务偏低的虚职军官，死后也被追赠为少将，如大荔县保安副司令薛如兰。如果以此类推，八路军的县大队大队长，死后也可以追赠为少将。

有人据此揶揄国民政府：东北抗日联军司令赵尚志，曾经拥有4.5万多人的正规武装和2万人左右的地方游击武装，国民政府是不是该追认他个元帅军衔？

（不过，对上述的赵尚志兵力，我不敢肯定。据我掌握的资料，赵尚志28岁时，曾身兼四大职务：东北抗日联军总司令、东北抗日联军第三军军长、中共北满临时省委执委会主席、东北抗日联军政治军事学校校长。在其军事生涯巅峰期，手中的第三军有10个师，6000余人，是东北抗联人数最多、建制规模最大的部队。）

我搜集了一份抗战时牺牲的共产党高级指挥员的名单，他们的职务均在副旅职（纵、支队、军分区）、东北抗日联军副军职以上，其作战实力不低于国民政府部分追认的中将。在这份并不完整、肯定有遗漏的名单中，八路军及中原各敌后抗日根据地的有114位，新四军的（不包括叶挺、项英等被国民党杀害者）有14位。此外，还有28位东北抗联的高级将领。

目睹这份国共两党阵亡将领名单，我在心里深深叹息：这一个个冰冷的名字，是一条条鲜活的生命啊！在他们的背后，隐藏多少惊心动魄，鼓满多少血雨腥风，蕴含多少荡气回肠！

时至今日,再纠缠于国共两党抗战功劳孰大孰小,都是陈旧过时的观点。我们是否可以达成这样的共识:抗日战争是中国人民与日本侵略者之间的战争,我们应该超越党派之争,无论是国民党的军队,还是共产党的军队,都是中国的军队,值得后人共同铭记。

记住他们,就是不忘中华民族的屈辱;记住他们,就是激荡中华民族的血性!

第五章　奋战守孤城

壮士出川

步出正面抗战馆，走进川军抗战馆。川军抗战馆的建筑特点具有川西民居风格，从进门方向看，酷似汉字"兵"。

国难当头，大敌当前，川军官兵深明大义，为挽救国家危亡，请缨杀敌，出川抗战。这个馆突出表现30万川军出川抗战、300万壮丁奔赴前线的历史。

墙上挂着的一面出征旗，让我触目惊心。这面旗由一块白布制成，中间写了一个大大的"死"字，左右各题写勉励之语。右题："我不愿你在我近前尽孝，只愿你在民族份上尽忠"；左题："国难当头，日寇狰狞，国家兴亡，匹夫有分；本欲服役，奈过年龄，幸吾有子，自觉请缨；赐旗一面，时刻随身，伤时拭血，死后裹身；勇往直前，勿忘本份。"

我问这面出征旗的来历，工作人员说了一个动人的故事：1937年冬，安县曲山镇（现属北川县）王建堂与100多名热血青年报名抗日。义勇壮丁们即将出发时，王建堂的父亲王者成将这面出征旗送给儿子，勉励他保家卫国，誓死与共。王建堂以此为激励，屡立战功，两次受到国民政府国防部嘉奖。可惜，"死"字旗在"文革"中被焚烧，这面旗是根据王建堂侄儿王烈军、王烈勋的回忆复制的。

统一战线建立前后，共产党深入川军，做了大量的统战工作，宣传抗日民族统一战线的主张，这是推动川军出川抗战的重要原因。

1935年底，中共派张曙时从上海到重庆刘湘部工作，对刘湘产生很大影响，民主人士张澜也积极支持中共，共同说服刘湘抗日。1937年，中共又派罗世文为代表来成都与刘湘联系，刘湘聘罗为顾问，并任命罗为政治教官。刘湘在共产党的帮助下，为国共合作、共同抗日做了许多工作。

在这期间，中共也派人到刘文辉、潘文华、邓锡侯所部，鼓励他们抗战。

可以说，川军出川抗战是共产党所倡导的抗日民族统一战线的成功，也是第二次国共合作的结果。

1937年9月，首批出川参加抗战的15个师，在刘湘的率领下，分两路奔赴抗日前线，一路沿川陕公路北上，经西安到河南许昌集结；另一路下长江，出夔门，经宜昌、汉口至武昌。邓锡侯率领的二十二集团军，相继经宝鸡、西安、潼关，东渡黄河，急赴山西前线。四十七军李家钰部从西昌出发徒步北上，辗转40多天，到达山西抗日前线。杨森的二十军和郭汝栋的四十三军，则由贵州开赴武汉，增援淞沪前线。

说起邓锡侯率部出川后的曲折经历，还有一段心酸的故事。

邓锡侯部原驻防成都西北地区，所辖两个军均系乙种军编制，即每军两个师，每师两个步兵旅，每旅也只有两个步兵团，兵力只有4万多人。由于四川军阀混战，通往外界的水路被另一个军阀刘湘封锁，无法购买武器装备，部队只有为数很少的四川土造轻、重机枪和迫击炮，主要武器为土造的七九步枪，杂以其他长短不齐、口径不一的各式步枪，还有不少长仅过膝的前清产品，打不上几十发子弹就出毛病，对远射程根本不起作用，仍需用大刀和手榴弹装备。山炮、野炮等重兵器，高射机枪和坦克防御炮等特种兵器，则完全没有。通信设备只是旅以上才配有无线电，交通、通信、补给、卫生等各种装备器材，要啥没啥。

出川抗战前，邓锡侯、孙震曾要求蒋介石换发武器装备，蒋复电云："前方紧急，时机迫切，可先出发，途经西安，准予换发。"

1937年9月5日，二十二集团军开始徒步出川北上，到达陕西宝鸡后，始搭乘火车沿陇海路东进。

由于出兵仓促，加之不知调往哪个战区作战，士兵们完全是赤足草履，单衣短裤，原以为到达西安后，可以休息整理，换发武器装备，谁知抵达宝鸡时，因山西战事紧急，搭乘火车沿陇海线直奔山西战场。

10月上旬，先头部队刚到西安，蒋介石就电令邓锡侯，不许在西安停留集中，急速继续东进，由潼关北渡黄河，到太原加入第二战区的战斗序列。邓锡侯向西安绥靖主任蒋鼎文要求换发武器装备，蒋鼎文推诿说，"你们既归第二战区指挥，应该找阎锡山。"

眼巴巴盼着换装换枪的士兵们，看着车外的西安一闪而过，希望落了空，气得大骂蒋介石。铁罐车里人挤人，有站无坐，连饭也没得吃，士兵们饿得头昏眼花，体力不支，到达终点下车时，已经站立不稳，铁门一开，像一堆山货似的倾倒而出。

一些士兵抱怨："邓总司令在出川时，不是说火车里面有沙发椅子，像坐在洋房子里，这哪叫住洋房子？哪里是坐火车？简直是站火车了！"

先头部队到达太原后，向阎锡山申领武器装备。阎却说："这是中央的事情，须由南京解决。"

大部队刚到太原，就赶上太原沦陷，还没有站稳脚跟，便被日军机动部队冲散，跟着大部队拖枪而逃，狼狈不堪。

由于得不到补给，又缺少经费，部队一路行军，所需粮草只好半买半抢，既影响军纪，也引起民众的不满。

半路上，部队遇到阎锡山的一个军械库。士兵们两眼放光，骂骂咧咧："老蒋说话像放屁，好枪好炮锁在仓库里，不舍得给老子。"有人高喊一声："与其留给小鬼子，不如孝敬老子，端了他！"一窝蜂闯进军械库，赶跑守库士兵，将武器弹药洗劫一空。

阎锡山得知后，一蹦三尺高，大骂二十二集团军是土匪军，一个电话告到蒋介石那儿，说川军"抗日不足，扰民有余"，要求将他们调走。

蒋介石十分生气，桌子拍得砰砰作响："真是丢脸！既然二战区不肯要，打电话问问，看程长官要不要，如果要，就把他们调到一战区。"

军令部次长林蔚打电话给程潜。程潜对川军作风早有所闻，撇着嘴说："喊，阎老西看不上的东西，你们要送给我？我成收破烂的了？这样的烂队伍，我才不要！"

林蔚只好硬着头皮向蒋介石汇报。见程潜不给面子，蒋介石挺恼火，进而一想，这事也怪不得程潜，是二十二集团军自己不争气。他挥挥手，告诉林蔚："既然没人要，就叫他们滚回四川去称王称帝吧！"

这时，正巧白崇禧在一旁。他眼珠一转，对蒋介石说："要不这样，我打电话到徐州，问问李长官要不要？"

蒋介石看了白崇禧一眼："阎锡山、程潜都不要，李宗仁能看上？不过，问问也行，死马权当活马医，眼下正是用人之际，总比让他们回四川强。"

白崇禧微微一笑："我试试。"他嘴上没说，心里明白，凭他对李宗仁的了解，他是有几分把握的。

果然，听了白崇禧一五一十如实相告后，李宗仁在电话里笑出声来："好得很啊！好得很啊！韩复榘不战而退，我正愁无兵可用，你真是雪中送炭，请赶快把他们调到徐州来！"

白崇禧提醒道："德公哪，您不要期望过高，他们的作战能力可能要差一点。"

李宗仁毫不介意："当年诸葛亮可以扎草人做疑兵，他们总比草人强吧？请你快调来！"

白崇禧哈哈大笑："好，好！有德公这句话就行。我这就去办！"

于是，二十二集团军又被拨拉到第五战区。

怀着一腔报国热血率部出川，竟被阎锡山和程潜一拒再拒，成了个爹不疼娘不爱的弃儿，总司令邓锡侯和副司令孙震灰头土脸，在下属面前颜面尽失。所以，他们对李宗仁的宽容自然感激不尽，很快就赶赴徐州报到。这是他俩第一次与李宗仁见面。

一见面，邓锡侯和孙震啪的一个立正，神情庄重地敬了一个军礼，李宗仁还了一个礼，热情地拉着他们坐下，让勤务兵沏上茶。

坐定后，邓锡侯低头扯扯军装，掩饰尴尬的神色，然后苦笑着说："一、二两战区推来推去，都不要我们，天下之大，竟然让我们无处容身，惭愧噢！李长官肯要我们到五战区来，真是恩高德厚！长官有什么吩咐，我们绝对服从命令！"

李宗仁摆摆手："过去的事不必提了，你们的难处，我也知道一些，有的事可能也是不得已而为之，可以原谅。但是，"他话锋一转，"既然是军队，就必须军纪严明，令行禁止，不能像土匪那样烧杀掠夺，鱼肉百姓。时下，我们的共同敌人是强大的日本侵略军，更需要得到广大民众的支持，大家万众一心，共同杀敌报国。你们是带队伍的，要向部队讲明这一点。"

邓、孙二人频频点头，连连称是。

李宗仁单刀直入："说吧，你们有哪些困难？需要什么装备？我帮你们争取。"

"太好喽！"邓锡侯欢天喜地，与孙震交换一下眼神，顾不得面子不面子，"机械太坏，子弹太少。"

李宗仁十分干脆："这样吧，我立刻电呈军委会，请求给你们拨500支新枪，我从五战区库存中另拨一批子弹和迫击炮给你们。行吗？"

"要得，要得！"邓、孙二人眉开眼笑。

很快，二十二集团军的装备和服装焕然一新。大军出发前，李宗仁还前往训话动员，川军将士备受鼓舞。

樊建川告诉我，他曾听二十二集团军老兵说过，王铭章的一二二师没有领到枪，但补给了两卡车的手榴弹。守滕县的时候，这两卡车的手榴弹起了很大作用。

他还听老兵说过这样一个有趣的细节：补了军饷以后，他们的伙食就好起来了，几个月来第一次买了猪吃了回锅肉。那天晚上，口令竟变成"回锅肉"，回令则是"打牙祭"，日本人肯定搞不懂了。

樊建川说，李宗仁除了给川军补助伙食费，还补发3个月工资，军官们可以给家里寄钱了，一二二师后来在守滕县时，全师官兵舍命杀敌，与李宗仁笼络人心有极大关系。

川军出川，虽然狼狈，却也激昂。

当年，诸葛亮六出祁山，所到不过渭水上游；姜维九伐中原，始终未出陇南一隅。如今，川军东出剑门关，过巴山，越秦岭，横穿关中，转战太行山，横贯数千里，勒马泰山边，西望巴蜀，东指扶桑三岛，在四川军人史上亘古未有。更何况，他们是为了抵抗异族之寇，为了全民族的生死存亡而战。这种强烈的使命感，唤起了川军将士神圣的荣誉感。

川军也不是生来松散，出川初期的军纪荡然，很大程度上是"人穷志短"。被阎锡山、程潜推来操去后，将士们自尊心受到很大伤害。而李宗仁的包容体贴、善解人意，在很大程度上激励了将士们的荣誉感，让他们知道自己抛家舍业、千里奔波，究竟是为谁而战。

二十二集团军投奔到李宗仁麾下后，开赴山东境内，严厉整肃军纪，对百姓秋毫无犯，一切公买公卖，童叟无欺，还派人赴各乡宣传，尽量扶助民众武力，使人心开始稳定。从东北角的城前镇至滕县城关，在90华里长的道路沿线，民众为欢迎川军，沿途杀猪宰羊，烤烙大饼，预备做饭柴草，道路上的积雪也被打扫干净。

滕县以北与敌接触的前沿地区，民众对军队的爱护更甚。他们送来近千斤粉条、30多头猪和大量鞋袜。民众看到士兵没有手套，一齐动手奋力赶做；看到士兵在刺骨风雪中监视敌人，将柴火送到山上，亲为哨兵燃火取暖；看到冒着风雪修筑工事，送来冻疮药，并为冻伤士兵敷扎；看到士兵染上疾病，更是守护在旁，不忍离去。

有一次，一支队伍欲开进一个村庄，不知庄内已藏有日军。正在村外的一位村民见状，赶紧打着手势劝阻，他们不解其意，仍继续前进。村民双手做喇叭状，压低嗓门说："有日本人！"

这些川军听不懂山东话，不知道他在说啥，没有停下脚步。

村民急了，一面打着手势，一面指着村中，连声喊道："有鬼子！有鬼子！"

战士们这才明白过来，呼啦一下散开戒备。

此前，藏在庄内的日军已察觉，并已做好战斗准备，见此情景立即开枪射击，这位村民不幸中弹身亡，而川军队伍却逃脱了灭顶之灾。

得到山东民众的拥戴,川军官兵备受感动。邓锡侯感慨地说:"为民族而战,能得民众如此爱戴,今天就是战死疆场,也可以死而无憾了!"

这场民族战争,不仅整顿了川军的作风,更增加了川军的作战经验。旧中国的四川,蜀道之难,难于上青天,交通十分闭塞,川军又是地方军阀部队,早先兵戎相见,大多是为了争地盘,在四川境内刀枪相加,是落后部队之间的战斗。川军此次出川赴北方作战,是破天荒之举,对手又是强大的日军,由于孤陋寡闻,闹出许多辛酸可悲的笑话。

二十二集团军初到山西作战,奉命在太原附近进入右翼阵地。谁知敌情发生变化,左、中两翼早已退却,只剩下右翼川军孤军深入,陷入敌军的重围之中。由于通信手段落后,加上缺乏与友军联络的意识,川军对危急情势不明就里,仍懵头懵脑只顾埋头行进。邓锡侯和孙震虽然已多次发现险情,却没有引起足够警觉,以为这是前线正常的事。

有一天,邓锡侯率部行进到一个村庄,刚刚抵近,村口突然响起炒豆般的机枪声,走在前面的部队倒下一片。

邓锡侯还以为是友军,破口大骂:"狗日的,是哪个龟孙子的部队?怎么打起自己人来了?"

回答他的,是更激烈的机枪声,身边倒下的人越来越多,他骑下的战马也中了弹,一尥蹶子,把他掀下马来。

他这才如梦初醒,知道遇到日军,急急下令:"前面是日军,快撤,快撤!"

部队连忙掉转头,前头部队变成殿后部队,边打边撤,仓皇而退。

此次遭遇,如果日军来个诱敌深入,再抄了他们后路,毫无防备的邓锡侯可能已成瓮中之鳖。

有一次,川军驻扎在一个村庄,派出士兵在村头放哨。这时,几匹大马疾奔而来,马背上的人穿着黄呢外套,足蹬大皮靴,身佩长刀。哨兵分辨不清国民党中央军和日军的服装,以为来的是友军长官,毫无防备,枪依然背在肩上,傻乎乎看着他们驶近。岂料,来的竟是日军骑探。日军骑探一见他们,举枪便射,哨兵还没有明白是怎么回事,就倒在血泊中。村庄里听到枪声,这才知道遇到敌情,慌忙组织还击。

还有一次,几个受伤的川军士兵掉了队,正在路上艰难行走,见后面开来几辆"汽车",以为是友军,赶紧向他们招手停车。"汽车"停下后,"车"上的人不解地望着这几个绑着绷带的伤兵。这几个伤兵自报军队番号,请求搭他们车到后方。"车"上的人待弄明白他们的意思后,哭笑不得,举枪将他们一一射杀。这几个伤兵至死都未搞清楚,他们遇到的不是友军,而是日军;不是汽车,而是坦克!

川军与日军接上火后,因缺乏作战经验,加上缺少优良装备,两周下来,已经伤亡近半。

在付出惨痛的代价后,川军逐渐积累了同日军作战的经验。此次调防津浦北段,他们就显得训练有素多了。

苦撑危局

1938年1月7日,二十二集团军经徐州沿津浦路北调。就在这时,川康靖绥主任、四川省政府主席刘湘病逝,邓锡侯回川接任,孙震升任二十二集团军总司令,同时兼任四十一军军长。虽然号称集团军,但孙震的总兵力实际上只有2万多人。

二十二集团军奉命北调后,迅速开赴徐州以北的临城(今薛城)、滕县一带守备。总司令部设在临城,四十五军为第一线部队,以滕县为据点,一二五师布在滕县以北的香城、九山等前沿阵地构筑工事,阻击敌人南进;一二七师师部驻滕县,一部分支援第一二五师,一部分在兖州、邹县、曲阜之间游击。四十一军为第二线部队,一二四师三七二旅进驻滕县,负责城防;一二四师三七零旅进驻滕县西北的深井,掩护四十五军阵地的侧背,并相机游击于石墙、济宁之间。一二二师为集团军总预备队,其三六四旅部署在台儿庄至韩庄闸一线,并沿运河南岸构筑第二线预备阵地。一月中旬以后的40多天中,一二二师在台儿庄至韩庄段的运河两岸,构筑了半永久性的防御工事。

此时,日军矶谷师团已经进入泰安一带,其下属的福荣联队占领邹县以及邹县以南的两下店。不过,邹县与两下店之间是个空白地带,我游击队在这里活动自如。邹县和两下店的日军忌惮游击队,用铁丝网将营地团团围起来,不敢轻易外出。

邹县的日军不多,为了虚张声势,使起"障眼法",每天在四面城门上张贴一张大红纸布告,上写"大军明日到此",夜幕降临时,把数十辆炮车悄悄拉出城外,次日白天再将炮车拖入城中,给人造成每天有新炮进城的错觉。

孙震摸清这些情况后,做出判断,日军沿津浦线南进的部署尚未准备好。于是,他下令部队乘日军立足未稳之际,于2月中旬向两下店等地发起一次攻击。

2月13日下午,寒风凛冽,彤云密布,雪花开始在空中飞舞,一二五师兵分两路,一路以三七三旅主力向两下店方向逼近,另一路绕攻邹县北关。

14日,七四六团与地方抗日武装红枪会的数百人会合,利用夜色掩护,突破两下店日军阵地的外壕和铁丝网,逼近日军主阵地,七四五团则占领铁路及右侧高地做掩护。由于日军工事坚固,火力猛烈,七四六团两次进攻均未得手,只好撤回原守备阵地。

15日,日军向邹县增兵,借助十多门大炮的火力,先后向我峄山、郭山阵地发起猛攻,用排炮向七四五团阵地发射数百发炮弹,七四五团官兵机智地转移到山梁背后的隐蔽处,结果只打死一只野兔,人员无一伤亡。敌炮轰过之后,官兵们迅速回到阵地加强工事。夜晚,日军发起进攻,一方面用大炮和步兵在正面进攻,一方面用坦克开路,由郭山两侧抄袭七五四团阵地后翼,浓烈的火药味充满整个阵地。在此紧急时刻,三七三旅旅长林翼如亲赴郭山前线指挥,七四五团官兵凭借工事居高临下,用重机枪和手榴弹打退敌人的进攻。

16日,七四六团继续向两下店发起进攻。为了避免在雪地移动目标明显,战士们反穿棉衣,白布衬雪。由于两军装备悬殊,七四六团遭到日军猛烈炮火,连攻3个小时,仍无进展。团长谭尚修急了,选派3个连组成敢死队,在重机枪掩护下短兵相接，苦战一天一夜，双方伤亡都很严重。战至次日凌晨3时，七四六团400余人壮烈牺牲，剩余的360多人被迫突围撤退，撤至距两下店约5华里的郭山。

日军连续两日增兵两下店，持续进攻郭山和峄山阵地。七四五、七四六两团浴血奋战，伤亡甚重。阵地几经易手，失而复得。一二五师师长王士俊率七四九团和一二七师的一团，从界河出击牵制敌人，掩护两团撤出战斗。

与此同时，三二七师七五七团战果不菲。在团长王文拔的率领下，七五七团奉命由禹城向曲阜、邹县之间挺进，到曲阜、邹县之间的敌后山区开展游击战。2月14日上午，他们伏击一支日军视察队伍，击毙矶谷师团的少将田岛荣次郎。同日下午，他们又在凫村附近击毙25名日军，而自身却无一伤亡。

消息传到曲阜、邹县，日军指挥部恼羞成怒，派出兵力由曲阜朝小雪村扑来。七五七团预先占据有利地形，居高临下，打得日军四处逃窜，龟缩回曲阜城去。

曲阜、邹县的日军不甘被打，15日再次出动，分向小雪村、凫村扑来。七五七团早已从凫村转移，但还没来得及从小雪村撤走，被敌包围，一阵激战之后，成功突围。

二十二集团军此次行动，虽然没有攻克两下店，但四处伏击日军，令日军不敢贸然行动。

3月上旬，日军在邹县地区集结完毕。矶谷接到命令，消灭大运河以北的中国军队。板垣也接到命令，占领沂州（即临沂）后进入峄县附近，配合矶谷师团作战。

3月14日拂晓，矶谷师团濑谷支队的3600余名步、骑兵，在飞机、坦克掩护下，分四路进犯二十二集团军普阳山、黄山、界河、石墙等阵地。川军将士奋起还击，壮烈的滕县保卫战正式开始。

黄山阵地是日军进攻的重点，日军从两翼对黄山实施包围。在飞机的轰炸和炮火的轰击下，黄山阵地当天下午3时即被突破，死守黄山的川军一个连全部阵亡。

第五章 奋战守孤城

日军继续进攻金山、后屹村、张庄、九山庄、王福庄等一二七师主阵地，来势凶猛，妄图一举拿下。川军官兵还以颜色，力阻日军。日军变更部署，分兵千余，绕到一二七师右侧的龙山和普阳山间，实施偷袭。师长陈离及时察觉，亲自率领一个营前往堵截。日军又增援千余兵力，并有大批迂回部队，截断滕县至界河公路。一二七师主力退守龙山，以一支部队向柳泉庄之敌尾击。

守卫普阳山的是一二五师部队，在日军的猛烈进攻下，部队伤亡很大，阵地被日军突破，致使界河阵地被日军包围，腹背受敌，战斗异常激烈。

孙震得知界河正面阵地危急后，立即抽调位于滕县的总预备队一二二师三六四旅的两个营，以及收容的一二七师数百人，在北沙河配备第二线阵地。同时，一二四师三七二旅占领大坞村、小坞村等阵地，阻止日军向左翼包围。

如此一来，担任滕县城防的部队，只剩下三六四旅的一个营，以及从石墙退回的一二四师三七零旅的一个营，兵力十分薄弱。为确保城防，一二二师师长王铭章命令驻守太平邑的三六六旅增防滕县。

3月15日，孙震接到蒋介石和李宗仁的电令，要求二十二集团军竭力死守，争取时间，以待增援。孙震立刻将命令传达到各部，要求全力死守滕县城。

拂晓时分，日军的机械化部队两千余人向川军北沙河阵地推进。三六四旅七二七团当面迎击，敢死队潜伏在铁道两侧，用手榴弹炸毁日军五六辆坦克，并破坏道路。日军步兵失去掩护后，战斗力骤减。七二七团集中机枪火力密集扫射，日军死伤惨重，无法前进，双方形成对峙状态。

到中午，日军后续部队蜂拥而来，人数达上万人，从龙山向南运动。午后一时，川军界河阵地被突破，守卫界河的一二七师部队被迫从左翼南撤。两处日军会合后，向龙山一二七师三七九旅和一二五师三七三旅包围攻击，双方鏖战激烈，多次贴身肉搏，阵地几度易手，遍地都是尸体。在日军强大火力下，下午2时30分，龙山阵地失守。

孙震命令从龙山撤下的部队，退守到龙阳店、北明、东郭一带，掩护北沙河阵地的右侧，作为滕城外围的最后支撑。然而，川军在转进时，被日军死死咬住，根本来不及构筑工事，只好在城头及以南的高地布防。这时，三六六旅旅长童澄率两个营兵力向滕县急进增援，当部队行进到长巷村附近时，遭遇日军。日军坦克左冲右突，将川军部队冲散。激战一个小时左右，川军退至官桥，经过短暂收容整顿后，继续奔向滕县，没有走多远，再次被日军缠上，营长严翊瞅准一个空子，率领本营突围，继续向滕县前进，其余部队被迫向峄县方向转进。

下午 5 时，严翊营到达滕县东关，担任东关外防务。晚 8 时，日军从东沙河方向进犯。夜里，日军在炮火掩护下，多次发起攻击，都被严翊顽强击退。

二十二集团军自开赴山东战场之后，以其严明的组织纪律、饱满的精神面貌、融洽的军民关系、英勇顽强的战斗意志，还有悲壮惨烈的牺牲，一扫初出川时的狼狈形象，令国人刮目相看，甚至引起外国记者的关注。

短兵相接

3 月 15 日夜，从龙山方向来的日军，大部分已到达滕县城东北的城头、东郭、北明、龙阳店等地区，从左翼大、小坞村方向来的日军，也向县城东北转移。两支部队形成迂回围攻滕县的态势。川军正面各部队后方被敌截断，外围阵地逐个被敌击破。混战中，守备部队或由敌后方或由敌左翼突围冲出，脱离战场，滕县城关完全暴露在敌军正面。

形势万分危急，孙震命令一二二师师长兼代理四十一军军长王铭章，指挥一二二师、一二四师固守滕县。保卫滕县的任务落到王铭章的肩上。

王铭章是四川新都县泰兴乡人，父母早年相继病逝，兄妹 3 人相依为命，在叔祖父资助下就读新都县高等小学，1914 年从四川陆军军官学校毕业后从军，因战功卓著一路提升。1926 年，西北屯殖军改番号为国民革命军第二十九军，军长田颂尧、副军长孙震，王铭章改任四师师长。1935 年，蒋介石以田颂尧"剿共不力"，撤职查办，并将二十九军改编为四十一军，副军长孙震升任军长，王铭章改任一二二师师长。

"七七"事变以后，王铭章率先请缨出川，要求到最前线杀敌报国。9月12日，他在德阳驻地慷慨誓师，表示一定要用热血报国的具体行动，来赎回他20年来参与内战危害人民之罪。

王铭章十分清楚，此番出川作战，面对的是远比自己强大的敌人，结局凶多吉少，很有可能有去无回。誓师会后，他返回新都，向家人仔细交代了诸事，还预立了遗嘱，郑重辞别家乡父老，带着必死的决心离开家乡。

出川后，一二二师作为驰援晋东的前卫，渡黄河进入山西。在赵村车站，王铭章向官兵训话时，提出"四不"要求：受命不辱，临危不苟，负伤不退，被俘不屈。抵达山东战场后，他告诫部下："以川军薄弱之兵力，和窳劣之武器，担当保卫徐州第一线之重任，力量之不足，是不言而喻的，但我们身为军人，卫国保民而牺牲，原为天职，只有决心牺牲一切，才能完成任务，虽不剩一兵一卒，亦无怨尤，不如此，则无以对国家，更不足以赎川军20年内战的罪愆。"

1938年3月中旬的滕县，已成为津浦路上徐州以北抗击敌寇的唯一重镇。在外围阵地大部被日军逐个击破后，滕县城关直接面敌。此时，城关仅驻有一二二师、一二四师、一二七师3个师的师部和三六四旅旅部，每个师部和旅部只有一个警卫连、一个通信连和一个卫生队，加上滕县县长周同率领的警察和保安队约500人，此外没有任何战斗部队，城防处于十分危急的状态。

在滕县外围，四十一军和四十五军的绝大部分兵力正与日军处于胶着状态，自顾不暇。

内无战力，外无援兵，王铭章只好向临城集团军总司令部求援。孙震复电称，蒋委员长已命汤恩伯二十军团3个军约10万人来援，汤军团此时正在由河南归德、安徽亳县一带向临城转进途中，四十一军直属特务营是总司令部掌握的唯一一支战斗部队，他已下令特务营3个步兵连星夜乘车赶赴滕县，只留下手枪连担任总司令部的警卫。

王铭章不由得心情沉重。看来，指望大部队及时增援滕县已不可能。他命令守备在北沙河阵地的七二七团团长张宣武，在洪疃、高庙的一个营仍在原地执行任务，另以一个营留置于北沙河第二线阵地暂归一二七师指挥，率其余部队立即出发，跑步开回滕县布置城防。

两小时后，张宣武率部赶到滕县城关。王铭章命他担任城防司令，统一部署守城事宜。夜间10时，刘止戎率特务营也由临城开至滕县。

至15日夜，滕县城关的作战部队共约2500人，加上县长周同的500人，合计城中有武装力量3000人，但真正的战斗部队尚不满2000人。

这天夜里，从临城运来一火车粮食弹药，特别是手榴弹相当充足，成为守城战中最得力的武器，东关和城上的守兵每个人都有一箱手榴弹，每箱有50颗。

16日黎明，日军便衣队20余人向东关搜索而来，防守东关外郊的严翊营官兵隐藏在墙边屋角，待敌走近后，一起开火，将敌人全部歼灭。6时许，日军在城东5公里处，摆开8门重炮，猛烈轰击城厢，掩护上千名步、骑兵发起进攻。严翊指挥官兵沉着应战，用手榴弹猛砸敌人，阵地前倒下一片尸体。由于日军攻势猛烈，严翊营渐渐不支，一二四师三七零旅和三七二旅各派出一个营增援。几番往返冲杀后，守卫阵地的官兵多数牺牲。

从早晨6时开始，日军向滕城炮击足足两个小时，将3000多发炮弹倾泻在东关、城内和西关火车站。城里顿时像炸了锅，老百姓哭爹喊娘，携家带口涌到城西和城南，往城外逃难。半个小时后，街上除了持枪的士兵，几乎看不到一个老百姓。

8时半左右，日军大炮停止射击。半小时后，20多架敌机突然出现在滕县上空，将城郊工事悉数炸毁，日军大炮也集中向东关南半部寨墙的突出部猛烈轰击，不到一刻钟，那段寨墙就被炸开一两米宽的缺口。而后，敌集中数十挺轻、重机枪，对准缺口猛烈射击，掩护步兵向缺口攻击前进。

当敌炮猛轰寨墙时，严翊营的寨上守兵猝不及防，避开炮轰目标，隐蔽在缺口两侧，严阵以待。当敌人射击一停止，隐蔽在缺口两侧的士兵迅速上前，堵住缺口。弥漫的硝烟还没散尽，敌步兵五六十人就迫近阵地，跳进缺口处的寨壕沟内，企图由缺口冲入城内。士兵们待敌人全部下到寨壕后，将二三百枚手榴弹同时投向敌群，日军丢下50多具尸体，狼狈逃回。

一二二师师部在西门外的电厂。就在严翊营守军与日军激战时，王铭章冒着炮火，跑到城内的一二四师师部，与代师长税梯青和一二七师师长陈离等人会合。他问在场的张宣武："张团长，守城有没有把握？"

张宣武问："守多久？"

王铭章说："两三天。"

张宣武沉吟了一下，反问："敌我力量悬殊，情况你都清楚，你看能守多久？"

"嗯。"王铭章想了想，问，"守一天多有没有把握？"

张宣武挠挠脑袋，说："担任城防的10个步兵连，有6个连都不是我所属的建制部队，战斗力我无法估计，不能担保能不能守一天多。"

王铭章低着头，在屋子里来回踱了几步，抬头对在场的几位师长、旅长说："援兵最快也得到夜里才能赶到，如果我们不能守一天以上，那还不如在城外机动作战。你们认为呢？"

陈离和税梯青等人都点头说是。

"那我向孙总司令报告。"王铭章趋步桌前，操起电话，向临城的孙震报告了情况，提出到城外机动作战。

电话那头，孙震问道："你现在在哪里？"

王铭章说："我在城内一二四师师部。"

孙震又问："你的指挥所在哪？"

王铭章答："在西关电灯厂。"

孙震说："委员长来电要我们死守滕县，等待汤恩伯军团来解围，汤部先头部队王仲廉军昨天中午已到临城，我马上催王军长赶紧北上，预计几小时后即可到滕县，你应确保守住滕县。"孙震停顿了一下，加重语气："你的指挥所应当立即移到城内，以便亲自指挥守城。"

孙震的声音很响，在场的人都听到了。王铭章与大家交换了一下眼神，对着话筒说："城内虽有3个师部、1个旅部、1个团部，但战斗部队只有10个步兵连和1个迫击炮连，怎么能够抵得住几万人的强敌？"

孙震沉默了一下，问道："那么，你的意见怎么办？"

王铭章回答："我们的主力都在城外与敌作战，几个高级指挥机构不应都在城内而失去指挥作用，仅仅以10个步兵连的微弱兵力，城是没有把握守得住。"见孙震没有反对，王铭章继续说："我的意见不如留一个营在城内，来个空城计，其余都撤到城外机动作战。"

电话那头长久没有声音，显然是孙震在思考。过了好一会，才传来孙震低缓而坚决的声音："委员长的命令要我们确保滕县城，死守待援，我不能违抗命令，我的命令是要你立刻进城死守。如果兵力不够，可把城外的所有四十一军的部队通通调进城内。你还有什么意见？"

王铭章眉头紧锁，继续申辩："城外我军各部队都正与敌人胶着作战，白天无法脱离敌人。上峰一定要我们死守滕县，反正城内只有10个步兵连，有张宣武团长一个人指挥就够了，又何必把这么多的师、旅部都放在城内呢？"

孙震不为所动，口气渐渐硬起来："滕县是一个战略要地、名城重镇，城外部队即将调进城内，一个团长负不了这个重责大任。我命令你们几位师长都在城内坐镇，死守待援！"

王铭章知道再说已无益，便转移话题："城外部队只有在入夜后才能调动。究竟要我们死守多久呢？"

孙震想了想，说："你们只要能守4个钟头，援军即可到达。"

王铭章拿着话筒，扭头问张宣武："张团长，守4个钟头有没有把握？"

张宣武想，再不济，不至于让敌人在4个钟头内攻下城池，就说："有把握。"

王铭章把话筒递给税梯青："请你再和总司令谈谈，最好还是把几个师部放在城外。"

税梯青接过话筒，刚说了句"报告总司令"，孙震就厉声喝道："你有什么话，快说！"

税梯青吓了一跳，连声音都颤抖了："一二四师的部队全在城外，我可不可以到城外去指挥？"

"不行！"孙震一声炸雷，"你的部队马上就要调进城内。你要在城内死

第五章　奋战守孤城

守！"说罢，啪的一声挂了电话。

王铭章仰天长叹："唉！君要臣死，臣不能不死啊！"

虽然他对这个命令不以为然，但军人以服从命令为天职，必须执行。他转向张宣武，严肃地说："张团长，你立即向城内全体官兵传令，我们决心死守滕城，我和大家一道，城存与存，城亡与亡。立即把南、北两城门屯闭堵死，东、西城门暂留交通道路，但须备好料物，随时准备封闭。可在四门张贴布告，晓谕全体官兵，没有本师长的手令，任何人不准出城，违者就地正法！"

张宣武啪的一个立正，庄重地敬了一个礼，响亮回答："是！城存与存，城亡与亡！"

王铭章转向师部副官长罗甲辛："你传令下去，师指挥部和师直属部队全部搬进城内。"

"是！"罗甲辛立刻拿起电话。他深知王长官这道命令的含义：誓与城池共存亡！

这时，站在旁边的一二七师师长陈离团团乱转。他的处境最尴尬：他的部队都在城外龙山、普阳山一带与敌激战，师指挥所原来设在城内，如今城池被围，与城外中断联系，指挥所已失去作用，而上峰并没有计划把他的部队调进城内，他留在城内成了光杆司令。思前想后，他与王铭章和税梯青商议，王、税都认为他应该出城，鼓励他向孙震请示。

陈离硬着头皮，接通孙震的电话，战战兢兢地说明原委，请求允许他出城。

孙震听罢，深思片刻，答复说："你可以出城指挥你的部队，但只允许你的师部人员及直属部队出城，别的任何人都不准跟你一起出城！"

"是，是！"陈离诺诺应道，如释重负。放下电话，他立刻带领随从和特务连从西门出城，刚离城三四华里，就遭到日军装甲车袭击，右腿中弹负伤。

下午2时许，日军转向东关的东北角猛烈攻击，仍然是炮火轰塌一段寨墙后，在机枪密集射击的掩护下，步兵向寨墙缺口冲锋。严翊指挥官兵连续打退日军5次进攻，毙敌100多人。

残酷的厮杀，使守城官兵付出沉重的代价，伤亡数量迅速增加，兵源越来越少。这时，一二四师七四三团十一连进城领运弹药，王铭章、税梯青两师长如获至宝，命令十一连留在城内，归城防司令张宣武指挥。王铭章身边只有一个师部特务连，他除留下一个排作为警卫外，其余也交给张宣武指挥。

下午5时，日军发起第六次攻势，30余门大炮、10多架飞机轮番轰炸扫射，东关城门陷于一片火海，东关、城内、西关、火车站等处也弹如雨下。双方激战昼夜，东关城门阵地几度易手。

这一天，滕县的外围也是杀声震天。日军在强攻滕县县城的同时，兵分两路南下。一路三四千人，加上17辆坦克，沿铁路正面向临城开进，先头部队到达南沙河时，被一二七师阻击。师长陈离站在前沿阵地督战，腿部被子弹击中，血流不止，警卫员要把他架下去，他一甩胳膊，瞪圆虎眼，率部冲杀，将敌击退。

另一路日军五六千人，从滕县以东的桑村向滕峄大道南犯，被四十五军防守部队截住。由于日军武器精良，四十五军部队抵挡不住，不得不撤出战斗，向韩庄一带转移。

滕县城关之战，整整打了一天，到晚上8时才停火，整个县城笼罩在浓重的硝烟味中。王铭章把张宣武叫到指挥所，共同分析战况。他信心十足："今天我们不足一个团就能坚持一天，明天我们再增加两三个团，还怕什么？如果再把明天撑持过去，汤军团的援军就可以来解围了。"

当晚，一二四师三七零旅和三七二旅从大坞、小坞一带脱离敌人，晚上9时前后分别到达滕县。在洪疃、高庙和北沙河一带的七二七团第一营和第二营也赶到城内。另外，一二七师王永械团也入城加入战斗行列。唯有三六六旅童澄部被敌所阻，未能赶到。

根据兵力变化的情况，王铭章重新调整部署，加强对重点地段的防守，同时指挥部队对被敌轰塌的寨墙进行加固。

部署停当后，他让人去找县长周同。周同一路小跑，来到王铭章指挥所。

王铭章见他满脸乌黑，衣服也撕开一道口子，知道他这一天不轻松，上前帮他掸了掸身上的灰尘，嘱咐道："我看到一些老百姓还滞留在城里，明天肯定还有一场恶战，留在城里凶多吉少，你赶紧组织一下，让老百姓尽快出城疏散，你自己也多注意安全。"

周同答应一声，转身一路小跑而去。

这时，传来好消息：前来增援的汤恩伯二十军团军八十五军王仲廉部，已乘车到达临城、官桥附近，陈大庆的第四师先头部队在南沙河附近，与日军发生遭遇战。得知援军已到临城，滕县守军官兵精神振奋，信心更足。

壮烈捐躯

这一夜，滕城彻夜未眠。

按照王铭章的部署，各部队迅速进入指定位置，战士们不顾白天作战和行军奔波的疲劳，抓紧时间抢修工事，挖掘防空洞，绑扎登城云梯。

为什么要绑扎云梯？原来，滕县的城墙既高又陡，只在每座城门的旁边设了一条登城的路。白天，日军敌机投弹、扫射和炮火轰炸时，守城官兵为减少伤亡，只在城上留少数瞭望哨，其余都转移到城墙脚下的防空洞内隐蔽、休息，日军飞机一离开，或者炮火一停，再迅速登城抵抗。光靠城门旁边那一条道路，上下很不方便，容易贻误战机，指挥所要求每一个班至少绑扎一架云梯，以备迅速登城之用。

县城内武器弹药贮备充足，各部队都得到足够的补充。战士们打开手榴弹的箱子，揭开手榴弹的盖子，随时准备投入战斗。

一切准备妥当后，东方已露出鱼肚白。

矶谷廉介没有料到，从界河到龙山，从普阳山到滕县城关，一路上碰到的尽是硬钉子，特别是在滕县城关，兵员伤亡很大，仍拿不下一座县城。他恼羞成怒，连夜调集十师团和一零六师团的一个旅团，共3万多兵力，加上数十门大炮、百余辆坦克，将滕县东、南、北三面包围起来。

17日黎明，日军精锐部队再次向滕县城关发起进攻，先是五六十架飞机对城厢狂轰滥炸，接着8门15吨重炮密集发射，城关顿时房倒屋塌，壁断垣残，石板街道被炸成一个个深坑，全城一片火海，遍地皆成焦土。

6时许，日军用火炮将东关寨墙轰开缺口，然后以10余辆坦克为先导，掩护步兵向缺口冲锋。同时，炮火向东关全线和城内施行遮断射击，以牵制守军的临时调动和后线增援。

在强大炮火掩护下，日军突击队300余人开始攀城，守城部队居高临下，以步枪、手榴弹将其全数击毙。日军又派遣突击队200多人蜂拥攀城，也被守军全部歼灭。

这时，南城城墙也被敌炮猛轰坍塌，出现一个两丈余长的大缺口，城厢民房到处起火燃烧。一二四师七四零团团长王麟率部前往堵缺，双方短兵相接，反复肉搏，最终将日军击退，完成堵塞任务。但是，王麟却不幸中弹牺牲。

在东南城角，日军以密集炮火猛轰城垣，半小时左右轰开一个大缺口，在七八辆坦克的掩护下，百余名日军向城内猛冲。守卫在此的七二七团二连战士们奋不顾身，用集束手榴弹炸毁两辆坦克，炸毙五六十名日军。但是在日军的密集火力下，二连官兵全部阵亡，四五十个日军乘机冲上城墙。

七二七团一营营长王承裕见状，立即命令营预备队第一连反击。在仅有两挺轻机枪掩护下，连长张荃馨率领官兵向敌猛扑。一阵手榴弹投掷出去之后，战士们抡起大刀，横劈竖砍，一场白刃交手战后，将敌人全部歼灭。一连的150名官兵只剩下14名士兵，张荃馨和副连长贺吉仓等全部捐躯。

这场激战，一直持续五六个小时，两路进攻之敌均被击溃。至中午，双方暂时中止战斗。

午后1时许，日军发动更加猛烈的攻势，敌机将城内大半房屋炸平，炮火持续不断，守军伤亡过半。王铭章率领参谋长赵渭滨、副参谋长邹绍孟在城垣上往来督战，各旅、团长和周同县长都在一线指挥。情势越来越险恶，大家都盼着援军从天而降。

然而，汤恩伯军团的八十五军却在滕县与临城之间被日军死死缠住，无法接近滕县。

下午 2 时 30 分，日军又将攻击重点转向南城墙及南关，12 门火炮猛烈轰击南城墙和南关街市，二三十架飞机集中轰炸南关。

南关是防御的薄弱部分，守备部队一二四师七四三团的一个残破部队，昨夜才由大坞转移至此，匆忙布防，阵地只有简单的掩蔽工事，很短时间内官兵即伤亡过半，剩余部队在南关也无法存身，被迫转移到西关车站附近继续抗击。

南城墙在被敌重炮轰炸 1 个多小时之后，城墙几乎夷为平地，处处可以攀登。守备部队一二四师七四零团的蔡证营，突遭敌炮猛烈轰击，血肉与砖石交织在一起。

轰炸之后，五六百名日军在十余辆坦克的掩护下拥向南城墙，三七零旅旅长吕康、副旅长汪朝廉亲临城墙指挥，与南城墙上的一二二师七二七团官兵并肩抗敌。战斗中，吕康、汪朝廉负伤，身边的士兵纷纷倒下。但是，南城墙依然是阻敌屏障。

下午 3 时 30 分，日军忽然增兵 2000 余人，并发射密集的燃烧弹，南城墙内火光滔天，守军阵地陷入一片火海，发出一片惨叫声，负伤官兵来不及撤退，与阵亡忠骸一道瞬间化为灰烬，其状惨不忍睹。南城墙终于被敌攻克。

日军占领南城墙后，在城墙上架起机枪，以猛烈火力掩护步兵，从西南城角向西城墙上的守军攻击。同时，日军炮火猛轰西城门楼。下午 5 时，西门和西门以南的城垣被占。

浓烟和尘埃遮天蔽日，使黄昏的天空更显灰暗。王铭章退守到城中心十字街口，嘶哑着嗓子指挥作战。他清楚地记得，李宗仁给他下达命令时，是要他坚持到下午 5 时。他掏出怀表看了看，时间已过。他转身问参谋长赵渭滨："李长官给我们下撤退的命令了吗？"

赵渭滨明确地说："没有，但是他规定的时间已经过了。"

王铭章坚决地说："既然没有接到命令，我们就要死守住，否则就是临阵脱逃！"

此时，呼啸而至的炮弹震耳欲聋，到处是死尸残躯，日军已从东、西、南三面攻进城内，精疲力竭的守军使出最后力量，与日军展开肉搏战。此时此刻,他们多么希望援军能从天而降!

王铭章已对援军不抱希望,知道最后的时刻已经到来。他沉着地命令报务员向总部司令孙震发电,表示"决以死拼报国家"。

发完报后,王铭章命令报务员:"把电台砸掉!"

报务员犹豫了一下,王铭章虎眼一瞪:"快砸,不要留给小鬼子!"

王铭章转身对旁边的周同说:"周县长,你是地方官,你可以走了,这里的事,有我。"

周同说:"留得青山在,不怕没柴烧,您赶快转移,待援军来后再反击吧!"

王铭章摇了摇头:"养兵千日,用兵一时。我是军人,杀身报国的时机到了,怎么能临阵脱逃?"

周同毅然决然:"'守土有责'4个字我是明白的。抗战以来,只有殉土的将领,没有殉职的地方官,我愿意开此先例,绝不苟生,做第一个牺牲的地方官!"

听罢此言,王铭章知道周同死心已决,再劝已多余。他深情地看了周同一眼,拍了拍他的肩膀,毅然地说:"好!让我们并肩战斗,共赴国难!"说罢,拿起一杆长枪。

涌进城内的日军越来越多,火力渐渐向十字街口包围过来。

王铭章率领剩余的人马且战且退,从西北角登上城墙,指挥警卫连的一个排进攻西门城楼。然而,城墙上无遮无蔽,战士们还没有接近西城门楼,就全部倒在敌人密集的机枪火力下。

王铭章与一二四师师长税梯青商议,决定立刻转移到城外,到西关火车站与一二四师三七二旅会合,组织力量反击。

日军似乎已察觉到王铭章的意图,轰炸炮击更加猛烈,炸弹、炮弹和子弹像一条条毒蛇,死死咬住王铭章和其他人不放。

透过令人窒息的火光烟尘,王铭章环顾四周,发现身边的人已所剩无几。三七零旅旅长吕康头部连中两弹,当即昏迷,被士兵用楼梯绑作临时担架抢救出;张宣武、汪朝廉等指挥官个个成了血人,仍强撑着指挥仅剩的几个士兵拼死还击。

目睹此情此景，王铭章不由得悲愤填膺，恨声说道："有心杀贼，无力回天呵！"

突然，几步外的参谋长赵渭滨哎哟一声，捂住腹部倒在地上，痛苦地挣扎着，原来是被弹片贯穿腹部。

王铭章急忙上前，正欲救护赵渭滨，耳边响起一阵嗒嗒机枪声，只觉得腹部被重重地击了一下，顿时摔倒在地，肠子瞬间流了出来。他把肠子往肚里一塞，不停地高呼："杀！杀！抵住，死守滕县！"旁边的人欲去扶他，他挥着胳膊，怒吼一声："弟兄们，你们快同敌人拼去吧！不要管我，我死在这里很痛快！我们要坚持最后一分钟，要拼到最后一滴血！"

在震耳的枪炮声中，王铭章身边的人一个接一个倒下。副官长罗甲辛被枪射中，坠下城墙而亡。少校参谋谢大墉被占据城墙的日军用平射炮轰掉脑袋，倒在旁边的赵渭滨已经停止呼吸。

这时，几个鬼子端着上刺刀的三八大盖，朝王铭章包围过来。王铭章高呼道："小鬼子，不怕死的上来吧！"举起手枪连毙3人，剩下几个吓得转身就逃。

王铭章哈哈大笑："小鬼子，知道你爷爷厉害了吧？"笑声未落，一阵剧烈咳嗽，口里喷出大口鲜血，双眼仍然圆睁着。

警卫副官李绍坤急忙取出白药，要给王铭章灌到嘴里，但已经灌不进去，才知道已气绝身亡，不由得惊呆了。过了一会，他又用手试试王铭章，觉得身手已渐凉。他想把王铭章背走，无奈王铭章又胖又重，根本背不动，卫士陈洪恩也已负伤。不得已，他只好把尸体移到壕侧，取出他的私章，捡了几块烂木板盖住，扶着陈洪恩洒泪而去。

关于王铭章殉难的情况，另有一种说法：王铭章在激战中腹部中弹，为了不做俘虏，高呼"抗战到底"，举枪自戕，壮烈殉国。

1938年3月22日《大公报》第二版，以《滕县之役　守军死事壮烈　王铭章师长负伤后自戕》为题，刊登中央社3月21日发自徐州的报道。文

中称:

　　王铭章师长亦腹部中弹,旋以大势已去,危城难守,即以手枪自戕,临死仍高呼中华民国万岁,抗战到底!其为国殇杀身成仁之壮烈情绪,神鬼均泣,周县长同越城逃出,当亦跌死,我城内尚有重伤兵三百余名,未及退出,不愿受敌残杀,互以手榴弹爆炸而死,其死事壮烈,诚惊天动地……

　　1986年拍摄的电影《血战台儿庄》里面就表现了这一幕。

　　直到今天,台儿庄大战纪念馆里介绍王铭章生平事迹时,仍写着"自戕殉国"。

　　樊建川也认同"自戕"说。他对我进一步说:"我见了很多老兵,见了王铭章的很多部下,王铭章的死跟李宗仁有很大的关系。那些老兵告诉我说,王铭章经常说一句话,咱们为国家而战、为川军的荣誉而战、为李长官而战。江湖讲义气,他是袍哥人家,特别讲义气。他觉得李宗仁对他好,实际上李宗仁把他给害了,因为守滕县是死路一条。李宗仁肯定不能让中央军去守,中央军啃不动;他也不愿意让自己桂系的去守,不想拿自己的实力去守,想保存自己军队的实力,想让自己的军队立战功,滕县是很难立战功的,所以就让王铭章去守。王铭章一是民族大义,二是川军的荣誉,三是觉得李宗仁对他有知遇之恩。"

　　但是,亲眼看见王铭章牺牲的警卫副官李绍坤不认同"自戕"说。王铭章的后人也不认同"自戕"说。

　　我在张忠的帮助下,辗转找到王铭章的嫡孙王德明。他生于1946年7月,原是成都市机床电器厂的职工,2006年退休,育有一子。

　　王德明告诉我,拍《血战台儿庄》电影时,导演曾经跟他们讨论过这个问题,他们当时就提出异议,说自戕与历史不符,导演对他们解释说,这属于艺术再加工。

　　李绍坤的晚年是在新都度过的,王德明见过他几次。1984年以前,王铭章的儿子和女儿想为父亲申报追认为烈士,李绍坤和叶光文等几位参加过滕县保卫战的老兵一起写了很多材料，叶光文在滕县保卫战时任代理排长。叶光文告诉王德明，李绍坤向他介绍过当时情况，说王铭章确实是"身中数弹，当场牺牲"的，"当时他看到将军死状惨烈，肠子都流了出来"。

王铭章的遗孀叶亚华曾讲述过，王铭章的血衣被带回家乡后，发现腹部位置有7个枪眼，王铭章的部下告诉她，他是被机枪射中的。

王铭章殉难时，守城官兵虽然失去最高指挥官，仍在各自的阵地上继续浴血战斗。夜幕降临时，东、西、南三面城墙已全部被日军占领，只有东北、西北两个城角和北面城墙仍在守军控制中，但地盘在一点点缩小。夜里9时，北城墙上的守军搬开堵住北城门的障碍物，打开城门，二三百人突出重围。城内，一些零星小部队陷入日军的重重包围中，但并没有放下武器，仍在各自顽强抵抗，有的被日军包围后，为了不当俘虏受辱，拉响手榴弹与敌人同归于尽。激战枪声彻夜不绝，直到天明才渐渐平息。最终，只有17人从敌人包围圈的缝隙中钻出去。

滕县保卫战自3月14日晨开始，至18日中午结束，共4天半，计108个小时。

为攻下滕城，日军不惜血本，仅16、17两日，滕县城关落下的炮弹就达3万余发。

四十一军自一二二师师长王铭章以下伤亡5000余人，四十五军自一二七师师长陈离以下伤亡亦达四五千人，总共伤亡1万多人。

日军也付出沉重代价，死伤军官320余人，1500余名士兵被击毙，5700余人负伤。

滕县城内尸横遍野，血流成河，城内建筑成为一片焦土。

在王德明家里，我看到一本《新都文史》册子，是成都市新都区为纪念抗日战争胜利40周年而编撰的，里面收录了一篇山东滕县人杨玉亭的回忆《邱大娘掩埋王师长》文章，从中可以了解王铭章遗体的确认和掩埋过程：

一九三八年三月十七日,山东省滕县失守后,县城内满街尸体,横七竖八,血肉模糊,惨不忍睹,房舍街树弹痕累累,余火未熄,处处冒烟,举目望去,一片瓦砾,目睹此状,催人下泪。这时,我同一些无辜青年一起已被日本侵略军强拉去为他们当苦力,在日寇刺刀的威迫下,清理战场,掩埋尸体。有一天,一个姓邱的苦力悄声告诉我:"俺母亲把王师长掩埋在家屋旁了。"我把这一情节很快转告好友刘兆福。几天后,王师长一位姓李的部下①带领四人化装回滕查访王师长遗体的下落,正巧问到刘兆福。

刘兆福领着他们找到我,我便同他们一道立即赶到邱大娘家。邱大娘同我早就相识,我们说明来意,她没什么顾虑,便带领我们到掩埋王师长遗体的地方,并同我们一起把师长遗体挖出来。为了使师长亲属尽快确认师长遗体,根据李同志建议,先把遗体运往沛县②。我怕他们没有盘川,便给刘兆福四十元钱作沿途花用,并嘱咐他同李同志等一起尽快运到。到沛县,经亲属确认无误③后,赠给刘兆福两千元钱作为酬谢④。

刘兆福回滕后,要把剩下的三十元盘费和两千元钱一并交给我,我连忙对他说:"你这次冒生命危险完成了任务,人人尊敬,我一分钱也不能要。"经我再三解释,刘兆福才勉强把剩下的盘川和两千元钱全数收了下来。

事后,邱大娘向我谈道,他家对门的电灯房,就是一二二师师部,王师长公余时偶尔到她的开水店同她聊句天。邱大娘说:"师长谈到他外婆也姓邱时,我们彼此都感到很亲切,师长怜悯我家穷苦,常周济我钱……滕县失守后,城内枪炮声刚停不久,我爬出破屋探看,门前尸体横七竖八,师长也倒在中间,为了报答师长的恩德,我同儿子在屋旁刨了一个土穴,把师长的遗体掩埋了。"

王师长得以长眠故乡,我也心安了。邱大娘和刘兆福虽然去世了,但他

---

① 原文按:李绍坤是王铭章师长的卫士。
② 原文按:王铭章表弟、医官邱大寿驻沛县等候。
③ 原文按:据李绍坤回忆,当时从面部已无法辨认,乃由邱大寿从两件遗物上判断确切:(1)师长四十寿辰时其叔父王文振赠送的一对金袖扣,袖扣为成都"天成亨"定做,此即第一证据;(2)师长所穿袜子系出征前元配周华玉所纳袜底。
④ 原文按:两千元并非亲属所赠,实为二十二集团军总司令孙震所赠。

们的后人都在滕县工作，一切很好。

身后哀荣

王德明客厅的墙上，挂着一个大大的徽章，足有圆桌面那么大。上面写着"王故上将铭章公葬典礼暨铜像揭幕纪念"，中间是王铭章的画像，一身戎装，策马挥手。下面有"成都"、"卅二年元旦"几个字。王德明说，当年爷爷公葬时盛况空前，这是公葬典礼纪念章的复制品。

王铭章率部坚守滕县4昼夜，有力阻滞日军南犯徐州的计划，为我军大部队赢得鲁南会战的充分准备时间，对围歼日军板垣、矶谷两师团的台儿庄大捷，创造了有利的条件。李宗仁在给蒋介石的电报中，给予高度评价：

该集团军以劣势之装备与兵力，对绝对优势之顽敌，独能奋勇抗战，官兵浴血苦斗达三日半以上，挫敌凶锋，阻敌锐进，使我援军得以适时赶到战役中，徐州得以转危为安，此为国牺牲之精神，不可泯也。

他后来在回忆录中又说："滕县一战，川军以寡敌众，不惜重大牺牲，阻敌南下，写出川军史上最光荣的一页"，"若无滕县之死守，焉有台儿庄之大捷，台儿庄之战果，实滕县先烈所造成也"。

蒋介石1938年3月30日复电李宗仁：

王故师长铭章，力战殉国，达成任务。缅怀壮烈，悼惜殊深。准给特恤一万二千元，转请国府特予褒扬，追赠陆军上将，由军委会依上将例给恤，并将生平事迹宣付史馆，以奖矜惜，而慰忠勇。

1938年4月6日，国民政府特令褒扬王铭章，追赠其为陆军上将。

王铭章的忠骸运回途中，自发祭祀的群众络绎不绝，英、法在长江的舰船都下半旗，鸣礼炮致哀，汉口、重庆、成都均举行公祭，国共两党领导人参加公祭,并敬献花圈和挽联。

5月初,灵柩抵武汉大智门火车站时,万人空巷迎灵。中共代表吴玉章、董必武,八路军代表罗炳辉等参加迎灵公祭。在汉口的公祭典礼上。毛泽东和中共中央委员陈绍禹、秦邦宪、吴玉章、董必武联名送了一副挽联:"奋战守孤城,视死如归,是革命军人本色;决心歼强敌,以身殉国,为中华民族争光。"

6月15日,忠骸运到成都后,各界人士举行盛大的迎柩仪式,8万多人到牛市口迎接亡灵。公祭会场上,悬挂着许多名人挽联。朱德、彭德怀、周恩来、叶剑英、贺龙,刘伯承、罗炳辉联合挽联上写道:"一旅守孤城,为民族解放事业牺牲,真是炎黄子孙流芳青史;万人兴义愤,抗日本帝国主义侵略,将使沦亡大地复兴中华。"新四军将领叶挺、项英则挽以"民族之光"。国民政府军委员第三厅厅长郭沫若还专门在《新华日报》发表长篇追悼王将军的广播演词。成都各界还在少城公园铸竖一座王铭章的骑姿铜像。

8月30日,忠骸运至新都,安葬于国葬墓园。次日,新都又举行数万人参加的公祭,数架飞机在新都上空盘旋,散发英烈的事迹传单,可谓盛况空前,极尽哀荣。

王德明给我看一张墓园的照片。墓园落成于1942年,占地据说有十多亩,还建有专祠。门额上有国民政府主席林森的题词:"壮节殊荣"。两侧是军事委员长蒋介石的楹联:"执干戈以卫家邦,壮志不还,拼取忠忱垂宇宙;闻鼓鼙而思将帅,国殇同哭,忍标遗像肃清高。"牌坊归额上的"王上将之钟墓道",由国民党元老于右任题写,园内碑亭气势恢弘。可惜,整个墓园在"文革"时被毁。

遵照王铭章出征时所立的遗嘱,其家人捐出蒋介石拨付的特恤金、治丧期间所收的赙金和部分家产,于1941年在新都县城西郊创建"铭章中学一所"。数十年来,该校为国家培养了不少优秀人才。现在,校名改为新都第一中学,是四川省重点中学。

1984年9月1日,四川省政府追认王铭章为革命烈士,中华人民共和国民政部颁发《革命烈士证书》之后,新都区政府于1985年在新桂湖公园重建起王铭章墓园。

樊建川说，王铭章共有妻妾5个。但是，我反复查找资料，只记载着一妻一妾。王德明十分肯定地说："爷爷只有正侧二妻，大夫人周华玉，二夫人叶亚华，其中周华玉育有3子2女，长女王道纯，长子王道鸿，次子王道义，三子王道纲，小女儿王道洁，目前只有王道纲健在；叶亚华育有两个孩子，但都在幼年时夭折。"

王德明告诉我，他是王道鸿的独子，除了王道纲，其他叔叔和姑姑都有自己的后代，现在分散在重庆、湖北等地。新中国成立之初，叶亚华带着少年王道纲，辗转取道香港投奔孙震，孙震把他们带到台湾。叶亚华在一所学校当英文教师，王道纲先在黄埔军校25期学习，毕业后从军，在金门炮击中负伤，退伍后在台北出家当了和尚。

2005年，王道纲陪着叶亚华回到成都定居。樊建川说了一个令人唏嘘的细节：他把叶亚华请到川军抗战馆，推着轮椅陪她参观，当老人来到王铭章照片面前时，神色大变，指着王铭章照片骂道："为什么你守到了时间不撤？你不回来，我们孤儿寡母有多惨，你知不知道？！"

闻听这如诉如泣、痛彻心扉之言，在场的人个个神情肃穆。

樊建川推着叶亚华来到壮士广场。当看到王铭章的雕像时，老人乐不可支，问道："樊先生，你爸爸是不是我们铭章的部下？"

樊建川回答："不是，我爸爸是八路。"

老人惊奇地说："你爸爸是八路，你还为我老公做这么好，还把川军馆做这么好，了不起啊！"

那天中午，樊建川请老人在博物馆内就餐。吃着吃着，老人忽然冒出一句英语。樊建川说听不懂，老人说："我要感谢樊先生，这顿饭我埋单。"

2009年，滕县保卫战71周年时，王铭章的子孙以及儿媳一行14人来到建川博物馆，代表98岁高龄的叶亚华，向博物馆捐赠7块从台湾带回来的牌匾，其中3块是蒋介石的亲笔题词，分别书写"民族光荣"、"死重泰山"、"烈比睢阳"。

叶亚华在成都颐养天年，直至去世。叶亚华去世后，王道纲仍回台北新北寺生活，终身未娶，一心向佛，仍经常回成都与亲人团聚。而王铭章其余的孙辈，也大多退休散居成都、重庆、湖北等地。

我从成都来到王铭章的故乡新都，专程拜谒先烈的英灵。饮马河畔的新桂湖公园内，苍松环绕，翠柏葱茏，掩映着一尊高耸云天的将军铜铸塑像。将军身姿前倾，面容严峻，眉宇紧锁，目光炯炯，嘴角紧抿，右手挥舞战刀，仿佛正义无反顾地奔赴战场。座下的战马瘦骨锋峻，四蹄裹风，昂首嘶鸣，凌空骁腾。铜像下的基座有四五米高，色彩殷红如血，犹如几十万川军将士的热血凝结而成。塑像旁边，是王铭章的墓穴。

当我在将军铜像和墓前徜徉时，不时有人来此拍照留念。我真想拉着他们坐下，细细讲述这位骁勇战将叱咤风云、荡气回肠的故事。

后来，张忠特地告诉我，2015年3月6日，89岁的王道纲乘坐飞机，从台湾专门赶往成都。3月17日，在新都区新桂湖公园内，老人戴着黑色帽子，身着防寒服，佝偻着腰，拄着拐杖，在亲人的搀扶下，一步步走上墓园旁边的小道石阶，来到父亲墓前，久久伫立凝望着墓碑。他把拐杖递给家人，双手合拢，对着父亲的墓碑深深三鞠躬，并献上鲜花。他还想努力走上墓碑前的石阶，这样就可以离父亲更近一步，但是由于石阶太陡，家人劝阻了他。

王道纲带领着家人一起诵经，寂静的墓园里，诵经声久久回荡。他说，自己也不知道，以目前的身体状况，还能这样来看父亲几次。

不同周同

滕县县长周同是河南开封人，曾在韩复榘的第三路军二十师任政治部主任。二十师师长孙桐萱推荐他当了滋阳县县长。他上任不久，恰遇孙的乳母之子贩卖鸦片案发，孙向他求情，他照样处理，不给孙留面子。孙桐萱震怒，找个岔子，将他撸了。国民党专员梁仲华却很欣赏他，任他为专员公署视察员。

1937年冬，滕县县长位缺，梁仲华推荐周同任滕县县长，刚干3个月，日军就大兵压阵，滕县人心惶惶，但周同抗战决心坚定，积极配合川军阻击日军。

滕县失陷后，外界纷传周同坠城殉国。《大公报》除在1938年3月22日第二版转发中央社电讯稿中提及周同外，还在次日第二版刊登"本报特讯"，据说作者是范长江。这篇题为《滕县殉国县长周同》的特讯这样写道：

昨日报载滕县县长周同，于敌陷滕县时，坠城殉国。记者日前在山东，闻路人皆盛称周君之忠勇，到滕与周君会晤，见其布衣光头，谦谨朴实，而谈论坚毅，热情奔放，绝不似官场中人。韩复榘违命撤兵时，滕县空虚达四日之久，全赖周县长镇定支持，川军始能赶到，否则徐州早已危险。周当时谓："全国失陷县城已数百计，尚未闻有慷慨殉职者，我颇愿在滕县尽我之职守也。"当时记者未加注意，今在此大难关头，周县长果始终与军队一致奋战，至敌军已入城，乃不得已坠城而死，其气节诚堪敬悼也。

后来，在许多介绍滕县保卫战的文章中，也多有对周同绘声绘色的描写：王铭章战死后，周同抚尸大哭，对身边的人说："中国不会亡！中华民族不会亡！中国人民是不会向敌人屈服的！"说完突然纵身一跳从城上坠下，以身殉国。

事实上，滕县城失守后，周同并没有坠城殉国，而是乘乱从西城门逃到南门，躲进天主教堂里。教堂的神父敬仰他的抗日壮举，把他藏了起来，才使他躲过一劫。在神父的安排下，周同化装成老百姓，怀里抱着一个难民的幼儿，随难民一道混出城。

逃出滕县后，周同病倒，幸遇中共地下党员马奉箓。马奉箓知道周同抗战决心大，遂热心地帮他治病，并动员他留下继续抗日。周同欣然应允，很快拉起武装打游击。

周同是个观念正统者，自认是国民政府的官员，所以一直踏实追随国民党，当国共之间出现分歧时，他毫不犹豫地站在国民党一边。

1939年秋，战斗在山东的八路军一一五师的政委罗荣桓找到周同，希望与他联合抗日，但周同以听从国民党中央为由，予以拒绝。尽管如此，八路军深明大义，在他处于危难之际，仍出手援助。不过，这也引起他的同僚忌恨，向国民党山东省主席沈鸿烈密告，说他通共产党。

周同为了自保，于1940年7月公开反共，逮捕了曾经帮他治过病的朋友马奉莪，次年2月又残忍地活埋了马奉莪。同时，周同还蓄意制造摩擦，攻击地方抗日武装，俘获了二三十名抗日战士，从此与共产党和八路军结下仇恨，其抗日热情也日渐消沉。

日本投降后，周同担任章丘实验县县长，一年后辞职赋闲，住在济南。

1948年，解放军解放济南时，周同被活捉，先是关押在鲁南行署，后转押在临沂，1951年在临沂病死。

滕县保卫战已过去70多年，周同后来也并非是寂寂无名之辈，为什么其"坠城殉国"的误传流传至今？窃以为，有这样几个原因：

其一，台儿庄大战闻名于世，悲壮惨烈的滕县保卫战是其前奏，王铭章又是抗战早期阵亡的高级将领，国民政府在汉口、重庆、成都为他举行隆重的公祭，家喻户晓，影响深远。周同是有幸沾了王铭章的光。

其二，按照当时的报道，他毕竟是第一个在战场上殉国的地方官员，加上报道中对他悲壮之举的渲染，使他名声大噪。

其三，战争年代兵荒马乱，消息本来就闭塞，加上滕县失陷后，周同一时失去联系，误传他坠城殉国，不足为奇。后来，虽然发现他还活着，但是其坠城殉国的宣传影响太大，何况他确实与王铭章并肩守城，确实说过那样的豪言壮语，而且还继续抗日，政府也就没有出面澄清。

其四，他的事迹经媒体报道后，激励无数同胞投身抗战、不怕牺牲，社会影响巨大，逐渐被人神化，不排除国民政府有意隐瞒真相，将错就错。

第六章　妙计布擂台

三献良策

日军攻占滕县后，瞄准下一个目标：台儿庄。好在李宗仁早已谋划在先，已经胸有成竹，遂调兵遣将，决计在台儿庄与日军决一死战。

促使李宗仁下决心在台儿庄布下战局的，是周恩来。

1938年初，白崇禧的身边多了一个眉清目秀的年轻人。他叫程思远，不满三旬，比白崇禧小15岁。别看他年纪轻，却非等闲之辈：曾经当过李宗仁的秘书，后来赴罗马大学深造，1937年获政治学博士，回国后又担任白崇禧的机要秘书，是李、白的心腹之人，也是桂系的智囊人物，之前的1931年和之后的1948年，桂系集团两次逼迫蒋介石下野，程思远都起了关键的作用。

国共第二次合作后，周恩来进入国民政府军委会，担任政治部副部长，授中将之衔，因为经常与白崇禧见面，自然与其秘书程思远熟悉。

作为台儿庄战役的亲历者，程思远后来无论是在他所著的《我的回忆》一书里，还是在其他回忆文章中，都充分肯定周恩来在这场战役中的作用。在一篇《周恩来与台儿庄大战的胜利》文章中，他这样总结：

台儿庄大捷是有原因的：首先是第五战区司令长官李宗仁采纳了周恩来提出的建议："固守据点，各个击破，要阵地战与运动战相结合，把敌人歼灭在台儿庄"的作战方针；其次是冯玉祥训练的张自忠、孙连仲、庞炳勋等部队、忠勇爱国、勇敢善战、将士用命；再次是敌人犯了错误，南北不能协调，"没有战略协同"。

过去，在评价台儿庄战役时，史学界只强调这是国民党正面战场的行动，却忽略了中国共产党的作用。李宗仁在其回忆录里，对周恩来的作用也未着一字。

但是，台儿庄大战并非只是正面战场的孤立之战，而是国共两党精诚团结、两个战场密切配合和各派政治力量并肩战斗的硕果。

就在张自忠和庞炳勋在临沂同板垣刚接上火时，李宗仁到武汉参加国民政府军事会议。这天，他开完会回到住处，副官进来报告，政治部副部长周恩来求见。

周恩来？李宗仁愣了一下，赶紧迎出去。

门外的周恩来见李宗仁出来，敬了一个潇洒的军礼，李宗仁连忙还礼，口称"稀客稀客"，向周恩来伸出双手。

当年，周恩来在黄埔军校担任政治部主任时，李宗仁见过周恩来，但没有深交。后来国共分裂，十年内战，两人没再照过面。李宗仁担任第五战区司令后，偶尔回中央开会，来去匆匆，一直未能与周恩来谋面，但他对周恩来的机敏、睿智早有所闻，也知道蒋介石给他个虚职，是怕共产党掌握实权。

李宗仁请周恩来入座，让人上茶，然后用探询的口气问道："周先生公务繁忙，今天来，不知有何赐教？"

周恩来快人快语："我是无事不登三宝殿，想向李长官请教一下徐州战区的战事。"

李宗仁说："太好了，素闻周先生足智多谋，极善运筹帷幄，我正想听一听您对徐州战区拒敌作战的高见呢。"

"你是军事家，我是班门弄斧。"周恩来诚恳地说，"不过，真人面前不说假话，我自当知无不言。"

李宗仁介绍了徐州战区的军事部署、日军兵力和两军交战情况。

周恩来静静地听着,待李宗仁讲完后,他轻轻地咳了一下,接过话头:"李长官想必对淞沪会战及南京保卫战都有深刻的认识,前车之覆,后车之鉴,我想徐州战区的抗战,应该吸取淞沪会战和南京失陷的教训,改用防御新方针,才能立于不败之地。"

李宗仁眼睛一亮,说道:"请周先生赐教!"

周恩来道:"淞沪会战和南京保卫战基本上是单纯的阵地防御,我方始终处于被动地位,加上武器装备素养不如日军,所以屡战屡败。如果徐州防御作战仍沿袭以往的防御方针,难免重蹈覆辙。"

说到这里,周恩来停顿下来,用征询的眼光看着他们。

李宗仁连连点头,道:"周先生但讲无妨。"

周恩来和盘托出自己的想法:"我认为,徐州战区拒敌作战,应该将阵地战的守势和运动战的攻势,以及游击战的优势,三者结合起来,在预选的战场地区,以一部分兵力固守阵地,吸引和消耗敌人;以一部分兵力游击敌后,袭扰牵制敌人;以主力迂回敌人侧背,实施强力攻击。变内线作战为外线作战,于被动中争取主动。"

"哎呀,周先生高见,令人茅塞顿开啊!"李宗仁兴奋莫名,忍不住打断周恩来的话。自从南京失陷后,他一直在深思作战方针乃至战术问题,如"焦土抗战"、"以空间换时间"等战略思想,都是他最早提出来的,将阵地战和运动战、游击战结合的作战设想,他也考虑过,但不如周恩来考虑得这般周详缜密。

"不过——"李宗仁眉头紧皱,沉吟起来,"周先生可能有所不知,五战区的部队多为杂牌军,装备差,训练差。而日军进攻津浦线的均为精锐部队,尤其是北线的矶谷师团和板垣师团,号称日军'钢铁师团',武器装备及兵员素质远远超过我军,我担心我军难以阻挡日军的行动。"

周恩来十分体谅李宗仁的忧虑和困难,接过话头:"这正是我一直在考虑的问题。论实力,我军除了兵员数量多于日军外,其他方面都难以与日军抗衡。但是,我们是守土作战、正义作战,我们可以利用天时、地利、人和这些条件,弥补作战能力上的差距。"

说到这，周恩来请李宗仁的副官展开军事地图，指着地图说："日军占领上海、南京、济南以后，从南北两面扑向徐州，气焰十分嚣张，根本不把中国军队放在眼里。但他们忘了'骄兵必败'这句古训。南北两方只要有一方的日军孤军深入，就有利于我抓住它，合力歼灭它！"

这一点，李宗仁和周恩来想到一块，他点点头，说："徐州以南的日军一时半会儿过不来，现在主要威胁来自北线。"

周恩来的手在鲁南区域划了个圈子，然后用力点了一下："从地形上看，徐州以北比较适合防御作战，尤其是津浦线路东的台儿庄一带，靠近鲁南山区和大运河，是南北两线的日军必经之地，但这里河网纵横交错，地形比较复杂，我军可以在这里打一次伏击战。"

"是啊，台儿庄。"李宗仁点点头，"台儿庄的地理位置非常重要，确实是适合打防御战的地方，我也有这样的考虑。"

说罢，李宗仁对着地图，陷入沉思。

台儿庄是陇海、津浦两条铁路的一个战略据点，又是运河的一个咽喉要道，可谓是徐州的门户。加上紧挨着运河，水系河网密布，日军的坦克和重型战车不易发挥作用，可以抑制日军武器装备的特长，并且地处鲁中南低山丘陵地区，比一马平川的平原更利于防守。

周恩来喝了一口茶，待李宗仁抬起头来，继续补充道："十八集团军（八路军的正式番号）总部已经命令刘伯承、徐向前两部，在华北及津浦线北端袭扰日军，迟滞日军后续部队南下；我可以命令新四军第四支队在津浦线南段展开游击战，协助李品仙、廖磊将军下一步的作战行动。"

"很好！很好！"李宗仁眉开眼笑，连连点头。他相信共产党武装的诚信，也相信八路军、新四军的作战能力。在淮河南北的拉锯战中，新四军发动的民众武装，四处袭击日军，搞得日军日夜不得安宁。新四军小分队广泛开展游击战，在村庄里、山林间、河渠边频频打击日军，日军几乎每到一地都遭到游击队的袭击，狼狈得就像热锅上的蚂蚁，无处安身。

听了周恩来细致缜密的谋划安排，李宗仁暗暗叹服：国共结了这么多年仇，但是在国家存亡的危急关头，共产党却不计前嫌，与国民党共赴国难，

第六章 妙计布擂台

真是患难见真情啊!

与周恩来一番深谈之后,李宗仁对自己的部署更加有信心。回到徐州后,他立刻会晤八路军副总指挥彭德怀,要求八路军派兵袭击津浦线,配合对日作战。彭德怀慷然应允。

随后,八路军总指挥朱德与彭德怀联合发布命令,要求刘伯承、徐向前、邓小平、聂荣臻等派出部队,在津浦线袭扰日军,配合国民党军队津浦北段作战。

周恩来的这番战略构想,并非是他个人的奇思妙想,而是他与八路军总参谋长叶剑英等将领多次研判的结果。

自从国共二次合作后,中共中央决定,要全力以赴支持配合国民党军队的正面战场,坚决把日寇的嚣张气焰打下去。周恩来和叶剑英坚信,在徐州地区打一大仗不仅十分必要,而且确有把握。他们认为这是一个极好的机会,但要取得这场胜利,必须早下决心,早做准备,狠狠地打击日军,扭转抗战败局。

1938年2月初,桂系学生军路过武汉时,白崇禧特邀周恩来为学生军讲话,周恩来欣然答应。他充满智慧的演讲,博得广西学生军的热烈掌声,会场气氛十分热烈。陪同周恩来前去演讲的程思远,崇拜的目光犹如一台相机,将当时的场景尽收眼底,数十年后依然可以清晰还原:

总理讲话时,那种气宇不凡的风度,令我深深钦佩;还有那与众不同的举止、言行,特别是那双炯炯有神、清澈敏锐的眼睛,使我当时就感到,总理的眼睛,具有一种特别神奇的、感人的力量,给我留下了深刻的印象。

送走周恩来后,程思远来到白崇禧办公室,把演讲场景绘声绘色地向白崇禧描述了一遍,白崇禧觉得很有面子,对周恩来的印象更佳了。

这天,白崇禧同第二战区司令阎锡山聊起周恩来,阎锡山立刻跷起大拇指,把周恩来大大地夸了一番:"周恩来的确是个大人才!"

阎锡山说了这样一件事:

半年前,日军进攻山西,雁北13个县相继失守,他遭到委员长训斥,压力很大,周恩来得知后,开导他:"阎长官,失利是暂时的,日军毕竟是在中国领土上作战,加上兵员有限,必然一天天弱下去;虽然我们的装备不如他们强,但兵员比他们充足,打的又是正义之战,老百姓支持我们,必然一天天强大起来,只要我们咬紧牙坚持下去,胜利一定是属于我们的。"

阎锡山听了,心理压力轻了不少。交谈中,他发现周恩来思维敏捷,对战局判断精确,并且有独特的见解,遂请他帮忙制订二战区的作战计划。周恩来满口答应,只用了一天时间,就把一份完整的作战计划交给阎锡山,让阎锡山惊叹不已。

这时,徐州战事趋于紧张,北路日军已与中国军队在台儿庄外围接上火。蒋介石要去徐州视察战况,白崇禧将陪同前往,还要留下来协助李宗仁指挥作战,听了阎锡山的话,他心里一动:何不请周恩来支支着儿?此前,白崇禧听李宗仁说过,周恩来对徐州战事甚为关切,主动向他建言献策,所提方案很有见地。

周恩来应邀来到白府。白崇禧把他拉到墙上的军事地图前,介绍了日军板垣和矶谷两个师团的动向。很显然,这两个师团的目的是从南北方向夹击徐州。

周恩来双眉紧缩:"临沂的两次阻击战,虽然我们暂时取得了胜利,但板垣的实力太强大,不会就此罢休,临沂失守是早晚的事,整个战局也没有根本改变。"

白崇禧点点头:"是啊,徐州一战不可避免,从蒋委员长到李司令长官,都有在徐州打一场恶战的思想准备,李长官正在部署,委员长要我去协助他。我想听听您的高见。"

周恩来说:"台儿庄是南北日军的必经之地,我之前已向李长官建议过,在台儿庄打一次伏击战,李长官赞同我的主张。"

白崇禧问："现在板垣居然在临沂被庞炳勋和张自忠的杂牌军绊住了脚，大丢面子，他们会不会绕过台儿庄，迂回侧击徐州？"

周恩来略一思考，摇摇头："日军要攻占徐州，不会轻易放弃津浦线，板垣势必会孤注一掷，不惜血本，强行打通。"

但是，周恩来话锋一转："板垣和矶谷有一个共同特点，骁勇而骄狂，板垣在临沂受挫，矶谷邀功心切，必定会孤军轻进台儿庄。这反而更利于我军集中兵力，将矶谷师团包围起来，来一个歼灭战！"

"言之有理！"白崇禧赞许道，"不过，台儿庄外围虽然是山区，但台儿庄只是运河边上的一个小镇，周围只有水，没有山，无险可据，要与装备强于我们的日军硬拼，不占优势啊。"

周恩来从白崇禧手中接过指挥棒，指着地图说："优势和劣势是相对而言的，我军无险可据，敌军也同样无险可据。当然，我们不能硬拼，要把阵地战和运动战、游击战结合起来。可以派一支善于防御的部队，依托台儿庄城内的房屋阻击敌人；再派一支部队渡过运河，从峄县方面向台儿庄迂回夹击。"

白崇禧频频点头："李品仙、廖磊两个集团军可以运动到津浦铁路南段，采取以运动战为主、以游击战为辅阻击敌人。"

周恩来接过话头："我已经命令新四军张运逸的第四支队，协同李品仙和廖磊的部队联合行动，使津浦县南段日军不敢贸然北上支援。"

白崇禧眉头一扬："太好了！打游击战是贵军的强项，当年，国军没少吃贵军游击战的苦头。"

"哈哈哈，这回要让小鬼子尝尝厉害！"周恩来仰头爽朗大笑，"你去徐州时，要当面向李长官建言，这一次，更大的硬骨头是在台儿庄。我军的主力要采取阵地战和运动战相结合，在台儿庄固守据点，守点打援，各个击破，争取把敌人歼灭在台儿庄，给他们一个下马威！"

白崇禧态度庄重："我一定向德公转达周先生的锦囊妙计。"

从白府回来后，周恩来与叶剑英闭门推演战事发展趋势，越分析越觉得部署台儿庄战役十分紧迫。

周恩来说:"白崇禧虽然是主战派,也认同我们在台儿庄打一场歼灭战的主张,相信他会向李宗仁转达我们的主张。但是,他毕竟是蒋介石的幕僚、李宗仁的助手,没有拍板的权力。"

叶剑英说:"我担心的是,李宗仁会顾惜自己的家底,只在台儿庄打一场消极的防御战,而不会全力以赴打歼灭战,坐失良机。还有,白崇禧毕竟也是桂系首领,也许不会全力劝进李宗仁。"

"是啊,此战的关键在李宗仁,我们不能光指望白崇禧去说服他,应该进一步促使他尽早下决心。"周恩来思考了一会,果断决定,"这样吧,我们选派一个得力干将,以八路军代表的名义,马上赶往徐州,面见李宗仁,郑重陈述我们的建议。"

叶剑英说:"这主意好!派张爱萍去怎么样?他精明能干、能言善辩。"

"就这样定了,你叫他马上来,我给他详细交代一下。"周恩来说。

张爱萍是四川达县人,长征到达陕北后,先进入红军大学学习,后任抗日军政大学教员。抗日战争爆发后,受毛泽东委派,赴上海任中共江浙省委军委书记,组织沪杭宁地区抗日游击战争,1938年春任八路军总指挥部参谋,在八路军武汉办事处做统战工作。

张爱萍领受任务后,车马兼程,从武汉直奔700多公里外的徐州,到达第五战区司令部时,蒋介石刚刚离开徐州。

听说是周恩来、叶剑英派来的代表,李宗仁十分热情。

张爱萍单刀直入:"周副部长说,他的这些建议已当面向您陈述过,他也托白长官向您转达过,但还是要求我再次向您当面陈述三层意思。"

李宗仁很有礼貌地笑笑:"好啊,愿闻其详。"

张爱萍说:"第一,南京沦陷、华北失守后,日军气焰嚣张,步步紧逼,扬言要速战速决,灭亡中国,抗日已到生死关头,全国民众迫切盼望中国军队能打一场大胜仗,提振士气,增强信心。所以,徐州战区这一仗,极为必要。日军虽然强大,也不是不可战胜的,临沂一战,就是证明。"

张爱萍停顿了一下,李宗仁向他微笑颔首:"请继续讲。"

张爱萍接着说:"第二,台儿庄、张庄一带地形复杂,易守难攻,是伏兵之地，打伏击战、运动战极为合适，可以采取南阻北打，围点打援，固守据点，各个击破，集中优势兵力，实施运动战与阵地战相结合的方针。贵军不会陷入孤军奋战的境地，八路军可在战役发动后立即发动进攻，牵制和打击南下支援的日军，苏北地区的新四军可以在南面直接参与。只要我们在徐州以北地区以优势兵力进行伏击，定能取胜！"

李宗仁频频点头："有八路军、新四军的全力配合，我的信心更足了。"

张爱萍继续说："第三，周副部长说，李长官崇尚民族气节，善于指挥，桂系部队上下团结，英勇善战，定能做到全军一致同仇敌忾，协力奋战，夺取胜利。但前提是必须从速决断，否则会失去良机。要赶在日军南下之前，调集完参战的部队，出其不意，攻其不备，速战速决，歼灭敌人。"

李宗仁静静地听着张爱萍陈述，待张爱萍说罢后，他感慨地说："周副部长连续3次向我建言献策，如此拳拳之心，实在难能可贵！请你转告周副部长，他的建议非常好，非常有价值，是他促使我早下决心、早做部署，战局的发展也确如他所预料的那样。请他放心，我已经按照他的建议在做全面部署。我相信，只要贵我两军齐心协力、密切配合，一定能够打赢这一仗！"

历史表明，周恩来、叶剑英提出的"南阻北打，围点打援，固守据点，各个击破，集中优势兵力，实施运动战与阵地战相结合"的建议，为李宗仁指挥作战提供了正确的战略思想和战略方针。如果不是他们一而再、再而三地推动促进，李宗仁或许因优柔寡断而失去这个战机。

当然，外因是事物变化的条件，内因是事物变化的根据，外因只有通过内因才起作用。台儿庄战役的胜利，除李宗仁从善如流、采纳周恩来的建议外，最关键之处，还在于他对这一战机的深刻理解和准确把握，并制订详细周密的作战方案，打了一场永载史册的漂亮仗。

流离失所

自从南京沦陷后，郁德义一直眉头紧锁。收音机里，战局越来越紧张，消息一天比一天糟。坐在屋里，有时也能听到远处的炮声。饭店的生意，也一天天清淡下去。

这天下午，郁德义闲来无事，低着头，拨弄着收音机旋扭换台。

有人进门，向他招呼："郁掌柜，好清闲啊。"

郁德义闻声连忙抬头，一见来人，满脸堆笑："原来是蔡老板，稀客啊。"边说边赶紧让座。

蔡老板是做煤炭生意的，家境殷实，在枣庄城算大户人家。

"明天是我孙子满月，我想明晚在您这摆6桌。"蔡老板递上一根纸烟。

郁德义接过纸烟夹在耳朵上："哎哟，您这是抬举我呀，这样吧，我自己亲自掌勺。"

"您的一手好厨艺，这城里谁不知道？您这是抬举我呢，先谢谢了！"蔡老板拱了拱手。

负责跑堂的阿明给蔡老板端上一杯茶，蔡老板道声谢，叹了口气："这兵荒马乱的，我本来没有心情办酒席，可是老伴老是唠叨，说头一个孙儿满月是大事，非要办不可。"

郁德义接过话茬："这是大喜事呀，该让亲戚朋友乐和乐和。"

这时，一个五六岁的男孩从外面蹦跳着进来。郁德义把他拉到蔡老板面前，介绍说："这是犬子，叫化清。"说完嘱咐孩子："快叫爷爷。"

小化清仰起头，乖巧地叫道："爷爷。"

"不敢当，不敢当。"蔡老板一听乐了，口里应着，爱怜地摸摸孩子的头，对郁德义说，"哎呀，这孩子有灵气，讨人喜欢。明天晚上，你们一家都上桌来捧个场。"

他从口袋里摸出一张纸，展开，递给郁德义："麻烦您配上这几个菜。"

"好嘞！"郁德义答应一声，接过来看了一眼，"请放心，明天我就给您设个专席，不接待其他散客了，包您满意！"

蔡老板连声道谢，又拱拱手，走了。

郁德义列了一份菜单，交给阿明，嘱他明天去操办。

第二天中午，郁德义待客人散尽后，把一楼店堂里里外外收拾一番，然后系上围裙，进厨房忙乎起来，妻子刘艳华跟着当下手。

到了黄昏，客人陆续上门，店堂里热闹起来，客人之间互相打招呼、递烟卷，孩子们则绕着桌子嬉戏打闹。这可把化清乐坏了，很快与小客人们熟络起来，蔡老板一身光鲜，站在门口恭候，忙着向客人作揖。

菜一道道端上来，满室飘起酒肉香味。客人们操起筷子，互相谦让着吃了起来。

忽然，附近传来几声沉闷的爆炸声，轰，轰，轰。房屋跟着晃动起来。

"鬼子打炮了！"店堂里一片惊叫，客人们把筷子一扔，纷纷站起来往外跑。

"坏了！"郁德义从厨房探出头来，见状连声叫苦，让妻子看住孩子别乱跑。他正想出门看个究竟，只听得门外传来一声巨响，店堂临街窗户上的玻璃哗啦一声震碎了，落了一地，房屋猛地颤抖了几下。

门外传来一阵惊叫声。

阿明气喘吁吁跑进来："掌柜的，不好了，刚才一发炮弹落在火车站广场上，炸死好几个人，蔡老板也让弹片击中了！"

郁德义啊呀一声，在围裙上胡乱擦着手，拔腿往外跑。

门外围着一群人，都是刚才店里的客人，人群里传出一片哭声。旁边的火车站广场上浓烟滚滚，人们四处奔跑。远处，好几处地方火光冲天。

郁德义挤进人群，只见蔡老板躺在地上，满头满身都是血，也不知伤在哪了，闭着眼睛，已经不省人事。

"别顾着哭，快送医院哪，我来找车子！"郁德义急得直跺脚，四下张望。

因为饭店挨着火车站，平时，门口停着不少黄包车揽客。这几声炮响，把黄包车也给吓跑了。

郁德义见不远处还停着一辆，立马奔过去，不由分说，一把拽住车头，硬是让车主把车子拉过来。几个客人手忙脚乱地把蔡老板弄上车。黄包车飞一般离去，几个亲属也紧紧相随。

炮声一阵紧似一阵。客人们哪还有心思吃饭，呼儿唤女，仓皇散去。

郁德义回到店堂，里面已经空无一人，桌上杯盘狼藉，菜肴洒得满地都是。郁德义心里一阵紧缩。蔡老板天降灾祸，生死未卜，自然是不好收他钱了。唉，这大半天白忙乎不说，还要赔本倒贴。

阿明和几个跑堂的呆立旁边，不知如何办才好。郁德义嘱咐道："你们也忙了一天，都还空着肚子，赶紧简单收拾一下，填填肚子，到乡下避难去，这日本人杀人不眨眼，千万别让他们逮住。"

阿明答应一声，问道："掌柜的，你们一家咋办？"

郁德义说："先回台儿庄，爹娘还在家里。"

这时，郁德义妻子刘艳华领着小化清从楼上下来，她的肩上挽着一个蓝布包袱，手上拎着一只皮箱。

原来，郁德义早就预见到，日本人迟早会打到枣庄来。所以，妻子平时就有准备，不用临时手忙脚乱地收拾。

郁德义打开柜台抽屉，把账本和捆成一沓沓的餐券掏出来，让妻子装进皮箱。

小化清指着花花绿绿的餐券，好奇地问道："爹，这些是什么？是钞票吗？"

郁德义一边收收拾，一连告诉孩子："是餐券。"

"能买棒棒糖不？"

"买不了，只能买饭。"

"你带着去买饭吃？"

"等日本人走了，我们再回来开饭店用。"

"哦。"小化清似懂非懂地点点头。

刘艳华指了指收音机，问道："带走不？"

郁德义毫不犹豫："带！这是咱家唯一的洋货，这几个月，多亏有了它。"

刘艳华连忙上楼找了块包袱皮，把收音机包了起来。

就在这时，郁德义的表哥杨培生慌慌张张赶来。

杨培生是郁德义本家姑母的长子，中兴公司的井下安全员。

杨家不是台儿庄土著。清朝末年，杨培生父亲杨毓昌只身一人，从沂州府来到台儿庄"混穷"，凭着一手铁匠活，幸运地娶了郁家姑娘，由为别人打铁挣钱，到自己支起铁匠炉。因为有郁家照应，杨家的铁匠铺红红火火，口碑传到几十里开外。

杨培生是长子，到他能够抡锤打铁时，杨家已经支起3口铁匠炉，雇了七八个伙计，还在杨场汪北岸建起两进四合院。世居枣庄南郊前石碑村的焦家，不嫌路远，把女儿嫁给杨培生。因为这层关系，杨培生到中兴公司下属的机械厂当了一名钳工。厂里有个德国矿师柯里克，见杨培生人机灵，干活一丝不苟，十分喜爱，就让他到井下当运煤溜子的安检员，还送给他一套锤子、扳手和螺丝刀。从此，杨培生算是进入中兴公司管理层，薪水相当于普通矿工的6倍。他的家眷，包括岳丈一家，过上了富足的日子。

杨培生经常邀约若干工友，到新中华饭店喝几杯。在郁德义的印象中，尽管表哥是铁匠出身，说话办事总是慢条斯理，处乱不惊。今天，显然是乱了分寸。

杨培生急切地说："德义，因为日本人要来，中兴公司宣布停产，工人全部放假，要我留守。你看，我是留守好，还是赶回台儿庄，带着爹娘逃鬼子反好？"

"逃鬼子反"是鲁东南一带的说法，逃避日本鬼子扫荡的意思。

郁德义沉吟一番，对杨培生说："大哥，中兴公司不是你们老杨家的，有没有你留守，结果都一样。可是，我不主张你回台儿庄跟我姑家一起逃反。你拖家带口的，来回折腾不方便，还是赶紧回家，带着大嫂和孩子们，到乡下逃反。俺姑那边，由我照应。"

杨培生的眼泪，哗哗地流了下来，说："兄弟，那就托付你了，你们多多保重！"转身匆匆离去。

郁德义领着妻儿来到火车站附近的煤场。这里经常有往台儿庄运煤的卡车，司机是新中华饭店的常客，郁德义与他们都很熟，有时还托他们给爹娘捎点东西。巧得很，一进场，就遇到一位熟识的司机，答应连夜把他们捎回台儿庄。

卡车驾驶室不大，郁德义让妻儿坐在驾驶室里，自己坐在车厢的煤堆上。

台儿庄涅槃

鲁南的春夜，寒风直往骨子里钻，幸亏郁德义带了件棉大衣。他紧紧裹住大衣，用围巾把脑袋包得严严实实，只露出两只眼睛，怀里抱着收音机，这可是他的宝贝，丢不得。车轮扬起的灰尘和煤灰，直往他的眼睛里钻。

郁德义惊讶地发现，枣庄通往台儿庄的路上，尽是荷枪实弹的国军队伍，而且都是往台儿庄方向开拔。有的炮车大概是太重的缘故，陷进路中央的泥坑里，把路也给堵住了。他隐隐约约地预感到，台儿庄会有一场大仗要打，愈发替爹娘担心起来。

沿途设了几道哨卡，郁德义被盘问好几次，皮箱也开了好几回，有的哨兵还对皮箱里装的餐券产生兴趣，问这问那。郁德义暗想：幸亏我带的不是银圆。

卡车走走停停，到了台儿庄时，朝阳正漫过稀疏的树桠，在路面上洒下斑驳的金色。郁德义家在西门外的燕庄，本来是可以直接到的，因中国军队人马都在这一带集结，不让其他车辆靠近，司机只好绕到大北门外，把郁德义一家放下。下车时，郁德义硬塞给司机3块银圆。

台儿庄的南门和北门各有两座，南门分大南门和小南门，大南门在东南角，小南门偏西挨着运河。北门分大北门和小北门，大北门也叫中正门，在城的东北角，小北门偏西。郁德义一手拎着皮箱，一手拎着收音机，领着家人走进中正门，准备穿城而过出西门。妻子刘艳华挽着包袱跟在身边，刚刚睡醒的小化清精神十足，一切都觉得新鲜，一会儿跑到前面，一会儿又落在后面，没让做娘的少操心。

距中正门约200米，有一座清真寺。这时，清真寺的晨礼刚刚结束，一群戴着白圆帽的穆斯林从寺里走出来，步履匆匆地越过郁德义一家。

说起这座清真寺的来历，还有一段故事。

元朝末年，朱元璋手下的回族大将常玉春、胡大海征战途中路过台儿庄时，留下部分回族士兵在此安家落户。为了使留下的士兵们有朝拜之处，常玉春在台儿庄东门里建起清真北寺，在月河右岸建了清真南寺。后来，到台儿庄经商和定居的回民越来越多，原来的清真寺规模已太小，乾隆年间又在大北门内重建清真寺。

明末清初时，台儿庄有四大家族：郁家、台家、花家、马家。其中，郁家和花家的势力最大，号称"郁半街、花半营"，意思是郁家产业占半条街，花家子弟占半个台庄营。那时的台儿庄还很小，充其量只有一两条街，所以两大家族几乎占了台儿庄的一半。康熙四十四年，在外地做官的郁守然被判死罪，整个家族受到牵连，台儿庄的郁氏族人被迫远走他乡，隐姓埋名。到乾隆年间，"郁、台、花、马"四大家逐渐衰落，被"燕、尤、赵、万"四大家所取代。乾隆七年（1742年），回民李中和购买了郁家花园的部分土地，重建清真寺，占地38亩。因新的清真寺位于台儿庄北门内，当地人便称此为北大寺。

中国的清真寺，大门都是向东的，因为伊斯兰教的圣地麦加在西方，穆斯林祈祷要面向圣地，所以清真寺大门向东，使礼拜方向朝西。开始，台儿庄的清真寺大门也向东，清朝末年时，因回民乡老们发生争端，遂将南讲堂改建成大门楼，大门向南，把"清真古寺"的牌匾换成"回教堂"。不过，教徒礼拜仍然面向麦加的方向。1937年，清真寺被重新改造，装饰得焕然一新，有25间礼拜殿和8间讲堂，还有配房、门楼、过厅，整体建筑庄严肃穆，典雅辉煌。

郁德义一家正行走着，身后有人打招呼："咦，这不是郁老板吗？你们这是从哪来？"

郁德义回头一看，人群中有一张熟面孔，原来是台儿庄粮行的交易员李洪志。

李洪志二十七八岁模样，长着一张国字脸，浓眉大眼厚嘴唇，一看就是个憨厚实在人。他到郁德义饭店吃饭时，知道都是台儿庄人，所以相熟。

"原来是洪志老弟。你们还有心思做礼拜呀，日本人已经打到枣庄了，估计过不了几天就会打过来，你还是赶紧收拾收拾，准备逃鬼子反吧。"郁德义好心提醒道。

"可不是吗？"李洪志皱着眉头，一脸愁苦，"我媳妇正怀着孩子，行走不便，外地又没啥亲戚，正愁不知往哪逃呢。"

"我看到很多国军往台儿庄开拔，估摸这里要打一场大战，你们还是尽快出去避一避好。"郁德义关切地叮嘱几句，领着妻小匆匆赶路。

李洪志是个虔诚的穆斯林，每天的晨礼、晌礼、晡礼、昏礼、宵礼，他一个不落，实在忙不过来，就会在家里祈祷。

清真寺一带，居住的都是回民。李洪志的家，就在清真寺的南侧。他的家境一般，有3间土墙草房，爹娘年老体衰，妻子靠摊煎饼、卖煎饼补贴家用。

这些日子来，台儿庄的人经常听到远处的炮声，到镇里来的中国军队也渐渐多了，有消息灵通的人说，国军要与日军在镇里干一场。镇里的不安气氛越来越浓，已经有人举家到外面投亲靠友，逃鬼子反的人也越来越多。

听了郁德义的话，李洪志沉不住气了，一回到家，就和父亲李敬忠商量，决定趁早到外面躲避些日子。

李老汉蹲在门前抽着闷烟，半晌没有吱声。到处都是打仗，躲到哪去呢？

老人朝地上磕了磕烟斗里的烟灰，重重地叹了口气："咱也没啥亲戚可投奔，你媳妇身子又不便，听说很多人都往邳县去了，咱也去吧。"

邳县隶属徐州，与台儿庄毗邻。

李洪志应承一声，让妻子赶着摊了一摞煎饼。家里贫困，除了床上两条被子，几件换季衣裳，没啥可收拾的。

离家那天，李洪志把铺盖团成一个大包袱背上，搀着大腹便便的妻子，父亲背着一摞煎饼。母亲抹着眼泪，一步三回头，迈不开步子，不知道这一去还能不能再回来。

台儿庄的城南外面，紧挨着运河，运河上架着浮桥。这浮桥是个活动桥，过人的时候，是连通的；通船的时候，桥中央的浮桥往两岸移。这些天，浮桥上人满为患，桥被压得东倒西歪，几乎要沉到水里。

桥对岸，就是邳县境内。过了桥后，人群四处散开，投亲靠友。每个方向的路上，都是逃鬼子反的人群。有的推着独轮车，有的挑着柳条筐，扛的扛，背的背，扶老携幼，哭爹喊娘。沿途可以看到，一拨一拨的军队，正匆匆往台儿庄行进。炮声时远时近，时密时疏，扰得人心神不安，激战前的气氛特别压抑。

人群中，出现郁德义和杨毓昌两家人。

郁德义依然一手拎着皮箱，一手挎着收音机，只是背上多了个包袱，是爹娘的行头。郁德义的娘是裹过脚的，搀着小化清跟在后面迈着小步。

小化清惊讶地发现，路上有很多骑着马、挎着枪的人。郁德义告诉他，那是国军的骑兵，也在向后边撤退。

此时的杨毓昌，已经年过七十，但身体依然硬朗。郁氏也是小脚，由次子春元搀扶，艰难行走。过了宿羊山，郁氏实在走不动了，坐在地上流泪。为了不连累郁家，杨毓昌坚持让郁家先走，到邳县后再想法联系。

尽管两家人是姻亲关系，因为兵荒马乱，都想活命，谁也顾不上照应别人，只好忍痛分手。

李洪志一家走得很慢，因为怀孕妻子行走不便，李洪志一家走走停停。到了邳县一个叫车夫山的小村子，妻子实在走不动了，一家人只好在一个牲口棚里安顿下来。

一时间，邳县的车夫山、靳湖、花园、水清沟等几个村子里，都是台儿庄的逃难人群。运气好的，借住在乡亲的锅屋（厨房）或牲口棚里。没地方住的，就在田野上用秸秆搭个窝棚，或者在沟坎底下挖个洞，上面铺上秸秆当顶。

安顿下来后，台儿庄的百姓都伸长脖子，望着台儿庄方向，无不为自家的楼房、瓦房或者草房而忧心。

严阵以待

最先抵达台儿庄的，是孙连仲的第二集团军，属于冯玉祥的西北军旧部。别看它是一支杂牌军，却深受李宗仁的器重。

战争犹如打牌、下棋，都有一个共同点：决输赢。台湾作家柏杨先生写过一本《按牌理出牌》。书中说，无论打桥牌或打麻将，倘若严格按照牌理出牌，一般是比较稳妥，不会大赢大输；按牌理不要轻易出王牌，把最好的牌出在关键时刻、用到关键地方，一举制胜。

李宗仁既然精心筹划在台儿庄与日军打一大仗，部署兵力时，自然考虑到敌方的兵力是怎样配备和部署的，自己手里有什么"牌"，把最好的"牌"——最有战斗力的部队放到核心地带、关节点上以决胜负。孙连仲的第二集团军，就是李宗仁手里的"王牌"。

孙连仲是河北雄县人，4岁时丧父，由母亲及哥哥抚养长大，身材魁梧，膂力过人。他的一生，充满了传奇色彩。

1915年底的护国战争期间，孙连仲在四川龙头山作战时，一人扛起238斤重的山炮，带领士兵抄后路袭击护国军，一炮击中对方阵地。冯玉祥大喜，提拔他为炮兵营第一连连长。

1917年，张勋复辟时，孙连仲联合孙良诚、韩复榘、石友三、刘汝明、佟麟阁等12位连长，自己充当先锋，向张勋"辫子军"猛攻，一直打进北京，终结了张勋的复辟闹剧。

1924年秋，冯玉祥发动"北京政变"时，孙连仲亲率手枪团包围总统府，将曹锟囚禁在延庆楼。

1928年4月，孙连仲率部奉命入陕，7月奉调入甘，8月接任甘肃省主席，12月任青海省主席。

1931年至1935年，孙连仲率部先后参加对红军的第二至第五次围剿，所部损失惨重，也对红军欠下血债。

1937年8月初，孙连仲奉命北上抗日。他在本部高级军官会议会上慷慨陈词："日本蓄意侵略我国已久，现国家命运已至最后关头，吾人须以全力报效国家，挽救危局，以尽军人天职！"

8月6日，蒋介石任命孙连仲为第二集团军副总司令兼第一军团司令。两天后，他率领三十军和四十二军在河北房山及良乡交上火，与日军血战1个月零9天。战后，他升任第二集团军总司令。

10月中下旬，孙连仲又率部在山西娘子关与日军第二十师团打了一场恶

第六章 妙计布擂台

战,四十二军打得只剩下一个空番号。

李宗仁判断,矶谷相继攻下滕县、临城之后,十分骄狂,加上贪功心切,不会因板垣受挫而有所顾忌,肯定会孤军进犯台儿庄。他深知孙连仲的部队骁勇善战,并且最善于防守。所以,当3月18日临城、枣庄失守后,刚刚被调到郑州、洛阳一带的孙连仲第二集团军,又奉调到第五战区。

此前,孙连仲曾多次请求补充兵员装备,均未获上峰批准。尽管他的实际作战部队只有3个师(二十七师,师长黄樵松;三十师,师长张金照;三十一师,师长池峰城),李宗仁还是决定,把他们放到台儿庄最重要的阵地,部署防御工事。利用日军骄狂的心态,命令汤恩伯军团让开津浦线路正面,设一个圈套,诱敌深入。待日军进入台儿庄后,再扎紧袋口,包围起来将其歼灭。

孙连仲部署妥当后,将自己的司令部设在离台儿庄城南10公里的一个村庄的庙里。台儿庄战斗打响后,虽然日军飞机经常骚扰,炮弹也不时落下,但孙连仲的司令部却给百姓吃了定心丸,农民仍照常在葱绿的麦地里劳动,只不过旁边就放着枪。

有道是强将手下无弱兵。骁勇善战的孙连仲,手下战将林立,三十一师师长池峰城,就是一员赫赫有名的虎将。

池峰城,字滇峨,河北京县人,中等身材,眉宇间透露出粗犷豪壮的气质。他是孙连仲的老部下,属冯玉祥西北军旧部,以战斗作风顽强勇敢著称,被称作常胜将军。1933年,他被选送到南京军校高等教育班学习期间,因学习成绩优秀,加上善于交际,颇受蒋介石赏识。学习回队后,孙连仲保荐他为三十一师师长。1936年1月授少将衔,同年10月便授中将衔,在琉璃河、娘子关等战斗中,均有战功。

作为第二集团军的先头部队,池峰城于3月19日率先抵达徐州,向战区司令部请命。

李宗仁向池峰城交底:"矶谷师团陷滕县,克临城,下峄县,嚣张跋扈,意图进攻徐州。贵部责任重大,希望能鼎力为之。"

年方 31 岁的池峰城虎虎生威，啪地一个立正，铿锵作答："请长官放心，服从命令、勇敢杀敌是军人的天职，守卫疆土、为国牺牲是我全师将士的决心。我们一定绝对服从指挥，杀敌立功，报效祖国！"

李宗仁露出满意的笑容："日寇对西北军的大刀片闻风丧胆，我是早有所闻呵，荩忱这次在临沂打出了威风，使我对完成歼敌计划增加一份信心。今见将军，可说又添我一份信心呵！"

他随即下达任务：三十一师到台儿庄后，驻守韩庄至运河防线，在台儿庄坚决堵住南下之敌，待第二十军团迂回敌侧背时，聚而歼之。

下达完任务后，李宗仁似乎还是不放心，握住池峰城的手摇了又摇，动情地说："滇峨啊，不是我信不过你，实在是此役关系重大，你们在台儿庄一线能否守住，直接关系到我围歼冒进之敌的计划能否实现。望你全师将士勇敢杀敌，立功报国，以告慰全国父老兄弟。由于时间紧迫，我不能与你部官兵一一见面，请代致慰劳之意，待会战终了，再与贵师官兵共同祝贺。"

听罢此言，池峰城知道自己领的是生死状，遂一字一顿："请长官放心，峰城决不辜负厚望，哪怕是战到只剩一兵一卒，也一定要守住台儿庄。如果我完成不了任务，提着脑袋来见您。不，不，我坚决完成任务！"

三十一师下辖九十一旅和九十三旅，共有 4 个团：一八一团（团长戴炳南）、一八二团（团长韩世俊）及一八五团（团长王郁彬）、一八六团（团长王震），此外还有师直属部队，全师共 800 人。虽然将士作风顽强，但装备实在不敢恭维：士兵手里的多为旧枪，有的是汉阳造七七步枪，有的是日本三八式和六五式，还有捷克式七九枪。每个连只有三四挺轻机枪，每个营只有三四挺重机枪，每个团只有三四门八二迫击炮。

3 月 22 日，三十一师进入台儿庄。池峰城骑着马，把全城里里外外的地形勘察了一遍。这一看，池峰城惊喜地发现，台儿庄是个非常适合打阻击战的地方：这里城墙高筑，有 6 座城门、9 座大碉堡楼、70 余座小碉堡楼，还有 6000 多栋房屋，房屋的墙多为砖石垒成。

此时，台儿庄的百姓大多已出外避战火，街上难得见到人。留下的，不是老弱病残走不动的，就是舍不得家业的，还有胆子大、怀着侥幸心理的。

第六章 妙计布擂台

池峰城策马来到大北门的清真寺。这里院子宽阔，房屋众多，是个理想的指挥场所。他对跟在自己后面的一八六团团长王震说："你们团的指挥所就设在这里。"

王震大嘴一咧："是！我一边指挥，一边祷告。"

池峰城把自己的指挥所设在离台儿庄前线仅3里地的一个小村庄。

三十一师所属各团根据部署，相继就位：九十三旅一八五团镇守北洛，旅部率一八六团禹营镇守南洛，一八六团担任台儿庄守备；九十一旅一八一团驻扎台儿庄，一八二团担任台儿庄运河南岸警戒。

紧接着，第二集团军三十师、二十七师也先后就位。三十师防守台儿庄左翼运河阵地，二十七师防守右翼运河阵地。

此外，第二十军团的一一零师奉命从河南汝南出发，于3月25日抵徐州，暂归李宗仁长官指挥。李宗仁将一一零师拨给孙连仲指挥，接替五十二军，担任万年闸至韩庄15公里河防任务，与三十一师在台儿庄形成正面防御阵势。

一番紧急部署后，五战区在台儿庄中央战场的作战部队是：第二集团军三十一师、二十七师、三十师和独立四十四旅，及先期奉命增援并调归五战区指挥的第二十军团八十五军、五十二军、十三军等。

论人数，中国军队在日军之上。但是，战争的胜负，是人与武器相结合。中国军队虽然在人数上居多，武器装备却远远落后于对方，双方实际作战力量相差悬殊。

就在中国军队调兵遣将之时，日军也在分进合击。

日军占领滕县的当天，濑谷支队根据矶谷的命令，以步兵六十三联队一大队为左追击队进攻韩庄，以二大队为右追击队进攻峄县，支队主力集结于临城附近。

3月20日，日军占领韩庄和峄县。占领峄县的目的，一为确保枣庄附近煤田，二为板垣师团攻击临沂创造有利条件，以形成会攻台儿庄的阵势。

不料，板垣师团竟在阴沟里翻船，在临沂遭张自忠、庞炳勋羞辱了一番。

3月19日，日军第二军参谋岗木清福大佐到兖州，向矶谷通报板垣师团坂本支队受挫情况，要求矶谷师团支援坂本支队。

于是，矶谷20日命令濑谷支队：确保韩庄、台儿庄运河之线，一方面警备临城、峄县，一方面尽量多派兵力向沂州方面突进，协助第五师团战斗。

3月21日，濑谷向步兵六十三联队长发出命令：于明日自临城出发，向峄县前进，并指挥左追击队，搜索台儿庄及兰陵镇方向之敌情。

接到命令后，步兵六十三联队主力于22日自临城出发，傍晚到达峄县，与先期到达的二大队会合。

同日上午，濑谷再下命令：右追击队改为韩庄守备队，守备韩庄；台儿庄派遣队于23日自峄县出发，确保台儿庄附近之线；沂州支队于23日自临城出发，向沂州方面前进，策应坂本支队之作战；支队主力集结于峄县附近。

2月23日，濑谷截获中国军队在峄县增兵第二十军团情报，连夜发出紧急命令：支队派遣一部分开往沂州方面，策应坂本支队，主力确保韩庄及台儿庄附近之大运河之线；沂州支队于24时自临城出发，向沂州方面前进，策应坂本支队之作战；步兵第十联队以一部分确保韩庄附近大运河之线，主力集结于临城；步兵第六十三联队以一部分确保台儿庄附近大运河之线，主力集结于峄县；支队司令部及直辖部队集结于枣庄附近。

一场激战，一触即发。

第七章 浴血歼顽寇

以弱对强

在中国革命历史博物馆里，有一块 80 平方厘米的青砖墙，上面密密麻麻的弹孔，犹如蜂窝一般，数一数，足足有 94 个弹孔。这块砖墙，是 1988 年 10 月从台儿庄移去的，是清真寺西侧小讲堂南面墙上的一块墙壁。而在台儿庄清真寺，这面墙依然支撑着小讲堂，上面的累累弹痕令人触目惊心。每按下一巴掌，都会有好几个弹孔。

2011 年 9 月底，山东《大众日报》总编辑傅绍万在台儿庄采访时，特意来到清真寺。面对着满墙的弹孔，他突发奇想，交代给随行记者一个任务："你数一数砖墙上有多少弹孔。"

记者花了一个多小时，一个一个数。这面墙，除去一门两窗，大约 18 平方米，如果不算移往北京的那一块，大大小小的弹孔共有 572 个，其中如鸡蛋大小的弹孔有 144 个。

真可谓是无半掌之壁不饮弹，无方寸之土不沃血！一面砖墙，折射出那场血战的惨烈和悲壮。

清真寺院内，还有一棵柏树，在那场战火中劫后余生，虽经数十年的生长愈合，树身上依然还有 10 个深深的弹孔，让人触目惊心。

类似弹孔墙这样的战争遗址，台儿庄现在仍保留 53 处。

台儿庄的这场血战，最初是在 1938 年 3 月 23 日正式交上火。

这天拂晓，一八五团和师骑兵连派出队伍，前往峄县方向诱敌，在峄县南3公里的康庄，与濑谷支队的台儿庄派遣队800余骑步兵遭遇，这支部队仗着有6辆坦克和4门炮，气势汹汹。我军且战且退，把日军往台儿庄方向吸引。日军果然中计，增加兵力，沿枣台支线扑向台儿庄。

下午两点，日军攻占赵庄，包围前城，又以机炮联合轰炸獐山，守卫獐山的百余官兵几乎全部牺牲。獐山、北洛相继被日军占领。

一八五团二营的阵地在台儿庄北门至火车站之间，这天一早，二营就开始在这里构筑工事，挖立体散兵坑。到了下午，散兵坑刚刚挖好，交通壕尚未来得及挖，濑谷支队就在飞机和坦克的掩护下冲过来。二营沉着应战，激烈的枪炮声一直持续到傍晚。日军退至三里庄、金庄、万庄一带驻扎。

这时，池峰城命令一八五团趁夜出击。各营、连官兵得令后，立刻跃出战壕围袭日军。日军不习惯夜战，丢盔弃甲，仓皇逃窜。一八五团一举攻占七八个村庄，一直杀到拂晓才收兵。这时，饥肠辘辘的官兵们才想起，光顾着打仗，昨天中、晚两顿饭都没吃呢！

1938年4月4日的《大公报》第二版，刊登了记者苍岑采写的《台儿庄歼敌记——两受伤团长谈话》。一八五团团长王郁彬和一八六团团长王震负伤后，被送到汉口治疗时，遇到苍岑。王郁彬向苍岑讲述了3月23日的战况：

敌人的意图，是在夺得临城、枣庄、峄县之后，想乘胜占领台儿庄，威胁徐州。这一路的敌人，当时有二万五千左右，以矶谷师团为主力。我方早已看透了敌人的奸计，所以一方面将本路急调台儿庄附近堵击，一方面并调曾经在南口作战的二十军团向临城、枣庄大迂回，意图一举将临枣台支线敌人消灭。首先渡过运河进驻台儿庄的，是我和烈武（即王震）团长所带领的这两团人，当时盘踞峄县想进犯台儿庄的敌人约有三千余人。当时我们向旅长请示，决不等他们进犯，再去迎战，我们要先给他们一个教训才行。于是决定由烈武团长指挥全团把守台儿庄，由我率领本团全部北进去引诱敌人，两面夹击，一举将峄县的敌人消灭。

计议既定，于是我便在上月二十三号正午向北进至泥沟车站附近去诱敌，该地距峄县只二十八里，敌人乘占峄县之余威，正想南下进攻台儿庄，见我们向他来挑战，便立时派一联队约一千余人向我们猛冲，激烈战事遂于该日下午一时在泥沟附近开始。双方肉搏冲锋，敌人炮火失去效用，激战约三小时，毙敌二百余人，我方亦伤亡百余，并有八连连长阵亡。同时我又派便衣队在泥沟以东×村将敌人消灭一部。

这时，我见诱敌的目的已达，为了和台儿庄我军收夹击之效，便佯作败退，于同日下午五时，撤至泥沟以南八里之北洛。七时许，敌人果跟踪而至，全力向我攻击，我与敌激战两小时，便又于当晚十二时撤至北洛以南五里外。这时敌人距台儿庄已不过十七八里了。

从3月24日起，日军向台儿庄发起疯狂进攻，飞机如蝗虫般飞临台儿庄上空，频繁投弹；大炮密集轰击，炮弹像一串串断线的珠子，倾泻在台儿庄方圆数公里内，我军在台儿庄的外围阵地工事悉数被摧毁，北部城墙也毁于炮火，全城浓烟滚滚，木瓦横飞。

为争取主动，减轻庄内压力，三十一师部做出应战部署，要求一八五团由北站向南洛前进，相机侧击进攻台儿庄之敌。

打头阵的一八五团三营行进到刘家湖村时，发现村东北方向的松树林里藏着日军炮兵阵地，约有十多门炮正朝着台儿庄方向开火。

此时正是小麦拔节、大麦挑旗的季节。营长高鸿立迅速在麦地里集合起队伍，指着松树林的另一边，压低着嗓子说："轰炸台儿庄的炮弹就是从那里发射的，这些狗日的大炮让我们吃尽苦头，我们要把那些炮夺回来，煞煞鬼子的威风！弟兄们怕不怕死？"

官兵们个个摩拳擦掌，发出低沉的吼声："不怕！夺回来，炸掉它！"

"好！"高鸿立一把脱下棉衣和衬衫，亮出紧绷的肌肉，"敢夺炮的，跟我一样！"

三月的鲁南，尚未从严寒中苏醒过来，官兵们都穿着厚厚的棉衣。经高鸿立这一说，大家毫不犹豫地脱光上衣，学着营长的样子，把衣服裹在腰上。

"上刺刀!"高鸿立一声令下,官兵们齐刷刷地从腰上摘下刺刀,上到枪口上。阳光下,成片的刺刀发出令人胆战的寒光。

高鸿立左手握手枪,右手举起大刀,虎目圆瞪,怒吼一声:"弟兄们,跟我冲!"

500多名壮士光着膀子,端着上刺刀的枪,高声呐喊着,从树林里杀将而出。

炮兵阵地的日军一看这阵势,顿时傻了眼,陷入一片恐慌,一边胡乱打枪,一边启动炮车,拉着炮往东落荒而逃。高鸿立带领弟兄们甩开脚丫子,紧追不舍。原野上,上演了一场人追车、步枪撵大炮的好戏。

路上崎岖颠簸,炮车跑不快,眼看就要被追兵撵上。不巧,一支进攻台儿庄的千余名日军和20余辆坦克正从这经过,发现这个险情后,掉转头来拦截高鸿立。

就在这时,王郁彬率两个营赶来增援,双方发生混战。日军坦克横冲直撞,掩护着步兵疯狂进攻。由于一八六团没有反坦克武器,加上平坦的麦地里没有掩体,官兵们只能凭着步枪、大刀和手榴弹,与日军混战在一起。一时间,战场上杀声震天,整整持续两个多小时。一八五团官兵虽然英勇顽强,无奈力量悬殊,伤亡惨重。这是台儿庄战役中最惨烈悲壮的血战之一。

万分危急关头,旅长乜子彬带着一八一团(团长戴炳南)前来接应,击退了日军,掩护一八五团脱离战场。

这场战斗,敌我双方伤亡都很惨重。一八五团连以下官兵半数以上牺牲,王郁彬弹穿大腿,高鸿立头部负伤。如果不是援军赶到,一八五团极可能全军覆没。此战打乱日军进攻台儿庄的步伐。

第二天,《徐州日报》头版头条报道这件事,标题是特大号的黑字:"活张飞高鸿立率部赤臂歼日寇"。

日军每次发起进攻前,都先以飞机轰炸、大炮轰击开路。飞机投下的燃烧弹,碎片温度高达2000℃,任何物体碰到即着,房屋中弹即起火燃烧。大炮命中率很高,往往第一炮在目标左右爆炸,第二三炮必定击中目标,因而杀伤力极大。我军官兵根本来不及躲避，就在须臾之间丧身炮火。日军步兵往往等燃火熄灭后才进攻，而我军官兵则不顾被严重灼伤，马上返回阵地，占据先机。

日军步兵紧跟着炮火的步伐往前推进，炮火一停，日军先以轻、重机枪作纵深射击，压制守军火力，然后步兵在坦克掩护下蜂拥而上，不给守军任何喘息机会。

我军士兵不怕飞机，不怕大炮，最怕最恨的就是坦克，称它是"铁乌龟"。坦克横冲直撞，所到之处，将掩体、障碍物夷为平地，它能用炮和机关枪近距离轰击扫射，杀伤力极大，但步枪和机关枪却对它的坚硬铁壳无可奈何，而且日军步兵还可以用它作掩护，以它壮胆，步步逼近。它的克星是平射炮，但我军的平射炮很少，打阵地战时十分被动。

为了对付坦克，我军便想出用集束手榴弹来对付。士兵们把手榴弹4个一捆，携带着滚到坦克底下引爆。这种办法，虽然炸瘫几辆，但毕竟爆炸力有限，无法摧毁坦克，而且炸坦克的士兵大多有去无回，有的士兵来不及躲避，竟被坦克碾成肉泥，其惨状不忍卒睹！

在这之后的十多天战斗中，苦于缺乏对付坦克的手段，我军官兵被日军坦克碾压的惨剧屡次发生。在二十七师守卫的主阵地禹王山，为了对付日军坦克，一五九团二营与日军短兵相接。营长王景山带领官兵们蜂拥而上，一边与冲上来的日军拼刺刀，一边爬上坦克，向里面投手榴弹、浇汽油烧，毁掉4辆坦克。在此过程中，有70余名官兵被坦克活活碾死。王景山裸臂应战，连杀12名鬼子，身中数弹而亡。日军为了解恨，残忍地将其尸体乱刀分解，又用坦克碾成肉泥。

为了对付日军坦克，李宗仁从其他部队抽调来平射炮部队。增援三十师的是一个平射炮连，师长张金照如获至宝。

张金照率领部队进入阵地。他身边就架着一个平射炮，负责发射的是个炮兵排长，长得眉清目秀。

不一会儿，日军的十多辆中型坦克冲过来，坦克后面跟着大批步兵。张金照向炮兵排长下令:"开炮!"

可是,身旁的平射炮却没有动静。

张金照急了,责问炮兵排长:"为什么不开炮?"

"别急,请师长放心,我有把握。"炮兵排长不慌不忙地说,"鬼子的坦克这次是以纵队形式沿公路来的,打敌人坦克纵队,应该待敌人坦克全部进入射程后,先打头,后打尾,再打腰。"

"啥道理?"张金照不解。

炮兵排长解释道:"打头,敌人进不得;打尾,敌人退不得。打腰,领头的坦克退不走,后面的又被挡住不能前进,这样才能打退敌人的攻击。"

"嘿,你行啊!"张金照一听乐了,说起来一套一套的,有点道理。

可是,这次日军的坦克之间距离拉得较大。望着渐渐逼近的敌人,张金照担心控制不住局面,一再催促开炮。炮兵排长便亲自操作,连发多炮,一下子击毁4辆,其余的转头逃跑,日军步兵乱作一团,也跟着坦克往回逃窜。

炮兵排长连称可惜,说如果让坦克再靠近点,他把尾部的坦克轰掉就好了。

张金照眉开眼笑,从公文包里点出30元大洋,交给炮兵排长:"这是给你的奖赏,拿着。下次听你的。"

"谢谢长官!"炮兵排长连声称谢,接过大洋,在手心上掂着玩。

没想到乐极生悲。刚才这几炮,暴露了平射炮的位置。官兵们的高兴劲还没过去,日军密集的炮火就呼啸而至。

张金照叫声不好。可是一切都晚了,一发炮弹准确地落在炮位上。

硝烟散去后,只见平射炮被打得散了架,副炮手倒在血泊中,已经气绝身亡,而炮兵排长已不见踪影,周围只有零星几块血淋淋的肉块,刚才还在炮兵排长手心上的30枚大洋,散落在一地!

张金照一阵揪心,默默地俯下身子,把30枚大洋一枚枚拾起,重新放回公文包。直到这时,他才想起,这个可爱的炮兵排长叫啥,还没来得及问呢。

战后,张金照一提起这个悲惨故事,就会潸然泪下。

台儿庄开战之前，日军并未将此战放在眼里，以为攻占这么个弹丸之地，不过两三日之功。所以，当日军3月26日攻入东北角时，日本同盟社以为台儿庄唾手可得，迫不及待地向外发出电讯："华方最精锐部队之国民党军已被击溃，并将台儿庄完全占领。"

岂料，日军白天刚占领东北角，夜晚就被守军敢死队摸进去，大刀片一顿砍杀，又把阵地给夺回去。双方你来我往，反复打起拉锯战。

3月27日，当台儿庄战事日益吃紧时，正在徐州督战的蒋介石不顾将领们劝阻，执意要亲赴台儿庄一线慰问。

李宗仁苦苦相劝："委员长的生命安危，不仅是事关您个人，更系全国长期抗战之成败，万万不可。"

蒋介石态度坚决："王铭章师长与全师在滕县壮烈殉城前，我痛惜未曾与之谋面。今池师长又将及生死关头，我既来此，不可却步。"

李宗仁拗不过他，只好与白崇禧等人一道，陪同他前往台儿庄。

蒋介石径直来到台儿庄南车站。当他走进三十一师指挥所时，池峰城又惊又喜，结结巴巴地说："鬼子的炸弹、炮弹不长眼，这儿的危险太大了，委员长还是速速离开为好！"

蒋介石哈哈大笑："它若长眼，就更不妙了。"他背着手在指挥所东瞅瞅，西瞧瞧，转悠一圈，脸上露出难得一见的赞许神色，握着池峰城的手，语气颇为赞赏："你的长官说你是忠勇、精干兼备之人，今天看来此言不虚。不过，车站的目标太大，定是日军袭击的重点目标，你一定要注意安全。"

池峰城双腿一并，头一昂，朗声说道："我已抱着必死的决心！"

蒋介石满意地点点头，强调道："既要消灭敌人，又要保护自己，如果难以两全，舍身求仁，报效国家。"

池峰城坚决地说："我师绝对战斗到底，与阵地共存亡，以报国家，以报委座知遇之恩。"

蒋介石对池峰城勉励一番后，挥手告别。

果然，不久，在日军飞机和大炮的轰击中，火车站三楼西北角中弹坍塌，池峰城被迫将师指挥所转移到车站南面铁路桥下。

战场上，除了力量的较量外，还是智慧的对决。

为了引诱日军消耗弹药，二十七师就使出一招：把农民的人力抽水车摆放到地里，4台摞在一起，远看去像是一座野战炮架，而真正的野战炮却隐蔽在木质炮架后面，向日军阵地急速炮击后，立刻转移。日军发现中国军队"炮位"后，向"炮位"倾泻成百发炮弹。日军炮火停后，二十七师一边迅速将抽水车挪动位置，一边用真野战炮还击。炮击一停，真野战炮迅速转移掩蔽。日军又向中国军队的新"炮位"倾注成千发的炮弹。后来，二十七师把这当笑话讲：小鬼子够蠢的，连抽水车也对付不了。

殊死巷战

台儿庄北门和西北角，是日军进攻的重点。守卫这里的，是王震的一八六团，其中一、二营负责把守西北角，三营把守北城门。离北城门不足200米的清真寺，就是团部指挥所。

激战中，北门被濑谷旅团突破。团长王震亲自端着机枪，率领警卫人员反击，将日军赶出北门。但一八六团伤亡严重，王震右肩中弹，肩胛骨折断，一、二营长也负重伤，全团兵力不足3个连。

池峰城立即任命旅部附员（相当于旅长助理）王冠五为一八六团团长。几天之后，因王冠五指挥有方，又任命他为九十一旅旅长，担任守城总指挥。

王冠五，河南汝南人，是冯玉祥和吉鸿昌的老部下，曾任吉鸿昌的旅长。1934年11月，吉鸿昌被国民政府以"叛国罪"（多次煽动兵变）和"叛党罪"（脱离国民党加入共产党）杀害。受吉鸿昌牵连，王冠五被降为副团长，后因抗日屡建战功被提升。

王冠五依然把指挥所设在清真寺，亲临第一线指挥。每次日军步兵攻城时，王冠五沉着指挥，待日军爬城及半时，机步枪齐射，手榴弹齐扔，连日里反复攻防厮杀。有时，连续激战十多个小时，官兵们空着肚子，连水也顾不上喝一口，疲惫至极，累得睁不开眼，甚至趴在战壕上睡着了。

日军原以为，台儿庄背后是大运河，守军背水作战，一定不敢死守，没想到竟遭到如此顽强的抵抗，只好变本加厉，飞机来回穿梭投弹，炮火做地毯式轰击，大部分房屋顶坍墙塌，到处是残壁断垣。最激烈时，王冠五曾在一天之内3次被倒塌的房屋压倒。

3月27日，台儿庄东北角被日军攻破，二十七师师长黄樵松命令一五八团的七、八连增援庄内守军。当时，七连正在吃午饭，八连先行一步。就是这一顿饭工夫，当七连连长王范堂率官兵冲进阵地时，八连的130余人已全部阵亡！七连在阵地上坚守4个昼夜，消灭200多名日军，全连只剩下57名官兵。

3月28日，两军正打得难分难解时，从空中传来嗡嗡声。"鬼子飞机来了，快隐蔽！"官兵们大喊，有的卧倒，有的俯下，隐蔽起来。

可是奇怪，这回嗡嗡声是从守军阵地后面传来的。官兵们正纳闷时，只见硝烟弥漫的天空中，9架飞机从高处俯冲下来。

这时，日军阵地上的官兵手舞足蹈，起立欢呼，有的士兵还使劲挥舞着太阳旗，给飞机指引中国守军的位置，提醒飞机不要误炸自己人。

万万没想到，这些飞机在日军阵地上空一边盘旋，一边投下一连串炸弹。阵地上的欢呼声，霎时变成鬼哭狼嚎声。

守军官兵惊诧万分，丈二和尚摸不着头。

这时，投罢炸弹的飞机低空飞到守军阵地上空，轻轻地晃动着机翼，像是在打招呼。官兵们这才看清，机身上涂着青天白日徽！

"快看哪，是咱们自己的飞机！"守军官兵惊喜万分，阵地上一片欢腾。

自抗战爆发以来，三十一师官兵第一次亲眼看见我军的飞机参战，也第一次尝到扬眉吐气的滋味。

在血战的日子里，两军频繁攻防：白天，日军借助飞机、大炮和坦克突破防线，控制着战场，容易攻进城内；可是到了夜晚，飞机、大炮失去目标，我军组成一个个小分队，近前偷袭，贴身肉搏，又夺回阵地。几乎每个巷子、每座房屋都会在很短时间内几度易手。

形势最严峻是在3月31日。这天，日军大举进攻，占领台儿庄的五分之四面积，两军形成犬牙交错的局面。守军虽然失去大片阵地，但也有一个好处：日军害怕误伤，飞机、大炮不敢再肆意轰击，而我军的大刀片却发挥神威，一夜之间又夺回不少阵地，将日军赶出西门。

于是，台儿庄出现这样一个怪现象：飞机不如大炮可怕，大炮不如机关枪，进入巷战后，手榴弹又不如大刀。头顶上，两军展开远距离的炮战，你来我往的炮火，在空中织成一个庞大的火网。火网下面，两军步兵交织在一起，展开殊死的巷战。双方你中有我，我中有你，隔墙相接，临屋而战，一街一巷、一院一屋、一墙一壁地反复争夺。有时，敌我仅一墙之隔，互相凿洞射击，这边刚在墙上凿开洞眼，那边就打过枪来。后来，我军官兵有了经验，先伏在墙上听听那边的动静，一旦发现隔壁有敌人，就扔过去几颗手榴弹。一旦子弹和手榴弹打完，又没有大刀时，就抢上去抱住敌人用嘴咬。

有一次，几名中国士兵摸进日军占领的一间屋里，与日军展开肉搏，最后只剩一名小战士，无法脱身，只好躲进屋内日军挖的地洞里，手中的步枪已无子弹，只有一把大刀。不久，我军反击时，又在此屋内展开肉搏，一个日本兵抵挡不住，乘乱也躲进地洞。小战士不知道上面的情况，加上洞中伸手不见五指，两人都以为对方是自己人，默不作声。待上面安静下来后，日本兵先爬出来，小战士这才发现对方是敌人，连忙拔出大刀砍他。日本兵也察觉不对，慌忙回身开枪，打中小战士右腿，小战士倒地后，仍挥刀砍向日本兵的腰，将其杀死。小战士夺了敌人的枪，一瘸一拐地忍痛返回部队。

巷战中，双方的官兵经常会被对方俘虏。对日军俘虏，中国军队向来宽大处理，甚至还下令，活捉一个赏10元钱。但是，日军抓住中国军人后，却百般凌辱，惨无人道。如绑住他们手脚，拴在马后，将人活活拖死。遇到我军反击时，日军就拿俘虏出气，斩断他们的手脚。有一次，副连长姜玉清在与日军肉搏战中负伤被俘，为了不甘受辱，他奋力挣脱，以头撞墙而死。

这种残酷的巷战持续多日，台儿庄到处都是震耳欲聋的枪炮声，到处是令人心悸的喊杀声、惨叫声，把人的神经震得麻木迟钝。满街满巷都是尸体，横七竖八地堵塞在路上，连落脚的空隙也没有，只好从尸体上踩踏而过，墙上溅满殷红的血，地上流淌着乌黑的血。几乎每屋都有阵亡士兵，每座墙上都有两军对峙的射击孔。有的射击孔伸出一支步枪筒，用手往外拉枪，竟然呼的一声射出一粒子弹，原来死者的食指仍扣着扳机。庄内几条河汊里，到处漂浮着尸体，有我军的，也有日军的，河水一片血红。血腥场面鬼哭神泣。

惨烈的巷战，令日军焦头烂额。最让日军丧魂落魄、谈之色变的，是中国军队的敢死队。

就在王范堂的七连在阵地上苦战4个昼夜后，守城总指挥王冠五冒着弹雨，猫着腰来到前沿，对王范堂说："孙总司令亲自打电话来，嘉奖我们固守阵地有功，感谢你们在这里坚守4天4夜。现在西北角被敌人占领，池师长要求我们组织敢死队连夜出击，夺回西北角！"

"是，坚决执行命令！"王范堂响亮回答，立即将剩下的56名官兵集合起来。

经过连续4个昼夜的激战，官兵们个个体无完肤，有的头上缠着纱布，有的腰上裹着绷带，衣服像烂布条似的挂在身上，浑身被烟熏得焦黑，看不出脸上的表情，只看到一双双眼睛还在转动。

王范堂眼光从一个个战友身上扫过，缓缓地说："弟兄们，我们是敢死队，敢死队就是要以死报国！"

官兵们个个情绪激昂，七嘴八舌地说："连长，你带我们去拼吧，拼他个鱼死网破，为国争光，为死难的弟兄们报仇！"

"好！"王范堂举起右臂，"我们宣誓！"

56名官兵一起举起右臂，跟着王范堂宣誓："此行不成功，便成仁，如不取胜，即皆自杀，决不生还见我长官！"

望着一双双坚毅的目光，王范堂心如刀割，潸然泪下：4天前，一百三四十名弟兄还是生龙活虎，转眼间只剩下57人。如今，弟兄们明知就要共同赴死，却义无反顾，视死如归。这一去，不知还有几个人能归来？

就在这时，池峰城出现在七连的面前，他是特地来为壮士们送行的。

此时，正是台儿庄战役成败的关键时刻，日军已占领台儿庄的五分之四，包括西北角。而我军和外面的交通全靠西门这条路，如果不及时夺回西北角，我军在台儿庄势必被日军包围消灭。

池峰城已连续多日没有合过眼，极度的劳累，使他嗓子嘶哑。一听西北角被占，他急火攻心，颈部的枪伤创口绷裂，大口大口地吐着鲜血。所以，他命令王冠五，必须不惜一切代价夺回西北角。

池峰城目光停留在57名官兵的身上，眼前这些弟兄，虽然人人衣衫褴褛、蓬头垢面，无一不挂着彩，但是个个虎虎生威，眼睛里能喷出火来。

池峰城向大家抱抱拳，歉意地说："弟兄们苦战多日，本来应该换下去好好歇歇，无奈我手头已没有兵力，只好有劳各位了。"

他扭头喊了一声："拿上来！"

随从拎上来一只叮当作响的布包，原来是一包银圆。

池峰城嘱咐道："把这些银圆分给弟兄们，每人30元。"

王范堂掂了掂银圆，出人意料地往地上一撒，朗声说道："长官，我们打日本鬼子，是为了中国人不做亡国奴，是为了兴我中华，不是为了钱卖命！我们马上连命都没有了，还要钱干什么！"

其他56名官兵听了，也一个个把钱扔到地上，纷纷说："连长说得对，我们不是为了钱卖命，是为了不做亡国奴！"

"有种，好样的！"池峰城大声喝彩，正想说点勉励的话，一张口，只觉得一股咸咸的东西涌到嗓子眼，哇的一声，喷出一大口鲜血。

敢死队员们目瞪口呆，池峰城却毫不在意，用袖子往嘴上一抹，抖动着嘴角的血丝，哑着嗓子说："你们只顾奋勇杀敌，若能平安回来，我为你们请功；若是为国捐躯，我定会把抚恤金送到你们爹娘手上。为了守卫台儿庄，我们将战斗到最后一个人，包括我！"

为了既方便混入敌营中，又便于识别，敢死队员们从日军尸体上扒下军装和钢盔，全部穿戴上，臂扎白毛巾，腰间挂满手榴弹，背挎大刀，手持短枪。

31日黄昏，我军的大炮齐鸣。王范堂一挥手，敢死队员们在炮火的掩护下，趁黑出了西门，分为6个战斗小组，猫着腰摸到日军盘据点外，在墙角掩藏起来。炮火一停，敢死队员们越过墙头，听到动静就开枪，见到人就砍，杀得敌人抱头鼠窜。在与日军搏斗中，敢死队员一旦受伤倒下时，便拉响身上的手榴弹，与敌人同归于尽。经过一个多小时搏杀，将西北角60多名日军全部歼灭，夺回西北角阵地，保住了这条和外间联系的交通线。

这场偷袭战，虽然取得辉煌胜利，但七连也代价惨痛，仅剩下13人，其中干部只剩下王范堂一人。战斗一结束，指挥部立即派人把幸存的13人监视起来，防止他们自杀以报国家。原来，最初受伤的4名敢死队员被救护队救下之后，皆同时自杀，其自述理由为"未曾成功"！当时，他们并不知道，就在他们受伤之后，其他队员已经完成任务。

战后，池峰城果然嘉奖他们，范长江、陆诒等战地记者纷纷来采访，二十七师师长黄樵松亲自介绍57位敢死队员的英勇事迹，王范堂被提拔为三营副营长。

三十师一七六团三营营长仵德厚，是又一位赫赫有名的敢死队长。

战斗打响后，仵德厚奉命率三营增援台儿庄。团长袁有德给他下的命令是：从西门冲进台儿庄，消灭攻进城里的日军，与城东禹功魁营取得联系，共同守住台儿庄。

3月28日，仵德厚率三营官兵乘船渡过运河进入台儿庄。此时，西城门被日军占领。为了突破封锁线，仵德厚当机立断，挑选39名精壮汉子组成敢死队，自己带队，为全营官兵打开通道。

待天色暗下来后，仵厚德一挥手，敢死队员们个个手抢大刀，腰束手榴弹，跟着他悄悄摸到西门。守卫西门的日军还没反应过来，就一个个做了刀下鬼，副营长赵志道率领其余官兵紧随其后。这天夜里，全营官兵逐街逐巷、逐院逐房推进，通宵与日军展开贴身肉搏。

经过一夜血战，到了天明，从西门攻进城内的日军，大部分被三营歼灭，残余的敌人龟缩在西北角的土围子里。城外日军恼羞成怒，集中炮火向三营阵地轰击，又组织步兵持续进攻。

仵德厚一面组织火力对付城外来的敌人，一面命令排长沙纪成率领敢死队消灭土围子里的残敌。沙纪成奋勇当先，搭人梯爬上围墙，不幸中弹牺牲。攻上围墙的敢死队员前仆后继，将土围子内的日军全部干掉。

在这场血战中，三营大部分官兵英勇献身，6名连排长均捐躯，40名敢死队员中只有3人幸存，其中包括仵德厚。

台儿庄大战结束后，孙连仲亲赴台儿庄，授予仵德厚金质"甲种一等嘉禾奖章"、"华胄荣誉勋章"、"宝鼎二等勋章"。仵德厚被提升为团长，报刊上也刊登了他的事迹。不过，报道中误将他写成"许德厚"。

进退之间

台儿庄之战，牵动方方面面的心。战斗激烈之时，远在武汉的冯玉祥，特地给他的西北军老部下孙连仲、田镇南打电话，要他们不惜一切牺牲打退日军，保住西北军的抗日声誉，不要给西北军丢脸。

说起丢脸，冯玉祥的脸曾被韩复榘丢过一次。当日军刚开始进攻山东时，冯玉祥曾专程赶到山东，要求韩复榘抗日，但韩没有给老长官面子。冯玉祥到德州桑园前线观察战事之后，羞愤难当，用手帕捂住半个脸回到济南，斥责韩复榘损害了西北军的抗日声誉。他说："我这半边脸已无颜见全国的父老乡亲了。"

尽管如此，在战斗进入白热化阶段时，在第二集团军的内部，上至孙连仲，下至普通士兵，都曾经在"坚守"和"撤退"之间纠结过。他们所说的撤退，内涵中绝对没有胆怯和怕死的成分，而是"杂牌军"的尴尬地位和复杂心理所造成的。

军阀割据时代，谁的军队多、力量强，谁的拳头就硬，说话就响，地盘就大。像汤恩伯这样的中央嫡系部队尚且惜本，靠自己自谋生路的"杂牌军"更不必说。"杂牌军"受歧视、被排挤，有强烈的危机感和自卑感，一旦遇到战事，总难免要设法留点家底，不敢拼光老本。

当第二集团军损耗得差不多时,孙连仲给李宗仁打电话,哀婉地央求道:"第二集团军已伤亡十分之七,敌人火力太强,攻势过猛,但是我们把敌人也消耗得差不多了。可否请长官答应暂时撤退到运河南岸,好让第二集团军留点种子,也是长官的大恩大德!"

听了这话,李宗仁是很心酸的,他焉能不知孙连仲的苦衷?但是,在汤恩伯援军未到之前,一旦第二集团军放弃台儿庄,就会功亏一篑。无奈,他只好硬着心肠回答:"敌我在台儿庄已血战一周,胜负之数决定于最后5分钟,援军明日中午可到,我本人也将于明晨亲来台儿庄督战,你务必守至明天拂晓,这是我的命令,如违抗命令,当军法从事!"

听罢此言,孙连仲在电话里叹了一口气,随后坚决地说:"好吧,长官,我坚决服从命令,整个集团军打完为止!"

有意思的是,孙连仲央求李宗仁撤退,但面对部下时,则是与李宗仁同样的语气。他连颁两道手令,晓谕全军:

"今是我们创造光荣之良机,也是生死最后之关头,不死于阵前,即死于国法,本总司令以成仁之决心,与台儿庄阵地共存亡,亦必执行连坐法,以肃军纪,死为光荣而死,生为光荣而生,希我官兵共此努力。"

"训令本集团军:慎保本军守无不固之精神,发挥娘子关歼敌七十七联队之伟绩,今天只有前进,绝无后退之途,过河者死,誓以破釜沉舟之决心,深信必操必胜之信念。"

一场恶战之后,乘着短暂的休战间隙,满头是血的池峰城,跑到孙连仲的指挥所,央求道:"人都快打光了,我顶不住了,你枪毙我,让队伍撤到南岸吧。"

"枪毙你有什么用!"孙连仲一擂桌子,"顶不住也得顶!士兵打完了,你就自己上前填进去。你填过了,我就来填进去。有谁敢退过运河者,杀无赦!"

池峰城知道没有退路,叹了口气,请示道:"那么我把城内再调整部署一下,总行吧?"

孙连仲略一思忖，点头同意："那倒可以，但调整后立刻报告。"

池峰城一路小跑着返回指挥所，命令城外部队调进一个营增援。

而池峰城面对部下，语气又与孙连仲毫无二致。

池峰城返回师部后，立即召集十几位高级指挥官开会。军官们围绕守和撤的话题，互相争执起来。

这位说："我们已经伤亡三分之二，这样打下去会全军覆没的，将来，中央会撤销我们部队的番号，我们要保留点实力，撤到运河南岸去。"

那位说："到这里只有死拼到底，如果在我们手上丢掉台儿庄，今后有何脸面见家乡父老？"

就在双方争得不可开交时，池峰城发话了："孙总司令已亲赴前线督战，我们一定与台儿庄共存亡，不能后退！各部队要抽调精干官兵组织敢死队，今晚夜袭敌阵，参加的官兵定予重赏！"

池峰城的豪迈气概，深深地感动坐在角落的一个人。他叫韩正礼，来自陆军第三师李玉堂的部队。第三师在淞沪会战中伤亡过半，撤到汉口休整补训，其战车防御炮连奉命驰援三十一师。韩正礼原是炮兵排长，在台儿庄战斗中刚被提拔为连长，因为炮兵的重要性，也破例参加这次高级军官会议。听了池师长的慷慨陈词后，他当即做出一个决定。

会议散后，韩正礼磨磨蹭蹭落在最后，池峰城本就机敏，见他欲言又止的样子，以为他有什么难处，拉着他坐下，爽快地说："有什么困难吗？只管说。"

"师座，不是困难。"韩正礼连忙说，"我从观测镜中看到，鬼子的坦克每晚都集结在一个大庙的后面，可能那里是敌人的停车场。"

"是吗？"池峰城两眼放出光来，"你有什么好主意？快说！"

韩正礼主动请缨："我打算带一门战防炮，随敢死队冲进敌阵，接近那里，把它干掉！"

"哎呀呀，太好啦！"池峰城一拍大腿，"这些狗日的坦克让我们吃尽苦头，我早就恨得牙痒痒了。"

韩正礼提出条件："不过，得请师座派一支人马，帮我们扛炮弹。"

"没问题，需要多少人，由你定！"池峰城欣然应允。

韩正礼说干就干，立刻赶回连队，挑了两名熟练炮手，又选了30名士兵，携带一门战炮，还有破甲弹和榴弹各50发，当晚就跟着敢死队出发了。

这天晚上，韩正礼带着队伍摸到停车场附近，把带去的炮弹全部倾泻在坦克车上。停车场顿时火光冲天，多数坦克被打成一堆废铁。

这天的高级军官会议结束后，池峰城面对着地图思索起来。代副师长屈伸步出帐篷，打算抽支烟提提神。

屈伸原是三十一师上校参谋主任，战斗中代行参谋长职务。池峰城劳累吐血，屈伸临危受命，代副师长之职，负责制订司令部计划，主持部队的调遣和指挥作战事宜，成为池峰城的得力助手。一次，日军一阵密集炮火之后，一块炮弹皮落到屈伸脚下，上面还有淋漓的鲜血。他捡起这块发烫的弹片，朝着正在激战的官兵们挥舞，大声喊道："弟兄们！这是敌人的铁，我们战士的血！"官兵们义愤填膺，一边朝敌人射击，一边发出怒吼："为死难的弟兄报仇！"

屈伸刚点着烟，只见9名伤兵，跟着一名受伤的军官，相互搀扶着从庄内走出来，正准备从师指挥所前经过。

屈伸感到奇怪，走出来拦住他们问："别人都在往里冲，你们怎么往外撤？"

军官头上和手上都缠着绷带，他上前敬了个礼，回答道："我是他们的营长，是我带他们撤出来的。"

屈伸上下打量了他一下，问道："你叫什么？"

"张静波。"

"你接到撤退命令了吗？"

"没有。"

"轻伤不下火线，你们不知道吗？"屈伸厉声呵斥，"你们这是贪生怕死，临阵脱逃，快回去！"

"怕死？"张静波被激怒了，大嗓门盖过屈伸，"老子把脑袋拴在裤腰带上，卖血卖命，什么时候怕死过？我们只剩半条命了，打不了鬼子了，不求立功，只求留点老本，回家孝敬爹娘。"

说到这，他转向其他几个伤兵："弟兄们，你们说是不是啊？"

几个伤兵本来心虚，见营长嗓门这么大，胆子也大起来，连声附和道："是啊，是啊。"

屈伸急了，警告道："你们不知道擅自撤退要受军法处置吗？"

"军法处置？"张静波拍拍自己胸脯，朝屈伸逼近一步，"有本事朝老子开枪啊！"

那几个伤兵也跟着嚷嚷："有本事去打鬼子啊，咋还打自己人哩？"

这时，奉命进城增援的队伍正好路过这里，被嚷嚷声所吸引，不由得放慢脚步，目光齐刷刷地集中过来。

屈伸张了张嘴，一时不知说什么好。

就在这时，传来一声炸雷般的怒吼声："姥姥的，反了！"

池峰城像一头暴怒的雄狮，从指挥所里几个箭步冲出来。他头发蓬松，胡子拉碴，上身只穿一件咖啡色的绒线衫，下面穿一条军裤，手上握着一把左轮手枪。

"临阵脱逃，扰乱军心，还敢嘴硬，我毙了你！"话音未落，只见他手一扬，砰砰两声枪响。

张静波哎哟一声，瘫倒在地。

其他伤兵吓得扑通通跪下。

池峰城用手枪点着他们头："一群孬种，尽在这里丢人现眼，都给我滚回庄里去！要死就去与鬼子拼，死得像个爷们，不要弄脏我的枪！"

"是，是！"几个伤兵连滚带爬，狼狈地逃回庄内。

池峰城面对着正在开进的队伍，大声命令屈伸："向全师官兵传我的命令，负伤无命而退者杀！我师与阵地共存亡！"

"是！负伤无命而退者杀，我师与阵地共存亡！"屈伸大声重复道。

台儿庄内，枪炮声又骤急起来。增援队伍加快步伐奔向庄内。

此时，庄内的王冠五已经打红了眼。为了断绝守城官兵撤退的念头，坚定大家与敌人决一死战的信念，他抱着破釜沉舟之心，命令炸断连接运河南岸的浮桥，向守城官兵传令："台儿庄是我们全师官兵的坟墓！就是剩下一兵一卒，也要坚守阵地，任何人不得撤退，违令者严惩不贷！士兵打完了，连、营、团长上，连、营、团长阵亡了，我就填上去，直至全体将士阵亡，决不后退一步！"

最终，一八六团伤亡殆尽，预备队也打光了。

那些天，台儿庄经常出现这样奇特的一幕：守城官兵的前面，是张牙舞爪的凶残日寇，守军要想保存自己不被消灭，唯有奋勇向前拼杀，死得其所；守城官兵的后面，是虎视眈眈的督战队，谁若贪生怕死、临阵脱逃，将落得可耻下场。

同样是死，进或退，荣或辱，一念之差，一步之遥，却有天壤之别。

希望国人能铭记这一幕。这一幕，是中华民族危难关头的一个缩影，是中华儿女抵御外侮的历史定格。

在战场上，最残酷的战斗，莫过于与敌人面对面肉搏。肉搏战与其说拼的是力量，不如说拼的是意志。只有大义凛然、视死如归的人，才能迸发出与敌人决一死战的勇气；一旦头脑中闪现出一丝畏惧胆怯的念头，就极可能手下发软，进而在瞬间被敌人击垮。

台儿庄的将士满怀为国家而战、为民族而战的正义之心，内心会升腾起一种自豪感、使命感，因而才能把生死置之度外，表现出与日军血战到底的英雄气概和坚定不移的必胜信心。正因为如此，日本的武士道精神只能相形见绌、甘拜下风。

战场上的军纪是很严厉的，谁要是触犯，生或死，往往就在指挥官的一念之间，不容任何狡辩。

在巷战后期，日军曾一度集中猛攻顿庄闸独立四十四旅。在飞机和大炮狂轰滥炸下，四十四旅伤亡惨重。轰炸一停，30余辆日军坦克掩护着黑压压的步兵，向四十四旅阵地扑来。旅长吴鹏举抵挡不住，想下令后撤。

正巧，三十师师长张金照陪同三十军军长田镇南督战到此，见状拔出枪来，冲着天空连放3枪，厉声命令身后的督战队："前线官兵如有后退者，就地正法！"

督战队向前几步，黑幽幽的枪口对准官兵们。

吴鹏举刚想辩解，盛怒之下的张金照掉转枪口，咆哮道："我毙了你！"

在旁的田镇南一把抬高张金照的枪口，劝阻道："你冷静点，这事不能全怪他。"

张金照一声令下，战车防御炮连发7炮，当场击毁6辆坦克、击伤1辆，其余20多辆见势不妙，慌忙逃窜。这才化险为夷，扭转战机。

张式伟是二十七师的一个营长，在攻克台儿庄旁的一个村庄时，缴获日军200支"三八大盖"，师长黄樵松叫他把枪缴到师部，但张式伟存有私心，想留在本营用，没有上缴。第二天，日军反攻，又夺回这个村庄和200支枪。黄樵松十分生气，本想严惩张式伟，因战事紧急没顾上。过了两天，张式伟的一营经过一场恶战后，只剩下十几个人，黄樵松下令将一营拨归三营营长时尚彬指挥，但张式伟认为自己也是营长，不愿接受时尚彬指挥，抗拒命令。黄樵松勃然大怒，立刻命令枪毙张式伟，以儆效尤。

有一天，二十七师在攻占台儿庄北的一个村庄时，遇到日军的顽强抵抗，部队伤亡严重。黄樵松急红了眼，喊来团长杜幼鼎："你立刻组织一支敢死队，亲自带队，给我拿下这个村庄！"

杜幼鼎答应一声，转身正要离开。黄樵松又叫住他，叮嘱一句："你如果不按预定的时间出击，我就带着手枪队向你进攻！"

军中无戏言。杜幼鼎当然知道这句话的分量，毫不犹豫地回答："绝对服从命令！"

果然，杜幼鼎带领敢死队，很快就拿下这个村庄。

其实，黄樵松并非是铁石心肠的一介武夫，心里也有柔软温情的一面，不只是一味地用枪逼着队伍往前冲,还懂得用巧妙的办法激励官兵。

二十七师有一支军乐队,平时很受黄樵松器重。部队开赴台儿庄时,他也没忘记把军乐队带上。第一次向日军发起冲击时,他不是让司号员吹冲锋号,而是让军乐队一起演奏鼓号声。官兵们听到悦耳的鼓号声,笑得合不拢嘴,把战场当成舞场,一时士气大振,喊杀震天,日军吓得望风披靡。

不光如此,在两军对垒的战场上,黄樵松还让官兵们齐声高唱《大刀进行曲》和其他战斗歌曲:

"大刀!向鬼子们的头上砍去……"

"前面有英雄的义勇军,后面有全国的老百姓……"

"中国的领土,一寸也不能失守,亡国的条件,绝不能接受!"

多年之后,虽然硝烟早已散去,但二十七师八十一旅少校书记暴春霆在回忆这段往事时,仍然情不能已。他说:此情此景确有无限乐趣,非局外人所能体会到的。军乐队上阵助战,是抗日战争中一件奇闻,也是中国军事上的一段佳话。

最后一击

就在台儿庄杀得天昏地暗时,无论是远在武汉的蒋介石,还是近在徐州的李宗仁,都心急如焚。此时,交战双方呈胶着状态,都已处于强弩之末。无论哪一方来援军,都会成为迅速压垮对方的最后一根稻草。幸亏张自忠和庞炳勋在临沂苦苦死守,阻滞了板垣的增援步伐。万一张、庞防线被突破,日军极有可能在台儿庄瞬间翻盘。

为此,蒋介石使起胡萝卜加大棒的手段,恩威并施。他的大棒之威是:限令4月10日前击退台儿庄当面的日军,否则师长以上的各级军官一律以军法处置!他的胡萝卜之恩是:谁首先击退日军,赏大洋10万元!

李宗仁除了传达蒋介石的命令,并警告各部不要违背命令、以身试法外,又加了一条:对首先立功部队加赏10万元。

一战区司令长官程潜也不敢怠慢,要求参加台儿庄会战的属下绝对服从命令，同时宣布：本长官也加赏10万元！

看来，这些旧式军队出身的军阀高官们，还是信奉"重赏之下必有勇夫"的道理，并没有认识到正义之战中的精神力量，大大低估了底层官兵的爱国情操、抗战决心和献身精神。为了抵抗日本侵略者，成千上万的国民革命军将士之所以慷慨赴死，血洒疆场，决不是冲着几十块大洋而卖命，而是为了不做亡国奴，是为了替死难同胞报仇雪恨。否则，正如敢死队员所言，命都没有了，要钱有什么用！如果一味用钱来激励官兵，无疑是对广大爱国军人的轻侮。

一个是为了自己而战，一个是为了正义而战；一个为了谋生糊口、当官发财，一个为了理想信念、解放人类，这或许就是旧式军队与人民军队的区别所在，也或许就是后来800万武装到牙齿的国民党军队被小米加步枪的人民解放军打得落花流水的原因所在。

为了挽救战场上的败局，从4月1日起，日军开始在台儿庄多次使用催泪弹和毒瓦斯，中国军人深受其害。

4月3日，李宗仁对汤恩伯下死命令，要求第二十军团全线出击，对台儿庄的矶谷师团做最后一击。同时，他向所有部队下达总攻击令。

总攻开始前夕，台儿庄的西北门、北门、东门、东南门均已落入敌手，全城一半面积被日军占领，交战双方的官兵疲惫至极，连站立、走动的力气都没有，仿佛吹一口气都能把人刮倒。

池峰城命令召集残余部队的军官，要做最后的战前动员。可是，到会的没有几个人。

他有点不满："嗯？就这么几个人？其他人呢？"

屈伸连忙打圆场："师座，该到的都到了，其他弟兄……都不在了。"

池峰城这才醒悟过来，心情不由得沉重起来。几天前，师部开会时，还是济济一堂。可是，才短短几天时间，4个团长就伤亡3个，原有的12个营长，只剩下2个，下级军官伤亡的更多。

池峰城努力让自己平静下来，语调缓慢而坚定："弟兄们，委员长和李司令长官已经下死命令,要求我们限期消灭小鬼子,孙总司令指示我们,一定要把城内的阵地夺回来。现在,全中国人都在盯着我们,盼望我们打一场歼灭战,以雪国耻,以报国仇,汤恩伯的援军马上就要到了,我们一定要豁出命来,用我们的手榴弹、大刀片,与鬼子进行最后一搏!"

说到这里,他大吼一声:"拿酒来!"

几名卫兵立刻抬来一坛酒,又捧来一摞大碗,在每人面前放一只,然后在碗里倒上满满一碗。

池峰城端起大碗,一副慷慨悲歌的样子:"古时候,将士出征,都要满饮一碗壮士酒。今天,哥哥我敬弟兄们一杯,给你们送行。待消灭鬼子后,我们再痛饮庆功酒!盼望你们都能回来!有回不来的,我给你们的父母养老送终摔老盆!只希望你们不要丢西北军的脸,做鬼也做个雄鬼!来,干了!"

"干!"军官们异口同声,一仰脖子,一饮而尽。

根据池峰城的要求,各残余部队把所有没有负伤的人员都召集起来,组成若干支敢死队,让重伤员、轻伤员坚守阵地。伤员们纷纷拧开手榴弹的盖子,把指环套在手上,与敢死队员做最后的诀别:"弟兄们,你们只管放心,万一你们回不来,我们也不会把阵地白白让给鬼子,一定会与敌人同归于尽!"

官兵们虽然疲惫不堪,池峰城的一番动员,让他们热血沸腾;援军马上就要到的喜讯,仿佛给他们注了一针兴奋剂。至于长官们许诺的重赏,已经对他们失去吸引力。他们是在为国家而战,为荣誉而战!

敢死队员们草草填饱肚子,带着手榴弹和令鬼子魂飞魄散的大刀,臂上缠着白毛巾,乘黑夜摸索到日军的阵地。

日军阵地上一片静寂。半个多月来,日军官兵长途奔波,连日征战,体力早已严重透支,加上整日提心吊胆,如惊弓之鸟,精神不堪重负,一有空隙,就睡得如死猪般,连哨兵也不知躲到哪睡觉去了。

敢死队员们如入无人之地,发出惊天动地的呐喊声,挥舞着大刀片,像切西瓜一样左冲右砍。一些日本兵本来睡得懵头懵脑,一听到四周的喊杀声,加上黑漆漆一片,分不清哪是敌哪是友,吓得个个浑身发软,瘫在地上站不起来，稀里糊涂地做了刀下鬼。清醒一些的日本兵乱作一团，且战且退，仓皇而逃，龟缩到北门一角。辛辛苦苦夺得的大片阵地，竟在一夜之间，又被中国军队夺走四分之三。

在孙连仲的请求下，李宗仁命令炮兵部队集中所有炮火，袭击日军在台儿庄城外的部队。炮击一停，增援的汤恩伯部队全线出击，杀声震天，将日军团团合围起来，庄内的守军则往外攻击，使日军腹背受敌。中国空军的27架飞机也飞临上空，轰炸台儿庄东北、西北的日军阵地。

就在这时，由枣庄煤矿工人和青年学生组织起来的抗日义勇军，趁着夜色炸毁日军设在枣庄的汽油库和军火库，断了日军机械化重型武器的燃料和弹药供应，使其坦克、大炮成为一堆废铁。

4月6日，李宗仁离开徐州，赶赴台儿庄附近，亲临一线现场指挥。当晚9点30分，他下达反攻令，命令所有部队全线反击，把矶谷的残余零星部队赶出鲁南。

听到呼啸而至的密集枪炮声，矶谷知道已回天乏术，绝望地干号了几声，朝着墙上的天皇画像鞠了3个90度躬，然后跪在天皇像面前，撕开上衣，袒胸露腹，缓缓地抽出指挥刀。

矶谷身旁的副官和卫士，都是狂热的武士道，看到矶谷这个样子，知道他打算以切腹自杀谢罪，居然无一人上前劝阻，而是个个充满敬意地低首垂目，围侍周围，静静地等待他杀身成仁后，将他一把火烧成灰烬，携带回国。有的还打算等他自尽后，追随他而去，免得他在黄泉路上孤单寂寞。

矶谷双手捧着指挥刀，刀上闪出一道寒光，令他一阵眩晕。他用手指轻轻拭了拭锋利冰冷的刀锋，心里不由得颤抖起来。他把刀面贴到肥胖的肚皮上，一股冰寒顿时从肚子传到脑门，又从脑门传到脚心，全身上下犹如掉进冰窟窿。他没少见剖腹自尽的血腥场面，对自尽者欲活不得、欲死不能的痛苦印象深刻。

一想起血水裹着爆裂的内脏流满一地、自尽者垂死挣扎的惨样，矶谷彻底失去勇气。

可是，众目睽睽之下，他又不好收场，心里狠狠地责骂起自己：既然尘缘未断，何苦要一时冲动，盲目学什么武士道！转而怨恨起身边这些愚蠢的手下：你们这群笨蛋，好没眼色，就不知道劝我一下，哪怕是一个人开口，也算是给我找一个台阶呀。

见矶谷迟迟没有动手，周围的副官和卫士以为长官在向天皇虔诚忏悔，对长官的忠诚愈发敬佩。为了更好地表达敬意，他们一个个把腰弯得更低，有的还激动得抽泣起来。

矶谷一看机会来了，夸张地嗯了一声，皱了皱眉头："你们是舍不得我自尽，还是希望我带领你们杀出重围？"

两句话，丝毫看不出选择的意思。

听矶谷这一说，周围的人一愣，一个个费解地看着他，不知他葫芦里卖什么药。刚才还嘤嘤哭着的那位，用袖子擦了一把鼻涕，不知是继续哭好，还是不哭好。

"这群笨蛋，统统该死啦死啦的！"矶谷又在心里骂了一通，对他们彻底失望了，只好依靠自己拯救自己。他干咳一声，又给自己找了个台阶："既然如此，那我就暂且不自尽，等把你们带到安全地带再说。"

矶谷一边自言自语，一边不顾难堪，赶紧手忙脚乱地系上衣扣，担心机遇稍纵即逝，他再找不到反悔的借口。

看到矶谷系好衣扣，又重新站起来，周围的人惊讶地张大嘴，半晌合不拢。没搞懂的永远不懂，搞懂的却大失所望，从此对这个道貌岸然的长官充满鄙视。

不消一会儿，矶谷便恢复常态，严厉下令，炸毁坦克，破坏重炮，扔掉一切辎重，集结部队向北突围，朝峄县方向撤退。

日军官兵早已失去斗志，一听此令，求之不得，争先恐后，朝庄外撤去。自侵华以来，日军有一个惯例，每当官兵阵亡时，都要将他们烧成灰烬，装到骨灰袋里带回国，如果来不及火化，就割去他们的一只耳朵或一节手指带回去。然而，这回日军却丢盔弃甲，遗尸遍野，从庄内到庄外，上千只阵亡日军的骨灰袋遍地乱扔，来不及火化的日军尸体触目皆是，散发出令人窒息的恶臭。

二十七师突袭台儿庄北日军联队司令部时，打死指挥官，缴获许多文件。文件中记录着日军官写的一首诗：

战斗四个小时我们占天津。
六个小时以内我们进驻济南城。
小小的村庄台儿庄，
为什么这么长时间还没有占领？！

在这些文件中，还有一本日军士兵的日记，里面倾诉着痛苦和彷徨："我们为什么而战？中国人民面对着恶魔的折磨，我们自己也长期遭受苦难和牺牲。只有天国知道哪里是我们的葬身之处，又有谁来收葬我们！"

这本日记的主人，不知最终的命运如何，或许早已经丧生于某个角落，做了异乡孤鬼了。

不过，也有一些意志顽强、至死不降的日本兵。被围在台儿庄城内、来不及撤退的最后 800 多名日本兵，明知是死路一条，依然负隅顽抗，誓不缴械，奋力与中国军人拼起刺刀。经过通宵苦战，4 月 7 日早晨，直到最后一个日本兵倒下，城内的战斗才算结束。

从 3 月 23 日战斗打响，到 4 月 7 日克复台儿庄，台儿庄大战历时 16 天。中方的统计数据显示，这 16 天中，共歼灭日军 1 万余人，如果加上整个鲁南地区，日军死亡的人数超过 1.6 万人。中国参战部队 4.6 万人，伤亡人数有两种说法，一种说法是牺牲 1.9 万余人，另一种说法是伤亡、失踪 7500 人。

1938 年 6 月，日本华北方面军参谋部第三课对台儿庄战役前后日军伤亡统计，第五、第十师团合计伤亡 11984 人。其中，2 月 20 日至 5 月 10 日，第五师团共战死 1281 人、受伤 5478 人；3 月 14 日至 5 月 12 日，第十师团战死 1088 人、受伤 4137 人。

第七章 浴血歼顽寇

侵华日军在凶残屠杀中国人的同时，不少人也罪有应得，踏上可耻的不归路。整个抗日战争期间，被消灭的侵华日军人数，因统计渠道不同，存在多个版本。国民党军参谋总长何应钦在《八年抗战》中公布的数字为48万人，中国革命军事博物馆采用新中国成立后综合统计的数字为55万人。美国学者根据日本战中统计计算，在中国大陆被击毙的日军，共计44万余人。抗战历史研究专家张忠义从日军史料中计算出的数字是45.5万人。中国社会科学院教授刘大年根据国民党军战地统计数字计算，日军在中国阵亡人数超过100万人。

4月7日上午，稀落的枪炮声渐渐远去，台儿庄安静下来，已笼罩空中半个月的浓烟重雾，也渐渐淡去，太阳在烟雾中探头探脑，惊讶地打量着这个面目全非的小城。

临近中午，李宗仁身着笔挺的上将服，腰上别着一把精致的小手枪，在一群将官的簇拥下，来到台儿庄火车站北站。

此时的火车站，已经没有一间完整的房屋，到处是残垣断壁，上面布满密密麻麻的弹痕，铁轨被炸得拧成麻花状，月台坑坑洼洼，几节残破的车厢瘫痪在月台旁，空气中弥漫着一股浓烈的焦糊味。

李宗仁信步走上月台，在一块写着"台儿庄"仨字的站牌前驻足，站牌和柱子被烟熏得乌黑，上面尽是累累弹痕，站牌的外沿被弹片削掉好几块。

"李长官，请站好，我给您拍张照。"一位随军记者提议。

"好啊。"李宗仁兴致勃勃，倚着站牌柱子而立，右臂下垂，左手叉腰，昂首挺胸，充满自信的目光直视前方。

咔嚓一声，一幅英武豪迈、意气风发的得胜将军形象，立刻传遍全世界，成为台儿庄大捷的标志。

这是李宗仁一生中最辉煌的时刻，也是中国自抗日战争以来最辉煌的时刻。

历史会永远铭记这一刻，中华民族的子孙后代也会永远铭记这一刻。

第八章 浩气震寰宇

记者之眼

因为职业的关系,我对新闻界前辈罗伯特·卡帕并不陌生。他是20世纪最著名的战地摄影记者之一,他的名言"如果你拍得不够好,那是因为靠得不够近",一直是我记者生涯的警示语。令人痛心的是,1954年5月,卡帕在越南采访时,误踩地雷被炸身亡。

1938年1月,导演尤里斯·伊文思受美国当代历史电影公司的委派,在爱国华侨的资助下,从美国洛杉矶乘飞机抵达香港。与此同时,卡帕和摄影师约翰·费恩豪特从法国马赛坐"阿米拉"号邮轮也到达香港。他们3人,是中国抗战纪录片摄制组的全部成员。因经费不足,卡帕兼顾为美国《生活》杂志拍摄新闻照片,由《生活》杂志负担他的费用。

4月3日下午,摄制组在徐州采访了李宗仁。当晚,他们乘上火车直奔台儿庄,为防止日军飞机轰炸,火车上的灯全部关闭,摸黑前行。次日清晨,到达台儿庄南部杨家楼村,这里是前敌指挥部,孙连仲接受了他们采访。

4月5日,前敌指挥部安排摄制组采访一线士兵。卡帕不顾危险,围着士兵跑前跑后取镜头。在一处火炮阵地,卡帕通过观察手的瞄准望远镜,看到了几公里外的日军阵地。为了配合摄制组,中国炮兵还向日军阵地发起炮击,可惜距离太远,没能拍摄到。就在摄制组懊恼时,日军的炮弹呼啸而至,士兵们连忙将他们转移到安全地带。

4月7日凌晨,中国军队占领台儿庄。当天下午,卡帕和伊文思、费恩豪特、爱泼斯坦等人一起进入台儿庄,只见眼前一片废墟,没有一间完整的房子,城墙上尽是炸坑和弹孔,树木没有一片叶子,树皮也被弹片剥落,只剩下光秃秃的枝丫。

此次采访台儿庄大战,卡帕在台儿庄内外待了15天,冒着生命危险,拍了100多幅照片,包括遭日军空袭后的劫难场面,通过中国的特快客机送往美国《生活》杂志。这年5月期的《生活》杂志封面,便是卡帕摄自台儿庄的作品:一个头戴钢盔、稚气未脱的中国士兵,正面带微笑地准备出征。

在这期的《生活》杂志上,卡帕感慨地说:

历史上作为转折点的小城的名字有很多,滑铁卢、葛底斯堡、凡尔登……今天又增加了一个新的名字——台儿庄。一次胜利已使它成为中国最知名的村庄。

以下这段话,如果不是出现在卡帕的文章里,而是单独拿出来,很难想象这是出自一个外国人之口:

一个小得不能再小的城镇,一个京杭大运河经过的城镇——台儿庄。可以说,这个小城镇是我们民族复兴的一个转折点。从这个点开始,我们走向了胜利,变得一切皆有可能。

伊文思无疑是20世纪最重要的电影人之一,他用摄影机为人类留下了一部浩瀚的世纪风云录。真实反映中国抗日战争的纪录片《四万万人民》,其中很多镜头就是取自台儿庄。这部作品,成为中国抗战影片的重要素材,后来又成为枣庄市重建台儿庄的重要依据。

伊文思和卡帕抵达台儿庄后,要求上前线拍摄,因中方考虑到他们的生命安全没有保障,所以没能拍到决战的场面,但他们在一个小树林中拍摄到了战斗场景。伊文斯回忆说:

> 我触到了中国,中国也触到了我,我拍了战争,拍了一个在战争中瓦解,又在战火中形成的国家,我看到了勇敢!

伊文思与中国长达50年的情谊,就是从这部纪录片开始的。从那以后,他用自己的镜头记录下不同时代的中国。

爱泼斯坦是美国合众社记者,进入台儿庄后,他被眼前满目疮痍、遍地废墟的景象所震惊,也深被中国军队高昂的斗志所感染:

> 台儿庄城里余烬未灭,整个街道已彻底摧毁成一片断墙残垣,死尸、没有爆炸的炮弹及手榴弹到处皆是。在一些地方,城市建设者在美丽如画的小溪旁植下的柳荫道,现在差不多全被尸体和炮火击断填满了。满街上都是三十一师衣着破烂、形容憔悴的战士,他们拖曳着战利品向司令部走去——成打的日军机枪,数以百计的步枪、东洋刀、防毒面具及大宗的旗、文件和罐头食品。在弹痕累累和熏得污黑的城墙上,我们看到一些宣传画——如粗犷的画笔在一些白纸片上涂上的标语和普通画:"把敌人赶出去!""打回老家去!""打倒日本帝国主义!"
> ……
> 台儿庄战役的胜利,开创了中国军队的新纪元。虽然这个国家的武装力量受制于劣势的装备,也缺乏统一组织和训练,而仍能在这个古战场以战略取胜,打败日军。这个事实的意义是深远的。

台儿庄大战打响后,还有数十名中外记者陆续来前线采访,李宗仁、张自忠、孙连仲、池峰城等曾经多次接见记者。中国记者有《大公报》的范长江、《新华日报》的陆诒、中央社的曹聚仁等20多人。外国记者和友好人士有苏联塔斯社记者谷礼宾斯基、《芝加哥每日新闻》记者阿希博尔德、新西兰女作家威尔金森、新加坡《星中日报》记者胡守愚等。记者们通过他们的所见所闻,向人们展现了台儿庄大战的真实场景,展示了日军的凶残、我军的英勇和战争的惨烈。

范长江是中国杰出的新闻记者，后来担任过新华社总编辑、人民日报社社长等职，是新中国一些主要新闻机构的创建者。作为战地记者，他最富有传奇色彩的还是台儿庄战役的报道。大战开始前，范长江与《新华日报》采访主任陆诒一起，在徐州一带采访了一个多月。战斗打响后，他俩深入距台儿庄1000多米的前线指挥所。我军发起总攻时，他俩通宵观察战情，待我军攻克台儿庄以北5公里内的日军阵地时，他立即向各报发了台儿庄大捷的专电，然后冒着危险来到庄内，在战壕里写下战地通讯《台儿庄血战》，发表后轰动一时，全国军民为之一振。接着，又相继写下《慰问台儿庄》、《台儿庄血战故事》、《大兵团的运动战》、《鲁南运动战的经验》、《光辉的战场》等著名战地通讯，这些杰作都发表在1938年4月中下旬的《大公报》上。

不知何故，中国新闻出版社1989年9月出版的《范长江新闻文集》中，仅收录《台儿庄血战》、《大兵团的运动战》两文。

在《台儿庄血战》中，范长江一开头便点出这场血战的意义：

以矶谷和板垣为对方的台儿庄大会战，不是等闲的战争，因为他们两人是侵略中国的中心策动人，而他们所统率的第十及第五师团军队，又是强有力的劲旅。

自3月23日起，至4月7日止，这仅仅16日的战争中，矶谷、板垣竟至全军溃退，这不能不归功于新战术的应用成功。

在《台儿庄血战》的结尾，范长江进一步指出：

这一战争的重大意义，不只在消耗了敌人几万炮弹，不只在消灭了敌人近万的战斗员，不只在打毁了敌人十几辆坦克，不只在粉碎了敌人打通津浦路的企图，不只在打败了矶谷、板垣，而在建立一种新的胜利信念，即是我们只要采取主动的、机动的、攻击的、协同的作战方针，我们一定可以争取今后战争的胜利。

4月7日下午1时半,陆诒和范长江通过运河上的军用浮桥,跨进台儿庄西门。他们惊讶地发现,炮火几乎把台儿庄夷为平地,很难找到一座仍竖立的建筑物,视线不受任何遮挡,从西门可以直接看到东门、南门和北门的郊外,触目皆是残垣断壁,有几处房屋余烬未熄,脚下所踏尽是瓦砾、弹片和炮弹壳。陆诒的《台儿庄前线》一文,披露了这场恶战的残酷:

"凯旋门系白骨筑成,自由花是热血灌溉。"事实确是如此。台儿庄内还有不少我军英勇战士的尸体,有的虽然全身焦黑了,但仍屹立在墙角,左手持枪,右手高举手榴弹。有的双目圆睁,直视前方,令人肃然起敬。最惨的是一个被敌人杀害的老乡的尸体,身上有三条刺刀痕,鲜血流淌一地,旁边还有一篮蔬菜。我军掩埋队正在忙于掩埋军民尸体,到处散发着臭气和火药味,刺鼻难闻。在北门内,还有日军弹药库爆炸后的遗迹,子弹壳和烧焦了的木板箱,狼藉满地。日军的骨灰盒在旁边堆得像座小山丘。

抗战爆发前,曹聚仁是大学教授,潜心研究学问。七七事变后,他毅然奔赴前线,成为中央社的战地记者。1938年4月5日,曹聚仁和同行们应孙连仲邀请,到台儿庄前线采访。6日中午,池峰城邀约记者们下午到运河站见面,不巧途中遇到日军炮击,为了记者们的安全,池峰城派师部副长官将客人请到一个小村庄休息,取消了见面会。

其他记者颇感失望,敏锐的曹聚仁却从副官长的一句话中捕捉到天机:"我军即将反攻,有望获得大胜!"他回到孙连仲的总司令部后,向军部参谋长金殿戎求证,金殿戎说了句,"你们来得正好,可以看一场热闹的胜战了"。曹聚仁如获至宝,当晚便与徐州的另一名记者胡定芬通话,报告自己的判断:台儿庄的敌寇正向后撤,我方总攻已获大胜。

为了掌握全局情况,曹聚仁又与随军采访的妻子邓珂云一道,连夜搭军车赶回徐州,到长官部查看综合战讯,进一步确认自己的判断,立刻写了一篇通讯,第一个向外界报道台儿庄大捷的新闻,全国军民欣喜若狂。

战斗结束时，臧克家、郁达夫、丁玲等文化界人士纷纷深入台儿庄采访，并撰文宣传台儿庄大战。诗人臧克家激情四溢：

台儿庄是红血洗过的战场，
一万条健儿在这里做了国殇，
他们的尸身是金石般的雕浮。
台儿庄是中华民族的领土，
在这里，我们发挥了震天的威力！
在这里，用血铸就了伟大的史诗！
在这里，我们击退了寇兵，在残破的北关城墙插上了国旗。

臧克家曾经连着几天三进台儿庄。第二次进台儿庄时，他在北站遇到张参议，两人来到中兴煤矿公司二十七师的兵站，蜷缩着身子过了一夜。夜里，张参议告诉他许多日军在台儿庄的故事：

"日本鬼子真残忍呵，当他退却时，把村子放一把火，见人就杀，对于女人尤其是惨，五六十的老太婆都是把刺刀穿进阴户或是片片地割下来。"说这话的时候，他皱着眉头。

"对于他们自己重伤的兵，也都是狠狠地把睾丸一捏，叫死去。马匹，都关在一口屋子里，临逃放上一把火。在邵庄就是这样，残及牲畜，人类里哪有这样的东西呵！天理昭彰，他哪能不溃败！"

"他们这样干法，我们的老百姓都可以觉悟了。这比我们一千张传单标语，十万句宣传都有力量。"我说。

"他们也真可怜。中国的食物他们不敢吃，把牛马鸡犬杀死放在大路上作障碍物，或者抛到水里去。连水，都得滤过才敢入口。现在后路已经被我们截断，看，饿死这些狗东西！"

世界之声

卢沟桥事变后,日军大举侵华,中国大片国土沦陷,国民饱受日军欺凌。当日军长驱直入、如入无人之境时,全世界都在注目战争的进程,担忧中国的命运,认为"中国注定要输掉这场战争"。淞沪会战,中国军队英勇抗击日军3个月,最终以失败告终,随之而来的首都南京沦陷,人民惨遭屠戮,更是四万万中国人的奇耻大辱,也使民族尊严和国民信心遭受沉重打击。

台儿庄一战,中国的杂牌军竟将日本的王牌军打得落花流水,大大出乎人们的意料,不仅举国上下扬眉吐气,也轰动世界各国,国际舆论好评如潮。

台儿庄战役结束的第三天,法国巴黎的各大报纸均在醒目位置予以报道,有的描述战役过程,有的称赞中国机敏勇敢,有的称此是"东方坦伦堡大捷"。

美国《华盛顿报》载,"中国在山东方面的胜利,已经打破日本四十年来军事胜利的记录,为欧战后军事上又一伟绩"。《华盛顿日报》说,"华军在台儿庄作战的胜利,较日军在华作战诸次的胜利尤为伟大,增加对日军不失败的信心"。

苏联《真理报》称,"台儿庄之役及其他战役的胜利,说明中华民族已经紧密地团结起来了"。

德国柏林《哥隆新闻》发表评论说,"徐州方面中国抵抗之强,殊出人意料","使慎理之观察者也不能不承认日军必遭失败"。

《申报》乃英商美查于1872年4月在上海创刊,由中国人执笔,历经晚清、北洋政府、国民政府3个时代,于1949年5月停刊,是近代中国发行时间最久的报纸,也是中国现代报纸的开端和标志,被称为研究中国近现代史的"百科全书"。抗战期间,《申报》刊登了大量外国通讯社的报道和报刊文章。

1938年3月27日,当台儿庄之战刚刚打响两三日、胜负难料之时,《申报》第四版刊登了德《臣西报》前一天发表的一篇论文译文。这篇题为"日人败绩"的论文,在分析日军陇海线战绩、日本军阀内讧、日本平民厌战等情况之后,敏锐地得出结论:日本必将自取败亡。文章开头这样写道:

> 日军在陇海线全力进攻,以为数日间直抵徐州,讵反遭惨败,全线总迫退。变动如此滑稽,消息传来,多数外人未肯尽信也明矣。华军抗战能力,迭有是证,英勇御侮,已属见诸过去事实,惟以反退为进,反守为攻,予敌重创,自中日战争开始以来,未有如此次之战绩显著者,由是而新开重要纪录,日军部队于是役之败,噤若寒蝉,一面在上海施行暴力压低中国金融,设法减少中国出口货品,意图毁灭中国抗战能力,凡此数举,足以试验日人惨败消息之真确否也。陇海线之华军胜利,足以使东京寝食不安,日军再举侵犯华南,亦非可惊骇之事。

自中日开战以来,英国路透社一直密切关注战局情况,频频报道中国战事。这些报道,在《申报》上多有刊登。检索《申报》的报道,路透社第一次提及"台儿庄",是1938年3月24日。这天发自汉口的电讯稿称,"中段华军,仍沿运河坚守自韩庄迤东至台儿庄之线"。第二天的电讯稿则称,"日军现拟分三路进犯徐州,一路由峄县南下,一路向台儿庄进攻,一路向临沂进攻……"事实上,此时在台儿庄,两军已打得难解难分。

此后,路透社的电讯稿,屡屡提及台儿庄。不过,电头多数是汉口,说明其记者并未前往徐州一带,信息源多来自国民政府的心脏——汉口。

4月5日,路透社从上海发出一篇电讯,内容颇有意思:

> 外讯,日军当局,今日发出官报,自认昨日所称占领台儿庄之说,并非事实,日军所得者,仅为该地之一角。又称此次战役之激烈,尚在淞沪罗店刘行诸役之上,日军曾述及台儿庄华军防备之坚强,足见过去两星期来,屡次反攻,拟将华军逐出之计划,完全失败。现悉华军之主力,尚在台儿庄之北,其目的在阻止日方援军前进,此项战略已告成功,盖日方援军,至台儿

台儿庄涅槃

庄东北十二英里之地，已为华军迎击，苦战不脱。至台儿庄被围日军，昨日薄暮，又被中国空军猛烈轰炸，死伤枕藉，该地之战事，仅在东北一隅，激烈进行中，其东西双方之日军，则已为华军逐渐肃清矣。

随着中国军队的全线反击，昔日寂寂无闻的台儿庄，几乎一夜之间名扬天下。4月9日，路透社在一篇发自上海的电讯稿中，特地对台儿庄做了一番解释：

台儿庄本为一山东之小镇，城内几系土屋，不过有一城墙及火车站，二星期前，即华人方面，亦十九不知其名，更无论日本或他国人士，但今则已一显而为带有神秘性质之象征物矣。该处在战略上本鲜价值，今以全境已化为灰烬，且充满兵士之尸体，更无军事价值可言，惟日人曾两次大吹大擂，宣传台儿庄被占领消息，其整个国家之尊严，已有颠覆之虞，故绝不惜任何代价，欲将该处冲破，即迁道以过，亦不甘心，俾其对华作战之胜利史上，台儿庄三字之痕迹，可以永远洗去。外国军事观察家，今将台儿庄之役与欧战时耶普拉斯之役相比拟，惟其相似处，自在心理上，而不在物质上耳。

《申报》在1938年4月10日第二版，刊登了两则路透社4月8日发自伦敦的电讯。其中一则中，引述《伯明翰邮报》的内容：

中国一方面借其伟大之堕性，屡次摧毁向之侵略之敌人，一方面又开始发见其军事才能与团结力量，今似已明白警告日人，日本最多仅能占有中国土地三分之一，但其代价与牺牲已非日人所能忍受矣。

另一则报道称：

今晨伦敦各报皆以极显著之地位登载华军在徐州周围获胜之消息，自由党机关报《新闻记事报》社论称，依今日情形观之，日本似堕入沸汤中矣，中国之胜利,不当以其克复之失地估计之,而当以日本所损失之时间为尺度,盖日本最大之敌人颇为"时间持久"兵力分散与给养困难,日本如派遣援军赴华,则不啻削弱国内及满洲边境之力量,而满洲边境固尚有一劲敌苏俄在,今凭现实的标准而批判全局,则华军抗日之胜利,不但为其本身而亦有利于世界之和平与安全也。

民国时期影响较大的《大公报》、《民国日报》、《新中华报》、《抗敌报》等报刊,也转载了大量的外国通讯社和报刊对台儿庄战况的报道和评价。

《大公报》1902年6月创办于天津,是迄今中国发行时间最长的中文报纸,也是1949年以前影响力最大的报纸之一。1938年4月10日的《大公报》,刊登了一组中央社发自伦敦的新闻:

[中央社伦敦八日电] 英伦各报对蒋委员长被选为国民党总裁及两旬来津浦路方面华军抗战胜利,多著好评,认为中国内部团结日坚,抵抗力量与精神日见增强,表示佩慰云。又英人心理渐形转变,众认最后胜利当属中国云。

[中央社柏林八日电] 德意志通报八日著评,论华军在津浦路之胜利消息,略谓:中国方面利用大量军力,已获局部胜利,由日陆相杉山对师团长之训话中,可见局势之严重。又日首相近卫在议会演说,亦谓在事实上战事甫开始,政府愿与国民合作,以达到"神圣"战争之目的等语,足证日方渐了解前途之困难云。

[中央社柏林九日海通电] 德意志亚爵曼报今日著文,评论中国军队作战胜利事称,十九世纪末期,外国军事考察团至华时,即曾有中国兵士不亚于德国士兵之报告,今日华军作战之成功,殆知此言之不虚,此次作战已充分证明华军与精良机械争斗之力量达至若何程度。

创办于1931年12月的《红色中华》,是中华苏维埃中央政府机关报,1937年1月改名为《新中华报》,是抗日战争时期中共中央和陕甘宁边区政府机关报，在延安出版。

1938年4月15日，《新中华报》登载了一组综述性报道，反映世界各地对我国抗战前途的估计：

英国　据某军事家谈："最近一月来日军已显然陷于失败的境遇。因日军轻视中国军队，致无精密的作战计划，无预定的军事行动。因此，遇到中国军队的坚决抵抗，就立刻感到兵力不够，随时抽调，缓不济急，且中国军队采取持久抗战，以大规模之运动战、游击战深入日军后方，予以极大之威胁，于是日军无法再得到进展，兵士战斗精神又已大感低落。目前日军虽未根本失败，但中国能持久抗战，可使日本由此而终至失败。如果中国军队照目前情势维持至本年夏季末，日本将必然的觅取停战之途径。"

法国　巴黎共和报十一日社论谓："中日战争形势已有转变，而不利于日本。日本只在战争初期获胜，今后所当进行之工作甚为困难，中国军队在各个战线所采取的游击战争，使日军穷于应付。最近日军因军事上失利，不得不再抽调援军，但日本财政已不堪其负担。"

美国　美国军事当局现信中国的实力日益增加，足能对日长期抗战。加以中国军队在鲁南的胜利，此论更有可信。十一日美国波尔秘摩太日报评论中国军队的胜利说："中国战局的变迁，已予日本在大陆上野心一大打击。日本最初以为中国政府于开战之六个月后，就会屈服，但中国现已抗战九月，而且力量还正在一天天地加强起来。"

苏联　莫斯科真理报在十日《国际评论》一文中说："在山东长久的战争之后，中国军队不但已打败进攻的敌军，并且消灭大部，缴获这部分战线的全部战具，惊人数量的步枪，许多机关枪、大炮、坦克车、军火、摩托车、行李车等，八路军在山西，也取得与山东军队同样的胜利。中国共产党与第八路军将领不断地工作，号召一切爱国志士加入统一战线，和国民党非常会议所采取的决议案，均使前线形势进展，中国在台儿庄附近给日军的打击，与其他战线上的胜利，表示中国人民已团结一致，将能保卫其国家独立与解放。"

德国　法西斯国家的报纸对于我国抗战的新局面，也并不加以隐蔽：如《德国日耳曼报》曾于十二日发表长文论我国的游击战极表畏惧，略称："游击队伍，并在北平、杭州附近袭击日军，中国军事当局既能采用此种战略，足证该国抗战力量极为坚强。"

创刊于 1937 年 12 月的《抗敌报》，最初隶属晋察冀军区政治部，1938 年 4 月升格为中共晋察冀边区党委的机关报，继而成为中共晋察冀分局机关报，1940 年 11 月改名为《晋察冀日报》，1948 年 6 月 15 日与晋冀鲁豫《人民日报》合并，成为中共华北局机关报，沿用《人民日报》报名，1949 年 8 月 1 日转为中共中央机关报。所以，《抗敌报》是《人民日报》的渊源之一。

1938 年 4 月 15 日，《抗敌报》在一版刊登了一篇外电，从中可以看出，英国等报纸并不孤立地看中国抗日的这场大胜，而是视其为"世界和平之胜利"：

伦敦八日哈瓦斯电：关于中国军队在台儿庄胜利消息：泰晤士报驻沪访员已有电报到此谓：此为中国军第一次所获之大胜利，其他各报，均在显著地位登载，其中自由党新闻报称：中国军胜利，真实价值如何，未可以归复失土大小面积而言，当以日本所消耗之时日多少加以估量，现时日之消耗对日最无益。日近派若干批军队，并大批军械至中国增援，其国内之力已为之削弱，即在强邻逼处（指苏联）之伪满边界，亦何莫不然，吾人若以现时之标准评论中日两国战事，则中国军队无时不在胜利中，中国之胜利，即世界和平之胜利。

1938 年 4 月 18 日，《抗敌报》在二版刊登了两则报道。一则是：

［华盛顿十四日哈瓦斯电］美报谓华军在台儿庄作战胜利，较日军在华作战之意义更大，一般人认为日军因失败已有动摇，此为世界有史以来有意义之大战。

另一则报道很有趣：

［汉口十四日电］日在华作战，法西斯报郭里尔谓：日人想不到战争延长如此之久，尚早有见于此，或不至对华作战。

黎明之光

李宗仁在其回忆录中，欣慰地说了这样两段话：

我军在台儿庄的胜利，在敌人以及国内外的观察家看来，简直是不可思议之事。因我军以区区十余万疲惫之师，在津浦路上两面受敌。来犯的敌人，南北两路都是敌军的精锐，乘南北两战场扫荡我军主力百余万人的余威，以猛虎扑羊之势，向徐州夹攻。孰知竟一阻于明光，再挫于临沂，三阻于滕县，最后至台儿庄决战，竟一败涂地，宁非怪事？

台儿庄的一役，不特是我国抗战以来一个空前的胜利，可能也是日本新式的陆军建立以来第一次的惨败。足使日本侵略者对我军另眼相看。

当台儿庄捷报传到延安后，毛泽东深受鼓舞。这年5月，他在窑洞里撰写《论持久战》时，挥笔写道：

每个月打得一个较大的胜仗，如像平型关、台儿庄一类的，就能大大地沮丧敌人的精神，振起我军的士气，号召世界的声援。

为国共两党二度合作和台儿庄大战呕心沥血的周恩来，更是心潮澎湃：

台儿庄战役的胜利，虽然在一个地方，但它的意义却在影响战斗全部，影响全国，影响敌人，影响全世界！

台儿庄战役牵动着亿万中国人的心。在当时抗战中心的武汉三镇,"大家听的是台儿庄,看的是台儿庄,想的是台儿庄,台儿庄占满人们的脑袋"。

4月7日上午10时,中央社接获前方传来的台儿庄大捷的电讯,立即以各种方式向全国传播。报社刊发号外,电台不间断广播。胜利的消息,让全国欢腾,武汉大街小巷,拥满欢庆的人群。

上海英文《大陆报》说,

听到山东前线发来的官方公报,汉口人民莫不兴高采烈,一片欢腾,这是很自然的事情。对于处在战争中的人民来说,没有什么比胜利更令人欢欣鼓舞的了。

军事委员会政治部抓住台儿庄胜利的大好时机,加强政治动员,发动民众投身抗日救亡运动。4月7日至13日,武汉举行抗战扩大宣传周,通过文字、口头、歌咏、美术、电影、戏剧等形式,宣传台儿庄大捷的意义,号召民众投军捐赠,动员保卫徐州、保卫河南、保卫武汉,并派出各慰劳团奔赴前线,鼓励和慰劳抗战将士。

一场台儿庄大战,直接影响了中国整个抗战局势,起到了牵一发而动全身的作用。

淞沪会战开始后,我国沿海各地工厂纷纷内迁,上海迁出150家,苏、锡、常、宁等地也有50家。这些工厂先集中武昌,再由长江西运宜昌转重庆,或南运湖南转湘西、桂(州)柳(州)。武汉地区也有150家工厂需要内迁。同时,约有1000万人口自沦陷区流亡到后方,其中有一部分来到武汉。随着工厂内迁,大量的机关、工厂的工作人员和教职员工及在校学生,也陆续迁到后方。

日军攻陷南京后,未能迫使中国订立城下之盟,于是急欲打通津浦线,夺取武汉。武汉是当时全国政治、军事、经济中心和交通枢纽,也是最高统帅部所在地,地位举足轻重。台儿庄之战,挫败了日军打通津浦线计划,为武汉会战及大后方的战略转移赢得了时间。

李宗仁说，台儿庄、徐州之战最大的作用，是争取了几个月时间，武汉赢得时间布置，否则，日军一抄到四川，后果不堪设想。

台儿庄战役，是中国军队首次把阵地战、运动战与游击战相结合的成功运用，标志着抗日战争从被动防御转向积极防御。

孙连仲部的阵地战打得可歌可泣：以池峰城第三十一师守卫台儿庄，担负诱敌深入，坚守城寨；以张金照第三十师、黄樵松第二十七师为左、右两翼出击部队，攻打台儿庄周围敌之据点，切断台儿庄内外敌之联络线，并阻止峄、枣之敌南下增援台儿庄。在台儿庄守点打援艰苦支撑达半月之久，同敌军进行了激烈的巷战，创造了"室战墙战"的战争奇迹。

汤恩伯部的运动战打得可圈可点：军团最初渡过河，经台儿庄北上，绕过峄县、枣庄，向抱犊崮山地迂回，进攻郭里集、峄县、台儿庄；随即由山地迂回到台儿庄东北，侧击敌之后路；进而由腰里徐、柿树园迂到洪山、兰陵，腰击由沂河西岸向西增援的第五师团坂本支队；最后仍迂回到台儿庄东北侧，袭敌之后路。20天内，在抱犊崮、台儿庄百余公里的地区来回走了8次，始终保持自主机动的态势，伺机侧背攻击。此后，运动战成为正面战场的主要作战方式。

台儿庄外围的游击战打得有声有色：基干部队是五战区所属集团军、军团、军及省属地方保安部队，以及各地民众武装，如皖北红枪会及峄县、枣庄一带"四县边联教导队"等。游击队分布于整个战区，袭击敌人据点，破坏交通，配合台儿庄正面战场，给日军以很大的打击。

日军在台儿庄所采用的战略战术，与淞沪会战并无不同。但是在台儿庄战役中，我军汲取淞沪会战的教训，不是单纯消极防守的阵地战，而是采取攻势防御战，以运动战为主，与阵地战、游击战相配合，一变过去节节败退、坐等挨打的被动局面，而改为处处进击的相当主动的态势。

台儿庄大捷后，蒋介石告诉端纳，他已决定以运动战取代阵地战，中国今后将选择自己的战场，使日本人在大炮、坦克、飞机和重武器方面的优势丧失作用。

由于逐步找到了战胜日军的方法,在其后的武汉会战中,中国军队未落下风,中日战争从战略防御转向战略相持。

台儿庄战役的胜利和全国各个战场上的英勇抗战,提高了中国人民和军队的威信,赢得了苏联和英、美等国的敬佩,赢得了世界爱好和平的国家和人民的尊敬,使中国成为一个合格的反法西斯主义国家,并被英美民主联盟接受为一员。

但是,中国又是积贫积弱的国家,迫切需要得到世界各国的援助,这是争取抗战胜利的重要条件之一。法国外长庞莱在国联行政院发表演说,呼吁各国援助中国抗战。他说:"中国值得各国的帮助,接受外国帮助而毫无愧色。"

台儿庄大捷后,美国驻华使馆武官史迪威参观了作战现场,激动不已:"朋友们现在都认为中国会胜利,我也这样认为。"李宗仁在会见他时,建议美国政府向中国提供大笔贷款,让中国购买作战物资,"帮助中国能使美国自身取得最可靠的保障"。随后,史迪威与美国财政部驻华代表洛辛·巴克见面时,陈述了李宗仁的观点。

巴克立刻向财政部长摩根索写报告:"史迪威上将认为,在目前情况下,我国政府应该奉行更加积极的政策。我国以提供贷款和军事装备的形式帮助中国,对我们本国也是一种很好的防御措施。"摩根索遂力促罗斯福总统向中国提供贷款。

同年12月,美国政府通过进出口银行,向中国提供贷款2500万美元。

与此同时,台儿庄大捷使日本在全世界更加孤立,越来越多的有识之士预感到日军已陷入泥淖而不能自拔,其侵华战争必然遭到失败。就日军自身来说,台儿庄战役,是日军有史以来在国外作战遭受的第一次惨败,其精神和信心遭受沉重打击,其狂妄的士气被遏制。这次失败使日本统治集团内部发生争吵,陆相杉山来华视察日军各线情况后,认为日军台儿庄失败系寺内寿一大将"指挥不善所致",另调后宫继任总司令职务。日本陆军中央以濑谷支队之退却,"破坏了日军的传统",追究濑谷启少将责任,将其编为预备役。

正如李宗仁在回忆录中所言，"台儿庄捷报传出之后，举国若狂"，"台儿庄区区之地，经此一战之后，几成民族复兴的新象征"。

1938年5月9日，《文汇报》在报道台儿庄战况时，有这样一句话："国民政府行政院准备重建台儿庄。"

5月10日，国民政府授予汤恩伯、孙连仲青天白日勋章。5月31日，国民政府行政院议会通过决议，颁给田镇南、冯安邦、黄樵松、张金照、池峰城、吴鹏举等人青天白日勋章。

"泽国江山入战图，生民何计乐樵苏。凭君莫话封侯事，一将功成万骨枯。""传闻一战百神愁，两岸强兵过未休。谁道沧江总无事，近来长共血争流。"这两首荡气回肠的《己亥岁二首》，出自唐代晚期诗人曹松之手，描写的是安史之乱后的战乱殃及江汉流域，兵荒马乱、生灵涂炭的现实。

好一个"一将功成万骨枯"！台儿庄之战中的将官们所获得的青天白日勋章，哪一枚不是用成千上万将士的生命换来的？

日本自1894年对旅顺口血腥屠城起，对旅大地区实行殖民统治，随后于1931年将东北地区沦于铁蹄之下，再于1937年全面发动侵华战争。40多年间，日军在中国所向披靡，从未尝过败绩。淞沪会战失利，首都南京失陷，30万民众受屠，全国军民悲愤填膺，国民信心严重受挫，对国家前途迷茫，对民族命运悲观。台儿庄一战，使国民感到柳暗花明，发现日军并非铜墙铁壁，也是娘生爹养的，自信心一下子增强了，犹如在茫茫黑夜中，看到了一缕曙光。

照此推理，国民政府本该对台儿庄大捷大肆宣扬，以鼓舞士气、凝聚民心、激发斗志。

然而，令人费解的是，1938年4月，蒋介石却下达这样的宣传政策纲要：

1. 台儿庄战斗不过是第二期抗战初期之胜利，尔后应极力戒慎因战胜而产生骄傲。

2. 长期抗战的主要着眼点在于消耗敌军战力，而获得最后胜利。须深知不在一城一市之得失；避免对持久抗战心理发生不良影响。

3. 一切宣传活动，应致力事实之报道，慎戒夸张。

4. 对敌人加以笔诛时应限于对日本军阀之攻击，绝不可报道对日本皇室及日本民族之诽谤。

关于蒋介石对台儿庄大战的宣传政策，还有一个版本，出自日本防卫厅防卫研究所战史室的《中国事变陆军作战史》第一卷第一分册：

1. 台儿庄之战，不过第二期抗战的初始胜利，应力戒因此胜利带来骄傲。

2. 长期抗战主要在于消耗敌人之战斗力，而不在一城一市之得失。此点应有深刻认识，以免对持久心理发生不良影响。

3. 努力阐明本党宣言及抗战建国纲领等之重大意义。

4. 所有宣传应努力报道事实，慎勿夸张。

5. 对敌加以笔伐之时，应止于攻击日本军阀，决不可对日本皇室及日本民族有所诽谤。

日本的版本中，除了多出第三条外，其余4条与国内版本大同小异，可能是翻译的差异。

长期以来，在分析蒋介石下达这道命令的原因时，学界和坊间都持有这样一种观点：这是蒋介石为抑制桂系之声望，试图限制对台儿庄大捷的宣传。因为指挥这场战役的并非是他本人，而是与他有着瑜亮情结的李宗仁，他是担心李宗仁功高盖主。

甚至还有这样一个传说：有一次，蒋介石在武昌官邸听到街上人声鼎沸，问什么事？左右告诉他，是在庆祝台儿庄大捷。蒋显得很不高兴，发话说："有什么好庆祝的！叫他们走远点，不要在这里胡闹。"

不过，这些观点仅是猜测而已，没有确凿的证据。近来有学者从徐永昌的函电中得出判断，认为蒋介石提出上述要求，是受徐永昌的影响。

徐永昌先后任过绥远省、河北省、山西省政府主席，是国民军第三军第二位掌门人、中原大战晋绥军的总指挥，1937年任国民政府军委会办公厅主任，抗战爆发后任委员长保定行营主任，负责指挥第一战区，同年任军令部部长，是抗战时期的军委会四巨头之一，1945年代表中国政府在密苏里号军舰上接受日本政府投降。

台儿庄大捷后，徐永昌向蒋介石连发两封函电，主张对台儿庄一役的宣传加以控制。第一封函电，是1938年4月7日，即台儿庄取得胜利的当天所发：

台庄之捷，薄海胪欢，惟爆竹庆贺，未免太早。盖军兴以来，失地数省，国府播迁，创巨痛深，至惨极酷。今恢复大业，百未谋一，而遽以小胜自喜，已非古圣戒儆之意，倘更有进于此者，将恐长人民浮嚣之气，而转为国际之窃笑也。钧座如以愚见为然，乞立饬制止，藉以静民气而蓄内劲，并手谕前方将领，勿以骤胜而骄，为敌所乘，幸甚幸甚。是否有当，伏乞钧裁。

第二天，徐永昌再次致蒋介石函电：

窃维口舌兴戎，古人所戒，现当军事好转之始，于宣传方面，尤宜格外留意。盖台庄之捷，固由于我之将士用命，而亦由敌之不即增援；敌之不即增援，非其实力不足，一以留兵备俄，一以意见分歧，而或有内忧。设我宣传过当，予敌国体上以难堪，则彼将上下同心，不顾一切，先以全力对我。敌势尚强，我协力御敌，且能获胜；彼协力对我，我岂易当，此不可不留意者一。

国际情势多忌善变，我国地大物博，久所垂涎，由弱而强，岂其所愿。兹表同情于我者，非为我，实忌日耳，我若骤胜而骄，矜夸自诩（不仅今次为然），则将移忌日之心，转而忌我，岂我之利，此不可不留意者二。

哀兵必胜，始露其端，举趾日高，何以为继。倘狃于一胜，遽谓日人易与，民气浮嚣，必有难以善其后者（战事结束时，亦必棘手），况钧座领导建国之始，似宜养成坚贞弘毅之民风，宣传虽属一端，始基尤所当谨，此不可不留意者三。

以上三项，有一不慎，必加重前途困难，窃谓宣传文字播音，宜以端谨厚重为依归，而以轻薄浮夸为大戒，于痛詈日人，尤加慎焉（日军阀与日人，切宜分别，于其天皇，尤不可轻侮）。敌以暴，我以仁，敌助寡，我助多，最后胜利，必属于我，否则空言招祸，甚非计之所得也。迂谬之论，是否有当，伏乞钧裁。

徐永昌为什么要向蒋介石连发两封函电？从他4月8日的日记中可窥原因："蒋先生昨夜虽通电不令庆祝，但语句不痛切，无甚大效。回忆去岁卢沟桥战事之庆祝，真是既愧且罹。"由此可见，蒋介石在4月7日夜里即通电不令庆祝，但徐永昌认为这个通电"语句不痛切，无甚大效"，才于次日再次致函电。从上述蒋介石的通电内容看，应该是采纳了徐永昌的第二封函电的意见。

但是，这则日记也让人产生疑窦：莫非蒋介石为台儿庄宣传政策连发两个通电？理由是：其一，"昨夜"（即4月7日）蒋介石已通电不令庆祝，如果此通电即为上述之通电内容，徐永昌没必要在次日函电中又重复其意（日军阀与日人，切宜分别，于其天皇，尤不可轻侮），说明4月7日的通电内容不是上述版本；其二，从蒋介石上述通电内容分析，应该是采纳徐永昌第二封函电后，在4月8日当天或之后所发。

国难当头，有多少大事急事需要处理，作为一国之尊，蒋介石竟为了台儿庄大战的宣传政策而连下两文，难以理解，这也不符合蒋介石的个性。

蒋介石对台儿庄宣传政策的决定，不管是否采纳了徐永昌的主张，有一点可以肯定，在当时有一定的代表性，并非是蒋介石一个人的主张。

无论蒋介石限制台儿庄大战宣传是出于何种动机，并未能控制住局面

——无论是对台儿庄大战的宣传规模，还是国内外对这场战役的热烈反响，都是盛况空前，与他的愿望相悖。

对李宗仁来说，这场战役更是他一生中最光彩夺目的一页，不仅使他名扬天下、千古流芳，也为他积累了雄厚的政治资本。1948年4月，他冲破蒋介石的重重阻挠，一举击败孙科，当选为中华民国首任副总统，次年1月又取代蒋介石，成为中华民国代总统。

时隔70年，白崇禧之子、台湾著名作家白先勇在接受台湾媒体《中国时报》专访时，尖锐地说：

台儿庄大捷等于是民族存亡的一仗，如果在美国、日本、欧洲，像这一仗有多少专书会出来？但到今天还没有一本台儿庄专书，实在不负责任。我看到国防部之前出的七百多页抗战史，台儿庄大概只有三页，难怪共产党会说国民党没有抗日、日本会说没有南京屠杀，因为你连自己的历史你都不记录。我希望唤醒大家对历史的重视，一切政治因素应该撇掉，现在应该是写信史的时候。我不是军事史专家，只是参考父亲与李宗仁的回忆录，及听父亲口述，按理讲应该访问所有参与的人、收集所有资料，从台湾、大陆、日本各种角度好好写，国民党应该好好写一本民国史而不是党史，这是当务之急。

滇军之憾

其实，对台儿庄大战遭轻视的埋怨，不仅仅是白先勇有，云南也大有人在。

1937年8月，云南省政府主席龙云主动请缨出滇抗战，蒋介石欣然应允，并授予第十军番号。龙云任命卢汉为军长，率4万余人开赴前方。

台儿庄大战后，日军不甘失败，打通津浦线的野心不死，纠集30多万兵力，包括板垣、矶谷部队，还有土肥原、山本等主力师团，对徐州形成包围圈。4月中旬,板垣、矶谷两师团又向台儿庄发起进攻。

为了保卫武汉,蒋介石决定,调集60余万兵力,在徐州一带再与日军干一场。这60万兵力中,除第五战区的40万外,还有20多万增援部队,包括滇军的4万人马。

4月22日,滇军到达台儿庄,准备接防于学忠部和汤恩伯部。此前,于学忠守台儿庄,汤恩伯守禹王山。可是,于学忠和汤恩伯未待滇军完全到达,就提前撤防,空出一个大缺口,四五千名日军乘虚而入,滇军一八三师仓促应战。

云南多山,滇军惯于山地作战,乍到平原,一时难以适应,开始打得很被动,一八三师激战仅3天,就牺牲四分之三。旅长陈钟书在白刃战中头部负伤,当晚牺牲。团长莫肇衡不幸中弹,用衣服蘸着自己的血,在道旁石头写下"壮志未酬身先死",抱憾而亡。一八二师激战6昼夜,阵地前敌尸累累,自己也伤亡过半,团长董文英倒在冲锋途中,团长龙云阶倒在增援路上。守卫禹王山的是一八四师,日军轮番进攻,还投掷燃烧弹、毒气弹,成吨的炸弹将山顶战壕夷为平地,滇军用战友的尸体围成掩体,鏖战18昼夜,始终岿然不动,保住了徐州屏障。

台儿庄是日军的"滑铁卢",他们急于在这个伤心之地一洗耻辱,不料在20多天的激烈交战中,遭到滇军顽强抵抗,使其从台儿庄直下徐州的如意算盘再次落空。日本报纸不得不承认:"自九一八与华军开战以来,遇到滇军猛烈冲锋,实为罕见。"

5月14日,滇军顺利完成任务,奉命转移,掩护大部队撤出徐州战场,后人誉其"冲锋在最前头,坚守在最关头,撤退在最后头"。

5月19日,李宗仁放弃徐州。

在台儿庄血战中,滇军共投入兵力35132人,牺牲13869人,受伤4545人,失踪430人。其中,各级军官牺牲177人,包括1名旅长、5名团长;受伤380人,包括4名团长;营连排长伤亡过半。

如果算上此前的第一场战役,中国参战部队在台儿庄两场战役中,牺牲人数高达3万余人。

蒋介石发电嘉奖："台儿庄卢军长：贵部英勇奋斗，嘉慰良深。查敌之苦困缺乏，较我尤甚。盼鼓舞所部，继续努力，压倒倭寇，以示国威。"

第五战区司令长官李宗仁致电龙云："六十军将士忠勇奋发。"

指挥六十军的孙连仲致电卢汉："贵军此次在台儿庄附近集中之际，仓促遭遇敌之主力于大平原中，以血肉之躯，与敌机械化部队艰苦奋战，前仆后继，鏖战 8 昼夜，初不以伤亡惨重稍形气馁，不惟使台儿庄固如磐石，仰且使抗战大局转危为安。忠勇奋发，是资楷模！"

滇军六十军血战台儿庄的英雄壮举，在云南几乎家喻户晓，云南人常引以为豪，挖掘研究六十军的抗战历史有之，用文学作品讴歌滇军的辉煌有之，涌现出纪实文学《太阳泣血》、小说《滇军血战台儿庄》等。然而，让云南人耿耿于怀的是，省外却很少谈到六十军的这段历史。

云南师范大学文学院教授罗越先，为使滇军的历史得到客观、公正评价，花了十余年心血。2000 年，他在参观完台儿庄大战纪念馆后，十分震惊：全馆竟没有一件有关滇军的实物、没有一个字介绍到滇军，似乎滇军从没来过台儿庄一般！

罗越先情绪激动地与讲解员理论，讲解员那点底子，哪是他的对手？只好把他领到馆长办公室。罗越先与馆长争论了一个下午，执意要求馆长将六十军的战果统计进去，"一个字不提，太伤云南人的心了"。从那以后，罗越先多次往返滇、鲁两地，一直在为此事努力，但一直未能如愿。

事实上，不仅在台儿庄大战纪念馆，在北京军事博物馆"徐州会战"展区，也没有涉及滇军在台儿庄血战的史料和实物。各种出版物，包括反映淞沪会战、徐州会战、武汉会战、滇西反攻的书籍，也罕有提到滇军这段抗战历史。此事让云南民众愤愤不平，一些六十军将士后裔直言寒心。

台儿庄大战纪念馆里，为什么没把滇军这段历史摆进去呢？这其中有个背景。

据知情人士透露，1992 年，台儿庄开始筹建台儿庄大战纪念馆时，陈列大纲由山东省社科院历史研究员赵延庆执笔。在纪念馆最重要的时空界定上，赵延庆提出一个观点：从时间的起止到事件的管辖看，当时影响最大的是台儿庄大捷，为庆祝胜利，武汉市民秉烛夜游庆祝。通过这次大捷，很多国际友人都对中国抗战有了重新的认识。如果将之后日军反攻的部分包括进来，从学术研究上来讲毫无问题，但作为大战纪念馆，策划者首先要考虑社会教育的效果。

山东省委统战部、宣传部和学术界人士论证后，最终同意赵延庆的观点，以4月8日作为陈列大纲的时间截点。这一截，就把滇军六十军的这场血战挡在纪念馆门槛之外，也把一段完整的历史人为地割裂开来。

这个观点，是否囿于国人惯常的"报喜不报忧"的虚荣心理？是否符合马克思主义的唯物史观？值得商榷。

对历史的传承和解读，应该客观、公正、全面，不能抱着偏狭观念，揣着鸵鸟心理，断章取义，予取予舍，人为地加以割裂。日军反攻台儿庄、最终占领徐州，正说明了日军力量之强大、战争态势之复杂、战场博弈之残酷，否则便无须苦战8年了。且不论滇军在血战台儿庄中不辱使命、扬我国威军威，出色完成既定任务，即使玉石俱焚、功败垂成，也是中华民族坚贞不屈、抗击外辱的骄傲。

值得庆幸的是，近年来，枣庄和台儿庄已经意识到这个缺憾。2013年5月，台儿庄区人大常委会党组书记、副主任秦健带着大战纪念馆馆长等人，专程奔赴云南，一是寻访台儿庄大战中英雄将士及其后人，二是邀请滇方前往台儿庄观看古城恢复重建状况。

寻访中，秦健一行登门看望昆明唯一健在的滇军抗战女兵赵凤雅老人。秦健拉着老人的手说："你们当年为保卫台儿庄立下汗马功劳，你们是民族的英雄，我代表台儿庄全体民众来看望您，欢迎您还能再回台儿庄看看，那里现在可漂亮了。"

老人年已93岁，像见到亲人似的格外高兴，回忆起自己的激情岁月："台儿庄离我很近，又离我很远，是我梦里一直想去的一个地方。近是因为当年我照顾的伤员都是从台儿庄战场下来的，他们时时刻刻都在和我讲台儿庄战役很惨烈；远是因为我一直没有上过台儿庄战场，都是在后方。"

秦健邀请赵凤雅亲自去台儿庄看看。赵老说，梦里都想去，可惜自己已经老了,怕是行动不便了。秦健内疚地说:"我们应该早点来。"

在民革云南省委主持的六十军参战将士寻访暨事迹座谈会上,不少六十军后裔带来相关历史证物。军部中校副官黄天丽之子黄绍民拿出父亲出征前的两张照片,代表六十军后裔呼吁台儿庄大战纪念馆早日将有关历史完整呈现。

秦健介绍了台儿庄大战纪念馆的建设过程:当时要给国民党军队建这样一个纪念馆,还是有很多非议,但台儿庄尊重历史、还原历史。1993年开馆,1997年被评为全国爱国主义教育基地。很多国民党军队将领去看了后,泪流满面,说共产党是讲究实事求是的。

"但是,有个缺憾,"秦健说,"台儿庄纪念馆主要是讲述川军和西北军在台儿庄战役中的作用,而对滇军,特别是六十军却没有涉及,原因是我们两省相距很远,当时建馆匆忙,资料很少,直到2005年罗越先教授去到台儿庄纪念馆,他对我说,纪念馆没有滇军是不对的,也是不真实的。当时我就记住了罗教授说的话,开始了解滇军的详情。"

秦健感慨地说:"这次我们到了昭通,找到那些纪念碑,还有龙云祠堂,里面都有滇军出征台儿庄的记载,上面有名有姓的昭通籍滇军士兵就有3398人,我们看了后心里很震动,刚才赵凤雅老人又说梦里都想台儿庄,我听后心里更不是滋味。他们把热血洒在台儿庄,我们却没有宣传他们,把他们遗忘,这是我们的失职。烈士的鲜血不能白流。我们这次来,就是向大家公开征集滇军的资料和实物,来充实我们的馆藏,向世人展示滇军的风采。"

在会上,民革云南省委原副主委万彤披露了一件事:"早在台儿庄纪念馆筹建之际,民革中央就下发通知要求收集整理滇军的资料,用于纪念馆展出,那时候,好多参战的将领都还在呀,我们召集这些老将士,让他们写回忆录,还组织云南的一批书画家为此创作一批书画,然后一大整箱寄往台儿庄,当时纪念馆组委会还给我们回复,说到时候会邀请我们过去,但后来不知为何,就不了了之了。很可惜,那些年没有复印,老将士们手写的回忆录是多么宝贵的资料,可能也全部丢了吧?"

听罢此言,秦健等人大为吃惊,表示回去后一定追查此事,不管何种原因,都应该找到这些资料。

在这次座谈会上,两省与会者达成共识:台儿庄大战纪念馆展出滇军在台儿庄大战中的英勇事迹。消息传开,云南民众感到莫大安慰。

第九章　英雄归落寞

梅花凋零

2007年夏天，我去重庆出差时，曾专门挤出时间，赶到北碚梅花山，凭吊一位景仰已久的抗战英烈——梅花上将张自忠。

梅花山苍柏葱郁，张自忠烈士陵园掩映于绿荫丛中。陵园迎面是纪念馆，出了纪念馆，登上数十级台阶，抬头可见"梅花山"3个隶书大字，其上方便是张将军之墓。

墓茔依山而建，呈半圆弧形。墓园周围，环绕着蜡梅、红梅、枫树、樟树、槐树，旁边立有蒋介石亲题的"英烈千秋"刻石。墓碑上的"张上将自忠之墓"，系冯玉祥将军所书。墓内合葬着将军夫妇，也承载着一个凄美故事：将军殉国后，夫人李敏慧痛不欲生，绝食7日，追夫而去。

梅花山原名雨台山，冯玉祥仿明代史可法葬扬州梅花岭之义，将雨台山改名为梅花山，亲书山名刻石于墓前照壁，还在墓前亲植梅花树。"梅花上将"的美誉便由此而来。

张自忠殉国时，年仅49岁，是抗战中牺牲的国民革命军最高级别的将领，也是二战反法西斯阵营国家军衔最高的阵亡将领。

新中国成立后，人民政府追认张自忠为革命烈士，将烈士墓扩建为张自忠烈士陵园。

当我在墓前静穆时，山风劲吹，山林呼啸，仿佛金戈铁马，不由得想起将军当年的戎马倥偬。

台儿庄战役中,张自忠与庞炳勋在临沂阻敌,重创板垣师团,功勋卓著。台儿庄之战后,日军增兵包围徐州,截断陇海路,张自忠临危受命,掩护徐州数十万主力突围。武汉失守后,又在长寿店战役和随枣战役中屡建战功,升任三十三集团军上将总司令兼第五战区右翼兵团总司令。

别看张自忠官越做越大,兵却越带越少。表面上,他拥有十万之众。实际上,各军分散布防,各自为战,加上一些中央军阳奉阴违,他真正能指挥得动的,只有自己的五十九军。自抗战以来,五十九军已历经百战,累计伤亡、失踪人数5万人左右,即使多次补充,仍兵力锐减,到枣宜会战前,兵力不足1.5万人,比全盛时减少一半。

枣宜会战发生在1940年五六月间,历时俩月。日军华中派遣军第十一军集结在湖北枣阳、宜昌地区,欲包围歼灭中国第五战区部队。第五战区部队艰难防御,遭受严重挫折,直到抗战结束都无法恢复有效作战能力,致使鄂北鄂西江汉平原富裕的产粮区沦陷,日军在宜昌取得前进基地,修建飞机场,对重庆等大后方狂轰滥炸,中国抗战进入最危险时期。

枣宜会战一开始,张自忠就准备东渡襄河督战。此时,他已抱着赴死决心。5月7日,他第四次过河,亲临前线督战,河东将士大受鼓舞,与日寇展开殊死搏斗。

就在双方打得难解难分时,张自忠总部所用无线电密码被日军破译。日军掌握其动向后,立刻调兵遣将,合力夹击。此时,张自忠身边只有1500余人,而包围他们的日军有五六千人,还有大批飞机、大炮。不巧的是,张自忠痢疾复发,身体十分虚弱。

5月16日,张自忠被困在宜城南瓜店十里长山,指挥所设在陈家湾。一发炮弹在指挥所附近爆炸,弹片炸伤他的右肩,接着一颗流弹又击穿他的左臂,顿时浑身是血。

到了午后,日军的包围圈越来越小,已逼近指挥所,数十名卫兵架起他撤到杏仁山。这时,敌人已三面合围,仅东北长山方向有缺口,如果翻过长山,仍可突围。但是,张自忠到杏仁山后,坚决不走。

旁人劝他:"不如暂时转移,重整旗鼓,再与敌人决战。"

张自忠双目圆睁,厉声说道:"我奉命追截敌人,岂能自行退却!当兵的临阵退缩要杀头,总司令遇到危险可以逃跑,这合理吗?难道我们的命是命,前方战士都是土坷垃?我们中国的军队坏就坏在当官的太怕死了!今天有我无敌,有敌无我,一定要血战到底!"

在日军的猛烈炮击中,参谋处长吴光辽腿部负重伤。张自忠命令两名参谋把他架走,并嘱咐:"你俩分在两边,各架一只胳膊,吴处长也要忍点痛。你们往东北方向,翻过长山去吧。"

仨人不忍离开,在张自忠一再催促下,才洒泪而去。

张自忠穿着黄色军装,十分醒目,成为日军炮轰的目标。为了减少伤亡,张自忠命令大家散开,身边只留下几名副官,但副官贾玉彬、卫士长史全胜很快就中弹牺牲,张自忠右腿又被炸伤。

情况越来越危急。张自忠命令参谋长李文田、顾问徐惟烈、高参张敬等迅速转移,还专门指定人护送徐惟烈。

李文田是张自忠的得力助手,在台儿庄战役中发挥了重要作用,又协助张自忠指挥随枣战役和襄樊战役。脱险后,于1940年至1946年任第三十三集团军副总司令,1947年任第三绥靖区副司令长官。由于不愿打内战,1948年脱离军队,担任虚职总统府参军,1951年逝世。

徐惟烈是国民党元老徐谦的侄子,后来曾护送张将军灵柩到重庆,"文革"时被关进上海提篮桥监狱,1971年在监狱去世。

但是,少将高参张敬坚决不肯离开,始终陪伴着张自忠。

谷瑞雪是张自忠的少尉卫士,也是追随张自忠到最后时刻的两位幸存者之一,在将军殉难后才乘乱突围出去。1989年6月25日,老人写下这样一段回忆手稿:

5月16日中午,在宜城长山西侧山麓,我总部已被敌人三五包围,七十四师的两个团和手枪营从清晨和敌人激战至此,伤亡惨重,但仍反复冲杀，多次击退来犯之敌！忽然看见西南方二百米处，有我方战士四人从一个山中远下，张老命令我说："谷瑞雪，看前边下来的几个人，如果无故装孬种，把他们就地正法！"

我接受命令后向这几个溃兵飞奔而去！经查问原来是七十四师郑团一个班，班长阵亡，机枪手受伤，被迫退下。我说："同志们，总司令在这里亲自督战，快上去！"这几个人便回头向敌人冲去！

就在这个时候，贾玉彬副官也许怕我出问题，飞跑来到这里，见这几个战士又上阵去了，他就赶上前去大声喊叫说："把机枪给我！"

他把机枪抢到手后，便利用有利地形向敌人连续扫射，再加上我两边阵地的交叉火力，很快把当面之敌打得兔毛乱飞。

把当面之敌击退后，贾副官把机枪还给原来的战士，和我很快向总司令身边走，他边走边骂着说："他妈的！我就不信日本鬼子厉害，要不是有警卫任务，非亲手宰几个日本鬼子解解恨不可！"

这时候，敌人的炮兵阵地在对面的一个山头上，距我们总部一千五百米左右，肉眼即可看见！总部周围烟雾弥漫，弹片横飞。

就在此时，马孝堂副官大腿受伤，卧地不起，贾玉彬、崔永祥二人上前救护，竟遭到马副官严厉拒绝！他说："要保护总司令，不要管我，这是命令，快去！快去！"

话音刚落，贾、崔二位同志同时中弹倒地，壮烈牺牲。贾玉彬副官完成了在抗战中脱去臭皮囊的夙愿，但他那爱国家、爱人民威武豪迈的英雄气概，却永远留在我和全国人民的心间！

我和贾玉彬感情最深刻，在他牺牲已历四十年的今天，我在写此稿件时，眼望着南方天空的白云，回忆在他生前我们共同的生活、工作和亲密无间的友谊，思绪万千，如万箭穿胸，两行老泪不自主地滴湿了桌上的稿纸！

这一天，老天爷似乎已预知悲剧的结局，一直流着凄苦之泪。雨水一落到地，就变成鲜红色，四处流淌。

张自忠身边的人越战越少，只剩下张敬和副官马孝堂、朱增源及卫士谷

台儿庄涅槃

瑞雪等几个人。

张自忠带领仅剩的几位将士，奋勇向敌人冲去，日军机枪疯狂扫射，张自忠身中数弹。马孝堂刚帮他包扎好，日军已冲上来。

张自忠说："我不行了，你们快走！我自己有办法。"说罢，拔出佩剑就要自刎，被朱增源一把夺下。

这时，敌人已冲到跟前，多处负伤的张敬挣扎着举起枪，连着击毙几个鬼子，被鬼子乱刀捅死。

关于张自忠的殉国经过，马孝堂事后曾有一段口述：

这天是5月16日，总司令已有几天没有睡，也没吃好，昨天只吃了些煮豆子，夜晚才从罐子口到这里（南瓜店附近一个只有几间草房的小村）。总司令刚睡一小会儿，附近枪炮声震耳欲聋。有一报告说："鸡鸣山丢了！"因为这个山离这里最近，总司令马上起来，到一个小山坡上去指挥。这时敌人飞机有几十架，到处俯冲投弹和扫射，硝烟弥漫，情形非常紧张。争夺那个小山头时，敌人的尸体纵横，死的非常多。我们还捉住了几十个俘虏。总司令在这紧张形势下，还亲自颁发受伤官兵赏金，并以温语慰问。

形势越来越紧，敌人越来越多，从四面八方包围上来。总司令指挥附近残余部队反攻，叫那仅有的骑兵向敌后抄袭，他自己上到一个小山头上去督战。这时候已成混战，眼看敌人如潮水往上涌。敌人将炮架上山头，向我们直接瞄准。我们受到了严重威胁，有二三人在一处，即遭敌人炮击。

总司令为减少死伤，命一般幕僚及随员都向各处分散开，只剩我和贾副官两个人跟着总司令。总司令的黄色军装在没有遮蔽的情况下，在向敌方斜向的山坡上暴露着。于是，我们这里形成了一个被弹巢。在我们附近爆炸的火光，很快地吞去了我们几个同伴。总司令猛然前仆，旋又立起，右肩后流血了！显然是被炮弹碎片炸伤了。与此同时，参谋处吴处长也受了伤。

到了十里长山，还在指挥，接着左臂也在流血！但是总司令仍然站在那里，怒目圆睁，大声地呼喊着，指挥着。他的腿上也流了血，血湿透了袜脚。我见总司令突然向后一歪，右胸就往外喷血。总司令脱了上衣军装，让我给他裹伤。血如泉涌，溅上了我的脸和全身。我刚包扎完伤口，敌人就一窝蜂上来了！总司令命我快走开，还说："我这样死得好，死得光荣，对国家、对民族、对长官，心里都平安……"这时总司令面已苍白，但还有些笑容，接着眼睛就闭上了。

此时，敌人步兵已到我跟前，即向我刺来。总司令眼睛一瞪，怒吼一声起来，一只手握住敌人枪身。一颗子弹忽由他小腹穿过，总司令往后一坐，又有一颗子弹从他右腮下射入……此时我已昏迷了。是死，是活，自己也不知道了。

待神志清醒时，我已与同伴等候宰杀了！我只觉脖子一凉，就栽到沟里去了。敌人知道我未死，又重向我腹上连刺四刀，头上砍了两三刀。敌兵又向我肚子戳了两刺刀。我全身失去了知觉，脑子尚清醒，心里很清楚地记着总司令的殉难地……

马孝堂是河南淮阳人，跟随张将军多年。他受伤后被俘，与几个被俘士兵一起惨遭杀戮，脑的外薄膜暴露在外数日而未死。日军离开后，百姓发现了他，将他护送到张家沟的三十八师师部。他向师长黄维纲报告了张将军的殉国经过，上面这段话，就是那时说的。不久，他因伤势过重不幸牺牲。

关于张自忠生命的最后时刻，日军档案《231联队史》中，记载着日军官兵的亲口讲述：

当冲到距这个高大身材军官只有不到13米的距离时，藤冈一等兵从他射来的眼光中，感到有一种说不出的威严，竟不由自主地愣在原地。这时背后响起了枪声，第三中队长堂野军官射出了一颗子弹，命中了这个军官的头部。他的脸上微微出现了难受的表情。与此同时，藤冈一等兵像是被枪声惊醒，也狠起心来，倾全身之力，举起刺刀，向高大的身躯深深扎去。在这一刻，这个高大的身躯再也支持不住，像山体倒塌似的，轰然倒地。

5月16日下午，日军在清扫战场时，一名少佐军官发现了张自忠的遗体，看到他身着黄色军装，身上还盖着大衣（是谷瑞雪盖的），估计是位将军，从他左胸口袋里掏出一支派克金笔，见上面刻着"张自忠"仨字，吓得魂飞魄散，不由得倒退几步，啪地立正，毕恭毕敬行了一个军礼，然后命令士兵把张自忠抬上担架，送到陈家集的日军第三十九师团师团部。

师团参谋长专田盛寿曾与时任天津市长的张自忠打过多次交道，确认是张自忠无疑，震惊之余顿生敬意，命令军医用酒精把遗体擦洗干净，用绷带裹好，找来一副棺材，将张自忠收殓入棺。因日军急于开拔，来不及埋葬，将棺材搁在地上，棺前插一块灵牌，上写"支那总司令张自忠之墓"。

黄维纲听了马孝堂的报告后，悲痛万分，当即率便衣队奔赴陈家集，将张自忠遗骸抬回张家沟，并连夜带部队护送。

遗骸运抵三十三集团军总部后，副总司令冯治安和两名苏联顾问含泪查看张将军伤势，发现全身共伤7处。冯治安命令将遗体重新擦洗，做药物处理，换上马裤呢军服，佩上将领章，穿高筒马靴，殓入楠木棺材，并举行隆重的祭奠仪式。

张自忠殉国的消息传开后，举国同悲，蒋介石立即下令第五战区，不惜任何代价夺回张自忠遗骸，把灵柩运回陪都重庆安葬。

灵柩经过宜昌时，全城下半旗致哀，民众前往吊祭者逾10万人，哭声震天，任凭日军在上空盘旋，无人躲避逃散。搭载灵柩的专轮溯江而上，途经巴东、秭归、巫山、奉节、云阳、万县、忠县、涪陵、长寿等地时，当地民众均要求登船致祭，沿岸军民望江遥祭。

1940年5月28日晨，灵柩运抵重庆朝天门码头，蒋介石、冯玉祥等军政要员臂戴黑纱，肃立码头迎灵，并登轮绕棺致哀。蒋介石手抚灵柩，失声恸哭，亲自扶灵执绋，护送灵柩穿越重庆全城。

当天下午，重庆各界人士聚集在储奇门，举行盛大祭奠仪式。蒋介石亲自主祭，并以军事委员会委员长的名义通电全军，表彰张自忠一生的勋绩。祭典仪式后，灵柩被护送到北碚双柏树的三峡农业推广所，设灵堂停放。

史沫特莱后来在文章中说，从那以后，蒋介石的办公桌上摆上了张自忠的遗像。

直到 8 月 6 日，噩耗才传到延安，中共中央深为震惊和痛惜。8 月 15 日，延安各界 1000 余人举行隆重追悼大会，毛泽东、朱德、周恩来分别为张自忠将军题写"尽忠报国"、"取义成仁"、"为国捐躯"的挽词。周恩来还撰文称赞张自忠，"其忠义之志，壮烈之气，直可以为中国抗战军人之魂"。

1940 年 11 月 16 日，是张自忠殉国半周年纪念日。国民政府将张自忠灵柩移至雨台山北麓"权厝"（即棺材暂不入土，俗称浅葬），计划待抗战胜利后，再移灵南京举行国葬。这天，蒋介石亲临双柏树将军灵堂，主持移灵祭祀。冯玉祥、张将军长子廉珍及国民党中央党政军高官等数百人参加祭奠。

抗战胜利后，蒋介石忙于内战，迁墓之事无人问津。直到 1957 年，周恩来批转内务部处理。内务部鉴于国家困难，决定就地正式安葬。不久，人民政府出面将灵柩下葬入土。

朱增源很小就跟着张自忠，是追随张自忠到最后时刻的另一位幸存者。将军葬于梅花山后，他守墓 10 年，直到 1950 年才回北京，1984 年去世。

各奔前程

当张自忠和庞炳勋并肩作战时，两人不会想到，由于价值观的迥异、思想境界的高低，后来的人生之路竟截然相反：一个慷慨赴死，一个苟且偷生；一个毅然玉碎，一个含辱瓦全；一个光彩夺目，一个黯然失色；一个流芳百世，一个晚节不保。

坐而论道不难，身体力行不易。我们不妨扪心自问：当自己走到这样的人生岔路口时，会选择哪条道路？

后人谈到张自忠之死时，出现两种观点：值或不值。说"值"的人说，我们这个民族，常常需要靠一些不该死而死的人的死亡，来唤醒民族的良知。说"不值"的人说，留得青山在，不怕没柴烧，只要生命还在，将来还有复仇的机会，生命只有一次，一旦失去，永不再来，还谈什么复仇。

后人谈到庞炳勋之生时，也有两种对立的观点：一是鄙其降日沦为汉奸、丧失人格气节；二是理解支持，认为没有作战能力可以放下武器，这是人道主义的体现，是对生命的尊重。

抗战期间，有56个中国少将以上将领投降日寇，有300万伪军为日军卖命。其中，1942年到1945年，东北的日本关东军有70万人，而伪军、军警宪特、伪公职人员则达130万人，协助日寇镇压、奴役3500万东北人民。对庞炳勋降日当汉奸持理解支持者，对此不知有何感想！

这让我想起樊建川说的那番激愤之语，希望他的汉奸丑态馆早点开馆。

无论庞炳勋的降日理由如何充分，他毕竟不是关在战俘营里，而是摇身一变成为日伪军官，助纣为虐，把枪口对准中国共产党的抗日武装。所以，"汉奸"这顶帽子，是无论如何也推不掉的。如果要为他平反正名，以张自忠为首的血洒疆场的抗日英烈们地下有知，情何以堪！

有道是，性格决定命运。庞炳勋的曲折人生，与他投机圆滑的性格有关。

台儿庄战役后，庞炳勋曾与日军数次交锋，有输有赢。1939年3月，庞炳勋奉调华北敌后战场，名为抗日，实为与八路军争夺地盘。蒋介石对他颇为满意，将一〇六师划给四十军，以增强他的实力，他第一次拥有两个师。同年9月，庞炳勋升任第二十四集团军总司令。

1940年初，冀察战区总司令兼河北省主席鹿钟麟辞职。开始，蒋介石想让孙连仲接替。但孙连仲考虑到，河北既有日伪军，也有八路军，如果和八路军合作抗日，蒋必不答应；如果与八路军闹摩擦，又很难站住脚，遂以河北情况复杂、自己才疏学浅为由推辞。蒋介石就把这个位子给了庞炳勋，将他召到重庆，面授机宜。

1943年4月，日军抽调5万余人，扫荡太行山区。庞炳勋没有组织迎击，而是带领集团军总部和四十军军部向深山区转移避战。

4月29日晚，在距山西陵川24公里的九连窑附近，庞部与日军发生遭遇战，总部人员大乱。因庞炳勋腿受过伤，无法骑马，行军时坐抬椅。混乱中，抬他的人不知躲哪去了，身边只有当总部参谋的儿子庞庆振和5名副官、2名卫士。仓皇中，几个人躲进一个山沟。

第二天天亮后,庞炳勋才发现,自己的部队已没了踪影,自己成了光杆司令。他们只好一路往东,走到河南辉县三郊口附近时,又遇到日军。幸亏当地农民带路,他们才得以躲到半山腰的一个山洞里。一个姓杨的农夫每日借放羊为借口,偷偷给他们送水送饭。

此前,因盗掘清东陵而臭名昭著的孙殿英,在河南对日作战时被俘降日。因孙是庞所辖的暂编第五军军长,日军责令孙限期找到庞炳勋。

在《天津文史资料选辑》第43辑中,收录有李捷三撰于1963年的《我所知道的庞炳勋》一文,文中有这样一段话:

1940年,庞炳勋不再兼任第四十军军长,军长由马法五升任。这时,庞炳勋身边只有卫队一团,团长邵思三。1943年,当第四十军在距汤阴县四十华里处与日军交战时,孙殿英率部投降了日本人。之后,孙带人包围庞炳勋,庞仓皇逃匿于一山谷中,被孙搜获。孙力劝庞降日,庞之卫队长邵思三自杀殉国。第四十军马军长因孙、庞降日,腹背受敌,乃收容队伍渡过黄河,开至洛阳整训。

河北省新县政协文史研究会1990年6月编撰的《庞炳勋史料》,有这样一段记载:

孙深知庞跛脚不良于行,且深染鸦片嗜好,年老力衰,尤其是抽惯了孙亲自制成掺有海洛因的鸦片烟膏子,猜测庞最多只能在山上隐藏一周光景,庞烟瘾大,没有补充是过不去的。于是,孙殿英带着李国安和日本特务等亲自入山,到彭城镇(此处有误,彭城在今河北武安市境内——作者注)附近搜索。不到两天,果然有了线索,孙亲自将烟土和食物送到山洞去。日本特务伸起大拇指,称赞孙殿英的"神机妙算"。

庞明知落入圈套,初见孙时,还在假装生气,大骂麻子伤害了他的名节,他要自杀,口喊要做岳武穆、文信国。但是终于半推半就地到了新乡,与孙殿英同样打出"和平反共救国"的汉奸旗帜。蒋介石赐在他头上的二十四集团军总司令、国民党河北省主委河北省主席这些头衔，南京汪记政府一律给予保留，连庞起家的四十军番号也保留。日汪把庞当作头等商品广告，要庞发表录音广播讲话，用专车把他从新乡运到北平，见了日酋冈村宁次大将和华北的汉奸首脑王揖唐、王萌泰、齐燮元等。

庞炳勋在北平住了不到半个月，最后被送到南京，成为汪精卫的座上客。庞挂上汪记"开封绥靖主任"的上将头衔，公开地做了头号军事汉奸。远在重庆的国民政府，也不甘落后，为了安定庞炳勋的心，几乎在庞炳勋作为商品广告旅行的同时，宣布马法五为河北省主席，不满一千人的四十军残部，也保留和补充起来，连庞炳勋在中国国民党的中央监察委员的官衔也不曾开过缺。蒋介石还指使戴笠派以李春芳为首的情报组在庞的身边（配有特务电台，归洛阳军统大特务张严佛指挥联络），俾随时明了庞炳勋的动态，难怪孙殿英曾在一旁眼红地说："庞瘸子走了红运，两头马越跑官运越亨通。"深深自叹不如！

这段记载，与庞炳勋身边人的说法略有不同。生于1909年的王景芳，曾任庞炳勋的机要参谋，是跟随庞炳勋一道降日的5名副官之一。2013年，104岁的王景芳在接受一位作家采访时，曾回忆道：

日本鬼子大扫荡，铁壁合围。我们打到弹尽粮绝。庞炳勋下令，饿死不投降！他3天滴水未进，只苛求一死，以谢国人。

当时，只有孙殿英带个日本翻译来到庞炳勋面前谈话，庞炳勋坐着滑竿轿（专用的轿夫），其余人步行出山，然后庞炳勋和孙殿英及日本翻译乘小车，庞庆振和我以及几名副官坐卡车，一直拉到新乡图书馆。

蒋介石以夫人宋美龄的口谕、口吻，传话，密令：可以先降，埋下钉子，发展壮大，以图东山再起。

日本鬼子的真实意思，是成立伪政权，让显赫一时的中国军人当傀儡榜样，实施"以华制华"的方针。

那时，只有小日本设些哨卡，我们带着红箍（上面有日本的章）没人管。

当时有一个连负责保卫庞炳勋。

大门外有站岗的，有一天我穿着西服在门口，听到有人问："这里有什么人？还有人站岗？"

站岗的人回答说："是庞炳勋司令。"

我听到那个人说："大汉奸还有人给站岗！"当时我心里膈应"汉奸"这词，留了个心眼，回去后和总司令说："这里也没什么事，我去前方吧。"

庞说："去就去吧。"

后来我去了李振清那里，做参议，给我配了两个勤务兵。

据王景芳的儿子向这位作家转述，其父曾告知他一段不为外人所知的历史：

父亲随庞炳勋躲藏到山洞之事还有一段秘密，父亲一直也没说。昨天和我说起时，心情很难受的样子说，我原计划和庞炳勋建议让带路的那个农民和我们一起同生死，没想到还没和总司令商量，庞炳勋的儿子庞庆振一下将带路的人推下山底（此时老爸心里难受，看得出有一种负疚感，有些哽咽。我不便继续问下去）。老父亲说庞庆振这个人，心狠手辣！当时也是没办法，怕走漏风声，威胁到总司令的生命。还跟我讲了"韩信杀樵夫"这一典故。随后背了三国演义词中的几句：是非成败转头空……留给后人评说吧。

王景芳儿子还对这位作家说了这样一件事：

在1990或1991年时任辽宁体委副主任的（庞炳勋之子）庞庆振给我父亲来过一封信，大意是在当时那个环境（担心带路农民向日寇告发庞炳勋一行人所在位置）所做也是没办法，人不为己天诛地灭……就是为自己考虑。

1945年8月，日本投降，汪精卫伪政府树倒猢狲散。庞炳勋急忙致电蒋介石，表示戴罪立功，听候发落。由于庞炳勋任伪职时，脚踏三只船，周旋于日军、汪伪政权和国民政府之间，游刃有余，投机圆滑的性格发挥到了极致，其公署成为蒋汪合流的场所，所以国民政府并未对其定罪，蒋介石还复电慰勉并委以先遣军司令，庞炳勋转而又为蒋介石卖力，阻止八路军进城对日军受降。

内战爆发后，庞炳勋的部队已所剩无几，便辞去军职，挂了个国防部咨议的虚衔。南京解放前夕，他带着姨太太和一双儿女，随老部下李振清逃往台湾，居住在台北市。迫于生计，与孙连仲合开餐馆。1963年1月死于台北，时年85岁。

与庞炳勋合开餐馆的孙连仲，不像庞那样八面玲珑，开始时也希冀借台儿庄之战功，削尖脑袋欲谋个好前程，却处处碰壁，到头来心灰意冷。

台儿庄战役结束后，孙连仲的部队伤亡严重，仍经历多场恶战。在掩护徐州国民党军大部队撤退时，其后路被日军切断，幸亏蒋介石派出专机把他接回。第二年，在保卫武汉之战中苦撑数月，撤退途中，所辖第四十二军军长冯安邦被日军飞机炸死，部队开到叶县、舞阳一带补充整训，孙连仲挂了个第一战区副司令长官头衔，受卫立煌指挥。

孙连仲利用部队整训的机会，到重庆住了两个月，到处托关系，想谋求战区司令长官或省主席之职，无奈上面没靠山。为了安慰他，蒋介石又调他回第五战区，给李宗仁当副手，并把第六十八军编入他的第二集团军序列。

1941年秋天，陈诚到湖北老河口第五战区联络和视察，孙连仲闻讯，立刻赶去迎接。陈诚是蒋介石的亲信，此时身兼数职，既是军事委员会政治部部长，又是第六战区司令长官，还兼任湖北省政府主席。此前，孙连仲初到江西时，曾一度是陈诚的上司，但孙对陈不以长官自居，平等相待。宁都事迹后，孙改归陈指挥，孙自动将所带上将领章改为中将，欣然以部属相从，事无大小均请命于陈，因此两人感情融洽。这次见面深谈，两人的关系更进了一层。

果然，在陈诚的关照下，1943年1月，蒋介石任命孙连仲代理第六战区司令长官，同年5月又因其战绩，升其为第六战区司令长官。

孙连仲的部下王铸民曾撰文回忆：孙自归蒋以来，调动频繁，历经7省，三度缩编，几被消灭，从此才得到喘息。

1945年8月，日本投降后，陈诚立刻保举孙连仲为第十一战区司令长官兼河北省政府主席，负责平津河北等地的接收。9月9日，孙派前进指挥所进驻北平，安排受降事宜。

10月9日，孙连仲飞抵北平。次日，在故宫太和殿主持受降典礼。北平群众20多万人聚集在殿前及天安门广场观礼。当日本华北方面军总司令官根本博等向孙连仲俯首呈上降书，并交献出他们视为最珍贵之物的"武士道"军刀后，欢声雷动，震撼全城。

对孙连仲来说，这是他继台儿庄大捷后，又一个人生巅峰。

抗战胜利后，国民党接收大员满天飞，官场到处蔓延贪污之风，孙连仲十分不满。在接下来的与共产党军队的较量中，他态度消极，加上部队败的败、降的降，遂渐生退意。

王铸民与孙连仲同村，受孙之邀在其手下谋职。1965年，他写下《我所知道的孙连仲》，后来收录于《天津文史资料选辑》第43辑。他在文中说：

1945年秋，孙调十一战区司令长官兼河北省主席，并负责北平受降，但孙部第三十军则改隶胡宗南部裴昌会指挥，仍旧逃不了当光杆主席。孙临行希望我担任十一战区驻重庆办事处处长，并说："你替我联络蒋委员长和陈部长等，方便得多，他们见着你就知道是代表我的，省很多的事，我也放心。"我以年老多病为辞，当保荐孙部少将参议杨智亭充任。1945年9月，孙率僚属飞抵北平就任新职，在受降接收完毕后，我到北平，挂名十一战区长官部参议和河北省政府顾问，代孙在天津经营利济公司。

1947年4月，孙连仲通过陈诚向蒋介石表示，希望调傅作义担任华北剿匪总司令。11月底，蒋介石抵北平视察时，孙又当面提出辞去本兼各职。11月30日，国民政府命令傅作义为华北"剿匪"总司令。

蒋介石给孙连仲两个选择：一是任参军长，二是任首都卫戍总司令。孙连仲对李宗仁说："参军长连个传令兵都没有，我还是做首都卫戍总司令吧！

起码还能带一个特务营。"

1947年12月，孙连仲调往南京，出任首都卫戍总司令，事情不多，只在蒋介石出门时跟跟班。次年6月，他改任总统府参军长，这更是个闲差，掌管军令宣达、文件承转及总统府行政事务，平日里陪着蒋介石共进午餐、聊天解闷。

王铸民回忆说：

1948年春，孙调南京卫戍总司令后，孙的秘书长张爱松对我说："孙仿公在北平时被他的左右闹得声名狼藉，听说河北绅士多人要求严惩孙部贪污渎职人员，对仿鲁有所责难。"劝我出头疏解。我偕同张爱松去找冀察监察使马蕴华说："河北省现任将领所剩无几，同乡们应当互相爱护，且孙仿鲁业已离职，又何必再使他难堪。"经马从中疏通，此案遂无形结束。

1949年1月，蒋介石引退，孙连仲也辞职暂住上海，3月带着家眷飞往台湾，初任总统府战略顾问，1956年1月退役，改任总统府国策顾问，后又先后任国民党中央评议委员、国民党中央纪律委员会委员。

晚年的孙连仲，生活潦倒，甚至到了连烟都买不起的窘境，不得不与庞炳勋合伙开餐馆。

1990年8月14日，孙连仲因患肝癌在台北逝世，享年98岁。

命运之殇

死，上至帝王将相，下至黎民百姓，谁都无法抗拒。台儿庄战役的英雄，如今都已作故人，但同样是死，有的轰轰烈烈，有的默默无闻，有的悲悲戚戚，有的寿终正寝，有的罪有应得。张自忠死于万军之中，虽然惨烈，却也壮烈，死得其所，重于泰山。而王冠五和池峰城，虽然在战场上骁勇善战，结局却都很悲惨，一个死于刑场，一个死于监狱，死得憋屈、窝囊。

台儿庄一战，王冠五威名远扬，荣获华胄荣誉奖章，被提升为少将副师长。他和妻子回老家汝南时，当地居民打出横幅夹道欢迎。自那以后，他不论走到哪里，只要一提到他的名字，或是有人认出他，都会对他崇敬有加。

1939 年，王冠五在豫东驻防时，结识新四军彭雪枫部游击支队第一总队长鲁雨亭，两人成为莫逆之交，两家的孩子经常在一起学习、玩耍，亲如一家，两家还订了娃娃亲，鲁雨亭将女儿鲁如贞许配给王冠五的儿子王荫槐。王冠五多次资助鲁雨亭部队粮草和武器，彭雪枫为此多次与他见面，对他十分赞赏。

鲁雨亭是共产党的抗日名将，1940 年 4 月，在河南永城山城集地区与日寇作战时不幸牺牲。王冠五把烈士的父母、妻子、子女 7 口人接到家中赡养抚育，资助烈士遗孤上学。后来，王冠五又兑现承诺，让王荫槐与鲁如贞成了亲。

解放战争时期，王冠五不愿打内战，同情革命，曾为李先念提供过帮助。李先念担任国家主席后，王冠五的妻子还唠叨过，说在一个雨夜，李先念来找王冠五商议，请王冠五给他的部队让路，王冠五答应了，上演了一出"抗战演义"版本的"关云长义释华容道"。

王冠五为人正直，不拉帮结派，不曲意逢迎，加上内战消极，曾屡遭排挤和贬降。后来，因在进攻解放区中行动迟缓，王冠五被剥夺军权，心灰意冷，回汝南老家买了 50 亩地，准备解甲归田。时任国民党河南省主席刘茂恩和共产党河南省负责人吴芝圃闻讯后，深感可惜，先后登门，劝他出任地方官员。王冠五最终被说动，于 1947 年担任兰封（今河南兰考）第十二行政督察专员，管辖 12 个县。

开封第一次解放时，王冠五携妻女离开河南，准备去台湾。走到武昌时，共产党代表找到他，苦口婆心，劝他留下。范长江也赶去开导他，说他与共产党关系密切，与别的国民党官员不一样，不要害怕。在他们的再三劝说下，王冠五打消顾虑，没有再走。

然而，1948 年 6 月，王冠五却被逮捕。在第二年的镇反运动中，他被作为反革命枪毙，年仅 50 岁。后来的结论是"误杀"。

王冠五被误杀后，其妻悲痛欲绝，气成疯病，满街乱跑，见人就跪下磕头,语无伦次地说:"还我先生,还我先生……"郁郁寡欢43年,于1991年去世。

王冠五育有一对儿女,儿子王荫槐,女儿王荫凤。王荫槐新中国成立前就举家迁往黑龙江省伊春市。不知是因受交通、通信限制,还是担心被父亲牵连,或者是其他原因,他一直未与母亲和妹妹联系,甚至对孩子也隐瞒家世,直到1998年患癌症去世前,才对儿子王彤说出真相。王彤第一次听说,在河南还有一个姑姑。2007年11月,王彤到河南寻根,终于与亲姑姑王荫凤相见。

王荫凤长期与母亲生活在一起,所居住的开封市花井街40号,是王冠五在抗战胜利后购置的,原是一座两进院的四合院,王彤就出生在此。1991年,后院的主房被改建成一座小楼。王荫凤曾考上中央音乐学院,因父亲原因,加上家境贫寒,未能去成,就近读了河南省艺术学校音乐美术专业,毕业后在开封、郑州当教师,后来从开封龙亭区教育局退休。

几十年过去,王荫凤对父亲的印象非但未模糊,反而越来越清晰。在她的记忆里,父亲身材较高,体魄健壮,浓眉大眼,相貌威严,写得一手好字,喜欢京剧、象棋,高兴时会和母亲对弈,生活习惯好,从不睡懒觉,天明即起练剑,不喜欢舞会、宴席、麻将,而偏喜好看书、练剑,特别喜欢看《资治通鉴》《聊斋》等书籍,烟瘾大,喜欢吸雪茄,思考问题时叼着雪茄来回踱步。

2008年4月8日,台儿庄大战胜利70周年纪念日,王荫凤和女儿冯睿应邀赴台儿庄,参加纪念活动,受到当地民众的热情接待。在王冠五战斗过的清真寺,阿訇听说她们是王冠五的后代,立即恭敬躬身。

池峰城虽然是西北军中的虎将,但真正让他一战扬名天下的,却是台儿庄之役,被誉为"铁血将军"和"抗日名将",就连傅作义也对他佩服得五体投地,称他是"中国战史上一神人也"。

以"善守将军"著称的傅作义,曾经在早年晋奉战争的涿州之役中,在内无供给、外无援兵的情况下,把席卷河北的奉军拒之涿州城外3个月,以少胜多,以弱制强,成为近代战史上的典型范例,也成就了他在军中的功名。抗战时,长城之役也是以守著名。为此,他居功自傲,不把别人放在眼里。但是,台儿庄大战之后,他不再自我夸耀,对池峰城崇拜得五体投地,感慨地对同僚说:"论战守之策,我傅宜生自认当今中国独一无二,可是纵观台儿庄战例以后,便不好以此自谓,镇峨(池峰城的字)之守台儿庄,堪称史无前例,真神人也,宜生遇之当以师礼相待。"

池峰城在台儿庄大战之后,又参加过徐州会战、武汉保卫战、枣宜会战,于1939年3月升任第三集团军第三十军中将军长,1943年任第五战区鄂豫边游击总指挥。

但是,池峰城的仕途并不顺利。表面看,他相继任第三十七集团军副总司令、第六战区长江上游江防军副总司令、第三十三集团军副司令等职,实际上是明升暗降,总是当副职,并没多少实权。1945年11月,他调任第十一战区(司令长官孙连仲)驻保定全权代表,接收河北及华北散存的伪治安军,组建保定警备司令部,担任保定警备司令,被当地人称为"保定王"。

1949年1月,池峰城策动军统北平站长徐宗尧起义,率所部参加北平和平解放。本是有功之臣,不料,同年4月1日,他却因"历史遗留问题"被关押受审,1955年3月16日病逝于北京监狱。

1983年5月12日,北京市公安局为池峰城平反,但并没有公开当年他被关押的真正原因。

究竟是什么历史遗留问题,让池峰城身陷囹圄呢?如果沿着历史的脚印仔细寻觅,或许能找到蛛丝马迹。

池峰城任保定警备司令期间,发生这样一件事:国民党军统北平站站长杨清植得到情报,中共地下党大批涌入保定各机关和池公馆,造成大量机密泄露,遂逮捕20多名"通匪分子",株连近百名各界进步人士,接着又设计让人约池峰城出门巡视城防工事,乘机冲入池公馆,逮捕了一批池峰城的副官、秘书。池峰城只好向蒋介石引咎辞职,黯然回到北平。傅作义接替孙连仲后,给了他一个闲差,于1947年1月担任第十一战区司令长官部中将高级参谋,3月调任国防部(部长白崇禧)中将部员。

估计，这可能就是池峰城被关押受审的原因。

2007年6月11日清晨6时许，陕西省咸阳市泾阳县雒仵村的黄土路上，烟尘弥漫，纸钱飞舞，300多人为一位往者送行。这位往者，便是台儿庄大战中的敢死队长之一仵德厚，享年97岁。

在6月6日下午2时15分之前，仵德厚的头上有一顶耀眼的光环：台儿庄战役中唯一健在的指挥官。2时15分，这盏灯熄灭了。

就在这盏灯熄灭的第二天，一位在西安的台商辗转找到仵德厚家，送上一份珍贵的礼物：国民党荣誉主席连战为老人题的词，上面书写着4个大字："民族之光"。连战一直很关注仵德厚，可惜两人从未谋面。

"十五离家六五还，在外流落五十年。儿女养育全未管，父逝妻亡未得见。抗日战争整八年，每战都在第一线！以死卫国意志坚，收复台庄保武汉。半生戎马半生监，两袖清风遣农田。感谢党的政策好，我得温饱度晚年。"这是仵德厚生前自拟的一段顺口溜，这段顺口溜道出了他的坎坷一生。

1948年夏天，徐向前、高树勋率部围攻太原。驻守太原的是国民党三十军，军长便是在娘子关、台儿庄和保卫武汉中功勋卓著的黄樵松。当时，仵德厚是二十七师少将副师长。

徐向前、高树勋知道黄樵松不满蒋介石的内战政策，为避免战火，与黄樵松秘密联系。深明大义的黄樵松为给三十军一条生路，决定率部阵前起义。徐、高二人原准备派胡耀邦为谈判代表与黄樵松接洽，因胡耀邦临时有事脱不了身，遂派八纵参谋处长晋夫前往。

黄樵松则找来二十七师师长戴炳南，把起义计划告诉了他，嘱他配合行事。

戴炳南跟随黄樵松16年，是黄樵松一手提拔起来的，深受黄的信任，两人是结拜兄弟。不料，戴炳南家与阎锡山有渊源，自己不愿背叛党国，就与结拜兄弟仵德厚商议对策，仵德厚也不愿起义，两人决定告发黄樵松。

当天夜里，阎锡山接到戴炳南的密告后，立刻诱捕黄樵松，从黄樵松身上搜出徐向前、高树勋的信件，第二天又拘捕入城谈判的晋夫和随行侦察参谋翟许友，将他们押解到南京。国民党特别法庭判处黄樵松、谍报队长王震宇和解放军代表晋夫死刑，将3人枪杀于南京江东门外中央军人监狱刑室。翟许友因为没有暴露身份，被判处无期徒刑。

戴、仵因告发黄樵松有功而获晋升，戴炳南接替黄樵松任军长，仵德厚接替戴任师长，太原之战随之爆发。

1949年4月24日，解放军攻克太原城，几天后擒获戴炳南。7月8日，戴炳南被枪决，国民政府追赠其为陆军上将。

仵德厚在战场上被俘，获刑10年，刑满后被指定到太原东台堡太原砖厂当工人，接受劳动改造，1975年获特赦，回老家放羊种地，后来进村办砖厂。1997年后，其抗战英雄事迹逐渐被媒体报道，连续担任泾阳县政协第六、七、八届委员。2005年，他重游台儿庄，受到热烈欢迎。咸阳市领导和台儿庄区政府曾多次上门慰问。

仵德厚去世后，泾阳县委统战部主持召开追悼会，台儿庄区委常委、组织部长秦健致悼词。悼词说："抗日战争中，仵德厚老先生为保卫国家、保卫台儿庄英勇奋战，功勋卓著，台儿庄人民永远不会忘记他。"

可是，一些媒体为了博得眼球，对仵德厚的宣传却有失偏颇。不少媒体只凸显他的"敢死队队长"、"抗日名将"、"判刑十年"等经历，却对判刑原因只字不提。看完之后，给人感觉是，"共产党亏待了抗日英雄"。

到2010年8月，对仵德厚的宣传更是出现了变味。当时，网络上出现一段仵德厚的视频，介绍了他的传奇身世。视频中，仵德厚在妻子的坟前痛哭。随后，《广州日报》刊登了"老兵视频感动网络"一文，文中还引用网友"经纬张颖"一段话，"他的一生吃了所有人能吃的苦，受了所有人能受的罪，但他没有对不起国家！没有抱怨！这种人我们永远不能忘记，也永远不能再以罪报德！！"

一石激起千层浪，该文迅速被疯转，网友议论纷纷。有网友称，"历经三十年血雨腥风，硝烟弥漫的沙场拼搏，十年的牢狱之灾，十七年监外工作生涯。原本应该享受荣誉的先辈，却受尽苦难，大家想一想，是谁让他遭受这一切的？？？？""我们的民族英雄，就这待遇呀？""国家愧对了英雄，不应以执政派别更迭及好恶，否定民族英雄的历史功绩……"

说这些过激之言者，如果不是不懂历史，就是立场问题。

不同的阶级立场，观点会迥然不同。对国民党而言，戴炳南和仵德厚无疑是铁杆忠诚，而黄樵松则是背叛；对共产党而言，黄樵松是深明大义，而戴、仵则是顽冥不化。

如果抛开政治立场来说，正是戴、仵的一念之差，才造成太原战役中的生灵涂炭。

这场战役，解放军浴血奋战6个多月，全歼国民党军队13.5万人，自身也伤亡4.5万人，近百万平民百姓被无情卷入，是解放战争中历时最长、战斗最激烈、付出代价最大的城市攻坚战。至于在战火中伤亡的平民百姓则不计其数，至今仍无法准确统计。

试想，如果戴、仵顺应天势，响应起义，这一二十万人都可幸免一难。单论这一点，戴、仵可谓罪孽深重，皆可杀！

抗日战争与解放战争相比，有着本质的区别。抗日战争是抗击外国侵略者，是民族之间的战争，是攸关国家兴衰、民族存亡的殊死决战，体现的是民族气节。而解放战争是国内战争，是政见不合者之间的兵戎相见，是可以妥协、回旋的，甚至是可以"相逢一笑泯恩仇"的，2005年连战的破冰之旅就是例证。

1947年的国民党政权，已是腐朽没落、摇摇欲坠；而共产党政权却气势如虹，代表着中国的新兴和未来，深受广大人民的信任和拥护。所以，黄樵松是识时务者，而戴、仵则是螳臂当车、蚍蜉撼树。他们被"车"所碾、被"树"所撼，自然在所难免。所以，共产党即使毙了仵德厚，也不为过。

然而，共产党却区别对待戴、仵，毅然毙了戴炳南，却只轻判仵德厚，一是充分考虑到仵德厚的次要责任，二是顾念其抗战功绩，将功抵罪。这足以说明，共产党是泾渭分明、深明大义的。

仵德厚深知自己罪孽深重，对共产党感恩戴德，在监狱里认罪伏法，洗心革面，成为监狱中唯一拿掉脚镣的犯人，而且当了班长、纪委会的纪律委员。即使到2004年，他在接受凤凰卫视的采访时，仍然说："不要叫我将军，我担不起那么高尚的称呼，我就是一个老兵。"

在国家大命运面前，个人的命运轻如鸿毛，往往不是个人所能左右。但是，特殊时期、关键节点，个人对命运的把握，又往往会影响国家命运的走向，比如说戴炳南和仵德厚在太原战役中的抉择。

柳青在长篇小说《创业史》中，说过这样一句名言：人生的道路虽然漫长，但紧要处往往只有几步，特别是在人年轻的时候。

这紧要处的几步，便决定了自己一生的命运，是光荣还是耻辱，是璀璨还是灰暗。

仵德厚、戴炳南是如此，血战台儿庄的功勋们是如此，毁于战火的台儿庄也莫不如此。

京杭大运河沿岸的城镇中，规模较大的有18座城市，分别是：北京、天津、沧州、德州、临清、聊城、济宁、台儿庄、邳州、宿迁、淮安、扬州、镇江、无锡、常州、苏州、嘉兴、杭州，分属6省市。在这18座城市中，论规模，台儿庄最小，且随着运河航运作用的减弱而日渐式微。如果不是因为台儿庄大战，这座小城不可能具有世界意义。是那场战役，让全世界认识了台儿庄。

犹如凤凰涅槃，台儿庄用自己肉体的毁灭，换取了民族气节的永生。同时，它也把自己的命运永远与中华民族的命运紧紧镶嵌在一起。

下篇　重生

第十章 流亡陷孤岛

城头易帜

自逃避战祸、离开家乡后,无论是郁家、杨家,还是李家,都没度过一天安稳日子。头顶不时有日本飞机掠过,飞机飞得低低的,轰鸣声压得人透不过气来。沉闷的爆炸声像爆炒豆子般,密集地从远方传来。逃难的人们整天提心吊胆,生怕飞机会"下蛋"。这样的日子,整整持续一个多月。

忽然有一天,听说国军撤退了,徐州失守了,台儿庄也让日军占领了,逃难的人无不失声痛哭,悲悲戚戚。为家乡的沦陷,也为国家的危难。

枪炮声渐渐平息下来。一些胆大的百姓,惦记着家里的房屋,迫不及待地往家赶。郁德义和李洪志也带着老人和孩子离开邳县。从家里带出来的干粮早已吃完,周围的野菜也挖光了,不回去就要挨饿,他们还惦记着地里快熟的麦子。

回家的路上,小麦正可着劲长穗,漫坡遍野一片金黄,展现出丰收的喜庆,让人恍惚间忘记战争的残酷。然而,走着走着,景象就不妙了。愈接近台儿庄,空气中的焦糊味愈浓,沿途村庄不见一个人影,麦垄里不时可看到尸体,有中国军队的,有日军的,也有老百姓的。损毁的山野炮、迫击炮、重轻机枪及炮弹箱、弹药箱、手榴弹箱触目皆是,很多麦田成了焦土,不少麦田只剩半尺来高的麦秆儿。

到了台儿庄,郁德义倒吸一口冷气:高大的城门已坍塌成一堆砖砾,只剩小半截的城墙犬牙交错,像一瓣被胡乱啃过的西瓜,房无完房,墙无完墙,原先威严的衙门、宽敞的会馆、庄重的庙宇、华丽的商铺，都成为一片废墟，到处是残垣断壁，烟熏火燎，有的余烬尚未熄灭，断壁上弹痕累累，焦糊味中夹杂着浓烈的血腥气，呛得人直翻胃，街道上手榴弹木柄碎片足有三四寸厚。

郁德义领着家人，高一脚、低一脚，穿过西城门，跌跌撞撞地往家赶。走近一看，土坯房的山墙和屋顶已被炮弹轰塌，几根东倒西歪的木柱子裸露在外，哪里还有家的模样？母亲和妻子一下子瘫坐在地上，号啕大哭。郁德义安慰说，只要全家人平安回来就中，房屋塌了可以再建。

李洪志也这样安慰家人，台儿庄的其他人都这么互相安慰。这也是大实话。兵荒马乱，能平安活着，就阿弥陀佛了。庄里有户人家，无论别人怎么劝，死活不肯离开。街坊们回来时看到，这户人家房屋已被炮弹轰开了花，一家人再也不见踪影，墙上赫然粘着半张人皮。

战火几乎摧毁整个台儿庄，很多楼房半半拉拉，只剩下屋框子。有能力的人家拆了重建，没能力的则捡些破砖头垒在断墙头上，再搭上茅草凑合居住。

李洪志爷俩在原址上垒了几道土墙，用高粱秸秆和麦草扎上把子当顶，铺上泥，重建了一个新屋。

这年6月10日，李洪志妻子分娩，生了一个男娃。孩子舅舅说，你们李家三代单传，就叫李同希吧。

家里添丁，本是一件高兴事。李洪志却高兴不起来。因为，残缺的城墙上飘起膏药旗，城门前多了荷枪实弹的小鬼子。台儿庄城里的居民没有别的选择，只有在膏药旗下屈辱地活着。

这种屈辱的日子，整整过了7年。7年间，台儿庄的几座城门都站着荷枪实弹的日本兵，中国人经过城门时，无论老幼，都必须向日本兵鞠躬，如果谁忘了鞠躬，轻则挨日本兵耳光，重则挨刺刀，万一惹得他们不高兴，一刺刀就把人给捅死，就像捅死一只猫、一只狗一样。

再说郁德义，费了九牛二虎之力，终于把屋子垒得像个窝。安顿好家眷后，他打算再去枣庄继续开饭店。赶到枣庄一看，哪里还有新中华饭店的影子？早就成了一堆瓦砾。旁边的火车站也没了模样。

郁德义叹口气，垂头丧气地回到台儿庄。他与爹商议，自己有一手厨艺，在台儿庄再开餐馆。爹想了想，说，也没有更好的办法，人总是要吃饭的。

由于大运河漕运繁忙，来往船只多，台儿庄一直是一个商业城镇。日军占据台儿庄后，利用大运河的交通便利，把台儿庄作为粮食集运地，集中了大量的粮食，从这里运往外地。所以，仍允许老百姓经营商业。

郁德义相中了丁字街口的一间房屋，房主人是对老年夫妻，儿子、儿媳和孙子都被日军的炮弹炸死了，所以活得心灰意冷，房屋修得潦草，正愁没有生计，干脆就把房屋以低廉价格卖给郁德义。郁德义修缮一番，取了一个"异乡村"的店名，小餐馆就开张了。

郁家曾经兴盛一时，号称"郁半街"。不过，郁德义这一支人丁不旺。爷爷膝下有仨儿，郁德义的爹是老大，只有郁德义这一个儿子，老二也只有一个独子，老三干脆无后。异乡村餐馆旁边有个同仁百货，以批发为主，兼营零售，便是郁德义三叔开的。二叔的儿子也在丁字街开了家茶叶糖果店，就在同仁百货的斜对面，店名叫"郁家小店"。

杨家是最后回到台儿庄的。

他们一家5口，逃到邳县城之后，没有找到郁家。此时，县城里的所有店铺都关了门，大街上的难民拥挤不堪，有钱也买不到吃的。于是一家人继续南逃，一直逃到骆马湖北岸的窑湾镇。

当战火平息，杨家回到台儿庄时，已经看不到自己的宅院。因为，这一带是日军重点轰炸的地方，前后两进四合院，只剩下几个浮着死尸的大坑，连炸烂的砖瓦木料都没有留下。

在废墟旁边，蹲坐着丁厨师。

丁厨师是鲁南一带的名厨，被中兴公司高价聘去为外国矿师做中餐。他与杨培生结拜金兰，两人的关系亲如兄弟。

杨毓昌见到丁厨师，感到一股寒气从脚下直蹿头顶。丁厨师不敢卖关子，赶紧叫了一声大叔，对他说：培生哥一家5口，毫发无损，只是大嫂子的娘家，死了两口人。他还告诉杨毓昌，从台儿庄到枣庄一带，来了不少日本兵，杨培生让他捎话,千万不要冒死到枣庄找他,或者回老家,或者到乡下谋生。等到战乱过去,再想法过正常日子。

面对眼前的废墟,杨毓昌当即决定:回临沂老家。

没想到,杨毓昌和郁氏,后来再也没有见到这个儿子。

兵荒马乱年代,盗匪浑水摸鱼,钻了日军不顾台儿庄居民死活的空子,时常来骚扰民众。清真寺一带的回民为保护家园,成立一支回民自卫队,李洪志也加入其中。

1939年3月,八路军山东纵队陇海南进支队转战邳县时,台儿庄的回民自卫队在邳县铁佛寺齐集,加入陇海南进支队,起名"回民排",李洪志成为回民排的一名警卫战士。此时,他的幼子仅9个月。

1940年10月,陇海南进支队在张家口蓝山口半山坡与日寇激战。司令员兼政委钟辉命令司号员吹冲锋号,司号员刚吹响冲锋号,就被鬼子一枪撂倒。钟辉一听冲锋号骤然停了,叫声不好。

在战场上,护旗手和司号员是两个关键角色。军旗不倒,军心稳定;而军号既传递指挥员命令,更激励士气。

钟辉正着急时,冲锋号又突然响起。钟辉正感到纳闷,旁边的一名回民排战士李运海兴奋地报告:"是李洪志,他会吹军号!"

战士们一听冲锋号又响起,群情激昂,怒吼着向鬼子冲去。

战斗结束后,钟辉派人去找李洪志,打算给他记功,不料却带回一个坏消息:李洪志已倒在冲锋的路上。这一年,李洪志不到30岁,牙牙学语的小同希,再也没见过爸爸。

与李洪志相比,郁德义就平顺多了。他懂烹调,会经营,待客和气实诚,日本投降后,餐馆越来越红火。他把开餐馆赚的钱,又投到三叔的同仁百货店,家业逐渐做大,在台儿庄算得上是有头有脸的人家,所以街坊对他们都很尊重,连见了小化清,也都客气地称他"郁少爷"。小化清去戏院看戏,人家也不收他票钱。

这个时期的小化清,度过了几年短暂而快乐的时光。夏天时,他和小伙伴抱着西瓜跑到运河边,坐在茂密的垂柳荫下,脚浸在清凉的河水里,一边啃着西瓜,一边胡吹海侃。小伙伴们叽叽喳喳:这满满的河水,这来往的船儿,是从哪儿来的呢?要到哪儿去呢?他们渴望有一天,能像船上人那样云游四方。吃罢西瓜,小化清和伙伴后一个个脱得赤条条的,跳到运河里扑腾扑腾地来番"狗刨水"。

自古以来,大运河在台儿庄人心目中占据重要位置,运河除了漕运便利外,水也非常清,还有点甜,老百姓喜欢喝河里的水,觉得井里的水有股苦涩味。

日本投降后,国民政府在台儿庄恢复镇公所,镇长叫刘士贞。

在台儿庄,刘士贞是个复杂人物。他原来在丁字街开家具瓷器店,喜欢赌博,一夜之间就把自己的店给输掉了,只好跑到外面去闯荡。过了一段时间,他居然搞到一二十支枪,带枪投靠日本人,拉了一帮人,成立一个保安小队,日本人委任他为保安小队长,让他帮着守台儿庄。

郁德义与刘士贞私交好,刘士贞很喜欢小化清,非要收小化清做徒弟。小化清就磕了头,稀里糊涂认他做了师父,也不知他是青帮还是红帮。

刘士贞虽然表面当了汉奸,却不是死心塌地跟日本人干,暗地里与活动在台儿庄一带的抗日游击队有来往,经常向游击队通风报信,与游击队司令孙业洪来往密切。这孙业洪是日本人的大克星,日本人对他恨之入骨,多次围剿他,都没成功。刘士贞的队伍越来越多,慢慢地成了一个中队。有一天,日本人派他守台儿庄北边的吉庄。他摇身一变,公开扯起抗日旗帜,又与日军真枪真刀干了起来。

日本投降后,刘士贞与孙业洪归附国民党政府,两人串通一气,与共产党的队伍作对,被共产党打散了,刘士贞只好跑到徐州去。等到国民党政府接管台儿庄后,他又回来当台儿庄的镇长。当镇长后,他办起泰山庙中心小学,自己兼任校长。

泰山庙中心小学成立不久,刘士贞到郁德义家串门,把小化清唤到身边,

台儿庄涅槃

爱怜地摸着他的头,对郁德义说:"世道变了,要想混出个出息样,肚里没点墨水不行,让小化清到学校上学去吧。"

郁德义一听,正中下怀:"太好了!这兵荒马乱的,他一直没好好念书,我真怕把他耽误了,那就把他交给您了。"

自台儿庄大战之后,庄里的百姓家业被毁,伤了元气,七八成孩子上不起学。小化清很喜欢读书,一年级读了几个月,是在枣庄读的。后来读私塾,读了《论语》。二年级在基督小学读,三年级又到关帝庙小学读。一听说让他上学,不由得拍着手直乐,便去泰山庙中心小学上了学,开始读国小四年级。

刘士贞知道老百姓的困境,规定孩子上学不用交钱,只需交粮食就行。即使这样,多数家庭仍不愿让孩子上学,一是舍不得拿出粮食,二是留着在家干活。

国民党政府对刘士贞办学的事很欣赏,又鼓励他办起中学。刘士贞便请孙业洪当校长,在台儿庄办起一所中学,叫胜利中学。

小化清安安静静地读了两年书,已是国小六年级的学生了。再过一年,他就可以转到胜利中学读书了,这是他梦寐以求的事。

郁德义的餐馆生意红火后,增添新的烦恼:运河航运渐渐萧条,台儿庄世面小,做不大。他与爹商量后,把餐馆盘给人家,又到枣庄开起饭店。那里煤矿多,生意好做。

郁德义除了喜欢喝酒和抽烟之外,一有空闲,就拨弄起收音机。他到哪,就把它带到哪。这台收音机虽然已用了多年,可依然像新的一样,被郁德义擦得一尘不染。赶走日本鬼子后,他以为从此可以过上太平日子,没想到,国共和谈没谈拢,兄弟之间又斗了起来,解放军势如破竹,国军节节败退。

收音机里,整日里讲共匪如何杀人不眨眼,如何抄家灭族,听得郁德义心惊肉跳。他觉得共产党对穷人好,对有钱人不好,把乡下有钱人叫作土豪劣绅,把城里有钱人叫作资本家,常常斗地主、斗资本家,搞杀富济贫。所以,穷人欢迎共产党,富人惧怕共产党。他估摸一下财产,自己虽然家业不算大，但在台儿庄，也可以算作资本家了。这一算，他忧心忡忡，担心哪天会被共产党给共了产。

1948年9月25日，郁德义从收音机里听到一个惊人消息：陈毅和粟裕的部队与许世友部队东西夹击，昨天攻克济南，山东省主席王耀武抵挡不住，率兵突围。他知道枣庄早晚也会保不住，吓得赶紧关了饭店门，回家与爹商量，父子俩一起跑到徐州城里去避风头，家里只留下娘和妻儿仨人。人虽然在徐州，心却惦记家里，整日又惊又怕。

又惊又怕的不只是郁德义。郁家都是做生意的，论起来都可以算作资本家。郁德义三叔担心自己躲不过，干脆关了同仁百货，跑到徐州城。徐州马路很宽，他就在马路旁边搭一个简单的棚子，就地摆个摊位，做起生意来。郁德义的堂弟也关了茶叶糖果店，跑到徐州的贾汪镇，在贾汪开起饭馆，在那里落了脚，没敢再回去。

济南城被解放军攻占的消息，让孙业洪坐卧不安，他担心解放军打过来后，不会放过他。于是，他决定加入流亡行列，把胜利中学迁往南方。

千里流亡

流亡，是战争年代的一个高频词。流亡学生，也是那个动乱年代的独特标记。

抗战爆发后，为了躲避战祸，不少学校被迫离开日寇的沦陷区，迁徙到国统区。日本投降后，国民政府教育部重新制订教育复原计划，从1946年5月起，教育部以水运、空运、陆运方式，先后将战时迁徙到后方的教员和学生送到京沪等地，人数达10多万，并在南方陆续成立一些流亡学校。在与共产党较量中失利后，南京国民政府发布公告，欢迎沦陷区的学子们公费到南方读书。

这里说的沦陷区，与之前的日寇沦陷区含义不同，指的是解放军占领的地区，而共产党则称作解放区。

一时间，很多学校整体迁往南方，山东就有10多所学校南迁，学生人

台儿庄涅槃

数多达 8000 人。

正是在这样的背景下,孙业洪做出迁校的决定,同时也希望泰山庙中心小学高年级的学生一起跟着走。这些孩子,少年不识愁滋味,一听说可以迁到南方去,一个个兴高采烈。化清也乐颠颠的,跑到大爷家,嚷嚷着要去。

这个时候,郁德义已将母亲接到徐州,家里只留下妻儿,在台儿庄的近亲只有一位堂兄,是郁德义爷爷的侄孙子,化清称他大爷。由于郁家人丁不兴,所以郁德义与他走得近。化清的这位大爷,原先有个 18 岁的独子,在国共两军打仗时,被炮打断腿,流血过多死了。因为郁家就他伯侄俩是男丁,其他都是女流之辈,所以凡事都是大爷拿主张。大爷开了家"铭新池"澡堂,平时就他一个看顾。化清常去他那玩,还帮着收收钱、跑跑腿,所以大爷特别喜欢他,晚上常留他住下。

听说化清想跟胜利学校走,大爷沉吟了一会,皱着眉头说:"你想想看,你要是走了,街坊邻居对我看法怎么讲?人家说了,他们郁家只有这么一个孩子在家,还被他大爷赶跑了,人家说我,我怎么说得过去?"

化清是个乖巧的孩子,听大爷这么一说,知道大爷不想让他走,就打消了走的念头,眼巴巴地看着其他伙伴离去。

10 月 16 日,胜利中学的师生告别亲人,离开家乡。到达徐州时,化清的爷爷以为孙儿跟着来了,一打听,才知道没来,连忙写张字条,托一个做生意的邻居带回台儿庄。

化清接到条子,打开一看,爷爷写的只有一句话,"赶快到徐州来"。化清好像拿到圣旨似的,颠颠地跑去找大爷:"大爷,大爷,我爷爷来信了,叫我赶快去徐州!"

大爷接过字条,左看右看,好像字条是假的似的。最后,无奈地说:"既然你爷爷让你去,我也不好拦你。不过,路上一定要小心,脑袋上多长双眼睛。"

大爷说罢,掏出 10 元钱金圆券,交给化清,让他路上做盘缠。

一个叫王怀友的同学,听说化清要走,也要跟他一起去,化清有个伴,自然求之不得。

别看化清年纪不大，心却很细，已经学会独立思考。他担心孙业洪不收自己，知道刘士贞与他交情深，就跑去找刘士贞，央他给写封介绍信。

刘士贞虽然当着镇长，可是时局越来越糟，心神不定。如果别人来找他，他早就不耐烦了，化清是他的爱徒，他自然爽快答应。

正巧，隔壁有位大婶也要去徐州，化清的母亲刘艳华托她把化清俩一道带走。

晚上，刘艳华一边帮儿子收拾行装，一边絮絮叨叨地嘱咐："要好好学习，不要贪玩。"

母子俩都以为，此番去徐州，少则两三个月，多则半年，说不定还能返回家过年呢。所以，刘艳华只为儿子准备了几套秋冬季的换洗衣服。

化清看着母亲给自己忙乎，与母亲开起玩笑："说不定，我三五年才能回来呢，到那时，我和爹长得一般高，您可能不认识我了。"

刘艳华拍了一下儿子的胳膊，白了他一眼："瞎说！你是嫌没玩够咋的？国民党和共产党分分合合，过些日子和好了，看你还能赖到几时！"

说这番话时，母子俩心情平静，丝毫没有生离死别的愁绪和悲戚——他们哪里意识到，命运竟如此戏弄人，让母子俩天各一方，望穿秋水，长达40年！

第二天，天蒙蒙亮，台儿庄尚躺在一片浓雾之中沉睡着，16岁的化清和同学王怀友已经跟着邻居大婶上路了。两个孩子蹦蹦跳跳地出了小南门，甚至没有回头看一眼身后那个温馨的家。是啊，不就出去玩几天嘛，开心还来不及呢。

仨人一路步行，走到贾汪时已过晌午。化清的堂叔招待他们吃了午饭，然后送他们到火车站，当天下午到了徐州，投奔郁德义。

第二天一早，化清告别爷爷奶奶和爹，与王怀友一道，往胜利中学的住所赶。走到半路，正巧看到胜利中学的学生排着队在街上走。化清连忙从怀里掏出信，交给一位老师。老师展开一看，对他们说："你们赶快入队，跟着我们走。"

化清随着队伍往前走。走在他旁边的人，比他高出一头，他分不清是老师还是学生，仰着头问他："你们这是要去哪里？"

那是位学生，看了他一眼，刚想回答，大概是见他个子小，问了一句："你是哪个班的？"

化清连忙说："泰山庙国小六年级的。"

那位学生一听，立刻摆出学长的架子，拉长声调说："这个，就不是你们小孩应该知道的了。"

化清讨了个没趣，只好闭嘴不吭声。

他们来到云龙中学的操场上，整好队后，老师才介绍此番目的。原来，山东省教育厅派人来，要在徐州点阅两所中学，一个是胜利中学，一个是峄县中学，统计一下人数，由山东省政府拨公粮给师生，每人每天18两糙米。

糙米与现在吃的大米不同，是稻谷脱去外保护皮层稻壳后的稻米籽粒，里面的保护皮层，包括果皮、种皮、珠心层等均完好，由于内保护皮层粗纤维、糠蜡等较多，煮起来比较费时，吃起来口感也较粗。

当天晚上，胜利中学的师生就住在云龙中学内。没有床，有的躺在课桌上，有的干脆就在地上铺层干草睡。化清年纪小，老师照顾他睡在课桌上。虽然不舒服，化清毕竟是累了，居然睡得很香。

过了10多天，胜利中学和峄县中学师生从徐州上火车，到达镇江，然后坐船到对岸，抵达瓜洲，在一所破庙里栖身。这时传来消息，说台儿庄已被解放军占领，但国共两军在台儿庄并没有交火，国军部队投降了。师生们听了，虽然有些恐慌，内心还是悄然宽慰的，因为不用为家人的安危担忧，否则一旦开仗，炮弹和子弹不长眼。前些年同日本人打仗时，苦头已经吃够了。

在这之前，山东教育厅已将早些时候流亡的学校编成济南第一联中、第二联中、第三联中。在瓜洲时，教育厅将胜利中学和峄县中学编成济南第四联中，并任命督学校长弓英德为校长。胜利中学因人数比较少，被编成校本部；峄县中学学生多，被编成二分校。山东省教育厅仍负责提供粮食，定量还是每人每天18两糙米。

第十章 流亡陷孤岛

吃惯了面食的人，吃稻米总觉得吃不饱，这些学生又正是长身体的年纪，饭量大，加上油水少，不但吃不到肉类，连蔬菜也没得吃，18两糙米更加不够果腹。所以，一到吃饭时，学生们就蜂拥而上抢饭。瘦小的学生自然挤不过强壮的学生，所以经常会有人饿肚子。老师想出一招：不煮干饭，煮稀饭。

这下子，肚子当时倒是吃饱了，只是骗骗肚子而已，很快就饿。到了夜晚，肚子开始咕咕叫，还频频往厕所跑。大家睡在一个大厅里的稻草上，一会儿这个起夜，一会儿那个起夜，一夜不得安宁。所谓厕所，只是在角落里用几块板围了一围。早上起来一看，里面尿流成河，根本无法立足。

这个时候，学生们就开始思念亲人了，一些孩子抹起眼泪。化清虽然没哭，可是新鲜感早已过去，不由得后悔自己的鲁莽，开始想爹娘和爷爷奶奶，特别是思念临别前那个夜晚，油灯下的母亲为自己收拾行装的身影，盼望着战争早点结束，自己尽快回家。他暗暗决定，回家后天天厮守着爹娘，再也不出来了。

在瓜洲住了一个多月，忽然有一天，老师通知，坐船到对岸，从镇江坐火车。

学生们立刻欢呼雀跃，围着老师问："老师，老师，是不是不打仗了，我们可以回家了？"

有的学生不等老师回答，已经按捺不住喜悦，又蹦又跳："可以回家喽，可以见到爹娘喽！"

老师沉默良久，叹了口气："战火正在往南延伸，我们还要往南走。"

学生们一听，一个个呆若木鸡。忽然，有人哇的一声哭起来，顿时哭声一片。有的学生还边哭边嚷嚷："我要回家，我想爹娘！"

化清憋了多日的思念之情再也控制不住，跟着大伙一起哭。

哭归哭，师生们仍按计划路线，先从瓜洲摆渡过河，到了镇江后，再坐火车，坐火车倒是免费的。

在离开台儿庄之前，化清从来没有坐过火车，从贾汪第一次坐火车时，把脸紧紧地贴着窗户，看着窗外的风景从眼前一闪而过，觉得很新鲜。由于路途近，兴奋劲还没过，就到了徐州，还舍不得下车。从徐州坐火车到镇江，才算过足了瘾。

可是，这次从镇江上车后，化清却没了兴奋劲。在车轮的哐当哐当声中，化清的心渐渐往下沉。他知道，火车是往家的相反方向开的，车轮将把他带到离家越来越远的地方。什么时候，车轮才能把他送回爹娘的身边？

16岁，本来是"少年不识愁滋味，为赋新词强说愁"的年纪，化清却已经尝到了刻骨铭心的离愁别绪。

闷罐车厢里，挤满往南逃难的百姓，不少是流亡学生，人挨着人，连厕所、货架上都是人，根本没法动弹。化清只觉得自己很渺小、无助，产生令人窒息的恐惧感，仿佛是一只蚂蚁，随时会被人捏死。

尽管这样，还有人羡慕呢！那些挤不进车厢的人，只好扒到火车顶上，风吹雨淋不说，还有生命之虞。有时火车一个急刹，就会听到一片惊叫声，常有人没有站稳或坐稳，被惯性甩到车下。车顶上的人，眼巴巴地看着掉落者在路基下骨碌碌翻滚，并被火车远远地抛到后面，不知是死是活，却毫无办法。那些车顶上的亲人，更是发出一阵阵撕心裂肺的哭喊，听了令人心碎。

车子开得很慢，且走走停停。停车也有好处，只要火车一停，乘客就蜂拥而下，跑到火车两边大小便，不管男女，就地解决。女孩子也顾不得羞涩，不敢走远了，担心火车开走被扔下。在逃难的日子里，生存是第一位的，至于尊严，哪里还顾得上。

火车途经南京、上海、杭州，再穿过江西，走了一个星期后，进入湖南境内。济南第四联中被分配到湖南，校本部分配到湖南宜章县，二分校分到另一个地方。师生们在郴县站下了火车，步行两个多小时，终于到达宜章。

宜章是一个山城，山清水秀。安顿下来后，学校便开始复课。没有教室，更没有课桌椅，找一块宽敞的空地，弄一块砖，往屁股下一垫，就算是上课了。

可是，学生们的注意力并不在课桌上，而是在餐桌上——虽然既没有课桌，也没有餐桌。对这些半大孩子来说，18两糙米远远不够，肚子里咕咕叫着，要想让他们集中精力听课，是一件很困难的事。

为了让学生基本吃饱，老师花在吃饭上的精力，一点不比备课少。师生的口粮，仍是山东教育厅提供的每人每天18两糙米。为了杜绝抢饭现象，瓜洲那种煮稀饭的办法行不通，老师想出绝对平均的新法子：分饭。每顿饭成了一个有趣的风景：用箩筐和秤来称饭，两个小分队一筐饭，每个小分队选一个学生负责分饭。为了让本小分队的多吃点，同学们选出力气最大、又热心为大家服务的同学，作为分饭手，把饭弄到碗里后，压得严严实实，再抹平，然后倒给同学的碗里，就这么一碗一碗地分。为了让本分队的同学多吃几粒饭，分饭手不仅是个力气活，也是一个压力活。

化清小分队的分饭手很卖力，每一碗饭都压得特别实。有一次，他压饭使的劲过大，手没抓紧碗，碗一下子就抛向空中。幸亏他身手敏捷，把饭铲一扔，伸出双手，稳稳地接住碗。这一幕，看得周围同学目瞪口呆，过了好一会，才反应过来，纷纷鼓掌叫好。这一招，使这位同学在班里的威信大增，每回分饭都非选他不可，分饭不再是苦差事，而是一件荣耀事。

澎湖磨难

国民党军队在战场上接连惨败，四五百万人的队伍，论装备比解放军强多了，不到一年时间，就兵败如山倒。一些国民党将领败退到台湾后，对此抱怨极大。化清后来就曾听到一位军长说，即使几百万头猪放在山上，要抓也得抓好几年呢！

战场上的失利，使国民党政权摇摇欲坠，无暇顾及教育复原计划，全国千余所流亡学校相继停办，济南第四联中也被迫停课，流亡师生便随着败退国军和流亡民众一起，在命运的裹挟下，往南方迁徙。

1949年6月初，山东的流亡学生全部到达广州，共有8个联中、8000多名学生（另有一种说法是15所学校，1万多学生）。在广州，流亡学生人数达40多万，都盼着早点登船前往台湾。

当时，台湾在东南行政长官公署的严格管制下，东南行政长官陈诚宣布入台管制，一律禁止大陆各地难民及流亡学生入台。原来，迁往台湾的人数多达200万人，而台湾岛只有3.6万平方公里，国民政府担心小小的台湾承受不了。

恰在这时，秦德纯来到广州，他头年的12月刚被任命为山东省政府主席，但这时的山东除青岛外均已解放，他只得在上海设立山东省政府办公处，3月才到青岛就任主席职，到任才8天，首都南京就被解放军攻克，他的省主席职务便成了一个空职，只好来到广州，担任国防部次长。

在烟台联中校长张敏之等人的请求下，秦德纯与山东老乡、澎湖防卫司令官李振清洽商，把山东的流亡学生接到澎湖半训半读，17岁以上的学生除授文科课程外，以军事编管，施以军事训练，有战事则执戈杀敌，无战事则继续学业。文化教育由各校老师担任，军事训练，由军方选派优秀军官充任，完成高中教育后，或升学或从军，一任自由选择。女生及17岁以下男生继续文化教育。

李振清同意了。秦德纯又与教育部部长杭立武、山东教育厅厅长徐轶千，共同晋见仍在广州的陈诚，陈终于恩准学生迁到澎湖。

6月底的一天，山东的流亡学生集中到一个广场开会。台上出现秦德纯、杭立武、徐轶千等人，还有驻守在澎湖的三十九师副师长罗延瑞。

会议由秦德纯主持，由杭立武讲话。会场上闹哄哄的，学生们也不知他讲些啥，只依稀听到他说了一句，国民政府同意山东的流亡学生入台，具体地点是澎湖岛，学生们将半工半读。

会场顿时骚动起来，有人喊："不是去台湾吗？怎么到澎湖了？"

杭立武顾自讲自己的话。接着，罗延瑞又接着讲了些具体事项。讲完之后，宣布散会，几位要员匆匆离开，没人理会学生们的反应。

是啊，当国家的大命运尚且处在风雨飘摇之中，个人的小命运又算得了什么呢？化清再一次感受到自己的渺小和无助，嘴里喃喃自语，不停地咀嚼着两个字："蝼蚁"。

散会后，很多学生破口大骂，说国民政府不是玩意儿，把他们扔到澎湖孤岛不管不顾。一些胆子大、思乡心切的学生对前途迷茫，不顾老师苦苦相劝，成群结队自行离开集体，一路扒火车、要饭，返回家乡，也有的投亲靠友。呼啦啦走了3000人，8000多人的队伍，剩下5000多人。

看到这么多的同学绝尘而去，化清怦然心动，几次想拔腿开溜，可是口袋里空空如也，不名一文，加上已经坐怕了火车，实在不敢冒险。

7月4日，化清与同学们一道，来到广州湾，作为第二批人员，登上一艘登陆艇。他永远记得它的舷号：115。当大陆渐渐远去，最后消失在视野中时，化清只觉得心一直往下沉，泪水怎么也控制不住，像断了线的珍珠。他面朝大陆，在心底一遍遍哭喊道："爹，娘，我会回来的！"

这场200万人的大迁徙，是中国近代史上规模最大的一次迁徙，给大陆留下了上百万个支离破碎的家庭。

登陆艇的船舱里、甲板上，人挤得像下了锅的饺子。一想到久违而遥远的饺子，化清不由得咽了几下口水，喉咙里甚至发出咕嘟声。他坐在甲板的船头，由于人挨着人，想伸展一下腿都很困难。海上的天气说变就变，学生们在甲板上无遮无挡，也无处可躲，只好任其戏弄：一会儿毒日当头，晒得人头昏眼花，人就像一尾尾躺在沙滩上的鱼；一会儿大雨滂沱，浇得人浑身透湿，雨过天晴，太阳又烤得湿衣水雾缭绕，整个人成了烘衣机。

虽然海上风平浪静，可是大海不同于陆地，无风也有三尺浪。化清就坐在甲板的边沿上，晚上睡觉时，腿一直蜷着不舒服，为了使腿能伸展开，他用绳子把上身绑在船头上，半个身子伸到船的外面，居然也能呼呼大睡。很多年之后，他想起这一幕，仍有些后怕，当时如果遇到一个急浪，自己很可能就掉下去喂了鱼。

航行到第四天，化清清楚地记得，那天是7月7日。他正迷迷糊糊、似醒非醒时，猛地听到有人喊了几声："澎湖到了！澎湖到了！"他睁开眼，只见太阳刚刚跃出海平面，前面出现一座岛的轮廓，正沐浴在一片金光之中。

下船后，到处都是军队。在几个军人的引导下，学生们被安置在一座营房里。化清这才知道，这里就是澎湖防卫司令部，司令姓李，也是山东老乡。

原来，这个李司令，就是庞炳勋当年的老部下，曾经在临沂阻击战中立过战功的李振清。

李振清是山东清平人，临沂作战时，他的补充团是预备队。在庞炳勋的队伍打得差不多时，补充团发挥了关键作用，多次与日军肉搏拼杀，收复了丢失的阵地。战后，他被提拔为一一五旅少将旅长，几年后又被提拔为一零六师师长。

　　1943年太行山战役后，四十军遭受重创，军部加上三十九师只剩下不足千人，而李振清却率一零六师成功突围，遂被提升为四十军副军长兼一零六师师长。

　　蒋介石对李振清颇为欣赏，欲提拔他任暂编第五军军长，但精明的李振清担心会因无根基而被架空，遂婉言谢绝。五十三军副军长李汉章去当军长后，果然吃了这个亏，两个黄浦系老资格师长不买他账，致使部队军纪涣散，与河南民众发生严重冲突，一个团长被民众打死，李汉章最终被撤职查办，部队番号也被取缔。

　　1945年，四十军在邯郸与八路军发生冲突，军长和副军长均被八路军俘虏，李振清又被提拔为军长。

　　解放战争中，李振清与解放军交了几次手后，自知不是对手，遂借口去台湾要求补充，把军队交给副军长李辰熙，自己去了台湾。3个月后，李辰熙率四十军向解放军投诚。

　　李振清到台湾后，被任命为澎湖防卫司令。

　　化清以为，这下子终于可以静下心来，复课读书了。不料，才两三天过去，就听到同学中有人窃窃私语，说是澎防部兵员严重不足，要把流亡学生统统编兵。这个消息立刻传开，学生们都有一种受骗的感觉，纷纷说我们是来读书的，不是来当兵的，几个胆子大的学长私下商议，要去找校长，集体抵制编兵。

　　7月12日，有学长暗中传达消息，要同学们明天早晨集合时，带上自己的行李。

　　第二天早晨，吃过早饭，同学们带着行李在大院集合，有几个学长带头呼喊："我们不要当兵，我们要去找校长……"

同学们跟着呼口号，想走出门去。

可是，前后门都有士兵把守，枪上了刺刀，还架着机枪。学生们一会涌到前门，一会又涌到后门，都被挡了回来。人群就在院里乱窜，跑来跑去地喊口号。

忽然，听到一个军官大声喊："立正——"

同学们回头一看，门口出现一个身体微胖的光头军官，肩上扛着中将军衔，拿着手杖，一瘸一拐地走进来。有认得的人悄悄说，他就是澎防部司令官李振清。

李振清慢慢走上主席台，站定之后，不发一言，目光威严地巡视一下学生，手杖用力地敲打一下讲台，发出啪的一声，厉声说道："谁不愿意当兵，来找我！"

"我！"台下传来一声回应。

李振清闻言一愣，循声望去，只见一个瘦高个年轻人，分开人群走出来。化清认得他，他叫李树民，是本学校的一位学长。

见李树民朝司令台走过来，台前的一个士兵晃晃刺刀，命令他："回去！"

李树民没有停下脚步，继续朝前走。化清个子矮，站队时正巧站在最前排，看到李树民从身边走过，不由得肃然起敬，也深深替他捏把汗。

周围的士兵如临大敌，司令台前的那个士兵端刺刀的双手有点颤抖，看到李树民走到身边，端着刺刀猛地朝他刺去。李树民手一挡，刺刀扎进他的手臂，鲜血顿时流了出来。他疼得发出一声惨叫："哎哟！"

旁边一个军官命令道："拉出去，活埋！"两个人高马大的士兵把枪往肩上一背，饿虎扑食般扑向李树民，也不管他已经受伤，一人架住一条胳膊，把他倒拖着往外拉。

李树民没料到会来这一招，一边挣扎着，一边哭着发出惊恐的呼救声："救命啊……"

化清吓得瑟瑟发抖，还没容他回过神来，后面的人群中，又传来一声惨叫："啊——"

化清回头一看，是学长唐克忠的大腿被刺一刀。那个军官又命令两个士兵："把他也拉出去，活埋！"

接着，从其他角落也传出几声惨叫，又有几个学生被强行拉出去，现场气氛十分紧张。

那个军官一看局势难以控制，扯着嗓子吼道："全部蹲下——"

学生们哪见过这阵势，都吓呆了，谁还敢吭声，一个个乖乖地蹲下来，现场一片寂静。

啪！李振清的手杖又敲了一下讲台，开始骂人："妈那个×，别人都不要你们，我因为是你们的乡长，才愿意把你们接过来。你们知道吗？接你们过来，包括你们吃的、用的，都是花我的大头（银圆），国家到了这个地步，你们不知好歹，还想闹事，你们这些年轻人还有没有爱国心？"

李振清骂了很久，出够了气后，才气呼呼地背手而去。

一个军官随即下达命令："听我的口令，起立，排队，报数……"

学生们大气不敢出一下，顺从地跟着机械报数，然后一个连一个连被带出大门。化清被分配在一一六团二营五连，当二等兵。

"七一三"事件发生后，国民党军队内部故意夸大其词，渲染恐怖气氛，企图给流亡学生造成恐惧心理，便于受他们控制。后来更是以讹传讹，被描绘成一起血腥镇压，在台湾造成恶劣影响。直到今天，依然被民进党抹黑利用，就像利用"二二八"事件一样，成为攻击国民党的工具。

郁化清后来在联合报上看到，有个记者将"七一三"事件说成是"血流成河，枪声大作"，他就给这个记者写信，以亲历者的身份，说明事实真相。这名记者给他回了一封邮件，说是根据某某书上写的。

郁化清老先生告诉我，台湾著名作家龙应台在她的书里，也同样以讹传讹，这是对历史的不负责任。

郁化清先生在接受我的采访时，明确地说，他目睹被刺的两名学长，并没有被活埋，国军当时说活埋，是故意吓唬学生的。被刺中大腿的唐克忠被释放后，与他一道进了储干班，后来考上政工干校一期新闻系，毕业分到海军，他俩还在澎湖见到一次。有一次，他还在电视上看到过唐克忠。唐克忠一直干到上校退伍，目前仍在台湾本岛。李树民被送到医院以后就装哑巴，谁问也不讲话，臂伤养好以后，乘没人注意之际，通过关系逃到台湾本岛，有人看到他在台北市街头散发基督教教会的传单，现在已经去世。

"七一三"虽然没有酿成特别严重的流血事件，但围绕山东流亡学生的编兵问题，却酿成一桩特大冤案"澎湖案"，导致7人被枪毙、200多人死亡，被称为"外省人的二二八事件"。

烟台联中于6月25日到达澎湖渔翁岛，几天后被三十九师编兵，老师、职工、眷属、女生以及初中一年级身材矮小的同学，到马公新设山东子弟学校，其余学生全部被编入陆军第四十军三十九师一一五团、一一六团及师部炮兵营。

张敏之抗战期间在后方创办过流亡学校，在山东教育界威望很高。到澎湖后，各校校长共同推举他为代表，与军方交涉。张敏之为人正直，责任心重，学生编兵后，他一面写信给政府有关机关请求救济，一面向军方据理力争，还邀徐轶千到澎湖视察教务。在军队集合听徐轶千训话时，张敏之叫不足17岁的学生出列，又送回新设的山东子弟学校。因此，三十九师对张敏之恨之入骨，诬陷其是共产党，并牵连一大批山东流亡师生。

烟台联中三分校学生刘廷功是山东栖霞人，因为家里被共产党斗争过，对共产党成见深，一心想回去复仇，所以对编兵并不排斥，表现得很积极。

有一天，副连长带着刘廷功等人到马公去买菜。买完菜之后，还要等几个小时，才有船回渔翁岛。刘廷功便向副连长请假，到子弟学校去看望老师。在快到张敏之校长的住处时，一群士兵拦住去路，不让刘廷功通过。刘廷功不服气，非要过去。一名军官便命令将他抓起来，关进禁闭室。

这时，禁闭室里已关着3个人，一个夹着拐杖，两个臂上、腿上都裹着纱布。刘廷功与他们聊起来才知道，这3人是7月13日在大操场上被刺伤后抓进来的。

在这之前，刘廷功已听到"七一三"事件的传闻，便问他们："我听说有开枪打死人？有的被刺到肚子，肠子都流出来了，是真的吗？"

他们回答："是有开枪，有没有打死人就不知道了。当时我们都晕过去了，不过有些伤重的，现在还在医院里。"

几个人听说他是烟台联中的，便告诉他："听说张敏之校长被软禁了，不能和人见面。"

刘廷功吃了一惊，这才明白那几个士兵为什么不让他过去。

副连长左等右等，不见刘廷功回来，派人去找，才知道他被关了禁闭，回渔翁岛后，赶紧向上司报告。第二天上午，副连长又来到马公，将他保释出去。

过了几天，在老师周耕莘的举荐下，刘廷功被调到澎防部的译电班。他兴高采烈，以为自己交好运了。

岂料，到译电班第三个晚上，刘廷功突然被带走，与一群男女学生一道，被荷枪实弹的士兵押送到一个小岛上，后来才知道是桶盘屿。与他关在一起的，有巴信诚、王子彝、于文波等六七个同学。这些同学都不知道是什么原因，还以为是自己平时太调皮，才遭人修理的。

有一天，刘廷功被带到审讯室，惊见梁上吊着4个同学，还没容他回过神来，几个兵将他双手往后面反绑起来，用绳子把他提到墙头，双臂拉到墙后，双手再坠上一块大石头，使前后的重量平衡，两个肩夹窝像插了两把刺刀似的，痛得无法形容。一个叫赵传彬的打手，手持三八式刺刀，使劲往他的大腿上抽打，打到十几下，把刺刀都打弯了。打到20多刺刀时，刘廷功痛得昏厥过去。打手们把预先准备好的一桶水，从他头上浇下来，几个士兵把他抬了回去。刘廷功醒来之后，发现两条腿已变成黑色。监视他们的士兵见状，不堪目睹，掩面而去。

第二天，轮到巴信诚受审，打手们用刺刀撬开他的嘴，用水壶往肚子里灌水。水满之后，令他躺在地上，肚子上压上大石板，再往上加石头，压得他上吐下泻，大小便都出来了。

然而，这仅仅是噩运的开始。在长达半年的日子里，这些师生有的被灌凉水，有的被过电，有的坐老虎凳，一个个被屈打成招。三十九师给张敏之等人安上一串罪名：张敏之是新民主主义青年团第一支团长，二分校校长邹鉴是第二支团长，学生刘永祥、丛藩滋、张世能、刘廷功分别是第一、二、三、四分团长，后来又改成南下工作团，张敏之是团长，邹鉴是副团长。

1949年12月11日，张敏之、邹鉴等7名师生以匪谍罪名，被枪毙于马场町。刘廷功大概是不断翻供之故，侥幸活了下来，坐了一年多牢后，被编入部队从军。

"澎湖案"几经变故，直至1999年，随着张敏之夫人王培五的回忆录《十字架上的校长》的出版，此案才大白于天下。

弃武从文

流亡学生变成大兵后，因缺乏严格训练，仍如一群老百姓，常被讥讽是"少爷兵"。出操打野外还勉强凑合，一旦真枪实弹，打起靶来，可就洋相百出。当时，子弹很少，打靶时每人只分到3发子弹，虽说打靶前经过讲解，如何握枪把，如何瞄准，真的打起靶来，往往是差之毫厘，谬之千里。多数人都是打光头，被讥为是吃"面包"，能够碰到靶边的，就算是"神枪手"了。当时有句顺口溜："领弹三，发弹三，三颗子弹上了天。"

好在台湾50年来没有战争，步兵也没有放枪的机会。当年的"少爷兵"，如今都已成为白发苍苍的荣民。虽说有些人升了将军，但都没有实战的经验。

郁化清在澎湖军营待了5年，进过储干班，当过卫生兵，因工作比较轻松，一有机会就看文学书籍。1954年，他随部队离开澎湖到台湾本岛，后来又调防金门。

1958年8月23日下午，正在金门的郁化清吃罢晚饭，在营房里看小说《凯旋门》，刚看到一半，外面传来震耳欲聋的爆炸声，跑出来一看，四周浓烟滚滚、尘土飞扬，他连忙躲进旁边的防空洞。原来是解放军从厦门打过来的，整整持续两小时。第二天同样的时间，金门守军也还击两小时。这场隔海炮战持续40多天，除了头两天激烈外，后面的多为零星炮战，到最后变成单打双不打。

郁化清亲历的这场炮战，台湾称作"八二三炮战"，大陆称作"金门炮战"，金门守军损失惨重，有两个副司令和一个参谋长阵亡。让他不可思议的是，有一发火箭弹居然从射口钻进碉堡，把躲在里面的8人全部炸死。这是郁化清当兵期间经历的唯一战争。

"八二三炮战"后，郁化清升为准尉，调到炮兵营勤务连当干事。准尉是个官尾兵头，说他是军官吧，他没任官；说他是士兵吧，他又是享受军官的待遇。后来，郁化清调回本岛受训半年，1959年5月回金门后，又碰到一次激烈炮战。郁化清回忆说，好像是大陆不满意美国总统艾森豪威尔访台，以此"欢迎"艾氏。但我后来查阅了资料，艾森豪威尔访台时间是1960年6月18日。

也是在1959年，郁化清退役。离开军营时，他唏嘘不已：小学没毕业就离开家乡，17岁时在澎湖编兵，军中待了近11年，退伍时已27岁，人生最珍贵的黄金岁月，就这样在军中蹉跎而过。

郁化清被分配到员林实验中学，这所学校是原来的澎防部队子弟学校，后来迁到员林的。他在员林又读了一年的特师科。读书期间，他参加教育厅会考，取得合格成绩，这意味着他有了当国小老师的资格。

1961年，郁化清从特师科毕业后，分配到南投县。南投位于台湾中部，人口仅30万，闻名遐迩的日月潭、中台禅寺在其境内，是台湾唯一不靠海的县。郁化清在草屯镇双冬里的双冬国小当老师，既教国语又教数学，还教自然、生活与伦理。

一个小学没毕业的人，竟然能够当国小老师，得益于郁化清的勤奋好学。没有机会进修英文、数学，他就借助一本词典，阅读了大量的中外名著，他有两位志同道合的战友，一位叫黄育平的上尉，因为经济条件好，买了很多世界名著，每次买回来都是郁化清先睹为快。另一位叫王玉麟的上士，已经在报纸上发表文章，军中有文艺补习班，郁化清和他一个报名小说班，一个报名诗歌班，两人互相看讲义，边学边试着写作、投稿。3个好友在一起时，话题经常是写作。

后来，郁化清当了中学的老师，在给学生讲课时，他感慨地说："我今天能够做你们的老师，完全靠我自己努力和进修，不然的话我哪有资格来教书。"

在军营吃惯食堂，独立生活后，郁化清一时适应不过来。上完课后，马上要煮饭、洗衣服，自己从来没煮过饭，不会煮，只好买来面条下，放两个荷包蛋，餐餐应付着。

到双冬国小半年后，一位平素要好的同事，见郁化清形单影只，对他说："化清啊，你也老大不小了，该成个家了。"

"成家？"郁化清苦笑笑，"我一个穷教员，谁看得上呢？"

"我认识一位姑娘，贤惠温柔，我看你们两个蛮般配的。"

"好啊，就当是找个煮饭的吧。"郁化清随口应道。

没想到，这位老师很热心，很快就牵线搭桥，安排他俩见了面。

姑娘名字像个男孩，叫张有志，也是从双冬国小毕业的，家就在学校附近，父母都是朴实本分的农民。

郁化清见姑娘品貌端庄，姑娘见小伙温文尔雅，互相间都比较满意。

1962年元月，两人喜结连理。当年10月底，大女儿降生，郁化清给女儿取名为馥馨。随后，他们又迎来两个儿子，分别取名为文馨、文华。

那时，台湾的经济尚未发展起来，国小老师的待遇不高。但是，夫妻俩相敬如宾，小日子虽然清苦，倒也温馨。郁化清在双冬国小一直工作8年。

台湾推行九年国民教育，中学师资很缺，国小老师很多参加中学老师鉴定，郁化清也跃跃欲试。1969年，他考取国中老师资格，调到南投县的国姓国中，当了国文老师。这期间，他一直没有忘记写作，经常写一些与教育有关的文章，投到报刊上发表。

在国姓国中教2年书后，南投县政府招考一名国语指导员，全县的中学老师都可以参加考试。郁化清虽然报名，但心里底气不足。没想到，这唯一的机会，竟降临到他的头上。于是，他又调到南投县政府教育局里的国语推行委员会，做指导员。

国语指导员的职责，就是推动全县的国语文教育，如推行中小学的国语文教育、每年举办国语文比赛时当评判等。郁化清在教育局服务4年，跑遍全县所有的中小学校，积极推行国语教育。那个时期，台湾的国语教育推行得很成功，公共场合必须讲国语，甚至一度不让讲方言，只能私下场合讲方言，或者在家里讲。

郁化清当年在军营时，与外界不接触，没机会学方言。当老师后，又正是盛行推广国语，当老师的更要以身作则，不得讲方言。有的学校甚至还规定，学生讲方言要被罚钱。虽然妻子是当地人，但在家里仍然与他用国语交流。因此，他到台湾40多年，至今仍不会讲当地方言。朋友开他玩笑说："你在台湾那么久，你不会讲方言，你不爱台湾。"

20世纪70年代初，台湾的儿童文学刚刚起步，没有人重视，写作的人更少，一些从事文学教育写作的人感叹："我们是寂寞的一行。"因为在教育局推行国语文教育，郁化清注意到这个问题。他到市面上一看，所发行的童话读物，大部分都是翻译的外国作品，如《格林童话》、《安徒生童话》等。另外，就是用浅显的白话文字改写的中国古典文学，像《红楼梦》、《三国演义》。

郁化清发现，人们普遍有一种误区，认为童话是小孩子的玩意儿，没有什么文学性，写作没什么意义，不愿意从事这项工作，何况稿费也低。后来，《国语日报》倡导推行儿童文学，还成立写作班，培养儿童文学的人才。他想，既然这是寂寞的一行，与其求别人写，不如自己动手。于是，他就从写诗歌转向写童话。

郁化清的第一篇童话，就是在国语会时写的，题目叫《一只骄傲的大蚂蚁》，寓意是即使一个人很有能力，也不应该骄傲。他寄给《国语日报》后，很快就发表了。这对他是莫大的鼓励，于是就继续地不停地写。

一年后，郁化清已发表30多篇童话，于是出版了第一本童话集，书名叫《想生蛋的小公鸡》，取自其中一篇作品的题目。这以后，他除了继续写童话，还写童诗。

在教育局国语会工作4年后，郁化清调到南投国中当国语老师，一直服务14年。这时，他已与儿童文学结下不解之缘，再也割舍不了，很快就出了第二本童话集，书名叫《大鱼吃小鱼》。2年后，他出了一套童话集，共有4本。从此，他一边教书，一边创作，可谓教学相长。他把自己的全部创作情感都投向儿童文学，不再涉及其他文学创作，加上前面的童话集，共出版 13 本著作。

儿童文学的魅力在于，孩子看故事，大人看寓意。郁化清的作品就有这样的魅力。

从小学未毕业的懵懂孩子，成长为台湾著名的童话作家，郁化清也算得事业有成。但是，内心的一种重荷——乡愁，却压得他喘不过气来。皎洁月光下，他会思念自己的严父慈母，思念那座饱经战火的小城。夜深人静时，他会思念炎日下的运河垂柳，思念夕阳下的吹笛牧童。他把这些思乡之情，丝丝入扣地融进自己的作品。所以，阅读他的作品不难看出，不论是诗歌还是童话，以"家"、"故乡"、"乡愁"为主题的作品特别多。

在台湾小学三年级的国语课本里，收录了郁化清的一首童诗，读着它，你能感受到一股淡淡的乡愁：

小鸟有窝 / 蜜蜂有窝 / 蚂蚁也有窝 / 为什么我没有窝 / 爸爸说 / 家就是我们的窝。

小鸟快乐 / 蜜蜂快乐 / 蚂蚁也快乐 / 妈妈说 / 在窝里 / 得到都快乐。

郁化清早年创作的一首《乡愁》，一位同学读罢被深深打动，将它谱成曲子：

片片的落叶 / 堆满了我的心头 / 潺潺的溪水 / 诉不尽我的乡愁 / 沧海茫茫 / 白云悠悠 / 知音无觅处 / 落日黄昏 / 雾夜孤舟 / 何时归故乡。

片片的落叶 / 堆满了我的心头 / 潺潺的溪流 / 诉不尽我的乡愁。

然而，在两岸敌视、割裂的年代，纵使郁化清望眼欲穿，也得不到家乡亲人的一点消息，他只能在回忆中想象着亲人的一举一动、一颦一笑……

当郁化清对家乡魂牵梦萦时，饱受战火摧残的台儿庄，又正在发生着怎样的变化？

第十一章　荒漠现绿洲

苦难岁月

就在郁化清考入南投县教育局，为推动国语教育而付出热忱时，在海峡对岸，他的家乡台儿庄，却仍是一片荒芜。

1972年8月，台儿庄。

晌午时分，通往台儿庄城的土路上，匆匆走来一个瘦弱的少年。他头戴旧草帽，穿件短袖褂子，挽着裤腿，脚蹬一双半新布鞋，蹿在一行人的最前头。土路两边是一人多高的玉米，遮挡着少年的视野。他急切地往前张望，步伐越走越急，褂子后面已经湿了一片。

他叫杨传珍，刚过15岁，是台儿庄区下属的兰城公社腰里徐村人。此时，他心里正美滋滋的：被大队推荐为群众代表，随同十几个成年人到台儿庄参加一个誓师大会。别看村里离台儿庄只有十几公里，这可是小传珍第一次进城。他最迫切的事，是想到城里看看瓦房是啥样的。听父亲说，台儿庄有很多瓦房，他从没见过，他只见过土墙草顶房。

杨传珍是个命运多舛的孩子。

前文提到的杨毓昌，在台儿庄被称作"老铁匠"，是杨传珍的曾祖父，"少铁匠"杨培生，是杨传珍的祖父。

日本人强占枣庄煤矿后，丁厨师毅然辞职，杨培生也不想在日本人手下谋食。丁厨师开导他："我不为日本人掌勺是骨气，你当井下安检员，是为咱

第十一章 荒漠现绿洲

穷苦矿工弟兄的安全。"

杨培生想了想,便留了下来,上下班时仍习惯随身携带锤子。

有一天下班时,一个新来把门的日本兵发现杨培生带着锤子,粗鲁地骂他是"盗贼",命令他送回去。

杨培生脖子一梗,申辩说:"这是德国矿师给我的,上面有西门子的印记,不是偷的,咋说我是盗贼呢?"

旁边的翻译把杨培生的话翻成日语,日本兵恼羞成怒,龇牙咧嘴:"八格牙鲁!你想造反?"举起枪托,就朝杨培生后腰砸去,杨培生身子一闪躲开了。

日本兵哇啦哇啦地嚷了一通日语,从门房里冲出两个日本兵。3个人蜂拥而上,团团围住杨培生,用枪托砸,用大头靴踹,几下子就把杨培生砸倒在地。下班的工友们哪敢劝阻,远远地围观,眼巴巴看着他们将杨培生打成一个血人。

日本兵打得气喘吁吁,见杨培生不再动弹,用手试试他的鼻子,发现已经断了气。翻译朝着旁观的工人一挥手:"快快抬走!谁再敢造反,和他一个下场!"

工友们找来一辆平板车,手忙脚乱地把杨培生遗体送回家。丁厨师闻此噩耗,赶到杨家,抱着杨培生号啕大哭,深责自己不该劝好友留下。送葬时,丁厨师还为杨培生披麻戴孝。

这一年,杨培生的儿子杨茂勋才14岁。家里的顶梁柱倒下后,没有经济来源,杨茂勋只好跟着母亲焦氏四处乞讨,15岁那年,第一次走进曾经是祖上成家立业的台儿庄城。

新中国成立前夕,杨茂勋一家在台儿庄城北的腰里徐村落下脚。1950年,杨茂勋的弟弟当了志愿军,赴朝鲜前线作战,立功受奖,回国后提拔为连职军官。可是,杨家仍然一贫如洗,直到合作社时期,杨茂勋还是单身。

一位热心的媒婆,要把赵家姑娘介绍给杨茂勋。姑娘叫赵芙蓉,长得眉清目秀,而且是村里唯一的知识女性。

赵芙蓉的父亲，原名赵界三，拥有上千亩良田，娶了峄县城里大户人家的姑娘邓氏。不久，全家人搬到县城居住，并在西门里置买房产。县城的民风不同乡下，充满各种诱惑，赵界三于是改名赵戒三，提醒自己"戒烟（鸦片烟）、戒酒、戒色"。峄县南关基督教会有意吸收他为教徒，他婉言谢绝，但是与教堂的神职人员相处很好，成为孤儿院的义工。

日本侵略军攻打峄县前夕，赵戒三让家眷到乡下躲避，自己却在城里留守。在侵略军占领县城的当天夜里，赵戒三听到敲门声，以为是来躲避日军的邻居，披着衣服去开门。大门打开，面前竟站着荷枪实弹的日本兵，鬼子上前就是一刺刀，然后把血流不止的赵戒三拖出大门，占领了赵家的宅院。

赵戒三忍着伤痛，爬到城墙外的一个熟人家里，留下一句"仨儿子都要抗日"的遗嘱，血尽而死。

战事稍有停歇之后，赵戒三的家人回到县城。在得知噩耗辨认尸体时，有人向赵戒三的妻儿转述了老先生的遗嘱。

邓氏把眼泪一抹，冲着赵戒三的遗体说："当家的，你的话，我不能全听，有钱不能装在一个口袋里。你的仨儿子，老大投奔中央军，老三投奔八路军，我让老二做生意。"

她转身对仨儿子交代："老大、老三，你们抗日打仗，死活自有天定。老二你记着，做生意，亏了赚了我不管，等到打完鬼子，你一定要给我活着回来！"

送完葬之后，仨儿子各奔前程。邓氏把小女儿芙蓉送进基督教会的孤儿院，带着大儿媳和孙子回到腰里徐村。

仨儿子完全服从母命。老大参加国民党军队，1944年牺牲在抗日战场；老二辗转许多地方，最后在徐州成家立业，抗战胜利后，生了4个儿子；老三费尽千辛万苦找到八路军，抗战结束时已是副连长，后来参加了渡江战役，新中国成立后，为南京工程兵学校副营级教导员。

赵芙蓉在孤儿院读教会小学，后来转到提携街小学就读，直到小学毕业。新中国成立前夕，回到腰里徐。

第十一章 荒漠现绿洲

焦氏对这门亲事满心欢喜。杨茂勋却犹犹豫豫，嘟囔了一句："她家是地主，俺兄弟是军官，我咋能跟这样的人结亲。"

媒婆白了他一眼，尖着嗓子说："哟，大侄子，瞧你说的！人家是喝过墨水的人，知书达礼，模样又俊，若不是地主成分，她家的门槛早就被人踏破了，我还怕她看不上你呢。你兄弟是军官，她哥哥也是军官，比你兄弟的官还大呢！"

"儿啊，赵家闺女贵着呢，她能看上咱家，是咱家的福分。你可不能挑剔人家。"焦氏一听急了，生怕好事黄了，先数落了儿子一顿，转过头对媒婆说，"他婶子，这个主我做了，劳您多美言几句。"

焦氏说罢，进屋摸索半天，拿出一块印花布和一双刚纳好的鞋底，塞到媒婆手上："这双鞋底是孝敬您的，这块布，就当是俺家提亲的礼，让赵家别嫌乎俺家穷。"

杨茂勋嗫嚅着，不知说啥是好，心里却活泛开了。为了传宗接代，也为了有个人暖被窝，原本坚定的阶级立场，瞬间便发生动摇。

经历了土改的赵家，正是背运的时候，对女婿要求不高，只要人踏实就中。很快，这门亲事就成了。

结婚第二年，杨茂勋便有了儿子杨传珍，后来又生了4个儿女，其中两个夭折。

传珍因为姥爷家是地主，小学没上完就辍学，回到村里务农。大队倒没有歧视他，看他喜欢舞文弄墨，让他当了通讯报道员，还兼任民兵连通信员。这次派他参加誓师大会，就是对他的信任。

第一次进城的传珍，行走在进城路上，心里美美的。

从西门进城，果然看到一些老宅瓦房，传珍感到很新鲜。只是有的房子拆一半留一半，再重新垒一垒，墙半旧半新，像是贴了膏药。房顶上，长着瓦松和荒草，给人毛毛糙糙的感觉。立在棚屋中间的高大影剧院，则显得突兀。街道上还能见到磨得发亮的青石板，但是已经残缺不全，破损的地方裸露出黄土。城中心的百货商店，是新建的平顶水泥房，显得不伦不类。百货商店旁边的区委大院，倒是有几分威严，但是那些青砖瓦房，因为古旧，又给人不踏实之感。

誓师大会上，传珍认识一个大他几岁的姑娘，叫杜玉兰，是台儿庄顺河街道的共青团干部。

"啊，你是城里人？"杨传珍对她的崇拜溢于言表。

听说传珍是第一次进城，杜玉兰热情地说："开完会，我领你到城里逛逛。"

区委大院往东百余米的地方，一座工厂屋顶上冒出浓浓黑烟，刺鼻的臭味扑面而来，厂院里堆满橡子壳，臭味就是从这里散发出来的。姑娘说："这是烤胶厂，这些橡子壳是生产原料。"传珍双手捏鼻，被臭味熏得喘不过气。

杜玉兰却满不在乎："我家就住在这里，已经习惯了，不觉得臭。"

一听此言，传珍刚才萌发的满心羡慕，消失得无影无踪。

传珍往东一张望，尽是低矮的茅草房，屋墙的下半截是砖头，上半截也是土墙，与乡下没有什么两样。他没了再往东逛的兴致，杜玉兰便领着他逛顺河街古运河码头。

古运河的水清澈见底，沿河是一排码头，大块的石头磨得精光，一些大娘大婶正在忙着，这边在淘米、洗菜，那边洗衣、刷鞋。

传珍发现一个奇怪现象：城里难得见到一棵古树。那时，他还不知道，台儿庄的古树与老屋旧宅一样，多已毁于战火。

两年之后，杨传珍已经17岁，大概是营养不良的缘故，虽然长了不少个，与其他年轻人相比，还是矮了一头。不过，在村里的年轻人当中，他却是有出息的。这时候，他已经担任大队团支部副书记。这年6月，他第二次进城，参加区人武部举办的"批林批孔"学习班。

一天晚上，乘着皓月当空，顺河街组织年轻人"夜战"，任务是把一条臭水沟填平。人武部要求参加学习班的学员"一起投入战斗"。巧得很，与杨传珍搭档抬筐的，正好是两年前结识的杜玉兰。此时，她已是顺河街道团支部书记兼民兵连长，一个响当当的"铁姑娘"。

第十一章 荒漠现绿洲

这条臭水沟，曾经有一个很好听的名字：月老河。臭水沟不远处，有一处飞檐翘瓦的建筑，在皎洁的月光下形成一个美丽的剪影。

杨传珍问杜玉兰："那是什么单位？"

杜玉兰告诉他："是关老爷庙。"

"关老爷是谁？"那时的杨传珍，头脑里一片混沌。

"就是关公。"杜玉兰也是浑浑噩噩，比他强不到哪里去。

"关公是谁？"

"就是关老爷。"

"关老爷是什么人？"

"关老爷是武圣人。"

"他有啥能耐？"

"能管刮风下雨。每到阴历五月十三的时候，关老爷要磨刀。如果天旱，老百姓就到这里来求雨。男人脱光上衣，敞着头跪在太阳底下求，关老爷就往磨刀石上多洒一些水，落到地上，就变成雨了。"

杨传珍不信鬼神，不相信这种说法，不过，对关老爷却非常好奇。

第二天，他起个大早，跑去看关老爷庙。这一看，让他大失所望。庙里空空荡荡，啥也没有。再看那飞檐翘瓦，也失去了月光下的美。

又隔 4 个月，杨传珍三进台儿庄。不过，这次进城，带给他的不是荣耀，而是屈辱——他是被荷枪实弹的民兵押送进城的。

杨传珍有个远房舅舅，患了精神病，到处嚷嚷说自己要当皇帝，还说外甥杨传珍是他的军师。

如果换成现在，发生这种事，大家只会当作笑话，不会当真。可是在那个荒唐的年代，人人都绷紧了一根阶级斗争的弦，没有的事还会臆想出来呢，何况有人不打自招。

1974 年 10 月 18 日晚上，杨传珍和远房舅舅被五花大绑起来。原先对杨传珍高看一眼的民兵和共青团员，忽然像打了鸡血一般兴奋，对他翻脸无情，拳打脚踢。

饱尝一顿体罚之后，杨传珍被押到城北的台儿庄监狱。在此后的几个月里，是没完没了的严刑拷打。最后，远房舅舅被定为"反革命集团首犯"，很快就被枪毙了。临死前，交代杨传珍与台湾特务有联系，杨传珍被定为"主犯"，继续审问。

那时候，犯人由公安局和人武部共同审讯。办案人员对杨传珍的拷问，是要弄清楚3个问题：通过什么渠道与台湾特务取得联系的？准备采取什么手段颠覆无产阶级专政？上线和下线是谁？

人生经验简单的杨传珍，哪能回答出这么复杂的问题？只好说："求求你们教我咋说吧，我啥都认了。"

办案人员阶级斗争观念很强，哪能轻易放过这条大鱼？于是，又把他母亲赵芙蓉抓进监狱，想从她身上打开缺口。

那段噩梦般的经历，像毒蛇般吞噬着杨传珍，以致时隔40年后，当他面对面向我讲述时，还禁不住浑身颤抖，连话都说不出来，不得不停顿下来，长时间沉默着。

审讯久了，每次提审，杨传珍居然都渴望戴手铐，害怕被绳子捆绑。久而久之，形成条件反射，见到手铐就觉得亲切，渴望赶快给他戴上。因为戴上手铐之后，就逃过了捆绑。

有一次，办案人员把杨传珍拖回牢房，解开绳子，随手把绳子丢在地上。漫漫长夜，月光透过铁窗照进屋里，地上的绳子就像蜷着的一条毒蛇。他忽然动了上吊的念头，可是，想想关在隔壁的母亲，他又不忍心独自逃避。

放弃上吊念头后，杨传珍恨死了那条绳子，一把抓过来，使劲咬，要把绳子咬断，不让它把自己勒死，直到咬得满嘴血肉模糊。他把绳子扔出窗外，害怕到了后半夜想不开，再次萌动自缢的念头。

办案人员折腾几个月，实在得不到需要的口供，就把母子俩交给兰城公社处理。公社几个人审讯了几天，效果还不如区里，又把腰里徐大队的干部和民兵调过来，让他们继续摧残。忙乎一个月，还是毫无收获。眼看从他们身上榨不出料来，于是，有人想出一个损招。

1975年4月下旬的一天，几个民兵把杨传珍母子五花大绑，一个穿旧军装的人宣布:"组织上对他们已经失望,不想再给他们悔过自新的机会,今天下午就拉出去枪毙。"

几个押送的民兵,每人领了 5 发子弹。此时的杨传珍,以为自己和母亲这回在劫难逃。不过,他非但不害怕,反而盼望赶快枪毙,免得再受折磨。

押解路上,不断遇到看热闹的人,其中包括他的女同学。那年头,枪毙人的事经常发生,沿途看热闹的人,眼神显得兴奋而麻木。杨传珍羞愤交加,恨不得地上有条缝钻进去。

经过一片乱坟岗时,穿旧军装的人下令,所有民兵都朝天放一枪,试试枪支是否管用。刺耳的枪声,像钉子一样钻进母子俩的心中。尽管已是暮春天气,脚底仍然发寒。

杨传珍最痛心的,不是自己要挨枪子,而是连累母亲跟着遭殃受辱。

赵芙蓉并不在乎自身的死活,而是心疼儿子。她一遍遍央求押解的民兵:"你们发发善心,别把我儿的胳膊绑得那么紧,给他松松绑吧!"

几个民兵无动于衷,对他们推推搡搡,催着他们赶路。

听了母亲的话,杨传珍的心都碎了,狠狠心,朝母亲吼道:"马上就枪毙了,要胳膊还有什么用!"

几个民兵在后面挤眉弄眼,你一言我一语:"赶紧交代吧,现在交代,还能宽大处理,留条命。"

杨传珍闭口不言。

赵芙蓉还在央求:"我的孩子自小就安分守己,犯法的事从来不干,你们行行好,放了他吧,要枪毙就枪毙我。"

一个姓张的民兵凶巴巴地说:"啰唆什么!如果你们交代了,两个都没事,不交代,两个都毙了!"

杨传珍对母亲说:"您不要再叨叨了,他们是阎罗手下的小鬼,你和他们说话,等于白说。"

那个姓张的民兵,举起枪托,朝着杨传珍后背捣了一下:"死到临头,还嘴硬!"

走到刑场之后,穿旧军装的人下令:"全体民兵请注意,先不要开枪,再给他们一个小时的机会，如果老实交代，可以宽大处理。"

杨传珍不愿再等待一分钟，他巴望赶快开枪，结束这无边的耻辱和恐惧。

沉默大约半个小时，那人悻悻宣布，今天不枪毙了，押回去继续审讯。

赵芙蓉千恩万谢，杨传珍却无动于衷。

这个案子本来就破绽百出，有正常思维的人能轻易判断出真假。然而，在那个荒诞、疯狂的岁月，一切反常都成了正常。有些人是缺失了正常判断力，有些人是不敢挑明真相，也有人想捞点政治资本。

兰城公社是个烂摊子，一把手无能，遇事推诿，其他成员相互拆台。上面为了"抓革命，促生产"，任命提文彬为副书记，主持日常工作。提文彬是个老革命，正直善良，头脑清醒而又敢于担当。

民兵都是农民，毕竟不同于公安和人武部人的素质，折腾这么长时间，见这母子俩实在不像是反革命或者特务，也就渐渐懈怠下来，经常把他们用绳子一绑，扔到一边，敞着门，溜到旁边，顾自吃饭、聊天、打牌、睡觉。

提文彬对这个荒唐的冤案心知肚明，开始，他觉得这是上级办的案子，自己不便过问。可是，时间一久，他发觉区里已经把这个案子忘到脑后了，当包袱一样扔给公社，再也没有人过问。

一天深夜，他路过关押室，看到五花大绑的杨传珍母子瘫在地上，看守他们的民兵不知溜哪去了，动了恻隐之心，心一横，自作主张为他们解开绳子，领到自己办公室，对他们说："你们就在今天夜里逃跑吧，事大事小，一跑就了，什么反革命不反革命，只要离开这个是非之地就没事了。"

说罢，他写了张条子，交给杨传珍，嘱咐道："你们到峄城区，拿着这张条子找区委书记赵新哲。"

母子俩喜极而泣，赶紧跪下给提文彬磕头。然后相互搀扶着，深一脚浅一脚地消失在夜幕中。

杨传珍清楚地记得那个日子：1975年4月27日。从那以后，他把这个日子当作自己的重生日。

到了峄城区驻地，传珍通过叔叔找到赵新哲书记。赵新哲看了条子，当即把母子俩安置到甘露沟公社一个叫河湾的小村庄。杨传珍的叔叔刚任这个公社党委书记不久。赵新哲把这家人交给他监护，绝对放心。

自从赵芙蓉被抓后，杨茂勋在家照看两个孩子，整天惶惶不可终日。杨传珍和母亲安顿下来后，托亲友悄悄带口信给他。杨茂勋舍弃一切家当，避开别人的视线，带着孩子偷偷逃了出来。

河湾村的人很善良，热情接纳杨茂勋一家，生产队把集体的房子腾给他们居住，过几年又作价卖给他们。

峄城区虽与台儿庄区毗邻，毕竟是不同辖区，互不干涉，加上交通不便，信息闭塞。何况明眼人一看，就知道这是个冤案，也就没人再做追究。两个月后，赵新哲又与台儿庄区委书记黄维芬、政治部主任沈怀义交涉，凭着与对方的私人交情，把杨家的户口迁了过来。

转眼到第二年，中国发生一连串的大事件：周恩来总理逝世，唐山大地震，朱德委员长逝世，毛泽东主席逝世，"四人帮"垮台。大家都为国家的前途深深担忧着，不再有人关注杨家这些小人物的命运。杨家得以苟且偷生。

随着形势的变化，环境越来越宽松。杨家在河湾村安居乐业，直到今天，杨家依然对那个充满爱心的小村子心存感激。

从对台儿庄的向往、失望，再到伤心绝望。杨传珍对台儿庄的感情五味杂陈。他以为，自己再也不会踏入这块土地了。

没想到，命运捉弄人，也造化人。时隔8年，杨传珍这个曾经是台儿庄的阶下囚，竟然成为区政府的座上宾。

说起来，这要归功于杨传珍的父母。

1977年的一个傍晚，杨传珍听到一个特大消息，情绪激动地跑回家，对父母说："兰城公社出事了！"

原来，峄城区委书记赵新哲，前不久调任枣庄市委组织部副部长，主持工作。他派了一个工作组，进驻兰城公社，准备查清杨传珍那个反革命案到底是怎么回事。

没想到，一把手书记以为是来查他的问题，十分心虚，第二天竟用菜刀砍了自己的头，没死成，被人送到医院抢救，由看管人员日夜盯着。

工作组跟到医院，那个自杀未遂的书记主动交代，说自己和武装部长同时与妇联主任通奸，而妇联主任的丈夫，是副团级的现役军人。工作组立刻对武装部部长隔离审查。

当工作组准备找妇联主任谈话时，得到消息的妇联主任往两个孩子身上泼上汽油，母子仨抱在一起，拉响了手榴弹。

随着调查的深入，公社的另两个领导，交代了奸污女知青的行为。短短四五天时间，7个公社常委，两个自杀未遂，3个被逮捕。副书记提文彬被任命为书记，另一个私下里保护杨传珍的常委，调到区里工作。

当天夜里，杨家压低着嗓子，商量着如何洗刷冤屈。杨传珍兴奋地说："我去兰城公社反映，要不就去市委组织部，找俺赵大爷。"

杨茂勋说："算了吧。咱们刚过上安稳日子，你别再找事了。"

赵芙蓉说："我今天听广播，国家恢复高考，你能考大学了！"她读过6年书，深信知识可以改变命运。

杨传珍头一扭："我不考学，我咽不下这口气！要让害我的人统统遭报应！"

杨茂勋说："人报不如天报。两年前，你有本事砍公社书记一刀吗？你能动得了武装部部长吗？还是听你娘的，考上大学，将来地位超过害你的那些人，比下力气报仇划算多了。"

"考大学？做梦吧！我连小学都没毕业呢。"杨传珍沮丧地说。

"甭担心，娘有办法，只要你肯吃苦。"赵芙蓉信心满满。

杨传珍苦笑一声："吃苦？还有什么苦能赶上坐牢呢？让我天天吃黄连，也比受刑好受。"

赵芙蓉也真有办法，她把村子里几个上过初中、高中的孩子都请到家里来，供他们吃、留他们住，让他们集中复习，唯一的要求就是让他们当传珍的老师。

杨传珍也看到了命运的一线曙光，没日没夜地学，恶补了一冬天的中学文化。

奇迹发生了：杨传珍被枣庄卫生学校录取。尽管是中专，却能农转非，毕业后分配正式工作。

邮递员送来录取通知书那天，村里轰动了，乡亲们摇头叹息："老天长眼，苦尽甘来！"

送走上门贺喜的乡亲，杨传珍和母亲抱头痛哭了一场！

多少年了，命运一直攥在别人手里，这次终于自己做了回主，苦难的日子总算熬到头了！

1980年春天，中专毕业的杨传珍先在医院工作一段时间，调到峄城区防疫站工作。上班后，正赶上区里搞科技人员大比武，他收集卫生系统大比武的情况，写了篇题为《迎新答卷》的通讯，被区广播站录用。

主持卫生局工作的副局长荆好成听了广播后，觉得稿子写得不错，问是谁写的，听说是个毕业不久的小伙子，爱才的荆好成就把杨传珍调到区卫生局当秘书。此时，杨传珍到防疫站上班才两个星期，凳子还没坐热呢。

调到卫生局之后，峄城区推行联产承包责任制，让每个局派一个人到农村搞调查，卫生局派杨传珍去。杨传珍在甘露沟公社几个村蹲了十多天，针对包产到户后农村发生的变化，写了1.5万字的调查报告，抄得工工整整。而其他业务局的调查报告，只有一两千字甚至几百字。

这份调查报告，再次改变杨传珍的命运。区委书记王允琳看后十分赞赏，当即拍板："把他调到区委办公室，给我当秘书。"

就这样，杨传珍离开刚待半年的卫生局，成为区委书记王允琳的秘书。他跨进区委办公室的那天，是1980年10月18日，正好是遭到逮捕的6周年。对杨传珍来说，这又是一个值得纪念的日子。

杨传珍被区委书记亲自点将，成了区大院的一大新闻。很多人都在打听杨传珍的背景，也有人当面问他。开始，杨传珍老老实实说："我父母都是农民，哪有什么背景。"那些人不相信，仍缠着他刨根问底。

杨传珍被问烦了，心一横，索性往大的说，瞎编了一个背景："我舅舅和市委书记在抗日战争时一块儿打游击，他们是战友。"

没想到，那些人果然相信了，从此再也没人问他。在他们看来，这才是区委书记重用杨传珍的真正理由。

1983年初，临近春节，杨传珍领受一个任务：代表峄城区委办公室，到台儿庄区委办公室走访。办公室主任特地给他派了辆吉普车。

坐在象征身份的吉普车里，望着窗外急速倒退的白杨树，杨传珍百感交集，是扬眉吐气？是触景生情？是黯然神伤？他也说不清楚。但有一点，他可以肯定，他终于告别过去的苦难岁月。

到了台儿庄区委，杨传珍受到区委办公室主任的热情接待，非要拉他去喝两杯。杨传珍死活不肯，生怕自己喝大了管不住嘴。虽然已脱离苦难，但心底的伤痕实在太深了，一想起来，心尖就会颤抖。

他细细打量台儿庄。房屋还是那些房屋，街道还是那些街道，人似乎还是那些人。不过，他心中的感受却完全不同。

他清楚地记得，第一次走近台儿庄时，怀着朝圣般的虔诚，那时的台儿庄令他神往。

他不会忘记，当他身陷囹圄、受尽折磨摧残时，台儿庄是那么冷酷、狰狞，令他伤心绝望。

这次，当他成为台儿庄座上宾时，台儿庄又变得亲切、热情，给他隐隐作痛的创口投上一层光晕。可是，那个自称能当"皇帝"的疯子舅舅，却早就化作一堆白骨了。

银幕再现

当杨传珍眼里的台儿庄从冷酷、狰狞变成亲切、热情时，远在北京的两个年轻人，对它已是一往情深，向它投来热切的目光。他俩一位叫田军利，文化部共青团负责人；一位是他的好友费林军，电子工业部电视录像室编导。

一个偶然的机会，田军利得到一本《李宗仁回忆录》，深为台儿庄战役所震撼。20世纪80年代初，正是文学艺术的兴盛时期，田军利萌发一个念头：将这场战役搬上银幕。他与费林军一拍即合，两人查阅了大量资料，走访了许多参战者和目击者。电影文学剧本《血战台儿庄》数易其稿后，发表在 1983 年第 4 期的《八一电影》上。

不过，剧本中的主人公并非是李宗仁，而是张自忠。两位作者的考虑是：与其他国民党将领相比，张自忠没有参加过内战，在抗日战场牺牲后，中共中央在延安为他举行隆重的追悼会，毛泽东亲笔题写挽词"尽忠报国"，人民政府后来还追认他为革命烈士，以他为剧中的主人公不会有政治问题，电影审片容易通过。

然而，剧本发表 3 年却无人问津，只有八一电影制片厂导演杨光远慧眼识珠。

杨光远是山东城武人，台儿庄大战时只有 8 岁，17 岁参加解放军，当过号兵、营部文书，干过专职摄影，1952 年到八一电影制片厂学习电影摄影技术，长期拍摄纪录片和军事教育片，1979 年开始拍摄故事片，作品有《归心似箭》、《花枝俏》、《许茂和他的女儿们》、《琵琶魂》等，1983 年后开始担任导演，与人合作导演了《再生之地》。

杨光远找到八一厂领导，推荐《血战台儿庄》剧本，建议搬上银幕。

"什么？拍台儿庄大战？"厂领导惊讶地瞪大了眼，"咱们是解放军的电影厂，哪有解放军拍国民党电影的？"

杨光远想想也是。国共两党水火不容，谁敢公开宣传国民党？既然厂领导顾虑重重，他也没这个胆量。那个年代，改革开放虽有几年，思想禁锢毕竟没有打开。

转眼到了 1985 年，适逢抗战胜利 40 周年，中国人民革命军事博物馆抗日纪念馆首次展出正面战场部分，《人民日报》也在 8 月 25 日刊载《台儿庄光照人间》的文章。这些动作，传递了一个极其重要的信息：长期以来一直受到贬斥的国民党正面战场，开始得到中共官方承认。

北国之春的信息传到南国时，激活一个人的念头。他叫陈敦德，广西电影制片厂文学部主任。他猛一击掌："我要帮成荫院长圆梦！"

陈敦德所说的成荫院长，是电影学院原院长、著名导演。1982 年，陈敦德在电影学院进修时，成荫和他聊过一件往事：

台儿庄涅槃

　　1965年，李宗仁从海外归国时，周恩来总理亲自到机场迎接，还在人民大会堂举行盛大的欢迎宴会，有一桌嘉宾是周恩来请的新中国电影界人士。那时，成荫是北京电影制片厂导演，也在应邀之列。

　　席间，周恩来端着酒杯，来给电影艺术家们敬酒。一杯酒下肚后，他特地走到成荫身边，对他说："今天李先生从海外回来，我看他有两件事今后可以拍成电影。一是1938年指挥国民党杂牌军取得台儿庄大捷，一个就是今天归根。"

　　成荫知道，总理并非无心之语，这是给他交代任务哩。他使劲点头，回答说："请总理放心，我一定完成这个任务！"

　　周恩来拍拍成荫的肩膀，笑着说："好，好！"

　　然而，成荫尚未开拍，"文革"就爆发了，这事就一直耽搁下来。不过，成荫心里铭记着总理的嘱托。

　　成荫对陈敦德说："李宗仁是广西人，台儿庄战役时他是第五战区司令长官，希望你将来回广西厂后，能配合我拍这部戏。"

　　陈敦德郑重答应。

　　然而，两年后，成荫却猝然去世，抱憾终生。

　　陈敦德一直记得成荫的那番话，见时机来了，他向厂领导建议拍摄台儿庄战役。这时候的形势，已不是两三年前了，何况拍的是广西名人李宗仁，厂领导果断答应。

　　广影厂是个小厂，缺乏拍战争大片的经验和实力。厂领导派陈敦德北上，请杨光远执导。

　　杨光远欣然应允，当即推荐电影文学剧本《血战台儿庄》。

　　不久，广西厂花3000元买下剧本的拍摄版权。这样的价格，在当时算是高价。

　　陈敦德读了剧本后，与杨光远商议："这个剧本中的主人公是讲张自忠，不是李宗仁。我觉得，这既与历史不符，也无法替成老还愿。我看，是否将剧本改为以李宗仁为主线，把写人物的命运改为表现整个事件的背景、过程和结果,用纪实性风格,按照历史事实来写,这样可使影片具有一个宏大的历史感。"

杨光远思忖之后,点头赞同:"你说得很有道理,就这么办!还有,影片不要用闪回,而是按时间顺序前进,突出历史的真实性,通过事件本身的生动、感人、真实,来增强银幕的冲击力量。"

他俩把构想告诉田军利和费林军,请他俩重新改写剧本。两位作者几易其稿,后又经过多方研讨,剧本前后修改 17 稿。

这是大陆第一次拍摄国民党正面战场重大战役的影片,社会各界高度关注。有些人不解:共产党怎么能去歌颂国民党,表现他们打了胜仗呢?也有人担心:拍这样的影片不仅经济上冒风险,政治上恐怕也难通过。一时间,社会上议论纷纷。

八一厂的一些老同志好心地劝杨光远:"拍这个干什么,我们党的抗战题材还没拍完呢。"

杨光远回答:"国民党军队抗战本身也是中国军队的抗战,这是抗日战争,不是党派之争。"

杨光远的妻子汪友茂则坚定地支持他,对他说:"你想拍,就去拍,现在不可能再打成右派了。"

在大陆的一些国民党老军人开始也不理解。郑洞国曾参加过长城古北口战役、平汉路保定会战、台儿庄大战、徐州会战、昆仑关战役,还担任中国远征军第一军军长,参加收复缅北要地密支那攻坚战。在台儿庄大战期间,他是汤恩伯二十军团的第二师师长。杨光远去采访他时,他不愿接受采访,说:"你们一拍国民党,就是歪戴帽,斜楞眼,都是反面的角色。"

杨光远把自己的设想和盘托出,诚恳地说:"我是直面历史的,是实事求是的,你放心,我不会歪曲这段历史的。"

郑洞国这才放心,详细讲述了台儿庄战役的经过。

台儿庄血战时,李仙洲是驻守枣庄地区的国民政府九十三军军长。杨光远辗转打听到他的住址,登门拜访。老将军已 95 岁高龄,听罢既惊讶又感动:"共产党拍台儿庄,我还真转不过这个弯来。"他兴之所至,眉飞色舞地介绍起作战情况。临别时,老将军执意把杨光远送到大门口,还庄重地行了个军礼。

1985年11月1日,《血战台儿庄》剧本座谈会在北京举行,电影局局长石方禹亲自主持。中宣部、文化部、军事科学院等一些负责人、专家,第六届全国政协副秘书长程思远以及郑洞国、覃异之等原国民党高级将领应邀出席。

会上,程思远的两句精彩之言,让与会者频频点头:"未来的这部影片,将拍出两个人物的形象:一个是在银幕上拍出国民党官兵当年抗战的形象;另一个是在银幕后的中国共产党人胸怀博大、高瞻远瞩、实事求是的形象。"他欣然出任该片顾问。

在后来的影片拍摄过程中,郑洞国、郑庭笈、覃异之等参加过台儿庄战役的老将军,也倾其所知,热情给予指导。

就在这时,80岁高龄的荷兰著名电影导演伊文思访华。刚下飞机,听说有个关于台儿庄会战的剧本座谈会,主动要求参加。会上,他介绍自己47年前在台儿庄的情况,使主创人员大受裨益。

后来,《血战台儿庄》中的"人梯渡桥"、"运河鏖战"等画面,都是取材于伊文思的纪录片《四万万同胞》中的真实镜头。

杨光远到台儿庄实地选景时,发现历经40多年的风雨侵蚀,原来的战斗遗址已经所剩无几,于是在原址上再造或修复一些重要场景,如名为中正门的大北门、中正门附近的清真寺等。这些场景并非是临时结构,而是与原建筑几乎雷同的永久性建筑,清真寺的墙仍是经受过战火的原墙。这些复原的建筑,成了今天台儿庄的大战遗址标志物。

1986年2月5日,广西电影制片厂正式成立《血战台儿庄》摄制组。2月16日,大年初六,开赴山东外景地。由于这部电影场面很大,需要两位导演,另一位是翟俊杰。电影共拍摄4个多月。

济南军区政委迟浩田亲自过问,派出一支800人的优秀部队参与拍摄。这些优秀战士表现出过硬的军事素质,为影片添彩不少。两军拼刺刀的戏,真实得犹如实战;为了拍好激战后的惨烈镜头,战士们保持一个姿势,一动不动躺在地上几个小时。

整个拍摄过程中,现场的数百名群众演员,均由台儿庄百姓临时扮演。虽然都是免费义演,但群众都非常配合,表现出极大的热情。

拍摄守城部队炸断运河浮桥的场面时,由于出现一个小失误,浮桥提前爆炸,轰隆一声巨响,顿时水柱冲天,把在场的全浇成落汤鸡,碎木板满天乱飞,毫无经验的群众演员吓了一大跳,现场一片混乱,幸好没有人受伤。

按照剧本设计,影片结尾原本是"敲锣打鼓庆祝胜利"。杨光远从台儿庄政协获得一本小册子,里面收集了战地记者陆诒等当年采写的文章,陆诒对战后战场的生动描写,让杨光远深深震撼。他大受启发,果断决定修改结尾。

观众后来看到的结尾,展现出一幅"血肉长城"的意境:在长达4分钟的镜头中,城墙犹如废墟一般,余火仍在燃烧,天空弥漫着浓烟,仿佛能嗅到呛鼻的焦糊味,日军的坦克成了一堆废铁,成百上千具尸体铺成一条血路,相互交叠在一起,只能从灰色军装和黄色军装上判断出敌我,城墙最高处,迎风飘扬着一面青天白日旗,旗面已经残缺不全,天空中回响着激昂的《义勇军进行曲》……

9月15日,《血战台儿庄》完成送审的混录双片。这部影片的剧中人物,从总指挥到营长,所有重要人物都是真实的,只有部分小人物虚构。影片成功刻画了李宗仁擅于用人、临危不乱、运筹帷幄的形象,比如,举荐和激将张自忠反映出他的知人之智,收留谁也不要的川军说明他的容人雅量,明知韩复榘凶多吉少却故意装糊涂透露出他的老于世故,委婉地请求蒋介石不要越俎代庖表现他的先见之明……

影片除了正面塑造李宗仁、张自忠之外,蒋介石、白崇禧、韩复榘、池峰城、孙连仲、王铭章、庞炳勋等历史人物都得到比较真实的再现。

尤其值得一提的是,影片一改往日电影对蒋介石形象的丑化,依据抗战初期的历史,把握住"抗日将领"的基调———他有偏袒嫡系的小心眼儿,但也有阻止日军猖狂攻势的决心和气魄;在为王铭章举行的葬礼上,他潸然泪下,在讲话时适逢敌机来袭,其他将领担心他安全,都劝他避一避,他慷慨陈词:"慌什么,我们身为军人,要以王师长为榜样,临危不惧!"

这些正面展现蒋介石形象的镜头,在新中国电影史上还是破天荒第一次。

影片虽然拍摄得很成功,杨光远的心里却不轻松,因为能否通过电影局的审片,他心里并没有底。

这时,他忽然想起毛泽东的那句评价:"每个月打得一个较大的胜仗,如像平型关、台儿庄一类的,就能大大地沮丧敌人的精神,振起我军的士气,号召世界的声援。"

"对,请毛主席老人家为我撑腰!"杨光远灵机一动,找了一卷有《论持久战》的《毛泽东选集》,随身携带着,以备若有人指责影片的主题时,用毛主席这段话来抵挡。

审片会的规格出乎意料地高。10月22日晚,分管意识形态的中共中央书记处书记习仲勋、中央统战部部长阎明复、第六届全国政协副秘书长程思远,还有军委及统战部、中宣部、文化部、电影局等各部门的领导汇集电影局,审查影片《血战台儿庄》。

习仲勋看完影片后,紧紧握住杨光远的手说:"谢谢你拍了这部好影片!审片会没提出任何删改意见,审查顺利通过。"

然而,就在杨光远长长舒口气时,出现一个意外。第二年1月,就在影片即将放映发行时,广西厂接到一个莫名其妙的通知,要求停止洗印和发行影片《血战台儿庄》。大家的心境跌到了谷底。

就在杨光远心灰意冷时,2月18日,电影局又传达中共中央书记处关于该影片发行的指示。内容有3点:今年是台儿庄战役49周年,该片可以在全国发行放映;有人提出要在片头添加一段毛泽东语录,可不加;有人提出要删掉影片中"蒋介石不怕日机轰炸"的细节,删或者不删,由艺术家们自己去决定。

杨光远事后才得知,这一波三折的背后,曾经有着激烈的较量:审片会开过不久,这部影片意外引来一场口水仗,有关部门顶不住压力,不得不决定暂时停止洗印和发行。此事闹到中宣部,中宣部也拍不了板,只好呈报中共中央书记处。直到习仲勋做出上述 3 条指示后,风波才算平息。

《血战台儿庄》在全国上映后,观众反响十分强烈,相继获得第十届大众电影"百花奖"最佳故事片奖,第七届中国电影金鸡奖最佳影片奖提名和最佳编剧、化妆、烟火等奖项,还有广播电影电视部优秀影片奖、中国政府授予的特别奖——反法西斯战争优秀影片奖,并被评为新中国"百部爱国主义教育影片"之一。

两岸融冰

在杨光远的创作生涯中,从来没有一部影片,会像《血战台儿庄》这样牵动人心。

1986 年 6 月,身在美国的李宗仁儿子李幼邻得知拍摄电影的消息后,马上赶回祖国探亲。飞机一落地,他就迫不及待地说:"我先不去宾馆,现在就带我去看电影。"

接机的陈敦德挠挠头,有些为难:"电影还在最后制作中,音乐还没有合成。"

李幼邻连连说:"没关系,没关系,我就想马上看到。"

在请示电影局后,陈敦德只好带着李幼邻直奔制作室,让他观看没有音乐合成的样片。

看了不到 10 分钟,李幼邻的眼泪就哗哗地流下来。陈敦德惊讶地发现,整个观看过程,李幼邻一直不停地揩眼泪,甚至语带哽咽。

看罢之后,李幼邻紧紧握住李宗仁扮演者邵宏来的手,使劲摇着说:"太像我父亲了,太像我父亲了!"话音未落,眼泪又夺眶而出。

影片公映后,杨光远去加拿大访问,邂逅一位国民党退休少将。双方聊起来后,这位退休少将方知他就是《血战台儿庄》的导演,不由得肃然起敬,紧紧握住他的手,感慨地说:"中国共产党有这样的胸怀来拍摄台儿庄大战,了不起！"

有一次，杨光远正在同大学生座谈。一个中年男子搀着一位老太太，探头探脑地进入会场，说是要见杨导。杨光远站起来说："我就是，请问你们是？"

那位老太太一听，顿时泪如雨飞，要给杨光远下跪。杨光远慌忙拦住，扶着老太太坐下，让人倒了两杯水，和蔼地对老太太说："您别急，有话慢慢说。"

旁边的中年人自我介绍说："我的父亲是池峰城，这位是我的母亲。"

杨光远一听，肃然起敬："哎呀呀，原来是抗日老英雄的家人，失敬失敬！"

池峰城的儿子向杨光远道出原委："父亲虽然是抗战英雄，但由于后来打过内战，所以一直没有得到过积极评价，家人也受到连累，几十年来处境坎坷，过得很艰难。看到父亲在电影中被塑造成英雄，我们全家人都激动不已，我母亲更是哭成泪人，把您当作恩人，一定要当面向您表示感谢！"

杨光远听罢感慨万端，诚恳地对他们说："你们不应该谢我，我只是个导演，影片能够拍摄并公映，完全来自于共产党客观对待历史的决心，来自于祖国大陆对海峡对岸的感情。"

在审查《血战台儿庄》影片时，阎明复就敏感地意识到，这部影片可以在对台工作中发挥积极作用。他对杨光远说："你这部电影抵我们好多年统战工作，我一定要把这部片子送到台湾去。"

出乎阎明复的意料，他还没有着手做这件事，影片便以一种独特的方式进入台湾。

1987年4月，《血战台儿庄》在香港举行首映式，受到观众热捧，票房收入居第三名。

台湾"中央通讯社"香港负责人谢忠侯看完影片后，抑制不住激动心情，破例要通蒋经国的电话，迫不及待地报告："我刚才看了中共在香港上映的一个抗战影片，讲的是国军抗战打胜仗的，名叫血战台儿庄，里面出现了先总统的形象，跟他们以前的影片形象不同，这次形象是正面的。"

"哦？"电话那端，蒋经国沉稳的口气有点惊讶，"你详细说说看。"

"比如说，王铭章师长在滕县保卫战中牺牲后，先总统亲自为他主持追悼会，遇到日本飞机来扫射轰炸时，先总统临危不乱，依然发表讲话，神态镇定自若。"谢忠侯兴奋不已，滔滔不绝。

听罢谢忠侯的报告，蒋经国一改往常沉稳、低缓的语气，急切地对他说："你赶紧给我找一个拷贝来看看！"

"是，我马上去办！"谢忠侯领命。

当时，香港尚未回归。谢忠侯知道，新华社香港分社是大陆政府的驻港办事机构。于是，他径直找到新华社香港分社负责人，告知此事，请他帮忙。香港分社负责人一听非同小可，当即向中央报告。

最终，报告摆到中共中央总书记胡耀邦的办公桌上。胡耀邦当即挥毫批示："可以将此影片传至台湾。"

一部影片，就以这种奇特的方式，将两岸最高领导人的心连在一起。

广影厂接受任务后，精心复制了一盘拷贝，通过新华社香港分社负责人交给谢忠侯。谢忠侯不敢怠慢，立刻亲自专程送达台北。

影片拷贝送达蒋经国办公室后，蒋经国急欲先睹为快，当即放下手头工作，就在办公室旁边的小型放映厅观看起来。

看完影片后，蒋经国仰靠在沙发后背上，闭目沉思，没有发声，手指轻轻敲击着沙发扶手。良久，他睁开眼，做了个手势，放映厅的灯光缓缓亮起来，在场的人注意到，他的眼里闪着光。

蒋经国一扬手，立刻有人趋步上前。蒋经国吩咐道："立刻通知下去，召集中常委全体人员，观看影片。"

人员很快到齐，蒋经国又看了第二遍。这样的事情，过去从来没有过。

放映过程中，与会者个个屏气凝神，心灵受到极大的震撼——为影片的画面，更为影片背后的政治意蕴。

观看结束后，蒋经国转向大家，若有所思地说："这部影片虽然没有全面完整地展现台儿庄大战，但国共两党你死我活斗几十年，中共能同意拍到这个程度,已经相当不错了。从这个影片看来,大陆已经承认我们抗战了,这个影片没有往我父亲脸上抹黑,这是一个很大的进步。看来,大陆(对台湾)的政策有所调整,我们相应也要作些调整才是。"

年迈的宋美龄听说大陆拍了这样一部影片,也十分关注,接连看了两遍。

其实,自20世纪70年代末开始,大陆就调整对台方针政策,倡导和加强两岸人民往来,通过政治谈判实现国家统一。

1979年元旦,全国人大常委会发表《告台湾同胞书》,第一次具体提出和平统一祖国的设想,提出"通邮、通商、通航"的"三通"政策,并停止炮击金门等岛屿,结束了两岸持续30年的军事对抗。

1981年9月30日,全国人大常委会委员长叶剑英发表对台工作的9条建议,史称"叶九条",再次重申坚持一个中国,反对"两个中国"的立场。

1981年10月9日,胡耀邦以中共中央负责人的身份邀请蒋经国等来大陆和故乡看一看。

1982年7月24日,廖承志致蒋经国公开信,次日《人民日报》全文发表,开启海峡两岸和平接触之门。

《血战台儿庄》在台湾上映后,宛如一石击水,同样激起不小的涟漪,许多报刊纷纷载文高度评价,一些国民党将领也称赞道:"中共有这样的胸怀来拍摄台儿庄大战,真是了不起!"

大陆的这些友善之举,在岛内外产生空前热烈的反响,强烈冲击了国民党僵化的"不接触、不谈判、不妥协"的大陆政策。国民党当局开始调整大陆政策,放弃武力反攻大陆的方针,从而使两岸关系进入和平对峙的新时期。

廖承志的公开信发表后,表面看来风平浪静的海峡两岸,其实已经暗流涌动。蒋经国的密使沈诚,以香港商人的身份三度北上,暗中传递海峡两岸的信息,特别是最后一次的1986年10月,根据蒋经国"加速与大陆最高领导层沟通"的明确要求,他设法见到邓小平、杨尚昆、叶剑英、邓颖超等中共最高领导人。

1987年3月19日,沈诚返回台北,将一封中国国家主席杨尚昆的信函亲手交到蒋经国手上。蒋经国如获至宝,对杨尚昆的信反复研读。6天之后,他在慈湖书房召见沈诚,对沈诚说:"我觉得中共是有诚意的,国共两党中央层次对等谈判是可行的。"

1987年7月15日,台湾正式宣布,废除已实施38年的"戒严令"。

同年10月15日,蒋经国终于抛弃自己制定的"三不"政策,宣布开放民众赴大陆探亲。这是海峡两岸隔离38年后,台湾首次开放在台人员回大陆探亲,两岸坚冰开始悄然融化。

12月7日,蒋经国对沈诚说:"1月初将在国民党中常会上讨论赴北京谈判的人选。"

然而,天有不测风云。就在两岸曙光在前时,1988年1月13日,蒋经国在台北突然病逝。

中共中央立刻向台北发去唁电,对蒋经国的不幸逝世深表哀悼,肯定他坚持一个中国、反对"台湾独立"、主张国家统一、为两岸关系缓和做出的努力。

树碑立传

就在孤寂的台儿庄重新引起人们注意时,台儿庄也在悄悄嬗变。

1987年2月,徐以铭调任中共台儿庄区委书记。这一年,他37岁,风华正茂,是当时全省最年轻的县(市、区)委书记之一。

徐以铭是沂蒙山区的沂水人,从工人一步步成长起来,调任台儿庄前,当过3年枣庄市物资局局长,结下了广泛的人脉。

枣庄市有五区一市:薛城区、峄城区、市中区、山亭区、台儿庄区和滕州市。徐以铭上任时,台儿庄有25万人口,年财政收入仅500万元,人口规模和经济实力在枣庄添末席,省财政每年还要补助68万元。山东是独立电网,唯有台儿庄区接毗邻的江苏电网。整个台儿庄区没有一部程控电话,徐以铭办公室用的电话是手摇机,号码仅两位数。全区没有消防车队,只有工商银行和农村信用社。

徐以铭年轻有闯劲，当了 6 年的区委书记，没有穿过西装，整天穿着一双黄胶鞋东奔西走，借助当物资局长攒下的人脉，修路、建桥、架电网、挖环城河、装程控电话，一点点完善基础设施，拉开城市框架。

直到今天，台儿庄的老百姓依然对他念念不忘，说多亏他当年基础打得好，才有现在这样的城市规模。

但是，最让老百姓津津乐道的，是徐以铭干了一件轰轰烈烈的大事：建起台儿庄大战纪念馆。

一部《血战台儿庄》，让久被遗忘的台儿庄声名鹊起，重新进入人们的视野，不少人慕名而来，参观大战遗址。然而，除了广影厂建的几处拍摄景点外，可供参观的大战遗址难觅踪迹。每次看到客人失望的样子，徐以铭觉得汗颜。

1990 年，山东省社科院一位学者给枣庄市委、市政府写信，建议建一座台儿庄大战纪念馆，市领导批示给徐以铭，让他拿个意见。

这正中徐以铭下怀。此前的 1985 年 8 月，在台儿庄举行的"纪念抗日战争胜利 40 周年座谈会"上，曾有人动议建设台儿庄大战纪念馆，但没有了下文。

建纪念馆需要钱，市里答应出 50 万元，其他钱得靠区里自己筹。当时，区财政收入全年只有 3000 万，家底太薄。

区、市没有钱，徐以铭就找省里要。他兴冲冲地跑到省计划委员会，向一位副主任说明来意，恭恭敬敬递上一份报告。

这位副主任皱着眉头，耐心地听他把话说完，漫不经心地把报告草草浏览了一遍，随手往桌上一扔，一句话就把他撅了回去："共产党的事我还办不完呢，还给你办国民党的事？"

碰了一鼻子灰的徐以铭并不甘心："既然我是给国民党建馆，那就找国民党吧。"他列了一份名单，都是参与指挥台儿庄大战的国民党重要将领，设法给他们的后代去函，请他们募捐。然而，这些信函全都泥牛入海，没有一个回复。

这招行不通，徐以铭又想出一招。他把几家区属企业的头头找来，逼着他们凑份子。

这些企业隶属区政府管辖，企业老总的任命权在区委，自然不敢公然违抗，但是心里是不愿意的。

有位企业老总将了徐以铭一军："咱们是共产党领导的企业，拿钱帮国民党树碑立传，这样做合适吗？"

另一位企业老总干脆直言："徐书记，您是共产党的区委书记，可得讲政治，不能犯政治错误。"

"是啊，这要搁在'文革'，我连想都不敢想，话刚一出口就会被扣上大帽子。"徐以铭说，"但是，改革开放已经十多年了，再这么想，就是观念落伍了。《血战台儿庄》电影不是大张旗鼓地为国民党做宣传吗？"

企业老总们低着头不吭声。徐以铭环视着他们，目光如炬，语气凝重："我们不能忘记共产党与日本人打，也不要忘记国民党同日本人干。大家都是中国人，都是我们的前辈，他们为了抗击侵略者，为了中国同胞不做亡国奴，为了中华民族不受外侮，连命都丢在这了，作为他们的后人，我们难道不该为他们树碑立传，不该让我们的后代记住他们吗？"

说到这里，徐以铭端起桌上的茶杯，咕嘟咕嘟喝了两口水，越说越激动："如果我们还持这么狭隘的观念和偏见，他们如果地下有知，该是多么寒心！要说讲政治，这才是讲政治！如果这会犯政治错误，那我甘愿犯错！"

徐以铭的一番慷慨激昂，让大家心头一震。他们抬起头，争先恐后地说：

"徐书记，您不用说了，道理我们懂了，我们不会让先烈们寒心！"

"需要我们出多少钱？只管说！"

看到大家踊跃的样子，徐以铭感到莫大宽慰。他宽慰的，不是解决了资金困难，而是改变了大家对这个问题的认识。不过，他还是体谅到企业的困难，没有狮子大开口。同时，又从区财政里挤出一部分，凑足建设资金。

1992年底，历时一年的台儿庄大战纪念馆主体工程建成，共耗资2000多万，相当于当年区财政收入的三分之二。

12月28日，纪念馆竣工的鞭炮硝烟尚未散尽，徐以铭调离台儿庄，赴任山东省科学院副院长。

台儿庄涅槃

1993年4月8日,是台儿庄大战胜利55周年。这天,大战纪念馆张灯结彩,宾客盈门。第八届全国人大常委会副委员长程思远和当年参战将士及其亲属、子女代表,世界各地专家、学者、记者等数百人,应邀出席大战纪念馆开馆典礼。

在两排松柏的映衬下,台儿庄大战纪念馆庄严肃穆。阳光下,猩红色的外墙像是当年烈士流淌的血液。整个纪念馆面积6000平方米,融展览馆、书画馆、影视馆、全景画馆为一体,气势雄伟,庄严肃穆,馆名由著名书法家启功题写。主体建筑物前方,矗立着一座黑色大理石纪念碑,正面镌刻着张爱萍将军洒脱飘逸的手迹:"台儿庄大战纪念碑"。碑阴的碑文,由程思远先生撰文、著名书法家权希军书丹。

沿着台阶拾级而上,心情会不由自主地沉重起来。展览馆共有3个展室,墙上挂满黑白图片,图片下陈列着大战时中日双方资料、文物,有1000多件。置身其间,思绪便坠入那段令人窒息的泣血岁月。

庞大的烈士墙,留住了我的脚步。那些密密麻麻的名字,显得是那样冰冷。我的内心受到强烈冲击:这些冰冷的名字,每一个都是一条鲜活的生命呵!这些曾经生龙活虎的生命,瞬间被一颗子弹、一块弹片、一把刺刀夺去。假如他们能侥幸躲过那颗子弹、那块弹片、那把刺刀,他们便可尽享天伦,也早已儿孙绕膝了。

面对着这堵烈士墙,我觉得自己很渺小,又觉得很幸运,很幸福。

全景画馆给人以身临其境的感觉。据说,这是我国第一个以抗战为题材的大型全景画馆。它是18边形的筒式建筑,高28米,直径43米,由绘画、地面塑形、灯光、音响和解说5种形式合成,集声、光、塑、形及气势恢宏的画面于一体,把当年那一幕惊天地泣鬼神的悲壮惨烈,生动地再现在世人的面前。

讲解员小宋说,1996年9月,国家6部委将纪念馆命名为"全国中小学爱国主义教育基地"。1997年6月,中宣部又将纪念馆命名为"全国百家爱国主义教育示范基地"。

那天，我从纪念馆走出来时，夕阳正在亲吻着远处的山峦，一抹晕黄的光芒给纪念馆镀上一层金边。这时，我忽然想起那天站在沂河西岸茶叶山上的沮丧。与沂河两岸游荡的孤魂野鬼相比，台儿庄的英灵们是幸运的，因为他们终有寄身之所，他们的后人也有了凭吊之处。

虽然暮色深沉，我的心情却迈过沉重的门槛，滑过些许温暖。眼前，分明有一片光明。

孜孜以求

自从挣脱人生的厄运，杨传珍的生活平静安逸，在峄城区委办公室工作，从秘书干到科长，娶妻生子，又当上区委办公室副主任兼保密局局长。

1990年，区委书记杜学平在上任后不久，把杨传珍叫到自己的办公室。

"传珍，我看你写的文章跟别人不一样，有文化底蕴，没有套话，观点新颖，充满灵气。你现在是科级干部，将来也可能熬个副县，熬个副县也不过如此，有点可惜了。你应该走治学的道路，你是函授大专毕业，可以考研。"杜学平是"文革"前考入山东大学中文系的高才生，从政后，非常爱才。

"考研？"杨传珍眼睛一亮，"我想都不敢想，我试试！"

杜学平果然好眼力。杨传珍苦学一年，第二年被吉林大学中文系文艺学专业录取，师从著名金学专家王汝梅教授。王汝梅应邀赴加拿大讲学期间，他有幸成为著名诗人公木教授的学生。杨传珍对公木仰慕已久，对他填词的《八路军进行曲》和《英雄赞歌》烂熟于胸。

1994年，杨传珍毕业，因是在职全日制性质的研究生，学习期间仍保留原职务，毕业后可以回到峄城区委工作，也可以另谋高就。这时，杜学平已担任枣庄市市委常委、宣传部部长，区委书记是牛家义。

临毕业时，杨传珍找到牛家义。那时，研究生还很稀罕，整个枣庄也没有几个，主要集中在枣庄师范专科学校，行政机关几乎没有。所以，外人看好杨传珍的前途，以为他不会再回峄城了。

"传珍啊，你对自己的将来有什么打算？"牛家义给杨传珍倒了一杯茶，关切地问。

"牛书记，如果可能的话，我可以换个岗位吗？"杨传珍双手摩挲着膝盖，有点不好意思。

"当然，当然。我会考虑的。"牛家义满口答应，杨传珍上学前已经当了几年办公室副主任兼保密局局长，经过3年的研究生深造，换一个更重要的岗位，或者提拔一级，是正常的。他问了一句："你对岗位有什么要求？"

杨传珍低头想了想，斟词酌句："如果可以让我选择的话，我想到政协文史委、区政府史志办或地名办要一个岗位。"

"咦？"牛家义愣了一下，皱了皱眉头说，"这，恐怕不合适吧？"

杨传珍一听，以为自己的要求太高了，急忙解释："我在学校学的是中国古代文论，用于教学和传授可以，但要成为一个学问家，知识体系有缺项，我想补上西方的东西，这些部门相对清闲，我可以有时间学习。如果您觉得我的要求太过分，那就别为难，我到外面去找岗位。"

"我不是这个意思。"牛家义摆摆手，"史志办、地名办、政协文史委都不行，那是二线部门，把你一个堂堂的文学硕士安排到二线，别人会说我不识才。"

他思忖了一番说："这样吧，档案局虽然庙小了点，毕竟也算是一线的，你去那里吧。"

杨传珍沉吟了一会，这个岗位虽然离自己的期待有点距离，可基本上还是符合自己心愿的，就答应了。

就这样，毕业后的杨传珍成了峄城区档案局局长。当时，档案局只有七八个人，就他一个局领导。不久，区委又提拔两名副局长，都是女同志。

他把两个副局长约到一起："我给你们分工，一个管内，一个管外。如果你俩吵架，我就出来拉架；如果你们不吵架，我就在屋里读书。"

让杨传珍满意的是，两名副局长配合得很好，他得以在屋里安心读书。

这一读，就是整整8年。

许多年之后，杨传珍回忆说，自己之所以能站稳大学讲台，靠的就是那些年鬼使神差的阅读。

第十一章 荒漠现绿洲

这期间,杨传珍遇到两个贵人:

一个是鲁南籍旅美台湾作家王鼎钧。王鼎钧在台湾被誉为"一代中国人的眼睛"、"海外中国人的良心"、"台湾文学崛起的山梁",是数一数二的散文大师。王鼎钧通过书信或电话提醒他:读书要读"大书",即某个学科的开山之作和集大成之作,不要读资讯量稀薄的图书,文学作品一定要读经典,不要读速朽的时尚之作。

关于在台儿庄的那段经历,王鼎钧说:"爱你的人使你幸福,害你的人使你深刻,你要对伤害者'心存感激',由'爱仇敌'到'没有仇敌',由耿耿于怀到同体大悲,生活强迫你喝下浊水,你要用自己的才情、修养、境界,过滤那水,蒸馏那水,化浊为清,再还给江河湖海,这样就提高了人生。"他用文学语言做比喻:大地受到伤害,却报之以鲜花。

另一个贵人是中国社会科学院文学所研究员楼肇明。楼肇明是台湾文学研究专家,曾任社科院文学所图书室主任。杨传珍每隔一两个月,就要拉着一个箱子上北京,到社科院文学所借书。每次去,楼肇明都会帮他挑书,说这本书你要读,那本书你要读。每次去,先送回一箱子经典,再带回来一箱子。

8年间,杨传珍读了上千本社科院文学所和楼肇明的个人藏书,西方的思想史、哲学史和20世纪文学、美学理论经典,他通读了大概,在文学史上具有标志性意义的文学作品,均一一过目,还精读上百位台湾文学大家的代表作,汲取对岸同行精致典雅的语言营养。

这期间,他创作出版了一部25万字的长篇小说《神骸》,通过描写一个葬礼,表现中国传统文化被商品经济消解的主题,初版9000册一销而空,随后又重印6000册。他的中篇小说《阴阳劫》,被《小说月报》转载,短篇小说《误入小康的癫鸭子》获台湾《中央日报》文学奖。

在官场上,能在一条冷板凳上纹丝不动稳坐8年,是需要很大定力的。有人觉得杨传珍屈才,无法理解他静如止水的心态,也无法体会到他内心的知足。有人把视他为书虫子,却未发现,他那双犀利之眼,始终都在密切关注周围的一切。

2001年底,忽然传来枣庄师范专科学校要升本科院校的消息。他连忙找到亦师亦友、亦兄亦父的老上级杜学平,说自己想到枣庄师专任教。

已经担任枣庄市市委副书记的杜学平一听,当即表示赞赏。他说:"枣庄师专需要高学历的人才,你愿意调到学校教书育人,学校肯定欢迎。"他当即拨通校长的电话,推荐杨传珍。

校长求之不得,高兴地说:"学校申请升本,高学历教师的比例是重要硬件,别说是杨传珍这样的人才,就是普普通通的硕士,我们也高价引进呢。"

第二天,杨传珍到枣庄师专见校长。校长问他:"你舍得放弃档案局局长的职务吗?"

杨传珍淡淡地说:"一个小小的科级局长,有什么舍不得的!"

"要不要为你保留原先的级别?如果要,我们可以安排你担任系里的副书记、副主任。"在很多人眼里,级别是衡量一个人社会地位的关键要素,杨传珍资历深,自然会在意级别。

杨传珍诚恳地说:"我不要级别,就当一个普通老师,老老实实教书就行了。"人各有志,他是为了找一个清静之地,远离世俗的纷扰。

杨传珍的调动很顺利。在中国,没有比领导干部辞职更容易办的事了。动一个领导岗位,意味着可以带动一串人挪窝,皆大欢喜,谁还会阻挠?

2002年春天开学后,杨传珍夹着教案走进课堂。当他站在讲台上时,心里十分欣慰:3年研究生,8年冷板凳,终于学有所用了!

一晃几年过去,杨传珍先后开了十多门课:西方文学评判史、西方美学史、20世纪西方文论、文学概论、美学原理、写作学、秘书学、秘书实务、公文写作、中外文化精神、文艺学。另外,还为老年大学开设唐诗鉴赏和宋词鉴赏,为旅游系开设导游词写作课程。

按说,一个副教授,在短短几年内开了这么多课,不可能讲好。可是,学生们反映,杨老师的课,新鲜、实用、透彻、好听。他以教材为主干,却不拘泥于教材,左右开弓,旁征博引,信手拈来,风趣幽默。每次学生给老师打分,杨传珍总是名列前茅,多次位居第一。一位中文系本科毕业生回忆说,他4年中一共听杨老师7门课,几乎没发现一句话是重复的。

在如鱼得水般的欢愉中,杨传珍度过平静而充实的5年。到2007年,忽然传来一个消息:台儿庄要搞旧城改造开发了。

"台儿庄"!多少年来,这个词成了杨传珍心中不敢碰的禁区,每当别人提起,他就会油然想起那苦难的岁月,甚至会产生窒息的感觉。这个突如其来的消息,再次敲击着他的心扉。冥冥之中,他似乎觉得自己的命运也将发生变化。

第十二章　房产变遗产

遗孤之羡

对久受陋居困扰的台儿庄人来说，能够告别破落棚户、住上宽敞楼房，无疑是天大的好事，自然人人欢欣鼓舞。李洪志的遗孤李正谷就是其中之一。他原先叫李同希，上学时老师给改了。

说起李正谷，我曾经与他打过一次交道，那是 2013 年 2 月 3 日。

那天，山东省气象台发出黄色警报，济南大雪，最低气温零下 7℃，周边几条高速公路都封闭了。不过，台儿庄没见一片雪花，细雨霏霏，空气湿润清新，温度适宜。

别看李大爷已 74 岁，走起路来风风火火，步伐大、步速快，像年轻人一样，用双腿快速带动着身躯，而且性子很急，说话如放连珠炮。

"你有几个身份证？"听说我是记者，李大爷来了兴趣，挨着我坐下，神秘兮兮地问我。

"一个啊。"我不解。

"我有两个。你看看有啥区别？"他从怀里掏出两个身份证，显得有点得意。

我仔细看了看，发现在民族一栏里，一张写"汉族"，一张写"回族"。

"您怎么有两个？而且是两个民族？"

"这里面有弯弯。"

"说说看。"

第十二章　房产变遗产

"给我弄错了，我把公安局户籍科长给骂了，嘿嘿。"李正谷挺挺身子，东一榔头西一棒槌地神侃起来，"他让我交20元钱的工本费，为什么让我交？是你们错的，不是我错的，我是回族，给我弄的汉族，我年轻的时候揍你一顿没事，你这是侮辱我，我有钱不给你们，给要饭的他还感谢我呢，你们要不服气，我找山东省公安厅厅长，要再不服气就到北京找孟建柱，我不怕你们。我一发脾气，一骂阵，户籍警员说，'李大爷，别脾气暴。'我说，《毛主席语录》也有念错的，共产党也怕认真二字，打官司、告状诉状上错一个字，官司该打赢的也打不赢了。'最后他听我说得有道理，连忙改口，说，'老人家，20元钱不要了行吗？下星期来拿身份证。'我说可以，不生气了。我去拿身份证的时候，20元钱不要了，回民的那个身份证就给我了，他又说，'汉族的那个身份证我们留着没用，一块给你吧。'"

他说得颠三倒四，口音又比较重，我听得很费力，不过总算听懂了。

他带来一只大布袋，从里面掏出很多资料，有一本大影集，里面都是老照片。他一边说，一边往外翻照片，生怕我看不清，非得要把影集里的照片取出来给我看。说到父亲是烈士时，就拿出父亲年轻时的照片和烈士证给我看。说到父亲当年的老首长钟辉时，又拿出他自己与老将军的合影照。

我被他支使得手忙脚乱，这边还没记录完，那边又要腾出手来接照片。

这时，他从布袋里捣鼓出一个宝贝：他早年亲手绘制的台儿庄古城图。这是他多年心血的结晶，展现的是台儿庄大战前的原貌。

没想到，刚聊了一会，我俩竟争执起来。他的话题又绕到钟辉，说如何到钟辉家做客，钟辉如何记得他父亲，说钟辉是威风八面的炮兵司令。

我顺口纠正说："钟辉是炮兵副司令、副政委。"

他眼睛一瞪，厉声说："谁说是副司令？是正司令，是一把手！"

我吓一跳，连忙喃喃解释："应该是副司令、副政委。"

"他是我父亲的老首长，我到他家去过，我见过他，我能骗你？你一个小后生，哪有我清楚？"说着说着，李大爷的脸涨红了，脖子上的青筋也突出来，认真得有点可爱。

我连忙举手投降："抱歉，抱歉！我哪能跟您比呢？可能是我记错了。"

"这还差不多。"他的激烈表情缓和下来,但口气不容置疑,"人家是老将军、老英雄,是我父亲的老首长呢。"

我忽然明白过来,老人不是与我争短长、认死理,而是捍卫父亲老首长的地位和尊严。而在这捍卫的背后,则隐藏着一位烈士遗孤对父亲的思念和挚爱。

透过老人粗犷的外表,我触摸到一颗柔软而饥渴的心。

我心头一颤,视线有点模糊,赶紧低下头做笔记,不敢抬头与他对视。

李正谷没有享受到多少家庭温暖。父亲李洪志牺牲后,母亲于1942年改嫁到上海闸北,奶奶次年也去世了,是爷爷李敬忠一手抚养大的。

好在当地政府没有亏待这位烈士遗孤。从7岁上学起,直到参加工作,他一直都是靠政府供养。上完高小后,政府给他安排了工作。他端上令人羡慕的铁饭碗,一直干到1983年退休。

经钟辉将军的证明和过问,1982年,李洪志的烈士身份得到确认,李正谷开始正式享受烈属待遇。1983年,区民政局补贴给他2200元,政府又照顾给他一块地基,他盖了一幢新屋。所以,论居住条件,他比左邻右舍的老棚屋强多了。

大战废墟上搭建起来的台儿庄,方圆约两平方公里,没有下水道,没有排污管,一下雨,污水倒灌进家门。厕所都是旱厕,与周边农村一样。到20世纪80年代,区委、区政府和各部门陆续搬迁到西门外,逐渐形成新城。旧城内的基础设施建设更加不投入,棚屋愈发破败,冬天钻风,夏天漏雨。因为紧挨着古运河,城内的河汊很多,家家户户的污水直排入河,垃圾也是直接往河汊里扫。每天早晨,女主人们拎着马桶,在埠头上洗洗涮涮,成了天天上演的一大景观。年轻人,有能耐的人,陆续搬到新城,剩下的多是些老弱病残。

20多年过去,李正谷的新屋成了旧宅。他仍然坚守着,一是恋旧,二是经济条件所限。他是个要强的人,嘴上不说,心里着实羡慕那些搬到新城的邻居。有时去串门,他特意要多上几趟厕所,为的就是听抽水马桶发出的冲水声。在他听来,那是一段美妙的音乐。告别时,嘴上说着再见,脚下却挪不动步。

区政府没有实力改造旧城,就琢磨着从外面引进开发商,搞整体旧城改造。可是,台儿庄太偏,热钱看不上冷地。

2005年,区委副书记王广部负责旧城建设的招商引资工作。他走南闯北,磨破嘴皮,一年间与客商洽谈二三十轮。

2006年,在轮番的感情投资下,上海一家房地产公司终于决定,对两平方公里的旧城实施整体改造,但条件很苛刻:每亩地25万元。这样的价格,即使在四线城市,也是"黄金卖了白菜价"。但台儿庄区政府却是如获至宝,因为投资额近6亿元,相当于全区年财政收入的近4倍。当年6月,双方签署协议。

对台儿庄区委、区政府来说,这个项目意义非同一般,它是台儿庄区有史以来最大的招商引资项目,不仅可以改造旧城面貌,推动经济发展,还可以提振士气、树立信心。

交通和信息的长久闭塞,带给台儿庄人一种深深的自卑感。枣庄在全省面前被边缘化,台儿庄则处在枣庄的边缘位置。台儿庄的干部有两个怪现象:一是不愿与外界交流,每次去市里开会,会议一结束就匆匆离开,其他部门想把他们留下来交流交流,加深加深感情,他们也借故推辞。二是不思进取、甘居平庸。市里评先进时,其他区市竞争激烈,争先恐后,而台儿庄的干部却无动于衷,从不与外界争。市里安排现场会时,其他区市都积极争取,台儿庄却能推则推。长此以往,外面的干部不愿进,里面的干部出不来,连空气也显得沉闷和保守。

所谓整体改造,就是把旧城夷为平地,全部建成商品房。区里全力支持配合这个项目,专门成立工作班子,对所有需要拆迁户进行调查摸底,住户的住房面积调查、拆迁补偿方案、异地安置方案全部完成,开发商的5000万元土地补偿金也已经到位,待一切前期工作准备就绪后,马上就要开始拆迁。

听到要拆迁的消息,李正谷第一个反应让他有点尴尬——耳边居然响起冲水马桶发出的那个哗哗声。喜讯传开后，家家户户欢天喜地，收拾起盆盆罐罐，有的打算投亲靠友，有的忙于在新城或乡下租赁房屋，做好随时搬家的准备。人们心里都升腾起希望，盼着早一天住进宽敞的新楼房。

就在李正谷伸长脖子盼着搬家时，忽然传来一个坏消息：旧城改造的方案让枣庄市政府给叫停了。

"什么鸟政府！怎么不管咱老百姓的死活？"李正谷青筋突出，暴起粗口。

运河寻宝

2006年11月7日。凌晨的微山湖，雾霭氤氲。枯黄的芦苇，迟暮的莲荷，还有岸边枝叶稀疏的白杨，都耷拉着脑袋，一动不动，仿佛还在沉睡。偶尔有几只勤快的水鸟，悄悄掠过湖面，生怕惊扰万物的宁静。

微山湖的清梦，被一串脚步声惊醒。

滕州滨湖码头，一行人登上"鲁海巡30号"。马达声起，湖面散成一块硕大的碎玉。海巡船犁过湖面，沿着京杭大运河航道，缓缓南行。

天边露出鱼肚白。甲板上，站立着十几条汉子。他们是由枣庄市政府的正副市长和各部门负责人组成的调研组。市政府刚调整班子，此行是新班子调研文化旅游产业发展思路，这项工作已持续几个月，全市文化旅游资源已了然于胸——

滕州市傍依着的微山湖，是中国第五大淡水湖，也是中国北方最大的淡水湖。初春，湖水澄碧，点点渔帆似在银绢素帛上滑动；盛夏，荷叶如伞如盖，荷花沁人心脾；金秋，蒹葭苍苍，菰草金黄，水天一碧，渔歌悠扬，摘菱采莲的船儿满湖穿梭；寒冬，辽阔的湖面寒霜百里，静寂无声。依托这些优势资源，滕州市已把微山湖湿地红荷旅游风景区建成国家4A级风景区。

在峄城区，有一个世界上最大的石榴园——冠世榴园，东西长45华里，南北宽6华里，面积达18万亩，有榴树530万棵、48个品种，始建于西汉汉成帝年间，距今已有近2000年历史，被上海大世界吉尼斯总部认证为"吉尼斯之最"。

冠世榴园最初是西汉丞相匡衡营建的一座园林，说起这座园林，还有一段故事。石榴原产地在伊朗、阿富汗一带。西汉元狩四年（前119年），"丝绸之路"创始人、被誉为"中国走向世界第一人"的张骞，率300人的使团第二次奉派出使西域，于元鼎二年（前115年）回到西安。回国时，他把石榴栽种在缸里，一路浇着水，用马车拉回西安。汉武帝爱不释手，下令将石榴栽种在皇家的上林苑，不得在民间栽培。到汉元帝时代，匡衡拜相。匡衡辅佐汉元帝、汉成帝两朝，此时皇帝已换五六个，汉武帝已去世五六十年，汉成帝对石榴的栽种并没有严格限制，匡衡便将石榴籽带回故里——今峄城区棠荫镇匡谈村栽植。经过多年繁育扩种，冠世榴园由此形成。

1983年，联合国粮农组织两位官员实地考察冠世榴园时，其中一位德国籍的官员感叹道："我的足迹踏遍世界五大洲，首次发现这么大的石榴园片，堪称'中国第一，世界少有'。"据他介绍，石榴的原产地中东，已经没有成片栽培的石榴，西班牙把石榴花作为国花，集中栽培的面积不到3000亩。在中国，集中成片的有新疆叶城、陕西临潼、四川会理、云南巧家和蒙自、安徽怀远、河南荥阳。这些地方的石榴园，在1983年时，没有一片超过5000亩。他给峄城区的领导提出建议："不要仅仅把这座榴园作为果园对待，要把这里开辟为旅游风景区，通过这些古老的石榴树，向世界展示东方的神秘。"

在山亭区，有"天下第一崮"抱犊崮和熊耳山大裂谷。"崮"是鲁南特有的地貌，《辞海》中对"崮"的解释是：四面陡峭、上端较平的山，山东有"抱犊崮"、"孟良崮"。抱犊崮为鲁南72崮之首，原名楼山。相传，汉代有位高人，怀抱一头牛犊爬到崮顶，将牛犊养大用来耕作，享受山高皇帝远的隐居生活，楼山因此得名"抱犊崮"。1992年批准成立的抱崮犊国家森林公园，同时还是国家地质公园、国家水利风景区。这里自然生态系统保存完好，四季风光各不相同，有诗称赞："春报桃李争艳放，夏暑浓荫不侵肌。秋染红叶醉菲芳，冬雪绽玉松梅奇。"

薛城区则是闻名遐迩的铁道游击队故乡。抗日战争时期，由铁路工人、小摊贩、矿工和流浪者组成的鲁南铁道队，活跃在枣庄、微山湖一带，挥戈于百里铁道线上,劫列车、打洋行、毁铁路、炸桥梁,舍生忘死,在铁路线上与日军周旋7年之久,与日伪展开殊死搏斗,令日伪闻风丧胆,成为侵华日寇在鲁南的心腹之患。铁道队还成功护送过刘少奇、陈毅、罗荣桓等千余名将士由沂蒙山区和江苏盐城去延安。1945年10月,枣庄和临城(即薛城)的千余日军携带8挺重机枪、130多挺轻机枪和两门山炮等轻重武器,向不足百人的铁道游击队投降,这是有史以来军事受降中十分罕见的一幕。2004年9月,薛城建起一座铁道游击队影视城,拍了电视连续剧《铁道游击队》,现在已经成为民国题材影视拍摄基地,也是全国首批命名的红色旅游基地。

然而,当枣庄市委、市政府的目光越过它们,与外地的同质景观相比较时,看到明显差距:微山湖比不上青海湖的神秘、洞庭湖的浩大和天池的清澈;冠世榴园仅在花果期能够吸引游客;"天下第一崮"抱犊崮、"华夏第一地震大裂谷"熊耳山虽然都是地质奇观,但是体量太小,无法与九寨沟、张家界、黄山等山体类资源媲美;铁道游击队虽然闻名遐迩,但与井冈山、延安、西柏坡等革命圣地相比,红色资源又逊一筹,提多了,反被外人揶揄:你们枣庄只会爬火车吗?这些景区胜地,不足于担当起枣庄文化旅游产业龙头的重任。

由于缺乏龙头项目,枣庄的文化产业体量小,每年的直接和间接收益只有23亿元,从业人员不足5万人。全市无一家星级宾馆,无一名地接导游,无一辆旅游大巴,旅行社都是组织游客到外地去,从没有组织过外地游客到枣庄来,导游说起西安兵马俑滔滔不绝,却很少有人说得清冠世榴园的身世。

枣庄市委、市政府遂把目光瞄向京杭大运河。大运河和长城都是人类历史上的宏大工程,但两者有着本质区别:筑长城是消极被动之举,为的是抵御北方游牧民族的侵犯,长城一旦失去防御功能,只剩下象征意义、观赏价值;而大运河从开凿的那一天开始,就不是封闭、保守的,而是开放、和平的象征,迄今仍在发挥初始功能,仍是促进南北经济文化交流的大通道。

这一次,市政府调研组就是到运河沿线寻"宝",希冀发现文化旅游产业的新亮点。

运河航道上,来来往往的船只络绎不绝,汽笛声此起彼伏,跟高速公路一样繁忙。在古代,运河主要负担南粮北运的任务,繁盛时期粮船每年过往上万艘,商船10万艘,年运输漕粮达600万至800万石,同时还兼负运盐、运货。在高速公路、铁路、空港纵横交错的今天,运河仍发挥着不可替代的作用,北煤南运,兼运建材,年运量超过1.6亿吨。由于水运的成本低廉,只相当于陆运的六分之一,运河的运输量竟然是3条津浦铁路单线的总和,再加一条京沪高速公路的运输量。

山东境内的大运河,地势最高,比长江高出40米左右。由南边来的漕船,要逆水爬坡,最高处的济宁南旺一带,成了运河的分水岭。南边的地势北高南低,水往南流,流向长江;北边的地势南高北低,过去水往北流,一直流向天津,可惜现在已经断流,从济宁市南旺以北直到天津,近几十年来河流枯涸,河运设施和水利设施也惨遭损毁,不少河段竟然成了污水沟。

"鲁海巡30号"一路向南,穿过微山湖后,落差增大,水流湍急。为了保持水位,航道上修了多道船闸。每道船闸的上游和下游,船只排成长龙,鸣着笛声,渐次向两边的闸门靠拢。

两扇宽厚硕大的人字闸门缓缓打开,"鲁海巡30号"和几艘货船鱼贯进入闸室,船工将船上的缆绳拴在闸室的扣眼里,固定好船只,防止放水时船只相互间碰撞。上游的闸门合拢后,下游的闸门徐徐开启,闸室内的水位渐渐下降,待水位与下游的水位持平后,下游的船闸大门开启,闸室里的船只渐次驶出船闸。

"鲁海巡30号"在运河上开开停停。航道两侧,水面芦苇茂密,岸堤杨柳成林。透过树林,堤外是一览无余的庄稼地。这个季节,运河两畔的玉米已经收割,麦苗开始分蘖盘墩,远远望去,绿油油一片,像是铺了一层厚厚的绒毯。

在外人眼里,这也算是一幅不错的秋色图。但船上的人却摇起了头,勾不起兴奋点:"运河航道落差大,行船不便,两岸地势平坦,景色普通,既无险峻山体,又无名胜古迹。打造运河旅游热线?难!"

太阳渐渐西斜,一行人的希望也随着余晖散去。

台儿庄涅槃

"鲁海巡 30 号"通过万年闸后,离开运河主航道,拐进一条河汊。这条河汊过去是古运河主航道,后来运河取直,这段古航道便成为台儿庄的专用航道。今天是农历九月十七,夜晚本该银盘高悬、繁星闪烁,不巧刚逢阴天,只有黑黝黝的夜空和忽明忽暗的灯火。

晚上 9 时,海巡船在码头泊岸。

"到台儿庄喽!"有人欢愉地嚷了一嗓子。在船上待了十多个小时,大家又饿又累,总算可以上岸了。

台儿庄区委书记刘玉冰等人已在码头等着。他把调研组一行人领到两块展板前,兴冲冲地介绍起来。

"这个项目,浸透区委、区政府的心血,是台儿庄难得的得意之作。这之前,每当上级领导来考察时,都对这个项目大为赞扬——老城居民终于可以告别这憋屈的棚屋,可以住进宽敞明亮的楼房,这是人们所能看到的台儿庄最美的前景。"

末了,刘玉冰加重语气:"这是台儿庄有史以来最大的项目,投资近 6 个亿,相当于全区年财政收入的近 4 倍!"

"6 个亿?"调研组成员们啧啧称赞。中午只在船上草草填了肚子,早已饥肠辘辘,听这一说,大家兴致立马提了起来。

隔着一条护城河,老城区被黑漆漆的夜幕紧紧裹着,几盏泛黄的路灯昏昏欲睡,看不出城区的轮廓。

一个骑摩托的小伙子,见这里站着一群人,以为出什么事,也凑过来看热闹。听说是来看老城区的,便热心地打开摩托车车灯,为大家照明。光柱划破夜空,映照着一片低矮的棚屋。

"台儿庄过去是个古城,可惜在台儿庄大战中被毁了。"刘玉冰介绍说。

"听说那场大战后,国民党政府还想重建台儿庄呢。"旁边有人说。

调研组中,有的是刚从外地调来的干部,一听来了兴趣,急切地追问:"古城?什么年代的古城?规模大不大?国民党政府什么时候想重建?"

"这个,这个……"在场的人面面相觑,说不出个囫囵半片。调研组顾不上吃饭，要求到会议室继续听介绍。

会议室里，调研组成员们边听边问，在场的几个人架不住一连串追问，额头上沁出细细汗珠。

听了汇报后，会议室里静悄悄，台儿庄区委、区政府的班子成员都睁着期待的眼睛。

调研组成员们低声交换意见后，表明了态度："这个项目能不能暂时缓一缓？台儿庄是二战中中华民族扬威不屈之地，历史上又是一座古城，有没有更大的文章可做？在对历史还没有完全了解之前，不要急着搞旧城改造，否则历史就永远失去了，我们要对历史负责。市政府全力以赴协助先深入调研一下，如果确实没有太大的价值，再推进这个项目。行吗？"

调研组虽然是持商量的口气，但已经设置了底线。

刘玉冰不好再说什么，艰难地点了点头。

晚上10点，一行人步出会议室，终于坐到餐桌上。此时，人们已饿得前胸贴后背，台儿庄的人却没滋没味、强作欢颜。一个煞费苦心才促成的大项目，被调研组的人轻描淡写地否决了，台儿庄的人心里能痛快吗？

但调研组的人却狼吞虎咽、谈笑风生，紧锁了一路的眉头舒展得很开。众里寻他千百度，蓦然回首，那人却在灯火阑珊处。此时，大家陶醉在这样的惊喜状态中。

一个多月的走访和调研，市政府一直为找不到撬动枣庄文化产业的支点而苦恼。此时，大家隐隐约约感到，苦苦寻觅的枣庄文化产业龙头，与台儿庄有着千丝万缕的联系。

前世今生

在《枣庄市志》里，关于台儿庄的介绍，只是一些泛泛之语，信息量并不大。但是，字里行间，依然藏着乾坤：历史上，台儿庄行政区划更替频繁，区域隶属多变，明朝起属峄县管辖，《峄县志》中有记载，"商贾迤逦，入夜，一河渔火，歌声十里，夜不罢市"，是"徐兖间一都会也"，乾隆帝称之为"天下第一庄"。

中国的各级政府,有一个让外国政府望尘莫及的特色:调控力强,办事效率高。这个特色,在枣庄市政府得到体现:市政府办公室的人被迅速动员起来,大家都领受一项共同任务,出差时须到当地的书店、图书馆、旧书摊去转一转,收集与台儿庄有关的书籍和资料,旧书网上的相关书籍更是被一网打尽。

伴随着资料越摞越高,遥远而陌生的台儿庄,渐渐拂去历史尘埃,款款向人们走来,模糊不清的轮廓渐渐清晰起来。

台儿庄的名字,在现有的发现中,最早出现在唐代立于准提阁的碑文中,称为"台家庄"。明崇祯十二年(1639年),扬州道在台儿庄东南黄林庄前立有河防碑,上有"台儿庄"仨字。《明史·河渠志》中,也有"台庄"、"台家庄"的称谓。台儿庄城内的凤凰台、朱台以及附近雷台、西墩等地出土文物,多是汉代以前的文化遗址,说明台儿庄最迟不晚于汉代就有村落。

台儿庄土圩始建于元代。那时的台儿庄还是一个荒凉的小村庄,不为世人所知。直到大运河泇运河段开通后,得益于南北漕运的发展,地处苏鲁交界的台儿庄才迅速崛起,成为南北货物中转的集散地,也成为南北文化交融的承接点。

在元代之前,中国的经济中心和政治中心是一体的,哪里是经济中心,哪里就成为政治中心。那时,产粮食的地方才能形成政治中心。到了元代,建都北京,北京不是粮食主产区,粮食主产区还是江浙等南方,元朝廷把运河往北京拓延,将南方的粮食运到北京,政治中心和经济中心开始出现分离。

那时的交通工具落后,只能依赖人力运输,走陆路太慢。一个人如果用木轮车推300斤粮食,从浙江走陆路运往北京,可能到不了半路,就把整车粮食吃光了。所以,大运河就成为沟通南北的主要干道。

中国的古运河最早开凿于春秋末期的鲁哀公九年(前486年),吴王夫差开辟邗沟。若以此为大运河起始点,到2014年,已是整整2500年。这个时期的运河,便是现在江浙水乡运河网的前身。

到了隋朝，隋炀帝动用 500 余万民工，费时 6 年，大运河全线贯通，全长 2700 公里，呈 "L" 形，由余杭（今杭州）、扬州向西北通到中原洛阳，再折向东北通到北京，形成完整体系，史称隋唐大运河。这条运河运营 500 多年，历经唐朝、五代、宋朝，到南宋末年，因部分河道淤塞而衰落。

元朝时，因建都北京，大运河改道，不再绕道中原的洛阳、西安，而是南北取直，至元三十年（1293 年）通惠河凿竣，缩短 900 多公里，总长为 1794 公里，史称京杭大运河，其长度相当于苏伊士运河（1869 年竣工）的 10 倍（全长 172.5 公里，另有一个数据为 190 公里）、巴拿马运河（1914 年竣工）的 22 倍（全长 81.3 公里，另有一个数据为 65 公里）。

由于我国的地势是西高东低，河流基本上呈西东走向，故有"一江春水向东流"之说。京杭大运河则是南北走向的，将五大水系人工地串联起来，由北到南依次经过海河、黄河、淮河、长江、钱塘江水系。这条运河一直通航 700 多年，直到 20 世纪 70 年代，运河在济宁以北才断流，但南段仍然使用至今。

明朝自永乐年迁都北京后，实行南粮北运，加之朝廷禁止海运，全赖河运，遂对元代运河进行一番改造和疏通，成为朝廷的政治、经济生命线。如果两三个月不通航，北京缺了粮草，就会出现政治问题和社会问题。所以，从永乐一直到嘉靖年间，京杭大运河基本畅通。

当时，黄河的走向并非如现在这样从渤海入海，而是从河南兰考向东流到徐州，从徐州注入黄海。京杭大运河从北京过来之后，沿着现在的微山湖以西到徐州。从徐州到淮安之间的 330 华里，走的是黄河河道。

黄河是季节河，洪水泛滥时，船只无法上行；枯水季节，黄河里又缺水。在徐州东边不远的地方，有两座比较狭窄的黄河口，分别叫"徐州洪"和"吕梁洪"。"洪"是徐州方言，指急流冲到石头上形成的旋涡。徐州洪和吕梁洪所在的两边是山，中间形成非常窄的河道，河道底下有卧牛巨石，这样就形成洪。顺流而下的船只行至徐州洪和吕梁洪，如果触碰到水下的卧牛巨石，势必船毁人亡；溯流而上的船只通过徐州洪和吕梁洪时，必须靠纤夫在岸上牵引助力，即使如此，如果舵手掌握不好，仍会导致灭顶之灾。所以，徐州洪和吕梁洪犹如鬼门关，行船过往者莫不心惊胆战。

从嘉靖年开始，黄河频繁泛滥决口，冲毁运道，造成京杭大运河断航，严重时甚至半年不通航，影响了漕运的安全。明隆庆三年（1569年），黄河沛县段大决口，2000多艘漕船滞留在邳州。两年后，黄河邳州段再次决口，数千艘粮船损坏，40万石漕粮被淹，上千名运粮士卒死亡。当时，北京需要从江浙运粮420万石，折合25万吨。漕运一旦中断，北京就会出现危机。

为避开黄河对运道的威胁，许多治河大臣提出新开一条运河，改"借黄行运"为"避黄行运"。御史大夫翁大立奏请朝廷开挖从山东微山县夏镇到江苏邳州的"泇运河"，河段全长为260华里。"泇"的由来，取自于抱犊崮山区的两条河，山的东侧叫东泇河，西侧叫西泇河，两条河均往南流，最后汇成一条，便成泇河。东西走向的泇运河开通之后，泇河可以为运河补给水源。按翁大立的方案，运河不仅可避开黄河，还可缩短70华里航程。

朝中廷议准奏，但不久黄河水退，京杭运河得以顺畅通行，翁大立的奏折竟被束之高阁。

隆庆四年（1570年）六月，鸿沟、境山、淮河疏浚等水利工程竣工。隆庆帝非常高兴，想要擢升翁大立。就在这时，黄河、淮河同时发水灾，引发决口，不少河道被淤塞。更严重的是，泰山庙到七里沟，十多华里淮河被淤塞，淮河水从朱家沟满溢而出，居然改道至江苏的清河县河南镇，与黄河合流。

此时翁大立正在京师担任工部右侍郎一职。隆庆皇帝下令，让新上任的河道总督都御史潘季驯总管水利工程，负责防洪治灾。不料，黄河又在邳州大决口，睢宁水道被淤塞长达100余华里。翁大立马上上奏，建议开泇口、萧县二河道，并配合潘季驯，重新筑造堤坝，弥补决口。水灾不久消退，漕运得以畅通，翁大立等人却因"迟误漕粮"遭削职。

明万历二十一年（1593年），黄河再一次决口，河堤溃口达200华里，滔滔洪水灌入徐州、沛县一带。总河尚书舒应龙在微山湖以东开渠45华里，历时5个月，将微山湖水引入泇河，由于河道浅窄，无法行舟。此后10年，总河都御史刘东星将泇河不断开宽、加深，终于能行舟。

万历三十一年（1603年），黄河又在黄庄段决口。为了避免黄河之灾，总河侍郎李化龙主张继续大开泇河。在他及其继任者曹时聘的共同努力下，历时两年，即万历三十二年（1604年），泇运河终于畅通，大运河上的三分之二粮船经由这里北上，数量达7700余艘。此后，每年3月开泇河坝，由直河口进；9月开召公坝入黄河，粮船和官民商船皆以此时为准。至此，泇运河成为明清时期关系国计民生的重要交通命脉。

有专家评论说，明代泽被后人的最大功绩是治理运河，而治理运河最成功的案例便是开通泇运河。泇运河的开辟，确保了南北经济大动脉京杭大运河的畅通无阻，漕船借此可以安全顺利地将粮食源源不断地输往京师重地，保证了国家的安全稳定。

而台儿庄的开埠，则是在万历三十二年。泇运河的开通，让一个地处一隅的弹丸小村身价倍增，幸运地成为漕船和商客云集的交通重镇，并从此与大运河的命运休戚相关。

泇运河开通前，微山湖还没有形成，这一带十几座小湖泊互不联系。泇运河开通后，为了确保旱季时运河的水位，明朝廷在微山湖下游筑起一座大坝，把水储存起来，这才把十几座小湖泊连成一片，便形成微山湖。

从台儿庄到微山湖一段，呈东低西高之势，台儿庄比微山湖的湖底低7米，比微山湖的水面低20多米。如果任水自流，如此大的落差，上游的水会很快倾泻而尽，加之水流湍急，下行船只风险大，上行船只航行难。为此，李化龙在主持开挖泇运河时，从台儿庄到微山湖的湖口，共修建8座船闸。

明清时期，从南方到北京的漕船和商船多达10万艘。除去冬季两个月河面结冰不通航，这10万艘船只能在10个月内通过。过船闸时，由于闸室较窄，船只通行缓慢。过不了船闸的船只便滞留在台儿庄。他们就需要上岸补给、消费、娱乐，台儿庄便迅速繁荣起来，城市规模逐渐扩大。

明清时期，台儿庄历经多次集中建设，比较大的规模有4次。

第一次是明万历年间，泇运河正式通航之后。明万历三十四年（1606年），朝廷在台儿庄设巡检司，负责管理韩庄至邳州运河段260华里的河务，同时管理地方社会治安。随后，朝廷又在这里设置县丞、守备署。泇运河也被习惯称作台儿庄运河。

第二次是清朝初期，台儿庄由镇变城。清顺治四年（1647年），在兖东道兵备副使蒋鸣玉建议下，峄县县丞雷烇主持台儿庄土城建设，其资金来自峄县的赋税钱粮和当地士绅的捐助，第二年竣工。土城南傍运河而建，首尾衔接运河。峄县管河县丞署移到台儿庄南门里，俗称"小衙门"。

顺治十四年（1657年），沂州镇（清朝的地方驻军编制，分为协、镇、营、汛、塘，"营"相当于正师级的军分区）前营自安山镇（今东平县商老庄乡大安山村）移驻台儿庄，分守峄、郯、台庄等处的运河河闸。最高武官为从三品游击，另有千总2员、把总4员。此时的台儿庄，意味着已经成为运河重镇。

第三次是康熙年间。康熙七年（1668年），山东发生郯城大地震，波及周边几十个县、方圆数百公里，蒲松龄在《聊斋志异》也有记载，台儿庄城很多建筑倒塌。在这之前，台儿庄的商人积累了不菲的财富，台儿庄已颇具规模，但建设无序，来此淘金者，或建商铺，或建住宅，或建高楼，或建低屋，杂乱无章。灾后重建第一次有序规划，其规模和档次都超过震前。

康熙二十二年（1683年），朝廷裁撤沂州镇，驻守台儿庄的标前营改称台庄营，隶属登州镇。雍正元年，改为隶属兖州镇，武官由从三品游击改为正三品参将，兴建参将署，俗称"大衙门"，门前的大街因此被称作大衙门街。参将署的设立，使台儿庄上了一个大台阶，明显提高了政治地位。

第四次是咸丰七年（1857年）。咸丰五年（1855年）时，黄河改道，台儿庄被淹，一些低洼地段的建筑倒塌。两年后，由地方圩练长尤训光发起募捐，再次修筑台儿庄城墙。至此，台儿庄城东西长3华里，南北宽2.5华里，整个城呈宝靴形。城墙底部为土台子，墙高4米，上砌垛口。城墙自底沿而上向内倾斜，砖墙内筑土坯，上宽近3米，可在城墙上行驶大车。建有6座城门：东门叫仰生，西门叫台城旧志，北门叫中正，小北门叫承恩湛露，南门叫惠迪吉，小南门叫迎祥。东、西、南、北四门各建有两层门楼，高约7米，上有岗楼，下为通道，可行大车。城内还建有70多座碉楼。

到了民国初年,中兴公司在丁字街上建了一批欧式建筑,使这座东方古城第一次融进西方元素,其建筑风格进入中西合璧阶段。

清乾隆、嘉庆年间(1736—1820年),是台儿庄运河漕运的鼎盛时期。此时,台儿庄既是南北漕运枢纽、水旱码头,也是沟通鲁苏豫皖乃至江淮浙沪的重要货物集散地。每年通过台儿庄漕运的粮食400万石以上,过往漕船近万艘,商船为漕船的10倍,江浙、湖广一带的竹、木、丝绸、茶、稻米、工艺品、亚热带水果等,纷纷运抵台儿庄码头;北方的山果、杂粮、煤炭等,也由台儿庄中转南下。

漕运的繁忙,造就了台儿庄的繁荣。《峄县志》载,台儿庄"商贾迤逦。入夜,一河渔火,歌声十里,夜不罢市","繁荣富庶,以致商旅所萃,居民饶给。村镇之大,甲于一邑"。《峄县志·古迹考》上记载:"台庄濒运河,商贾辐辏,闤阓栉比,亦徐(州)兖(州)间一都会也。"

那时的台儿庄,街巷众多,店铺林立,商号、店铺如雨后春笋,多达数十家,如和顺、东成永、三义祥、恒济、中和堂等,大多集中在大衙门街、顺河街、丁字街和月河街。清末秀才、台儿庄人胡小鲁《啸庐诗文》中说,"约台之民,商贾过半"。诸商号、店铺为了便于从水上装卸货物,便在运河北岸修建一些石阶码头。从台儿庄西门到小南门,建有典当、四十万、郁家、双巷、王公桥、骆家等十余处码头。城内有大衙门街、丁字街、月河街、顺河街、鱼市街等12条街,2华里长的后大街接4华里长的车大路,连接西门、小北门、大北门、东门和大南门。城内有房屋约6000间(幢)、5000户人家、2.43万人,加上流通人口,最高达5万之众,成为峄县40个集镇之首。

除日常贸易外,每年农历四月初八和十八,台儿庄都要举行隆重的泰山庙会,五月初三则举行准提阁庙会,五月十三举行关帝庙会,方圆百里的商贾、香客、僧侣纷至沓来,民间艺人说书卖唱玩杂耍,街市上南腔北调,摩肩接踵,每会多达10万之众,极一时之盛。

水路交通的便捷,加上市面的繁荣,使台儿庄深得朝廷青睐。康熙、乾隆两位皇帝,每每乘船经运河到江南巡视时,都要在台儿庄登岸下榻或巡察,留下种种风雅。据《峄县志》录《翰林院编修李克敬墓碑》载:"岁丁亥(康熙四十六年,公元1707年),圣祖仁皇帝南巡,进诗台庄水次(河岸码头)。时献诗赋者六七百人,进呈二十一卷,钦拔(李克敬)第一。"

另据《峄县志·宦绩》载:"康熙间,黄河决,花山徐邳灾,漕运中梗。"康熙南巡,"驾驻河上"。一位名叫曹自新的乡宦,"率数州十万士民迎銮吁恩,并进河图,口析水患数千言",康熙"即敕河臣履勘,给币修筑"。皇帝亲自接待"群体上访",殊是难得。

据《中外历史年表》及《清史稿》等书记载:乾隆皇帝一生曾十多次外出巡视,曾2次去曲阜祭拜,2次去五台山寻踪,2次去嵩山进香,6次下江南巡察。

当年乾隆皇帝下江南,看见运河上船来船往,热闹异常,问:"来来往往这么多船都在忙什么?"纪晓岚答曰:"这船无非两只,一只为名,一只为利。"

乾隆三十年(1765年),乾隆皇帝第四次下江南时,曾登岸巡游台儿庄。看到繁荣的商贸业,南来北往的舟楫,乾隆兴之所至,御笔亲题"天下第一庄"5个大字。这5个大字,成了台儿庄永恒的名片。乾隆还留下一首触景于韩庄、构思于运河、诗成于台儿庄的佳作:"韩庄水气罩楼台,雨后斜阳岸不开。人在长亭深处好,风帆一一眼中来。"

清朝后期,由于国运衰败,对运道疏于管理,致使运河航道"淤塞日甚"。嘉庆元年(1796年),黄河在丰县决口,洪水"由丰、沛北注金乡、鱼台,漾入微山、昭阳各湖,穿入运河,漫溢两岸",遂使"山东运河浅塞"。台儿庄运河亦未能幸免。道光年间,因"运河浅阻",朝廷下令"暂闭临清闸"。咸丰五年(1855年),黄河在河南铜瓦厢(今兰考县东)决口,黄河改道北徙,在张秋镇(山东阳谷县境内)横穿运河夺大清河入海,山东运河中断。京杭大运河遂分为南、北两段,从此不受重视。光绪二十八年(1902年),漕运停止。

1840年鸦片战争后,清朝廷逐步撤销台儿庄运河上的管理机构,使这条运道长期处于失修、失控状态。台儿庄运河淤塞严重,不仅限制通航,而且使防洪、防泄能力大大降低，两岸人民深受其害，80多万亩耕地屡遭洪水侵袭。据《峄县志》载：道光二十五年（1845年），"湖水啸，河水溢；连雨数日，平地淹没人、畜无算，有一家数口联结漂流者"。光绪三十二年（1906年），"淫雨连绵，禾苗豆黍，漂没无余；薪桂米珠，流离参半"。（胡啸庐《求赈济急启》）。

一方面是国力的衰败，朝廷无力治理运河；一方面是陆路交通的日益发达，尤其是铁路的兴起。两面夹击，导致京杭大运河的航运功能日渐式微，社会地位也随之下降，台儿庄运河无人问津，任其淤塞，日益败坏，昔日一度繁华热闹的台儿庄亦随之萧条。

当枣庄人从故纸堆中抬起头来时，眼前豁然开朗：这片破败不堪的棚户区，居然有如此辉煌的历史和厚实的文化！

很多地方为发展旅游文化产业，大兴土木，兴建起各色各样的古城、古镇、古村。一些地方在兴建古城、古镇时，苦于没有文化内涵，生编硬造历史传说，挖空心思攀上一些名人。而台儿庄的历史文化沉淀如此深厚，我们却熟视无睹，弃之敝屣，任由房地产商去糟蹋，把它变成一个与千千万万小城镇毫无二致的所谓现代化城区，这如何对得起历史？如何对得起子孙？

枣庄市政府痛下决心：文化是人类的精神家园，优秀文化是一个民族生生不息的血脉。传承这个血脉，是我们义不容辞的责任。决策失误，是最大的失误，我们不能急功近利，唯利是图，要抱着对历史高度负责、对子孙后代高度负责的态度，不能毁了遗产搞房产！

当年，抗日将士为了保卫国家领土、捍卫民族尊严，不惜炸毁运河浮桥，自断退路，誓与日寇决一死战。今天，为了传承中华民族的历史文化血脉，同样需要破釜沉舟、壮士断腕的勇气。

两岸风云

在台儿庄的历史文化遗产中，最触动人们神经的，是台儿庄大战。大运河从北到南，蜿蜒 3500 余华里，贯穿 6 大省市，途经的 18 座城市中，论规模，论人口，台儿庄忝陪末座。本来，台儿庄逃脱不了这样的宿命：因运河而兴，又因运河而衰。但是，一场中日之间的血腥大战，让全世界认识了它。这座日渐式微的小城，从此具有了世界级的意义。

政治嗅觉敏锐的枣庄人，开始把 70 年前的台儿庄大战，与眼下风起云涌的海峡两岸关系联系在一起。

台儿庄大战是抗战时期国民党军队正面战场上取得的第一场胜仗，也是国共两党精诚合作共同抵御外侮的见证，对海峡对岸的国民党来说，这个"中华民族扬威不屈之地"，是永远抹不掉的记忆。

枣庄做出这样的判断：两岸交往正在朝着日益密切的方向发展，发掘、弘扬台儿庄的"抗战文化"，正逢其时。

这个判断无疑是正确的。自 2005 年以来，两岸关系风云变幻，浓墨重彩。尤其是 2005 年，两岸关系峰回路转，精彩纷呈，令人目不暇接。

这年 1 月 28 日，全国政协主席贾庆林在"江八点"10 周年纪念会上的讲话中，提出 4 个"只要"：只要是对台湾同胞有利的事情，只要是对促进两岸交流有利的事情，只要是对维护台海地区和平有利的事情，只要是对两岸关系发展与和平统一有利的事情，我们都会尽最大努力去做。这个讲话，是大陆对台政策的一个宣示。

3 月 4 日，中共中央总书记胡锦涛在全国政协、人大分组会上，提出 4 点意见：坚持一个中国原则决不动摇；争取和平统一的努力决不放弃；贯彻寄希望于台湾人民的方针决不改变；反对"台独"分裂活动决不妥协。这是新时期中央对台政策新的指导性纲领，体现了坚持两手抓、两手都要硬的策略。

紧接着的 3 月 14 日，十届人大第三次会议引爆一颗"重磅炸弹"——表决通过《反分裂国家法》，给"台独"分裂势力划出一条红线，体现了中国政府捍卫国家主权与领土完整、促进祖国和平统一的坚强决心。此举在海峡两岸乃至国际社会掀起轩然波澜。

就在台湾的民进党当局气急败坏、百般咒骂时，4 月 26 日至 5 月 3 日，中国国民党主席连战一行访问大陆,开创60年来国共两党主要领导人首次见面的新篇章。

连战祖籍福建漳州府龙溪县,其先祖在清朝康熙年间迁台,祖父连横是台湾著名爱国诗人和史学家,被誉为"台湾文化第一人",至连战已延续第九代。连战1936年8月出生于陕西西安,8岁时随父母返回台湾,父亲连震东担任台湾光复后的首任台北县长。当连战61年后再次登上大陆时,乡音已改鬓毛衰。

连震东返台两年后的1946年,另一对年轻夫妇怀抱3岁的女儿,也举家离开重庆迁往台湾。那个3岁女婴长大后,成了连战夫人连方瑀。

北京大学为连战安排了一场演讲会。4月29日上午,连战来到北大办公楼礼堂。里面座无虚席,挤不进礼堂亲聆演讲的学生,就在礼堂外打出"连哥您好!"的条幅。北京大学特地为连战准备了3件礼物:刻有未名湖景色的雕花瓶;名人演讲纪念牌;连战母亲在燕京大学学籍证明复印件。连战既意外又感动。

面对着台下一双双热切的眼光,连战慷慨激昂:

中国的未来到底在哪里?我们要选择的到底是哪一条路?当然,在找寻答案的时候,我们都知道历经曲折、历经挑战,我们走了不少的冤枉路,我们得到了多少惨痛的教训,这些都是非常困难的事情。但是身为一个知识分子,我相信大家都有这种百折不回的决心和勇气。因为在各位的肩膀上,要担负的就是历史的责任,要为广大的人民来找出路。

如何能够让整个中华民族不要再走上战争和流血,如何能够让和平来实现,如何能够提升人民的生活水准,如何能够维护和不断提升我们的国际竞争力,这些重担,都在各位的肩头上。一肩挑起来,就是现代知识分子的一个伟大的格局。那么,用什么话来形容这样的格局,这样的勇气,带领我们到正确的历史方向和目标。我想了再想,把它归纳成十二个字,那就是希望各位能够"为民族立生命,为万世开太平"。

听起来有一点老古板,好像太古董一样。但是毕竟这是我们老祖先心血的结晶。也许用现在的话，这十二个字可以再变成八个字，那就是我们大家一定要"坚持和平，走向双赢"。

当然有人会问我，你的勇气不小，你的基础在哪里？我要在这里跟各位坦白，在于历史的一个潮流、在于民意的一种驱动。历史的潮流、民意的驱动让我、让许许多多的人有这样的勇气能够提出来。什么是历史的潮流？大家都知道，中国国民党、中国共产党都以中国的富强、康乐为目标。但是不幸的是，日本铁蹄的侵略阻碍、终止了这个国家文明的建设，以及现代化的进程。一直到今天，一个台湾海峡、一条海峡阻隔了两岸，不晓得阻隔了多少的家庭，造成了多少的不幸哀怨，尤其还形成了若干民族之间的嫌隙，一直到今天，回荡不已。

……

在过去这段时间里面，两岸所走的路、走的方向，已经使我们两岸无论是在差异还是在差距上，越来越缩小，这是历史的潮流非常重要的一个方向。

我这一次到大陆来访问，我说"来之不易"，因为有若干的人很迟疑，甚至于有一种批判，认为我到这里来，是为了进行所谓第三次的国共和谈，说我的目的是要"联共制台"。但是，现在那个"台"下面还有个"独"字。

……

我们为什么不能够以善意为出发点、以信任为基础，以两岸人民的福祉为依归，为民族长远的利益来考虑呢？人民为主，幸福优先，我想这是包括我们所有的台湾两千三百万、大陆十三亿的人，我们所有的人民，大家会共同支持的一个方向。

我以前看到，面对东西德，科尔总理说我们相互需要，面对南北韩，现在卢武铉也讲到，同理心兄弟情，这些声音难道一点都引不起来我们大家应该有的一些提示吗？我想答案是否的，我们会。今天我们所走的这条路是人民所支持的，我们搭桥铺路，是人民所愿意看到的，他们不愿意再看到两岸的对峙、对抗、对立甚至于对撞，他们愿意看到的是两岸的对话与和解，大家的相互合作。

……

走对路才有出路，我们认为不能够让民粹主义取代民主的思想，不能够让"制宪"、"正名"、"去中国化"、武断的"台独时间表"来打破我们整个幸福的基础。

……

我们不能一直在过去，就像丘吉尔讲的，永远地为了现在和过去在那里纠缠不清的话，那你很可能就失去未来。

……

4月29日下午，胡锦涛总书记与连战主席举行会谈。这天下午，全体团员抵达人民大会堂。这是代表团第二次走进人民大会堂，前一晚，贾庆林在北京厅宴请了他们。

东大厅庄严肃穆，地上铺着红地毯，除了给大家合照坐的椅子外，没有任何家具，显得很空旷。胡锦涛已经站在那里，微笑着颔首致意。团员们先在椅子前分别站好，连战和夫人连方瑀以及国民党3位副主席吴伯雄、林澄枝、江丙坤各站在一列。

3点零3分，胡锦涛伸出手，连战走上前去，两人紧紧相握，创下历史性的一刻——这是60年来国共两党主要领导人首次握手。

霎时，会场响起一片"咔嚓咔嚓"的快门声，闪烁的镁光灯亮得人睁不开眼。在场的很多人不禁眼眶湿润，"渡尽劫波兄弟在，相逢一笑泯恩仇"，这一刻，整整等了60年！

胡锦涛与每位团员一一握手。握到连战长子连胜文时，他转身问连方瑀："这是老大？"

连战代答："他是老二，老大是女儿，他是男孩中的老大。"

总书记又问连胜文："你有一米八？"

连胜文答："一米九四。"

胡锦涛一面与连战女儿连惠心、女婿陈弘元、次子连胜武握手，一面口里说："女儿、女婿、小儿子。"并转向连方瑀："听说小女儿在写论文，没法来是吗？"

连方瑀连连点头称是，佩服他记得这么清楚。

会谈结束，代表团准备离开时，有人在连方瑀背后拍了一下："认得我吗？我是吴仪。"

连方瑀想起连战曾告诉过她，吴仪是个非常能干的人，有"铁娘子"之称！连忙回答："久仰大名，如雷贯耳！"

吴仪看着连惠心，啧啧赞叹道："女儿真像妈妈！"

这天晚上，胡锦涛在中南海的瀛台宴请代表团。当团员们抵达时，胡锦涛、吴仪已在等候。宾主寒暄几句后，吴仪拉起连方瑀的手："走，咱俩到院子里走走。"

半月后的5月16日，连方瑀在台湾《中国时报》上撰文《感子故意长》，深情回忆了8天7夜的大陆之行，其中就有与吴仪这次院中散步交谈的细节：

副总理下午穿的是一件红色针织洋装，现在换上黑色针织晚装，上面还有晶亮的扣子，我不知道她的年龄，从言谈间，可以猜测她比总书记稍微年长。银色短发、白皙的肌肤、智能的双眼，这位"铁娘子"竟是十分高雅动人。

四月的北京，晚上还带着凉意，尤其是户外，微风不断地吹拂着参天古树，柳絮不断轻吻着湖水。我有些过敏，不禁打了个喷嚏，副总理说："你肯定是感冒了。""没关系！我只是过敏。"我们慢慢地走，慢慢地聊，竟然十分投缘。

风更凉了，她带我走近一幢阁楼。话锋一转，她说："你得叫连主席回去想想法子。台湾水果好，可是水果就贵在一个'鲜'字。如果一关一关卡太慢，水果到大陆都变味儿了，谁还要买？""这些年，大陆上百姓的生活也慢慢好起来。生活好了，就想到处走走。假使台湾能观光，你想这里有多少人会去？和观光相关的行业可以多发达！"

我赶紧问："如果观光客能来，他们会想到哪里去玩呢？"

"只要一个日月潭，就够他们玩得很快活了"。

想想，此行来前，彼此的共识——搁置争议，给子孙多留一点时间，给彼此多留一些空间；再亲耳听见他们对台湾老百姓的关心，脑中又浮起战哥那句话——"两岸合作，赚世界的钱，有什么不对？"

两个世界长时期的隔阂，使得两岸的人无法彼此了解。在连方瑀的成长过程里，大陆民众和他们的领导阶层都像蒙着一层神秘的面纱。随着不断有人到大陆探亲、旅游，和大陆有愈来愈密切的关系，她渐渐知道大陆的山一样青，水一样绿，人一样有血有肉有感情。在8天7夜的行程中，感情细腻、观察入微的连方瑀，经常会触景生情，生发出许多感慨。

从台北到南京，如果直航只需两小时。但是，为了停香港，耗了大半天。亲身体验后，才巴望能直航有多好。她希望有一天，执政者为了百姓福祉，能够打开胸襟。

在连战读过的小学里，听到孩子们朗诵"连爷爷，您回来了，您终于回来了"，她不禁想起"故国三千里，深宫二十年，一声何满子，双泪落君前"，眼泪忍不住滑下来。

她听到大陆流行的一句顺口溜："不到北京，不知道官小；不到上海，不知道钱少；不到台湾，不知道'文革'还在搞。"不由得为民进党这几年的"去中国化"而痛心，想到5000年中华文化在台湾逐渐萎缩，不觉心中黯然。

虽然在连战访问大陆前，台湾波折不断，但是连战"登陆"之后，岛内民众多数肯定。台湾《中国时报》和《联合报》的民调分别显示，逾半台湾民众对连战的总体表现感到满意。而台湾年代电视台的民调显示，近7成岛内民众认为陈水扁应接受"胡连会"成果。

继连战成功"登陆"后，5月5日至13日，亲民党主席宋楚瑜率团访问大陆；7月6日至13日，新党主席郁慕明率团访问大陆。三个政党都给自己的大陆之行做了定位：国民党是"破冰之旅"、"和平之旅"，亲民党是"搭桥之旅"，新党则是"民族之旅"。

"胡连会"、"胡宋会"、"胡郁会"，可谓是"政党交流一小步，两岸关系一大步"，在两岸关系上是一个重大突破，消除两岸长期以来的政治对峙，营造有利于两岸民众感情交融的良好氛围,也破解了民进党当局精心建构的"本土化魔咒"。

通过连宋郁来访,两岸四党确立坚持"九二共识"、反对"台独"、谋求台海和平稳定、维护两岸同胞利益的共同主张,建立起反"台独"统一战线,而且把台湾社会中沉默的多数——非独、反独力量表现了出来,连战民意调查支持度首次超过陈水扁就是明显例子。民进党内人士也已经开始认识到"台独"是一条走不通的路,连陈水扁也不得不承认,"台独做不到就是做不到,不要自欺欺人"。

这年9月3日上午,人民大会堂隆重集会,纪念中国人民抗日战争暨世界反法西斯战争胜利60周年,中共中央总书记、国家主席胡锦涛发表重要讲话,第一次肯定了国民党军队在正面战场的抗日贡献:

"中国人民抗日战争的伟大胜利,是中华民族全体同胞团结奋斗的结果,也是中国人民同世界反法西斯同盟国人民并肩战斗的结果。"

"中国国民党和中国共产党领导的抗日军队,分别担负着正面战场和敌后战场的作战任务,形成了共同抗击日本侵略者的战略态势。以国民党军队为主体的正面战场,组织了一系列大仗,特别是全国抗战初期的淞沪、忻口、徐州、武汉等战役,给日军以沉重打击。"

"我们将认真落实同中国国民党、亲民党、新党的领导人会谈所达成的各项成果,采取一切积极措施,加强两岸各领域的交流合作,促进人员往来,密切两岸同胞感情,充分照顾台湾同胞利益,促进两岸关系和平稳定发展,维护台海地区和平稳定。"

硬的一手更加硬,柔的一手更加柔。中央的这套精彩的组合拳,打得"台独"分裂势力措手不及、束手无策,严重动摇了民进党的执政地位。

叫停项目

在对台儿庄的历史文化和两岸关系综合评估后,枣庄市政府得出这样的判断:

自去年"胡连会"以来,虽然民进党当局倒行逆施,强行终止"国统会"运作和"国统纲领"适用,挑衅一个中国原则和台海和平,与大陆渐行渐远,但两岸交往已成为不可阻挡的趋势。9月底,两岸刚刚在曲阜首次携手联合祭孔,共同弘扬中华儒学文化。可以预料,到2008年,马英九躺着都能当选,国民党重新夺回台湾的执政地位已无悬念,两岸同胞盼望30年的"三通"可望实现,两岸关系势必进一步密切。

在两岸关系趋暖、交流加强的背景下,台儿庄是两岸交流不可多得的纽带,这对我们挖掘台儿庄的"大战文化",顺势发展台儿庄的旅游文化产业,是一次千载难逢的机遇。

市政府果断决定,马上停止台儿庄的房地产项目,深入挖掘台儿庄的历史文化内涵,高起点规划,保护性开发,重建台儿庄古城。

这个议题提交枣庄市委常委会讨论后,立刻引发热议。

有困惑:枣庄的铁道游击队是共产党领导的武装,我们是共产党的政府,放着共产党领导的红色根据地不好好宣传,却去宣传国民党打的,这合适吗?

有支持:抗日战争是中国人民与日本侵略者之前的战争,在民族大义面前,我们应该抛开党派之争,把台儿庄大战看成是中国人同日本人的战争,而不单纯是国民党人同日本人的战争。何况,这场大战也是国共精诚合作的成果。

有疑虑:想法好是好,可是远水解不了近渴。台儿庄的老百姓都盼着早点住进新楼房,我们自己的经济实力太弱,没有能力解决,如果叫停这个项目,他们的困难怎么解决?他们的愿望怎么实现?对老百姓不好交代吧?现在不是说一切要让群众满意吗?老百姓闹起来怎么办?上级对我们的考核,群众上访可是一票否决啊。

有自信：这些问题都反复研究过，从短期看，可能一时解决不了群众的住房困难，但会尽量做好善后工作，向群众耐心解释说明，同时做好开发商的工作。

有担心：对台儿庄保护性开发是什么思路？

有设想：初步考虑是重建台儿庄古城，建成一个高端的旅游文化品牌项目。

有顾虑：重建古城？枣庄财政穷得叮当响，哪来钱建古城？

有探索：这只是一个初步设想，事在人为，只要我们开动脑筋，办法总比困难多。

几番观念碰撞，常委班子成员认识渐趋一致，基本同意叫停房地产项目，但对该不该重建古城、如何建古城，还是莫衷一是。

这就足够了。因为，正是这脚急刹车，为台儿庄开启了崭新的未来。

听说项目叫停，上海房产商急了。再过两个月就是2007年1月，国家将实施新的拆迁补偿政策，这意味着要多出两个亿的拆迁安置资金。为了给台儿庄政府施压，他们撂下狠话："要么马上动工，要么抽回资金不干了！"

老百姓更不乐意了，眼看就要住进新楼房，却无端给搅黄了，能没怨言？一些人嚷嚷着要去堵区政府的门。

枣庄市政府给台儿庄支着：解铃还须系铃人，多做做开发商的工作，取得他们的谅解，5000万土地补偿款要一分不少退还，尽量满足他们的要求，将来待开发方案确定后，可以邀请他们参与投标，同等条件下他们享有优先权。同时，安抚好老百姓的情绪，要让他们看到将来的美好前景，做工作时一定要耐心、细致，千万不要激化矛盾。

人心换人心，上海房产商没有索要一分钱赔款，待5000万土地补偿款如数到手后，黯然撤资。

2007年1月，枣庄市第十三届人大五次会议宣布：突出发展以台儿庄大战、铁道游击队为主的红色旅游，以运河文化、墨子文化、北辛文化为主的文化旅游。

在一个经济薄弱地区，能够抵御住利益诱惑，果断叫停坐地生财的房地产项目，需要一种勇气、境界和胸怀。这种勇气、境界和胸怀，反映的是一种难能可贵的文化自觉，是传承、发展民族文化的历史责任感和使命感。

是否具有高度的文化自觉，不仅关系到文化自身的振兴和繁荣，也决定着一个国家、民族的前途命运。

第十三章　废墟觅文脉

寻找记忆

政治需要借助文化传播。台儿庄古城已在战火中夷为平地,如果挖掘不出古城的文化底蕴,无论是开发保护,还是恢复重建,都成了一句空话。而要变废为宝,非一日之功,需要耗费时日,大海捞针。

开始,枣庄打算请专家学者来给台儿庄把脉,提出规划设计方案,辗转请了几个号称国内一流的专家学者。

不过,林子大了,什么鸟都有。

有两位专家,在古建筑保护方面名气不小,手头的活很多,已经排到三五年之后。三请四请,才请动一位。

专家在台儿庄转了一圈,眉头越收越紧,不客气地说:"你们这就是一个纯粹的破落棚户区嘛,我看不出有保护的价值,不是我给你们泼冷水,依我看,还是再把房地产商请来,全部推倒重建住宅,现在房价节节攀升,还是搞住宅开发来钱快。"

枣庄不甘心,又请来一位大学教授。教授提出先看文字资料,关在房里翻了一天,发话了:"这些资料太零碎,可利用的价值不大,找不到感觉,我不是不能做,只是要花很大的精力,要大海捞针,我的项目太多,实在没有精力,你们还是另请高明吧。"

某著名大学建筑系主任规划过几个大项目,在国内名气不小,拍着胸脯,满口答应:"行啊,没问题,对我来说,没有做不了的事,你们可以去打听打听,某某项目,请了好多专家,都知难而退,是我破解了难题。还有某某项目,别人做了一半,做不下去,也是找了我后才做成的。"

不过,系主任话锋一转:"我接的项目,价位至少在千万以上,而且必须先付一部分,其实这也没什么,一分钱一分货嘛。"

双方签协议后,枣庄先预付百余万元。这位系主任带几个助手,到台儿庄后,走马观花转了一圈,就开始闭门造车——说闭门造车已是客气了,事实上是把别的项目方案拷贝过来,张冠李戴而已。拿出第一稿后,又要索付百余万。

枣庄浏览了一遍方案,大失所望,碍于对方是著名专家,小心地提了一堆意见,设计费还是照样付。

第二稿出来后,还是很糟糕,并且催着付钱。

这回,枣庄没有给对方面子,拒绝付钱,不客气地对他说:"搞研究、做学问,最忌急功近利,你们没有沉下心搞调研,没有深入挖掘台儿庄历史,没有把握住古城的文化脉络,简单套用别处的方案。照这样的方案,与你们设计的某某项目有什么两样?就这样的水准,你也算是著名专家?"

一席话,把这个系主任噎得说不出话来,羞得满脸通红,掩面而去,合作自然夭折。

某省旅游学院院长也是个响当当的人物,但是,他的方案也被枣庄否决了。

随后,枣庄又邀请多位专家学者,共同商讨,出谋划策。专家学者虽然提了很多中肯意见,但是距离重建一座完整的古城还远远不够。

重建一座古城谈何容易!历史上的台儿庄,只是县治下的一个集镇,史料太少。大战已过去70年,相隔年代较久,城市毁坏严重,历史遗存不到10%;重建涉及古建、文化、宗教、水系、民俗、商贸等众多领域,没有哪个人能样样精通;钱从哪里来、业态如何搞、市场怎么火、如何持续发展?没有人能说得清楚。

枣庄市政府醒悟到,一座古城的重建,是一项系统工程,涉及十几个领域,没有哪个人能样样精通,专家毕竟不是全才。

求人不如求己。枣庄将当地高校、文化团体骨干动员起来,组织起一支调研团队。没有资料,就托人到国内国外查找;不懂古建知识,就找来各种运河文化和古建专业书籍学习。

过去,人们有一个传统,家业发达后,除了买地置屋,还会兴建会馆、庙宇。既然台儿庄曾经商贾迤逦,云集此处的各地富商巨贾,也自然会按照各自家乡的习俗,建起民居、会馆、庙宇,建筑风格肯定融南汇北。那么,台儿庄究竟有多少种风格的建筑呢?

照着史料中的一鳞半爪,调研团队寻遍老城的每一条街巷,察看每一幢古旧的建筑。

功夫不负有心人,一连串的新发现,让他们欣喜若狂:那场战火虽然毁掉90%的建筑,但城里居民只是捡拾破砖碎瓦砌墙垒屋,有的直接在残损的墙头上搭建,从未彻底翻建过,战前台儿庄的建筑地基、路网框架、古城轮廓依然存在,大街小巷依然保留着战前的走向,被炮火轰塌的一些残壁断垣依然耸立,这些老街巷是城市文化的载体、社会地理的坐标,也是世居百姓的心灵慰藉。

1958年国家治理运河时,对经过台儿庄城的一段运河截弯取直,新开一条航道,主航道改从城外经过,城旁3公里长的明代运河,作为景观河保留下来,无意中成了"京杭大运河仅存的古运河段"。调研团队实地踏勘时发现,这段古河道上,有1.5公里的古驳岸,一溜排着13座古码头:郁家码头、王公桥码头、四十万码头……都是由青石砌成,台阶被磨得光滑锃亮。这些古码头,历史最久的已有400多年。城外密布的护城河、圩沟,与城里的汪塘和沟渠相连,形成完整的循环水系。城中还有将近15公里长的水街、水巷轮廓。

"这不是京杭大运河申遗的活标本吗?!"团队成员兴奋得手舞足蹈。

此时,关于京杭大运河申遗的动议,已经持续经年。

在2004年3月的全国两会上,全国政协委员、国家文物局局长单霁翔提交了有关重视大运河文化遗产保护的意见和建议。同年6月底,第28届世界遗产大会在苏州举行期间，单霁翔宣称，鉴于大运河遗产的重要性和独特的文化价值，"中国将对大运河申报世界文化遗产的可能性和工作方案进行全面科学的评估论证，并在评估结果出来后，正式启动申报工作"。同年7月，由中国文物研究所承担的"京杭大运河遗产廊道研究"项目正式启动。同年9月，在济宁举办的第二届中国京杭大运河文化艺术节呼吁，运河沿线城市要联合起来申报世界文化遗产，以更好地保护和传承运河文明，发展运河特色文化。一时间，京杭大运河申遗成为热点话题，运河沿岸的很多省份和城市闻风而动。

2005年，世界遗产中心将运河遗产拓展为世界遗产名录项目。第二年3月的全国两会上，58位政协委员联合提交一份提案，呼吁从战略高度启动对京杭大运河的抢救性保护，并在适当时候申报世界遗产项目。这58位委员中，既有京、津、冀、苏等大运河沿岸6省市的现任政协主席及政协原主席，也有国家文物局的前后两任局长——张文彬和单霁翔。舒乙、王铁城等知名人士也纷纷签名。这份提案成为当年全国政协最受关注的提案之一。

同年6月，京杭大运河被列入第六批全国重点文物保护单位。同年12月，国家文物局公布了重设的《中国世界文化遗产预备名单》，将原来榜上无名的京杭大运河列在首位。

枣庄信心满满："台儿庄古城的重建，必将为大运河申遗增光添彩！"

调研团队打听到，台儿庄共有27位80岁以上的老人。他们如获至宝，一家家登门拜访，请老人回忆战前台儿庄的模样，每一栋建筑、每一个汪塘、每一条水巷、每一条街道、每一座码头、每一个寺庙，都请老人现场指证，确定建筑的位置、布局、风格，绘制出草图后再请老人确认。

天后宫（妈祖庙）旧址的附近，住着一位陈大爷，已90多岁，是福建商人的后裔。老人牙齿脱落，说话漏风，台儿庄土话口音很重，加上记忆混乱，说得颠三倒四，费了老大劲，总算道明来龙去脉：

"在台儿庄经商、落户的人，四面八方的都有，互相之间喜欢攀比，你盖了一个馆，我要盖得比你还阔气。福建商人明末清初就来台儿庄了，最早是建一个小妈祖庙，船出航前都要到庙里进香。到了雍正年间，一些闽商捐钱，在大衙门街南侧买了块地，盖起一个气派的天后宫。听上辈人说，盖天后宫时费老劲了，模样是照着泉州天后宫设计的，所有的建筑材料、装饰组件、妈祖塑像，包括每一块砖料、每一根木料、每一块石料，都是专门从泉州运来、由泉州工匠组装的，两代人弄了几十年才盖成呢。"

  但是，走访中也遇到一个问题，老人们对台儿庄古建筑的称谓，多是一些口口相传下来的方言土语，与学界的书面称谓不同。为了避免理解上的错位，调研团队收集了一些不同风格建筑的照片，让老人回忆有没有见过。这一招还真灵。有位老人看到一张骑楼的岭南建筑，立刻说："这样的房子台儿庄以前也有，这个叫'串楼'。"于是，调研团队确定，台儿庄以前也有岭南风格的建筑。

  调研团队从志书记载中看到，过去，台儿庄房屋的高度不算低，不少超过现在的三四层楼高。可是，在战火中幸存的房屋中，最高只有3层，没有一座超过15米。难道说，过去台儿庄的房屋只有这个高度？将来重建古城时，可不可以把这个尺度作为标准呢？这是一个关键问题，如果重建的房屋高于或低于实际高度，都是赝品。可是，问起老人过去房屋有几米高？老人迟迟疑疑答不上来。他们灵机一动，干脆把几位老人请到丁字街和顺和街，这里有幢战后幸存下来的中和堂，是3层的建筑。

  他们问："过去，有没有比这更高的楼房？"

  有了对比，老人们的记忆就打开匣子了。李大爷说："比这高的楼房太多了，这房屋以前并不显眼。"

  旁边的尚大爷用手比画着："现在留下来的房屋，以前都是矮房屋，它们旁边的高房屋都被炮弹削掉了。"

  老人一番话，让大家心里有了底。后来，在规划台儿庄的建筑高度时，便是以实物和老人回忆为参照的。

  从征集的资料中，他们陆续发现一些古城的痕迹。当年，中国军队战前进驻台儿庄时，随军记者拍了不少照片，里面就有徽派风格的建筑。李宗仁视察战事的照片中，背后的建筑是鲜明的闽南风格。幸存的关帝庙，则是晋派风格。

听说伊文思拍摄的纪录片《四万万人民》，里面有当年台儿庄战役的历史镜头，枣庄通过凤凰卫视帮忙，找到这部纪录片。几个人睁大眼睛，不放过任何一个画面。片尾处，突然闪现出一个"观音兜"的建筑镜头，不由得眼睛一亮："嘿！这不正是苦苦寻觅的广东客家风格的符号吗？"

一位学者说，李宗仁在回忆录中记载，台儿庄有6600栋质量非常好的石头房子，可以做天然掩体。

"哎呀，太好了！如果有这么多的石头房，将来重建时，一定要考虑这个因素。想想看，如果建成6600栋石头房，台儿庄将成为一座石头城，该多有特色！"

调研团队急忙找到《李宗仁回忆录》。回忆录中，专门有写台儿庄大战的一节。可是，翻遍回忆录，却没有发现这样的话，只有这样的文字："台儿庄一带，耕地之下盛产石块，居民多叠石为墙，以故每一住宅皆系一堡垒。"

台儿庄究竟有没有石头房呢？调研团队问了很多老人，回答都说没有。老人们说，那时，台儿庄里住的多数是经商的有钱人，盖的大多是砖瓦房，周围农村的穷人才盖石头房。

调研团队不甘心，又找出李宗仁在台儿庄开战前和大战期间的日程表，发现这段时间李宗仁并没有进入台儿庄，只是到过离台儿庄比较近的邳庄，而战后到台儿庄时，台儿庄已经几乎夷为平地，看不出原来的样子。

石头房虽然富有特色，但并不属于台儿庄，枣庄只好忍痛割爱。

台儿庄老人在介绍古城建筑风貌的同时，也讲述了一些当年的所见所闻。调研团队发现，如果把古城建筑比作人的骨骼，老人的这些见闻就好比是血肉。把它们组合在一起，台儿庄古城就像是一个灵动的活人。92岁的王大爷讲述的故事，是老人七八岁时的亲眼所见。

那一年，台儿庄有庙会，七里八乡的人都涌来了，有做买卖的，有烧香拜佛的，有添置物件的，十分热闹。最开心的是孩子们，哪里人多往哪里钻。

城隍庙前的人最多，耍猴戏的，算卦看相的，卖烟卷的。还有一个杂技团，在表演"上刀山"，一个老汉正"哐哐"地敲着锣。

这"上刀山"，就是用毛竹竿搭成一个很高的架子山，用竹子做成梯子，每节梯子上绑着刀刃，刀锋朝上，表演的人要踩着刀刃，从地上一直走到顶上。这个表演最揪心，看得人最多。

锣声紧一阵、慢一阵，响了好久，就是不见人上场，观众开始起哄。这可把敲锣老汉急坏了，使眼色让一个打杂的小姑娘到旁边的帐篷里去催。终于，有一个大姑娘从帐篷里出来了。姑娘穿着一身红衣裳，赤着脚。奇怪的是，她低着头，眼睛红红的，好像刚哭过。她走到敲锣的老汉面前，突然跪下来。

老汉停止敲锣，问道："你这是做啥？"

姑娘说："爹，俺今年29岁了，您不能再留着俺给您挣钱了，放俺出嫁吧。"

观众哄的一声笑开了，以为这是在表演节目呢。有的说，有趣，耍杂技的，也演起戏来了。笑过之后，都安静下来，看老汉怎么往下演。

老汉有些发窘，一张老脸涨得通红，压低嗓子说好话："乖孩子，等你过了30岁，爹就让你走。今天先不说这话，你先表演，行不？你瞧，大伙都等急了。"

姑娘头一拧，说："俺不等了，今天，俺就不上这个刀山了。"

老汉眼一瞪，举起锣槌要打姑娘。

姑娘一边躲闪，一边说："爹，你给俺一碗酒喝，俺再最后上一次刀山。"

老汉连忙说："行。"

小姑娘端上一碗酒。观众以为这是戏里的内容，起哄道："是酒还是水啊？要喝就喝真酒，别用水糊弄人啊。"

姑娘也不理睬，接过碗，仰起脖，咕嘟咕嘟，一饮而尽，把碗还给小姑娘，用袖子一抹嘴。摆起架势，运了运气，赤脚踩上刀刃，一步步往上挪。

观众们屏着气，不敢发出一点声音，姑娘每往上走一步，观众的心都要揪一下。当姑娘终于登到刀山顶上时，大伙发出一阵叫好声，仰着头使劲拍着巴掌，然后又安静下来，等着看姑娘踩着刀刃下山。

姑娘并没有急着下，而是带着哭腔叫了声爹。

老汉答应一声，显得有点诧异。观众搞糊涂了，一个个仰着脖子盯着姑娘，不知道这是戏里的内容，还是姑娘胆怯不敢下了。

姑娘说："爹，俺知道，您明年也舍不得让俺嫁人，俺不想活了。"不容老汉回答，头朝下栽下来。

"哎呀！"观众发出一片惊呼。老汉愣了一会，疾步上前，欲接住姑娘，没接着。只听见一声沉闷的撞击声，姑娘头部重重地触到地面，也重重地砸在观众心里。

老汉扑上去，把姑娘抱在怀里，一边嗷嗷地哭着，一边连声唤着。可是，姑娘已经血流满脸，没有气息了。

观众看傻了眼，过了好一会，终于醒悟过来，这不是在演戏，这是一场人间悲剧！

这时，不知谁嚷了一句："哪有这么狠心的爹啊？把自己女儿害死了！"

人群中顿时响起一片责骂声，有几个年轻人还上前猛踹老汉。老汉紧紧地抱着女儿，像丢了魂似的，任凭人们责骂殴打。

枣庄广泛征集地方志、族谱、文史资料、私人笔记、回忆录、民间文学、碑帖等各种文献资料 200 多种，在台儿庄周边收集水街、水巷、民居、寺庙、古桥、游船、牌坊等图片 500 余幅，还通过各种途径到美国、日本及南京、香港、台湾、澳门等地查阅历史文献。参与提供、收集、整理台儿庄历史资料的人，多达 6 万多人，共征集了 12 万多条线索，包括 1130 多本史料、1279 本明清小说、180 分钟视频、200 多本图文资料、1000 多件旧时物品、380 多张大战期间和大战之前的台儿庄老照片，美国战地记者罗伯特·卡帕所拍的照片也在其中。大战之后，《良友画报》在报道战事时，刊载了多幅照片，照片的背景有很多是台儿庄的古建筑。

在收集资料过程中，他们惊讶地发现，明清时期，有关台儿庄运河的奏疏多达 5000 余件，内容涵盖了治水思想、河道工程、河务管理、漕粮运输、运河区域经济等不同方面。其中朱批奏折约 500 件。奏疏是中国古代社会臣僚向君王进言时使用的文书，主要有奏章、表议、题本、奏折等几种形式。朱批奏折是皇帝亲自做出批示处理的奏折，因为皇帝批示用红色颜料，所以称朱批奏折。

后来，台儿庄古城管委会以此为基础，广泛收集史料和史物，在重建的台庄闸官团旧址设立了台儿庄古城运河奏疏展馆。

台儿庄大战，曾经是日军的切肤之痛。调研团队分析，日本可能有关于台儿庄的资料。日本的档案管理很规范，规定的保密时间过后，就解密、公开，并可以复印。果然，他们通过日本的朋友，查找到很多资料和照片。最宝贵的是，在国会档案馆淘到一本《台儿庄事情》。

当调研团队细细翻看这本《台儿庄事情》的复印本，不由得惊出一身汗。

日本占领东北后，在沈阳建了一家南满铁路公司，实际上是日军的间谍部队。1917 年，日军派出间谍潜入台儿庄，在此生活了半年，把台儿庄的情况摸了个透，连羊肉汤多少钱一碗、热豆腐多少钱一碗、信天主教的人数、信耶稣新教的人数、清真回民有多少、有多少房子多少店铺、商业怎么样，都写得清清楚楚，甚至还有手绘的台儿庄地图。

此时，离台儿庄大战还有整整 20 年！换言之，日军早在 20 年前，就开始精心准备侵华战役了！

日军对这么一个弹丸之地尚且如此用心，对中国各地的重要军事要塞，自然更不会放过。怪不得，日军一登上中国的领土，就能在战场上所向披靡，原来他们并不是在陌生的战场上作战，而是早就对中国的情况了如指掌。

抛开民族之仇不说，如果中国人都能像日本人这样专心致志，这样矢志不渝，凭中国人的智慧，还有什么不能做到？！

没想到，原本是侵华日军的一本铁证，居然成了重建台儿庄古城的珍贵史料。

如何最终确定台儿庄古城的建筑风格？调研团队在反复请教专家后，设定 5 条底线：

第一，对现有遗存和旧照片中保存下来的建筑风格，无条件认定；

第二，80 岁以上老人回忆出来的建筑风格，如果得到另外两个人的确认，并能指认具体地点，予以采信；

第三，传说中的外地客商从祖籍移植到台儿庄的建筑，通过反证之后仍然能够成立，予以确认；

第四，能够证明在台儿庄确实出现过的建筑风格，经定性之后，做出定量分析，尽最大可能接近历史事实；

第五，历史上可能有的风格，一定不能遗漏；没有证据能够证明曾经有的建筑，绝对不能为了审美需要而添加。

在这 5 条底线的约束下，调研团队利用实证法、证伪法和排除法，相继确认了古城的 8 种风格的建筑。这 8 种风格是：鲁南民居、北方大院（晋派建筑）、京派建筑、徽派建筑、水乡建筑、闽南建筑、岭南建筑（包括受西方建筑影响的骑楼式建筑和客家建筑）、欧式建筑（分哥特式、洛可可式和中西合璧式）。

调研团队将台儿庄建筑风格总结为 8 个字：融南汇北，承东纳西。

不过，仔细对照发现，这 8 种风格的建筑，在一些细节上与其原产地的建筑风格略有差异。这是怎么回事呢？

走访台儿庄的老人后，再请教一些古建筑专家，谜底揭开了：台儿庄的地理位置独特，号称是"北方的南方，南方的北方"，年均降雨量在 1000 毫米左右，丰水年份高达 1400 毫米，四季分明，外地客商在这里建家乡风格的建筑时，往往要根据台儿庄的气候和风俗进行优化改造。

比如，山西平原居多，地势平坦，建房一般不需要考虑地势的变化，所以讲究中轴线，宅院建得方方正正；台儿庄地势低洼不平，且又是沿运河而建，需要依地势筑台而居，不可能建成有中轴线的方正房屋。此外，山西讲究"肥水不流外人田"，加上也有防盗的考虑，所以晋派的北方大院呈半坡式，四周对外的那面墙不留坡，一直到顶，屋顶的雨水往院内流。这样外高内低的结构在山西还行，因为山西降雨量小，晋中的年降雨量只有 500 毫米，但在台儿庄却不合适。因为台儿庄降雨量是山西的两倍左右，如果雨水尽往院内流，雨天的院子就成为泽国了。所以，山西商人在台儿庄建房时，来了个折中，屋顶既非当地那样等腰三角形的，也非山西那样半坡式的，而是朝外的坡短、朝里的坡长，这样既有防盗作用，又保证"肥水"流到自家"田"里。此外，山西冬天气候严寒，为了防寒和防盗，后墙大多不留窗户。但台儿庄气候湿润，后墙没有窗户不利通风，并且生意人讲究通透。

又比如，地道的江南水乡的建筑为飞檐翘角，墙体薄、窗户大，江南商人在台儿庄建房时，受北方建筑敦厚古朴的影响，飞檐翘角的程度收敛了很多。为了御寒，墙体加厚，窗户也变小了。

摸透了台儿庄8种风格建筑的特征之后，他们绘制出这些建筑的素描图，先请老人根据记忆辨认和确定，再请古建专家在原真、规制、地域、审美4个方面寻找平衡，这幅素描图才告完成。最终定稿时，官署、庙宇、民居和商铺素描图达4000幅。

根据这些史料和实地调研，调研团队形成10多万字的报告，绘出一幅《台儿庄古城胜迹复原图》草图，然后请画家修饰。这幅复原图，成为重建台儿庄的重要依据，既是建设台儿庄古城的蓝图，也是游客了解古城的窗口。

画家有能力画出传说中的神仙和天上的宫殿，却不敢轻易为人类的先祖画像。原因何在？因为前者是艺术创作，画家可以天马行空，极尽想象空间；而后者则必须严格基于形似，容不得想象和虚构。而枣庄，则是依据给先祖画像的严格标准，来构思和绘制复原图。

有了这幅复原图，观望者看到了希望：台儿庄古城的文化资源，具有鲜明的民族性和独特的地方性，是发展文化产业的"根"和"魂"。有了这个核心的东西，再把深厚的运河文化和独特的抗战文化有机统一起来，古城就有望成为民族文化项目的经典。

2008年4月8日，是台儿庄大战胜利70周年纪念日，枣庄市对外宣布："重建台儿庄古城，打造一座二战纪念城、运河文化城、中华古水城。"

华山论剑

在做出重建台儿庄古城的决定前,枣庄市政府经历了一个不短的论证过程,请来一批国内顶级的专家学者,反复探讨该不该重建,该如何重建。这些专家学者犹如当年武林高手华山论剑,见仁见智,莫衷一是。

请来的第一位专家,是同济大学国家历史文化名城研究中心主任、教授、博士生导师阮仪三。没想到,阮仪三却直言反对。

在古城镇保护领域,没有不知道阮仪三的。

阮仪三是江苏苏州人,生于1934年11月。20世纪80年代以来,中国城市化进程骤然加快,在推土机的隆隆声中,众多历史古迹惨遭毁灭,阮仪三凭着一介书生的微薄力量,奔走呼号,"刀下救平遥"、"以死保周庄",赢得"古城卫士"、"古城保护神"等美誉。

当无数的游客在平遥、周庄等著名古城镇流连忘返时,哪里会知道,阮仪三在保护这些古城过程中,从没有顺风顺水,一直都是磕磕碰碰,甚至还常常被当地人驱赶。在他的《护城纪实》中,每个地方都有一堆伤心的故事。在安徽九华山,他甚至还遭到生命威胁。

那是1979年,阮仪三上九华山搞规划。因为有"九华一千寺,撒在云雾中"之说,他就想到后山区看看究竟有多少寺庙。为调查这些庙,他带着助手小胡,在山上连走7天。这天,他俩穿过华严寺到达翠峰时,从后山传来噼里啪啦的声音。循声而去,发现有很多人在砍树。庙里的老和尚告诉他,这些本是庙产,包产到户后,山民都去哄抢山林,没有人管。阮仪三一听急了,从老和尚那里拿了面锣,一边敲,一边把山民叫下来,一个个记下名字,然后没收了他们的斧头,把他们骂走了。

这天晚上,阮仪三和小胡就借宿在华严寺里。半夜里,两人正睡得迷迷糊糊时,老和尚急急叫醒他们,拽着他俩拼命往后山跑,一口气跑了半个小时,跑到后山顶才止步。往下一看,只见一长溜火把和电筒组成的光,正朝寺庙蠕动逼近。原来,阮仪三的举动把山民惹火了,半夜里来报复他们。幸亏山下几位与老和尚要好的人，冒险向老和尚报信。否则，他俩说不定就被打死在九华山了。

第二天，阮仪三偷偷下山后，找青阳县的官员反映。哪知，管理处不管，林业局局长不管，县长也不管。阮仪三一怒之下，直接向安徽省委书记发电报反映，引起省委高度重视，严肃查处了那批人，包括不管事的官员。

阮仪三名气大了之后，苏州、扬州、杭州、绍兴、平遥、丽江等十数个城市政府聘请他为顾问。在首批"全国十大历史文化名镇"中，有5个镇的保护规划出自阮仪三之手，分别是周庄、同里、甪直、乌镇和西塘。

但阮仪三并不开心，因为江南古镇过去多达50个，现在却仅仅保住6个。而在全国范围内，具有2000年以上的古城，大概有2000多个，现在保护好的寥若晨星。他痛心疾首："我们的七大古都，北京、西安、洛阳、开封、南京、杭州、安阳，保护得怎么样？那还是古都吗？在这个问题上不是我的失败，是我们中国人的失败！"

2003年和2006年，由阮仪三主持的江南水乡古镇保护规划和苏州平江历史街区规划，获得联合国教科文组织亚太地区遗产保护杰出成就奖。2005年，法国文化部授予他艺术与文化骑士勋章。

显然，枣庄请阮仪三来台儿庄，是希望得到他的支持。

但是，耿直的阮仪三毫不理会枣庄的苦心。座谈会上，他放胆直言："各个城市都要有自己的一种韵味和美感。过去我们的江南古镇，诗情画意，有很多的美感。西塘是婉约的，乌镇是秀美的，南浔是疏朗的……前些年，一些地方缺乏保护意识，热衷于'旧镇换新貌'，大拆大建，成了败家子。这些年，一些政府看到古建筑能带来滚滚财源，又走向另一个极端，不惜耗费巨资，建一些假古董。"

一席话说得与会者面面相觑，气氛尴尬起来。老教授毫不在意，呷了一口茶，大嘴巴继续炮轰："以前是不识货一推了之，现在是急功近利，举着保护的旗号牟取利益，到处都在重建古城，我对此是非常反感的。同样，我也不赞成重建台儿庄古城，台儿庄古城已经在战火中夷为平地了，重建的只能是新城，是假古董，充其量是影视城，不能称作古城。"

第十三章 废墟觅文脉

枣庄请教的第二位专家是谢辰生。

谢辰生正好比阮仪三大一轮,是江苏武进人,中国文物学会名誉会长,自从1946年跟随文物专家郑振铎当助手后,他把毕生精力都花在文物保护事业中。新中国第一个文物保护法令《禁止珍贵文物图书出口暂行办法》,就是他参与起草的,他既是新中国文物法规制定的主要参与者和执笔人,也是新中国文物保护的重要组织者和见证人,被誉为"中国文物保护神"。

谢辰生虽然在"文革"中被打成牛鬼蛇神,但他认为,"文革"对文物的破坏并不像人们想象的那样严重,"对文物最大的破坏是在20世纪90年代,最大的出口量也是在90年代,问题严重程度超过以往各个年代,盗墓问题可以说达到几千年来最严重的程度"。他举了一个例子:内蒙古辽代的墓葬,90%是在20世纪90年代被盗掘的,大量的珍贵文物出现在英国的文物拍卖市场上。"这种例子,在河南、陕西更不用说了,有些地方还官商勾结。"他去过世界很多地方的大博物馆,每次看到展出的中国藏品就心如针锥。

文物保护界的专家、志愿者都知道,如果古建筑出事了,老房子被拆了,找谢辰生最好,因为他是最积极的保城死硬派。很多文保志愿者都知道他家的电话,四合院要拆啦,老城墙要拆啦,古街道要拆啦,他家的电话就会急促响起。每当看到大街上的"拆"字时,他会条件反射心生厌烦。他对猖獗的文物走私极度愤慨,也忧心文化遗产的过度商业开发。"现在的文物破坏是全面的,尤其是古建筑的破坏,看看现在的北京古城,历史上没有过的。"

与阮仪三不同,向来与政府"死杠"的谢老,从另一个角度看问题,十分支持台儿庄古城的重建:"台儿庄是毁于二战战火的,是不以人的意志为转移的,不同于现在的大拆大建。所以,我赞成重建台儿庄古城。不过,对几十处仍然存在的大战遗迹,一定要好好保护,这是弥足珍贵的文物。"

听了枣庄对台儿庄历史文化的挖掘整理经过后,谢辰生十分赞赏:"一个民族如果没有自己的文化传统,这个民族就不存在了,历史是根,文化是魂,文物是历史的见证和载体,如果文物灭了、没了,等于这个民族断了根、丢了魂。对一个民族而言,文物是一棵'家门前的老松树',我们要倾尽心血保卫这棵'老松树',让它千年绿、万年青。"

在谢辰生看来,文物保护要解决两个问题:文物的保护和利用问题,文物的社会效益和经济效益问题,正确的方向是坚持保护第一位,在这个基础上对文物进行合理利用。同时,以社会效益为最高准则,在这个前提下争取实现两个效益的统一。

清华大学建筑学院教授陈志华,比谢辰生小7岁,浙江宁波人,1947年考入清华大学社会系,两年后主动要求转到建筑系,成为梁思成和林徽因的学生。毕业后,陈志华留校任教,后来成为著名的外国建筑专家,会七八门外语。1989年,陈志华临到退休前,却突然做出一项让人吃惊的事:改行搞乡土建筑研究。他说,自己研究了一辈子外国的东西,老了却发现中国自己的东西没人搞。

这一改行,使陈志华成为我国乡土建筑研究的倡导者,也使自己踏上一条充满荆棘的路。他们所研究的对象,都是非常穷困的村子。有一次,陈志华领着几个学生在广东一个村子调研时,住在一个供销社的大通铺上,盖的被子乌黑发亮,同屋的还有几个陌生住客。几天后,他们意外发现,这几个同屋住客竟然在集市上讨饭,这才知道他们是乞丐!

缺少经费,环境艰苦,倒也罢了,他们还经常受到当地政府的粗暴干扰、驱赶。地方政府最初的驱赶,是因为不知道他们要干什么。后来的驱赶,却是因为太知道他们要干什么。一些地方长官看到村落的"开发"价值,也意识到文物保护可能带来的束缚——保护文物不能产生 GDP,只赔钱不赚钱。

浙江金华有个诸葛村,是诸葛亮的后裔建的,过去默默无闻。早年,陈志华在此调研时,当地官员感到很奇怪,这几个外地人,怎么老是看破房子?那时,由于受"文革"思想的影响,人们看谁都像是坏人,对陌生人更是怀着很深的戒备心。所以,一些人便怀疑陈志华他们是"美蒋特务"。乡里接连几次派人盘问他们,问到底是来干什么的。后来,干脆叫几个警察带着手铐和脚镣,要把他们抓起来,幸亏村里几位老人跑来报信,才没被抓走。饶有讽刺意味的是,正是因为陈志华等人的竭力推崇,诸葛村后来名声大噪,现在已是人满为患。

然而,最让陈志华郁闷的是,乡村正经历着空前迅速而彻底的改造,极短时间内,就会使一座古老的村落完全消失,他们的调研速度,远远赶不上乡土建筑被拆毁的速度,几年前的一些测绘资料,现在已成为纸上文物。

"建筑是石头的史书,从这个意义上来说,乡土建筑作为乡土社会的史书,正好补充了半本历史。"陈志华说,"我国乡土建筑为东方农业文明之见证,尤其表现在宗祠、庙宇和文教建筑3个元素上,它们分别对应着宗族、泛神崇拜和科举这三样西方文明所没有的制度或观念。"

对枣庄重建台儿庄古城注重抢救、整理历史文化,陈志华持肯定和支持态度。他说:"活得有文化和活得没文化,是大不一样的。如果我们重视了历史,就会更文明一点,更善于思考,更知道好歹。"

陈志华三句话不离本行,越说越激动:"我不能忍受的是,我们祖先千百年来创造的乡土建筑被当作废物,无情地大量拆除。我们当然有能力造出更舒适、更安全、更方便的建筑,但任何人造不出几千年的历史、造不出古老的文明、造不出先人们的贡献。数典忘祖,不等于社会进步;社会进步,不能以鄙薄祖先为标识。"

枣庄请教的第四位专家学者,是著名作家老舍的儿子、中央文史馆馆员、中国现代文学馆原馆长舒乙。

然而,舒乙最初对台儿庄的印象并不好。

舒乙是全国第九届政协委员。自2006年起的3年中,全国政协组织了针对大运河保护的3次重点考察。作为参与者,舒乙记录了考察过程中的所思所想,先后写出《京杭大运河,残缺的辉煌》、《隋唐大运河,地下的辉煌》、《江南运河,水乡的辉煌》3篇考察实录,并四处奔走呼吁,先后十几次组织和参加与运河保护和申遗有关的各种论坛、活动,集结相关专题文章,出版《疼爱和思考——一个政协委员的大运河四次考察亲历记》,呼吁对大运河"保护,保护,再保护"。

2006年5月,舒乙随全国政协考察组实地考察台儿庄时,眉头越皱越紧:

台儿庄涅槃

整个旧城破败不堪，街巷里充斥着垃圾、污水，河道里的垃圾随波逐流。在考察台儿庄大战纪念馆时，他注意到馆前的运河岸是土驳岸，一打听，说是原先砌岸的条石用来修广场了，他又心疼又气愤。

考察结束后的总结会上，舒乙对台儿庄提出严厉的批评。随后，他在《京杭大运河，残缺的辉煌》一文中，写下这样一段文字："更有甚者，有的城市还将原有的岸边大条石挖出，扔掉古代用来连接条石的铸铁'蝴蝶'，然后将大条石切割成小方板，磨平，用来打造广场，建造台阶。殊不知，它们是有好几百年历史的古物啊。"这段不点名的批评，连带了好几座城市，其中就包括台儿庄。

后来，当舒乙应枣庄市政府邀请到台儿庄考察时，才知道他当初掌握的信息有误——台儿庄大战纪念馆前的那段河岸，原本就是土驳岸，不存在"挖条石建广场"之说，这让他有点内疚。

由于对大运河保护和申遗倾注了很大心血，舒乙对台儿庄古城的重建特别关注，在多次实地考察后，他不仅成为台儿庄古城重建的坚定支持者，还成为热心的宣传者，盛赞其"为我国眼下的古城、古镇、古村保护和传承开创了一条崭新的路，有着不可估量的现实意义和借鉴作用"。他发在自己博客上的《台儿庄，再生的火中涅槃凤凰》一文，被大量转载，许多人阅后慕名而往。

在枣庄看来，支持者的意见固然能坚定重建台儿庄的信心，反对者的意见也有助于更加清醒，从而充分论证、科学规划。所以，无论是反对者，还是支持者，他们的意见都是宝贵财富，对台儿庄古城都极具借鉴和参考价值。

他山之玉

重建的台儿庄算不算古城？可不可以申报世界文化遗产？枣庄找到依据：世界遗产组织规定，因人类不可抗拒因素，包括自然灾害和第二次世界大战毁坏的建筑，重建后可以申报世界文化遗产。在他们的细心搜集下，世界上几个重建成功的范例，成为他们的复制蓝本。

若论因毁于战火而复古重建的城市,最成功的范例,莫过于波兰首都华沙。

华沙城始建于13世纪中叶,1596年成为波兰首都,18世纪初遭受亡国之痛,被外国统治200多年,1919年再次成为波兰首都,人口超过百万,是当时欧洲大城市之一。

在波兰语中,华沙念作华尔沙娃。这是一对年轻恋人的名字,小伙子叫华尔,姑娘叫沙娃。相传,这对年轻人从天边划着一条小船,穿越波罗的海,进入维斯瓦河。河中有一条美人鱼,是他俩爱情的见证者和生命的庇护者。两个年轻人上岸后,开垦荒地,建设家园,繁衍后代,逐渐形成一座城市。后人为纪念他们,把他俩的名字作为城市名称,把美人鱼形象作为城徽,还在广场上建起美人鱼雕像。

1937年,一位著名女雕塑家在维斯瓦河畔塑造起一尊美人鱼铜像,上身为裸体妙龄女郎,下身为鱼尾。这个左手持利刃、右手持盾牌的美人鱼雕像,成了华沙城的标志。

二战爆发前,希特勒叫嚣:要把华沙从地球上永远抹去。波兰人闻讯忧心忡忡,举国处于战争临近的恐惧之中。德国是欧洲列强,而波兰只是一个军事弱国,依赖于英法等国的保护,此时英法已是自命难保。出于对祖国建筑文化遗产的热爱,华沙大学建筑系立刻中止上课,全体师生走上街头,全面测绘每条街道、每幢建筑物,还详细绘制街道位置、建筑物各个立面造型及色彩的图纸,并精确记录所有的细节。二战一爆发,他们迅速把图纸资料全部藏到山洞里,使整个城市的形象资料得以完整保存。美人鱼雕像也神秘地失踪了,被人偷偷地藏起来。

二战中,华沙80%以上的地面建筑被夷为平地。战后,有人悲观地预言:华沙不会重现在人间,至少100年内没有希望。

华沙在苏军的支援下解放后,苏联计划在华沙推行其设计的华沙重建规划,建立一个"全新的、社会主义"的新华沙,如按照莫斯科大学的建筑模式,在楼上建一座高塔,塔尖上树一个红星。但华沙民众强烈反对,爆发大规模的集会游行。华沙大学建筑系师生们取出藏匿于山洞的华沙老城图纸,挂在街头上展览,呼吁当局按照老城图纸重建。

如何重建华沙,在波兰争论激烈,两种观点针锋相对:一种意见认为,按原貌重建过于艰难,不如直接舍弃而新建;但更多的市民认为,必须按历史原貌修复城市,不能容忍回到不认识的故土。最终,在民众的呼声和压力下,波兰当局接受市民的意见,拒绝苏联的重建计划。1945年2月,华沙宣布按战前原样重建华沙古城,成立"首都重建办公室",制订《华沙重建规划》。

为完整地重建华沙,当局设立一百个接待点,征集民众提供的建筑老照片、图册,以及对建筑的口述回忆,由大学生和工程师负责记录。成千上万的华沙市民闻风而动,昼夜不绝地排着长队,或者捐赠自己珍藏或收集的战前拍摄的老照片、出版的风景画册、发行的明信片,或者口述回忆建筑风貌。仅在华沙宣布重建的第一年,这些照片、画册等资料以及根据市民回忆而记录的图纸量,重达几百吨。

当重建华沙古城的消息传开后,30万因战火而被迫流浪在外的波兰人回归故国,为重建家园出钱出力,整个波兰掀起高涨的爱国热潮。在波兰政府的组织下,民众投身于重建华沙的劳动中,还自发地在废墟里搬砖捡瓦,整理汇集,不浪费每一块砖头。如今的华沙古城城门和城墙,就是用战争废墟中捡来的旧砖修建而成的。

根据翔实的资料和民众的细致记忆,华沙复制出老城所有的大街小巷,保护和修复历史古迹的工作受到格外重视,战前市内900多座具有历史意义的建筑物,几乎都得以修复和整饰,甚至连外墙的色彩和装饰,也全部按照13至18世纪的原样重建。那尊失踪的美人鱼雕像,也重见天日,被安放到原址。

1949年,第一批建筑建成;1953年,建筑交付使用;1963年,华沙重建全部完成。表面看起来,所有的建筑与过去一模一样,其内部的构造则趋同于现代。

华沙不仅按原样重建城市,还兴建新市区,规模和水平超过战前。市内的房屋都保持着清淡的色彩,整个城市显得清新雅致,原有的森林和绿地都得到很好的保护利用，基本看不到一片裸露的土地，外围的森林也没有因重建而受到破坏。为减少城市的工业污染，工厂都避开市中心地带，远离市民住宅。

1980年，华沙老城入选世界文化遗产。世界文化遗产一般是拒绝接受重建的东西，华沙是第一座入选世界文化遗产的重建城市。评委们对它的评价是：严格按原样重建，表明了波兰保留传统文化环境的真切心情。

历经苦难的华沙人民，以其保护历史文化的高度自觉性，成为世界上迄今任何国家、任何城市仍无法逾越的典范。

华沙古城成功重建的范例，既让枣庄汲取精神力量，也从中受到极大启示，面对外界的质疑和内部的疑虑，他们逐渐形成共识：台儿庄毁于二战炮火，是中华民族扬威不屈的象征，也是古运河文化的缩影、符号和标志，既有政治价值，也有文化价值。华沙能够重建，台儿庄为什么不能？

因为同样饱受二战战火浩劫之故，枣庄在学习华沙重建成功经验的同时，也特别注重借鉴国外其他在二战中受损城市的重建理念。这些城市包括俄罗斯的斯大林格勒（今称为伏尔加格勒）、匈牙利首都布达佩斯、斯洛伐克首都布拉迪斯发等。

提起苏联卫国战争，人们会油然想起斯大林格勒保卫战。斯大林格勒原名察里津，始建于16世纪，1925年改名为斯大林格勒，1961年因赫鲁晓夫反对斯大林个人崇拜，被更名为伏尔加格勒。虽然已经改名半个世纪，但中国人还是习惯称它为斯大林格勒。这决不是崇拜斯大林个人，而是出于对这座英雄城市的景仰、对那场战役的刻骨铭心。

1942年7月，德国法西斯先后动用150多万兵力，悍然进攻斯大林格勒。这场战役的残酷性，在世界战争史上罕见。每一条街道，每一栋楼房，每一个地下室，都成为厮杀的战场。一名德军军官曾在日记里写道："斯大林格勒不再是一座城市，而是一个杀人炉灶……这里的街道不再是用米来计算，而是用尸体来计算。"在进入巷战后的第 28 天，英国伦敦广播电台报道："德国人 28 天内占领了波兰，在斯大林格勒却只夺取几座楼房；他们 28 天内占领了法国，在斯大林格勒却只越过几条街。"

斯大林格勒军民浴血奋战 200 多天，毙敌 23 万人，生擒德军元帅保卢斯和 24 名将军，俘虏 9.1 万人。这场保卫战的伟大胜利，成为第二次世界大战的转折点，从根本上扭转二次大战的战局，奠定苏联卫国战争和整个二战胜利的基础。

在这场惨绝人寰的战役中，斯大林格勒的建筑均毁于战火。战争结束后，苏联举全国之力帮助斯大林格勒重建，但没有像华沙那样复制战前老城，不能不说是一大遗憾。不过，他们对那场伟大战役的纪念，却是可圈可点，也给台儿庄重建提供很多启示和理念。

斯大林格勒处处充满保家卫国的战争元素。最值得称道的是，全城有近百座纪念碑和雕像，还有数十处纪念地，供人们凭吊和瞻仰。如斯大林格勒保卫战全景画纪念馆、卫国战争博物馆、烈士广场上的无名战士墓、巴甫洛夫楼房、马马耶夫高地纪念碑群、察里津保卫战纪念碑等。其中，斯大林格勒保卫战全景画纪念馆和马马耶夫山冈是最大的亮点。

斯大林格勒保卫战全景画纪念馆位于市中心，是一幢造型高大的白色建筑物，馆旁叠立着一幢 5 层楼房的残垣断壁，是那场大战的见证者。馆外陈列着火箭炮、飞机、坦克。全景画悬挂在纪念馆中央大厅中，长 5 米，高 3 米，是俄罗斯最大的全景画。画面以马马耶夫山冈为中心，向四方铺陈展开，把模型、实物、地形融为一体，具有强烈的真实感和立体感。地下大厅里，还陈列着一些烈士的遗物和当年用过的武器。

马马耶夫山冈是全城的制高点，也是保卫战中的主战场，最后决战就在这里展开。山冈入口处两侧，巍然屹立着两座巨大浮雕，寓意为"世代永记"。登上山冈的台阶两侧，排列着战况浮雕和英雄塑像。山冈半腰处的广场上，中间有个喷泉池，池内是一尊体格健硕的赤膊战士雕像，左手持枪，右手握雷，广场名为"誓死保卫"。从广场往上走，两侧的浮雕名为"残垣断壁"，上面有许多英雄形象，还有战时的口号。人走到这里时，浮雕旁的音响里会骤然响起激战声：有敌机的轰炸声，有对空射击的机枪声，有战士冲锋的呐喊声。据说，这些都是当年的战场实况录音。此外，还有当年莫斯科广播电台著名播音员列维坦的声音。

山冈上还有两个广场，一个是英雄广场，雕像林立；另一个是哀悼广场，边上有一幢圆形建筑，四周碑石环绕，建筑内是阵亡将士纪念大厅。大厅正中，一只巨手高擎着一支长明火炬，旁边站立着4名威严的卫兵。周围墙壁上，雕刻着数十面红旗，红旗上刻着密密麻麻的姓名，足足有7000多人，是阵亡将士名单。

在山冈的顶部，有一尊顶天立地的巨型女神雕像，高85米，连底座重达8000吨。女神右手高高地扬着剑，剑锋直问苍天；左手则遥指着前方，仿佛告诉人们，敌人正从那里进犯。这尊女神像，意为"祖国母亲在召唤"。仰望这尊女神像，会让七尺男儿热血沸腾，义无反顾地冲向前方，用自己的血肉之躯誓死捍卫祖国。这尊女神像，被视为斯大林格勒和整个俄罗斯的象征。

重建一座城市，不仅仅是复原有形实体，更重要的是为人类保存文化基因。而主持重建者的境界、学养、品位、责任感，以及海纳百川的胸怀，基于历史真实的想象力，百折不挠的精神和饱满的热情，是重建古城的基本推力。

因某些自然和人为因素，许多古城在损毁之后没有重建，它们的身影仅保留在历史文献里，成为后人的遗憾。有的古城尽管重建，但只是保留城市的名字和功能，古城的文化内涵没有得到保存。只有为数不多的城市，在毁掉之后，恰好遇到既对历史负责、又有能力推动重建的有识之士，天时地利人和的风云际会，使死去的城市得以重生，文化内涵得以延续。

在学习借鉴这些范例城市时，枣庄"师其法不泥其方"，既学习他们的经验，也汲取他们的教训，并把他们作为重建台儿庄古城的他山之玉。

第十四章　画龙巧点睛

以煤换城

时间过得真快，转眼到2008年的深秋，鲁南大地的绿色渐渐褪去，色调趋于浓烈多彩。

这天上午，苗传华的电话响起："老苗，你到我办公室来一趟。"

身材瘦高的苗传华，是山东王晁煤电集团有限公司党委书记、董事长。别看王晁集团戴顶"山东"的帽子，其实是台儿庄区属的国有控股企业。不过，它是台儿庄最大的企业，也是枣庄市属企业中的佼佼者，每年要交两三亿的税收。

给苗传华打电话的，是台儿庄区委书记刘玉冰。苗传华不敢怠慢，立刻赶到。

因为都是极熟的人，刘玉冰没有客套，开门见山地交代："今天下午，你去一趟市政府，参加一个会。"

"啥会？"苗传华问道。

"是关于建古城的事。"刘玉冰说。

"好。"苗传华口里应承，心里犯嘀咕，不就开个会吗？电话里吱一声就行了，咋还要叫我跑一趟呢？转念一想，猜出个大概。

苗传华是土生土长的台儿庄人，举双手赞成重建古城，老城区的动迁已经基本结束，老百姓的议论很多。有的说政府没钱，建不起来了；有的说，市领导班子意见有分歧，阻力很大；有的说，省里不同意建，项目耽搁了。

他的信息很灵通，知道这些议论并非空穴来风，心里很着急。他猜，书记叫他来，不会就这么一句话，肯定还有交代。所以，他坐着不动，静听下文。

果然，刘玉冰话里有话，郑重嘱咐："建古城的事，情况比较复杂，但不管多复杂，对台儿庄来说，都是好事，你是台儿庄龙头企业的老总，又是全国劳模、省市两级人大代表，记住，无论市里有什么要求，都要带头执行，不要拖后腿。"

苗传华挺挺腰板，十分干脆："刘书记，请放心，我们是国有企业，当然要听市政府的，何况还是给咱自己建古城呢！"

下午，苗传华赶到市政府，推开会议室的门时，里面已经坐了七八位，有峄城区的山东丰源集团董事长陶志远，有市中区的山东中泰集团董事长姜崇海，有市直的山东泉兴集团董事长赵力，还有这些企业所在区的区长。苗传华注意到，这几家企业都是清一色的国有控股煤炭企业，丰源集团的实力还排在王晁集团之前。

几位市政府领导到场后，说明意图："市委、市政府对建设台儿庄古城十分重视，今天请大家来，一是通报筹建情况，二是希望能得到大家的支持。"

苗传华竖起耳朵，不放过一句话："投资规模的大小，直接决定古城项目的档次和影响力。投资5000万，只能建成一个枣庄级的景点；投资5个亿，就有可能做成省级的旅游景区；投资50个亿，就有可能做成国家级的旅游景区；如果能投资100个亿，就有可能做成世界级的景区，上海的迪士尼项目就是投资了248个亿。"

一席话，听得大家直咂嘴。有钱能办事，这是谁都知道的理儿。

市委、市政府的目标是，把台儿庄古城建成国家级乃至世界级的景区。根据刚确定的规划，台儿庄古城项目占地两平方公里，总建筑面积60万平方米，预计最终建成需要投资48亿左右。其中，启动资金需要四五个亿。

建设资金从哪里来呢？显然，财政是拿不出这个钱的，枣庄的财政捉襟见肘、囊中羞涩。

几个市领导哭起穷来："全市有14万下岗职工，随着一些矿井的关闭，未来10年又将有20万人需要转岗，就业压力非常大，各项民生建设都需要钱,现在的财政实力连维持吃饭都困难,哪有闲钱搞这个庞大的项目?何况,很多枣庄人对这个项目并不看好。"

"要不,到外面找企业融资?"有人出主意。

"我们谈了几家,人家也没兴趣。"一位副市长说,"前些日子,浙江有家大企业来谈项目,想投几个亿搞煤化工,我们鼓动他们投资古城项目,他们看了现场后,说是几个亿扔到水里不会听见响声。"

"当然,这也不能怪他们,他们对这片土地没感情,对这个区域也不了解。我们不同,我们祖祖辈辈都在这里生活,我们是这片土地的子孙,我们有改变它的渴盼和决心。既然没有外力可以借助,那我们就抛弃幻想,自力更生,依靠自己的力量来改变它,一定要争回这口气。"

在场的人频频点头。这些年来,枣庄在全省的位子越来越靠后,让枣庄人丧失自信,到省里开会时,见人先低头,开会坐后头,心里别提多窝囊了。

怎么样自力更生呢?市政府提出一个靠山吃山的办法:"向各位老总借点煤。"

"借煤?怎么个借法?"几位老总疑惑地面面相觑。

"找5家本市的国有煤矿企业,向每家借10万吨煤。枣庄现在年产原煤3300万吨,这50万吨煤是毛毛雨,不到全年煤炭产量的2%。"

几位老总沉默不语,一个个低着头,假装很认真地喝茶,心里各自打起小九九。

陶志远似乎专注地拈去一片沾在茶杯沿上的茶叶,心里却在嘀咕:"照眼下的行情,每吨煤炭市场价是800元,10万吨煤就是8000万元,这不是剜我的肉吗?"

姜崇海假装接电话,起身走到门外,心里哼了一声:"借?哪听说过政府借企业有还的?这不是明摆着肉包子打狗——有去无回吗?"

几位老总中,赵力的年纪最大,已经快退休了。他一看陶志远和姜崇海都不表态,自己也不好表态,连忙喝了一大口茶,走到旁边,磨磨蹭蹭地添热水。

只有苗传华最沉得住气。他牢牢记住刘玉冰的嘱咐,无论市里如何要求,他都会坚决执行——谁让他是台儿庄人呢！

几位市领导交流了一下眼神，呵呵笑出声来："看你们一个个愁眉苦脸的样子，是不是很心疼哪？请放心！我们不是白借的，而是要让大家有大大赚头的。"

一听这话，几个老总坐直身子，支棱起耳朵。

底牌缓缓亮出："企业用这10万吨煤折合的金额作为股份入股，组建一家国有全资公司——台儿庄古城旅游发展有限公司，按市场化运作，对企业而言，投资旅游文化产业，也是多方位发展、做大做强的一个很好平台。"

几位老总长吁一口气，姜崇海开起玩笑："瞧把我们紧张的！我还以为这10万吨煤要打水漂呢。"

陶志远也脱口说出自己的心里话："其实，我已经做好思想准备，就当是被市政府讹了10万吨煤吧。"

大家哈哈大笑。

赵力说："对旅游文化产业发展，我是个外行。所以，这个投资是不是包赚不赔，我心里没底。不过，市政府能考虑到我们企业的利益和发展，这让我很感动。"

一直没有吭声的苗伟华，这时开了腔："我是台儿庄人，企业又是台儿庄的企业，你们都在为台儿庄的发展费心尽力，我还用说吗？当然是坚决服从市政府的决定。何况，我们都是搞企业出身的，任何经营都存在着风险，这个道理我们还是懂的，即使存在着风险，我们企业也应该义不容辞地承担。"

苗传华一开口就停不下来，越说越激动："各位领导和老总，台儿庄的老百姓早就盼着这个项目开工了。你们为我们这样操劳，我很感动，我代表台儿庄的父老乡亲，向你们道一声谢！"说罢，他站起来，深深地鞠了一个躬。

在场的人纷纷鼓掌。

"先别忙着鼓掌，我还没说完呢。"苗传华有些不好意思，摆了摆手，"我在这里表个态，鉴于我们是台儿庄的企业，我们愿意多承担责任，市政府需要我们出多少资金，我回去以后马上到账！"

散会后，苗传华立刻赶回台儿庄，按照会上确定的份额，紧急调拨一亿元资金。

现在,游客游览台儿庄时,导游会津津乐道地告诉你,这是一座抢回来的古城,这是一座换出来的古城。所谓"抢回来",是指从房地产商手中抢回来的;所谓"换出来",便是指用50万吨煤做启动资金。

台儿庄古城旅游发展有限公司成立后,着手处理的第一笔支出,就是老百姓的动迁安置,这是台儿庄老老少少翘首以待的大事。

由于旧城区拆迁完全由政府主导,不与老百姓争利,动迁补偿确保公平合理。一年前,上海房地产公司打算开发台儿庄旧城区时,谈定的拆迁安置费为每平方米600元。这一次,拆迁安置费高达1700元,是一年前的近3倍。居民们喜出望外,高高兴兴地搬出去,之前的误解、抱怨都烟消云散,化作喜悦和感激,再也没人骂政府了。

2009年8月11日,台儿庄古城建设第一期工程正式动工。为什么选这一天?是一个大吉大利的日子,还是一个值得纪念的特殊日子?都不是,这是一个普普通通的日子,也是一个磕磕绊绊的日子,是在筹建过程中各方博弈、艰难推进的情况下,一个水到渠成的日子。此时,距枣庄市宣布重建古城的2008年4月8日,已经整整过去1年零4个月。

2010年5月,第一期工程竣工。整个建设过程由政府主导、企业主体、市场运作。该市场做的事情,政府不越位,完全靠市场化运作,没动用财政一分钱,均通过市场渠道融资。同时,该政府干的事,像规划、动迁等,政府不缺位。

2011年9月23日下午,重修后的中药铺"保寿堂",以每平方米3万元的价格,被深圳海王集团购得,用于展示医药文化。这是为准确评估古城价值而拍卖的唯一一座建筑。而在上一年5月,保寿堂完工时,核算出的成本仅是每平方米2658元。

有一天,山东大学校长徐显明看了台儿庄后,发出这样一番感慨:"一届政府,大多追求的是5年GDP;而枣庄的这届政府,创造的是百年GDP。"

在 2012 年初的省"两会"上,山东省人大代表陶志远发言时,感慨万端:"我挖了一辈子煤,都烧掉变成二氧化碳了,干的都是抢子孙饭碗的事,只有这 10 万吨煤最值,是给子孙造饭碗的!"

从叫停房地产,到动第一锹土,枣庄用了近 3 年。换言之,枣庄市政府用去近 3 年时间,完成调研、论证、策划、规划、设计、筹资的全套程序。

对枣庄市政府长达 3 年的决策过程,香港经济学家郎咸平不以为然。2012 年 4 月,他在台儿庄古城考察时,曾直言不讳地说:"这个做法,在中国目前的体制下行不通,是要冒很大风险的,因为按照目前的体制,一届政府任期只有 5 年,一个项目竟然决策 3 年,效率太慢。如果在这期间官员被一纸调令调走,后任不接着干——现在很多政府官员,最善于后任否定前任,心血不是白花了吗?"

郎咸平的担忧不无道理。但是,百年大计,科学决策,最忌急功近利,如果为了出业绩、赶工期,留下的或许是贻害无穷的败笔。

从这件事上,枣庄市政府也得到启发:决策者必须勇于担当,如果瞻前顾后,台儿庄古城重建可能永远是个梦。

复活古城

不是单纯建一堆仿古建筑,更不是建一座影视城,而是严格遵照世界文化遗产的标准,让古城复活。枣庄一开始就把标杆定得很高:保持古城的原真性,让古城有血有肉,有思想有灵魂。

"原真性"是历史遗产保护中的关键词。历史建筑经历一定时期,不可避免会老化、损坏甚至于倒塌,修复是一项延长建筑物寿命的必要手段。由于东西方在文化背景、历史兴衰以及建筑材料等方面大相径庭,对历史遗产保护的原真性理解也存在差异,但有一点认识是共同的,那就是要跟原来的设计、材料、工艺、构成相吻合,要保存原状。

从明万历三十二年（1604 年）正式开埠，到 1938 年毁于战火，台儿庄古城前后经历 334 年。重建台儿庄古城，要不要完全恢复战前的面貌？枣庄经过反复论证后认为，不能拘泥于战前的面貌，而应还原 300 多年间的繁盛，把台儿庄古城历史上最精彩的面貌集中展示出来。为此，他们把古城重建作为一项系统工程，确立"留古、复古、扬古、用古"的基本原则，规划布局遵循"原基址、原规制、原风貌"；施工中使用原材料、原工艺、原籍工匠。简称"四古"、"六原"。

这一创举，得到一些专家学者的首肯。他们认为，这种融历时性的存在和共时性的精彩为一体的做法，是对传统历史文化的传承和创新。

所谓"留古"，就是严格保护历史遗存。

惨烈的台儿庄大战，把繁盛 300 多年的运河商贸城市夷为平地，幸存下来的完整建筑，不到 10%。到 2008 年 4 月正式启动重建时，战后幸存的古建筑，还有清真寺、关帝庙配殿、中和堂等寺庙和商铺，在顺和街、大衙门街、鱼市巷等街区，保留胡家、金家、尤家、夏家、袁家、郑家的宅院和作坊，累计为 53 处单体建筑。另有 3 华里的古驳岸、13 座古码头和古船闸基座。这些古建筑，见证台儿庄的繁荣与沧桑，是几百年古建筑的珍贵标本。

对这些建筑，台儿庄按照文物保护标准，原封不动地保留下来。零星分散并损毁的民居商铺，用修复文物的标准进行修复，尽可能恢复当年的业态。大衙门街中段一片集中的民居和作坊，设计建设为大战遗址公园，通过那一面面弹痕密集的弹孔墙，让游客看到战争的残酷。

叨天之幸，台儿庄古城的道路街巷和水系肌理，保存了战前的原貌，95% 未遭破坏，成为重建的重要基础。

台儿庄古城道路街巷的肌理中，每条街巷都是曲径通幽，没有一条能够一眼望到头。这是何故？原来，儒家文化讲究谦让，辈分最高的选最好的地方建房子，辈分稍低的让一步往下盖，再低的再让一步，这就是中国古街道所以弯弯曲曲的内涵所在。可惜，现在已很少有人注重这些中华文化的信息。

规划设计时，曾有人提出，考虑到将来游客集散需要和通行方便，一些街巷应取直或拓宽。这个建议最终被否决,无论是后大路、大衙门街、月河街、丁字街、顺河街等主要街道,还是一些小巷,均完全按照原先的走向和尺度设计,仍沿用原先的名称。

台儿庄历史上曾有 18 个汪塘、15 公里水街水巷,后来很多汪塘和水街被填平,杨传珍 17 岁那年参加"夜战"所填的月老河,就是其中之一。重建中,这些汪塘和水街不仅得以重新恢复,还被打通和拓宽,使所有汪塘和水街的水系形成循环流淌,游船可自由通行,"筑台而居、舟楫摇曳、桨声灯影、以船代步"的水乡盛景,得以再现。

所谓"复古",就是挖掘历史,原貌复建。

战前的台儿庄古城,面积为两平方公里。枣庄的古城重建规划设计团队,通过查阅资料、走访老人、勘察丈量旧墙基,基本摸清战前古城的面貌。在严格保护现存战前建筑的前提下,对已经湮灭的古建筑,实施恢复性重建。凡是能够勘察清楚房基的,完全在原有的墙基之上施工,保证"复古"的建筑与原有建筑的平面完全相同。找不到房基但是原户主能够说出房舍轮廓的,根据户主提供的轮廓,绘出平面图,再请城里其他老人辨认,保证"口述史"与事实吻合。

有不同说法的地段,考虑战前的 1938 年、清朝咸丰五年、乾隆、康熙几个不同时间段,根据本街区整体建筑格局,有系统地"镶嵌"可能存在的建筑,使"可能"的建筑与真实存在浑然一体。

对于有文字记载但形体已经消失的庙宇、会馆、官署、商铺,根据古城原有功能区进行布局,其规制和风貌,参照古城同等建筑设计,本地没有参照的,以台儿庄古城为同心圆,向周边扩展寻找参照。

这些手段,保证了大战前是什么样子,就努力建成什么样子,使整体面貌和历史氛围一致,具体建筑和历史影像一致,空间尺度和文献记载、老人记忆一致,材料、工艺与当年的建筑一致。

重建后的台儿庄古城,有三分之二的建筑属于原样"复古",与"留古"建筑一起,构成古城的主体框架。

所谓"扬古",就是弘扬传承,推陈出新。

这种创新,首先体现在设计上。在不破坏原来风貌的前提下,按照文化遗产标准和审美观念要求,融入一些现代功能和外来元素,包括配置数字通讯、电子监控、节能环保、供电供暖、给排水、地下管网等。横跨在古运河上的步云桥,除了通行功能外,还寓意为"平步青云",在设计上既吸收中国传统廊桥的特点,又结合了运河历史变迁和文化习俗。

最能体现设计理念创新的是"船形街",这是台儿庄古城内唯一的"无中生有"建筑群,也是古城景观的一个亮点。

在台儿庄古城的天后宫东侧,原先是一片空地,每年农历三月廿三日的妈祖庙会,就在这里举行。清代咸丰五年(1855年),黄河改道,殃及台儿庄,有些房舍坍塌。大战之后,有些居民在这里建了棚户区,成为城里的贫民窟。1985年,为了开辟一条消防通道,台儿庄区政府把这些建筑全部拆除。在古城重建中,如何利用这块不规则的空地,让规划设计人员很伤脑筋,一直找不到一个很好的方案。

就在这时,枣庄市政府几个人赶赴四川北川,看望地震灾后援建工程队人员。离开北川赶赴机场时,绕道去罗城古镇考察。到达罗城时,已是晚上7点多,站在高处,看到脚下一条灯火通明的街道状似船形,一打听,果然就是船形街。原来,罗城历史上曾有一大批年轻人为了谋生,纷纷走出大山,漂洋过海到南洋打工,经常有去无返。镇上的人特地建了这条船形街,作为对远行者的祈福,祝愿他们乘坐的船只航行安全。

这让枣庄人灵光一闪:台儿庄因河而兴,历史上一直是运河重镇、漕运枢纽,船的地位非同小可,何不在那块空地上也修一条船形街呢?

真是踏破铁鞋无觅处,得来全不费工夫!

建成后的船形街,既传承借鉴古建传统,又大胆创新,在街中央建成一艘扬帆起航的龙船,这条"船"坐落在流动的水上,像是遨游于运河的千里波涛中,龙船全长110米,中间宽60米,两头各有一座桥,形似扬帆起航,寓意"大河行舟,一帆风顺"。沿街两侧建筑的门上,是形态各异的船形木雕,一共有 468 艘，仔细对照，找不到一艘重样的船。更见功夫的是厦檐下镂空雕刻的双层垂花罩，下面是山水景观，刻了水浒一百单八将。同时，又把船头和船尾巧妙地做成一座古戏台和看台。这些匠心独运的设计，既是对运河航行者的祝福，也是对远方来客的祝福。

现在的船形街，是大运河非物质文化遗产手工博览园。沿街两侧的店铺，成为全国非物质文化遗产展销街区和手工体验区，已有 40 多项省级以上非物质文化遗产落户。有浙江东阳的木雕，有四川泸州的油纸伞，有安徽歙县的歙砚，有山东的潍坊风筝和聊城葫芦，也有枣庄当地的"非遗"。

2012 年 9 月，第二届国家非物质文化遗产博览会在台儿庄古城举行，台儿庄被选定为国家非物质文化遗产博览会和博览园的永久会址。枣庄市计划把上千个国家级"非遗"引入台儿庄，打造一个中华非物质文化遗产的聚集平台。

"扬古"是对传统的继承发扬，并在传统的基础上创新升华。

按照文化遗产标准和现代审美功能要求，创新理念，在古城中注入现代科技元素。整个古城从设计、用料到具体工艺，都始终处于专家的监督之下。把项目划分为 11 个区，分期施工，还引入竞争机制，工程质量由专家负责监理、评估和验收，杜绝偷工减料，严按工序施工。如果专家审查不合格，一律推倒重来。干得好的，可以在下一个区施工时优先挑选项目；干得不好的，卷铺盖走人。

古城的施工之精，渗透在每一个细节。墙体砖块之间的灰缝，一般古建筑不超过 10 毫米，据说故宫建筑的灰缝是 8 毫米，而台儿庄古城则要求不超过 5 毫米，每一块都必须经过打磨，严格做到磨砖对缝，确保每栋建筑都成为古建精品。重建清代乾隆年间建成的"扶风堂"时，雕刻极为繁复，请20 名工匠，花 3 个月才雕成。来自浙江海宁的古建公司负责主驳岸和步云桥建设，最多修改达 5 次，项目经理叹服道："我们从事古建已经 17 年，像台儿庄古城这样严苛要求和标准，还是第一次！"

还有一个细节不为人注意：所有街口的建筑，其临街拐弯处都是圆弧形，而非直角形。这个"拐弯抹角"的小细节，实乃一篇大文章——不锋芒毕露，不盛气凌人，体现了儒家文化谦让、圆润的美德。行家对此评价说，台儿庄古城复制、传承了一段缺失的文化基因。

住房和城乡建设部一位副部长实地考察重建的台儿庄古城后，感慨地说："台儿庄古城的建筑，精美到可以用放大镜看，对促进京杭大运河申遗意义重大，将成为申遗工作中最精彩的篇章。"

值得一提的是，承建单位同台竞技、优胜劣汰的结果，不仅保证了建筑质量，还降低了建设成本。据工程审计，台儿庄古城的建设成本，每平方米为2680元。而在同类建设项目中，每平方米达到七八千元。

"扬古"还体现在对历史文化的取舍上。台儿庄在不同的历史时期，累计出现过72座庙宇，其中有三四十座能够确定名称、方位和形貌。对一些具有历史文化价值的庙宇，他们严格遵照国家有关规定，使重建后的庙宇成为"与宗教有关的文化场馆"，而不是"与文化有关的宗教场所"；对一些重建价值不大的庙宇，则在相应位置树立标记，让人们感受当年的宗教气氛。

所谓"用古"，就是古为今用，弘扬繁荣。

在重建规划之初，决策者就考虑到重建后的业态运营。他们认为，重建的古城，不能仅仅是艺术品和古建筑标本，还要有"血肉"。城市是生长出来的，城市有了业态，犹如人有了血和肉，才会有生命力。所谓"罗马不是一天建成的"，不只是说罗马的建筑不是一天建成的，更意指罗马城里的业态。填充古城的业态，使历史街区为现代游客服务，是文化旅游业最好的选择。

台儿庄不同于一般旅游城市，是大战故地，是无数抗战英烈为国捐躯的圣城，不容亵渎。由于古城建设管理是政府主导，管理人员由政府选聘，为政府负责，确保了业态的圣洁性。同时，用系统论方法，对客源的消费结构及能力进行评估，统筹安排业态，既保证消费者的权益不受损害，又避免恶性竞争，使入城商户和游客的利益都能得到保证。对所有申请入城的商户，古城管委会都反复筛选，宁缺毋滥，只允许高品质、有实力、善经营的商户进入，将低俗业态一概拒之门外。

现在，你如果到古城转转，会有许多欣喜的发现：除了古城传统的店铺和商号外，不时可见到一些熟悉的商业招牌，如丽江的"千里走单骑"酒吧，上海的"风雅颂"客栈，台湾的"呷霸"、"茶师傅"、"福洌号"……置身建筑的古典之美，享受业态的时尚之美，你会流连忘返。天后宫旁有一个别致的建筑，里面可以喝茶、吃点心、看电视，让外人误以为是个小茶馆，哪里会想到这竟是个厕所！郁家码头旁有一个欧式厕所，也是精致到让人惊叹。

再说说古城重建中的"六原"，即设计施工中，确立原基址，遵循原规制，恢复原风貌，采用原材料，实施原工艺，聘请原籍工匠，保证重建的古城具有历史遗产品质。

所谓"原基址"，就是凡是能够找到历史依据的建筑，都一定在原基址之上重建，绝不为了旅游城市功能的需要而改变。比较典型的例子是关帝庙的重建。

台儿庄曾有过两座关帝庙。第一座建于明朝末年，后来颓废，有人在上面另建花神庙。第二座是清朝雍正年间山西平遥商人兴建的，既是关帝庙，也是晋商会馆。晋商视关公为武财神、武圣人，特别信奉。关帝庙建成后，又历经两次重修、扩展。到大战前，已有上百间屋子，包括一座主殿、一座戏楼、两座配殿，还有刀楼、印楼殿，是台儿庄体量最大的庙宇之一，香火很旺。

大战中，关帝庙曾作为三十一师师长池峰城的指挥部，是日军炮火最密集的区域，最多时一天内落下 500 发炮弹，关帝庙的主殿和西配殿、戏楼等多数建筑被毁，只有东配殿幸免于难。战后，由于年久失修，屋塌墙倾，东配殿早就成了危房，到 2007 年时，只剩下两间配房，好在整座庙宇的地基、墙基清晰可见，进深、开间、尺度依然保存着。

规划时，有人提出，关帝庙不靠顺河街，如果朝西移二三十米靠着顺河街，具有观赏性，更利于发挥旅游功能。经过反复论证，这个方案被否定，仍在原基址依照原风格、原色彩复建。

还有人提出，如果保留破败的东配殿，与新起的主体建筑不协调，破坏审美效果，建议推倒重来。这个建议最初被否定，经过论证，最终决定保留和维修墙体，按照西配殿的规制与风貌重建房顶。用这种方式重建之后的关帝庙，新旧建筑形成协调，原先担心的反差，反而增加了这座庙宇的沧桑感。

也有例外，比如对中和堂与德和祥的取舍。

中和堂药店总部在滕县城，由曾任江西道监察御史、湖南衡州知府的滕县进士王东槐后人创办，光绪十二年（1886年）开张。光绪三十四年（1908年），在台儿庄创办分店，建筑在丁字街南段路东，是台儿庄清末民初时期比较气派的中药店。大战期间，丁字街是日军攻占关帝庙的屏障，中日双方为争夺这条街区，付出了惨重代价，中和堂也毁于战火。大战之后，中和堂的两位老店员，在中和堂旧址上重建新的药店，取名德和祥。

在重建丁字街时，有人提出按照战前中和堂的原貌恢复，没有必要保留战后新起的德和祥建筑。经过论证，保留了德和祥的寒酸建筑，留下那段历史的特殊印记。

但是，对"三好食堂"，则采取了截然相反的态度。

1938年冬，侵华日军中尉千叶圣雄，带领20多名日军进驻台儿庄，成立宪兵队。1940年，日军人数增至百人，少数盘踞在镇公所，大部在城西火车站。这期间，日军先后更换过两名宪兵队长，分别是平山太郎和平贺太郎。

日军侵占台儿庄长达7年，建设方面乏善可陈，值得一提的是在大衙门街上，天后宫北邻，明目张胆地开设了妓院，名为"三好食堂"。妓院为日式大屋顶建筑，有一个日本慰安妇，两个讲朝语的慰安妇，另有3个中国妓女。日本籍和讲朝语的慰安妇接待日本军人，3名中国妓女用来慰劳汉奸。

1945年8月，日军奉命到峄县城投降前夕，枪杀了3名中国妓女，放火烧了"三好食堂"。日军撤走后，信仰天后的福建人，拆除了烧掉屋顶的墙基，把泥土挖走一层，彻底清理天后宫附近的晦气。

在重建古城时，有人提出恢复"三好食堂"建筑，让游客看到日本侵略军在台儿庄的孽障。经过研究，否定了这一提议，连标志也没有树立。

所谓"原规制"，是指严格按照建筑规制复建官署、庙宇、会馆。

尽管台儿庄是旧峄县下属的一个集镇，但它是运河重镇，设有相当于今天正师级军营的"台庄营"，驻守武官为正三品参将。有总兵行署、参将署、守备署、县丞署、闸官署、台庄驿等官署建筑。旧中国是礼制社会，官署建筑有着严格的规制。同时，台儿庄还是庙宇最密集的城市，在区区两平方公里的范围内，拥有大小庙宇 72 座，涉及道教、儒学、佛教、伊斯兰教、天主教、耶稣新教、民间宗教等多种中外宗教。尽管有些宗教"退出三界，不列五行"，但是建筑根据仍然遵循各自宗教建筑的规制。会馆建筑没有统一规制，可是不同商会的会馆，却刻意建成原乡风格，尤其是山西会馆、徽商会馆和闽南会馆，集中了原乡建筑的精华。在重建这些建筑时，在遵循原规制方面，下了硬功夫。

在重建参将署时，遇到意想不到的困难：古代等级制度森严，官署建筑有极为严格的规制，绝不允许僭越，但《大清律例》中对参将署的规制却没有明确具体的规定，而现在又难觅现实中的范本，国内甚至没有一座参将署保留下来，连完整的照片也找不到。

枣庄的重建团队认为，参将署的重建，是在还原一段历史，今后还会成为其他地方建设参将署的原型，所以既要对历史负责，也要对未来负责。为了尽最大可能还原历史原貌，在设计参将署之前，做足三方面功课：一是派专业人员考察保定的总督署、陆丰的参将署遗址和各地的武官官邸；二是组织枣庄当地的文化学者、高校文史专业教师，分工阅读有关历史文献，从中寻找零星的记载；三是请建筑史研究专家和考古工作者协助，提供与参将署建筑有关的资料。

三方面的信息汇总后，先确定参将署的基本格局和空间尺度、整体建筑风格，再确定内外部的构件和装饰，包括牌匾和楹联的规格、内容。在此基础上，绘制出建筑图纸和效果图。

建设施工时，他们先建起门楼和两旁的配房，请专家来验收。专家发现其脊饰内容不对，他们立刻纠正，并对大堂、二堂和三堂装饰也做了相应修改。

所谓"原风貌",是指恢复重建的古城,无论是整体布局还是单体建筑,都呈现出原先的风貌。古城虽然是在台儿庄大战70年之后重建的,但是呈现出来的整座城市,就是明清时期运河商贸城市的风貌。

台儿庄古城"由庄到城",经历300多年的不断建设。明末清初的建筑,除了部分码头驳岸,其他建筑基本上毁于康熙七年(1668年)的大地震。此后,康熙、乾隆、嘉庆、咸丰4个朝代的建筑,在战前均有保留。大战前夕的台儿庄城,是咸丰五年(1855年)大洪水之后的面貌,与康乾盛世时期的台儿庄,已经逊色不少。

在规划设计时,重建团队经过调查、咨询、论证,认为重建的台儿庄古城,不能定格在1938年3月之前的面貌,而应该用"历时性"的眼光扫描300多年的古城风采,最本质地表现出这座古城精彩。对于几座"有名无实"会馆的复建,就按照康乾时期台儿庄的经济水平和审美风尚设计。

据老人回忆,关帝庙对面的广场上有个照壁,照壁上有用琉璃烧制的九龙,称作"九龙壁"。大战期间,关帝庙受损,九龙壁得以完整保存。1939年,日军占领台儿庄之后,把照壁上的"九龙"挖掉,准备运往日本。由于遭到当地士绅和民众的反对,没有成行。但是,挖下来的琉璃九龙,却没有重新镶嵌上去,下落不明。

重建照壁时,由于老人的回忆相互矛盾,便按照山西的传统风格复建,本来这也无可厚非。在照壁建好不久,有位台儿庄流亡学生出身的台胞,提供了一张他当年与几个同学在九龙壁前的合影。仔细对照时,发现照片上的九龙壁与重建的九龙壁有差异。古城管委会通过商议,决定将照壁推倒重来,损失由投资公司负责。承担施工任务的平遥古建队不同意,认为复建的照壁是传统的晋派风格,两者大同小异,不必吹毛求疵。但管委会认为,正是这"小异",体现了台儿庄关帝庙的独特性,应该遵循历史的原真性,恢复原风貌。最终,古建队被说服,按照片上的模样做了重建。

台儿庄是毁于战火的,大战元素也成为"原风貌"的独特内容。

太平巷原名火神庙巷,位于大衙门街中段路北,东为坚固的尤家大院建筑群,西为火神庙等大体量建筑。大战时,已经占领北城区的日军,要攻克南城区，须越过大衙门街。此时，由南向北的通道箭道街，两座石桥已被炸掉，中国军队利用有利地形，用机枪组成两道屏障，火神庙巷成为日军进攻南城区的通道。为了堵截日军越过大衙门街，中国军队一个营的官兵战死在火神庙巷，而日军的死亡数量则超过中国军队。在这条不到百米长、仅两米宽的小巷里，5天内死人过千。战后，人们把这条小巷改名太平巷。重建后，沿用战后改用的名称，巷口竖立着中国军队官兵阻击日军的塑像。

1938年3月27日，负责防箭道街与火神庙巷之间地段的一八五团二营，经过5天的激烈战斗，已经有380人牺牲。在大衙门街与箭道街交叉处，指挥战斗的营长颜省吾，腹部被弹片划开，肠子流了出来。颜营长一手托着肠子，一手持枪，继续与日军抗击，最终击退企图占领丁字街的日军，自己壮烈牺牲。在颜省吾牺牲的地方，如今树立起庄严的标志，与之相邻的"千里走单骑"酒吧，只播放抗日歌曲和《血战台儿庄》影片的配乐，以表达对烈士的敬仰。

在驿站广场东侧的山墙上，有一尊敢死队员的二维半雕塑，取材于罗伯特·卡帕在台儿庄大战中拍摄的照片。这一带，正是王范堂所率的57人敢死队的搏命之处。

在万家大院与赵家大院之间，竖有一块标志，是湖南长沙周南女中学生刘守玫的受伤处。大战期间，刘守玫随二十二集团军前往台儿庄支前，所在的连队遭遇日军袭击，连长倒在血泊中。刘守玫准备上前抢救时，日军冲上来杀害了连长。愤怒的刘守玫抱起石头，从背后将日军砸死，自己也中弹昏迷，被民工救走送到伤兵所，当晚不幸牺牲，年仅18岁。弥留之际，她从兜里掏出一封信、两块大洋和一张照片，请求一位老乡帮她转寄回家。老乡掩埋了刘守玫，家书还没寄出，日军来犯，家书损毁，地址丢失，只剩下照片。2004年清明，受托老乡的后人陈开灵，通过媒体寻找到刘守玫的亲人。在移送刘守玫的遗骨时，长沙万人空巷，迎接这位抗日英雄回家。

所谓"原材料"，是指建筑材料而言。重建台儿庄古城的21世纪，其建筑材料科技含量和坚固程度，与明清时期已经不能同日而语。有些体量大的建筑，是否使用现代建筑材料，一度有过争论。有人认为，重建一座两平方公里的古城，应该也必须"与时俱进"，解放思想，使用现代建材。这样做，一是节约成本，二是能够提高建筑强度，三是有利于施工。也有人反对，认为这样重建的古城就是赝品，至少是假古董。经过反复论证，征求专家意见，最终确立方案：地下基础使用现代材料，地上部分使用原来材料。

古代建筑，实行挖槽夯实、填充砖石打基的方式。古城建筑的地基，不再沿袭这种方式，地下基础框架采用钢筋混凝土材料，以保证基础稳固。但是，地上部分，全部使用原来使用的建筑材料。砖瓦，能够自己烧制的，在附近取土烧制，不能烧制的，到专业烧制厂家采购。粘贴砖石的材料，一律使用传统石灰浆，绝不用白水泥替代。房梁、檩条、椽子使用原木，不用其他材料。有些特殊建筑所需的材料，尽管鲁南当地也有出产，为了不失地道，他们不远千里，到该风格建筑的原乡采购。天后宫就是这样建成的。

天后宫建成于乾隆年间，由闽南商会集资兴建。据碑文记载，因为当时鲁南一带没有兴建天后宫的能力，商会派人到福建泉州定做建设天后宫的所有部件，辗转许多年，运到台儿庄，由泉州工匠施工，前后用30年时间。咸丰年间，又请泉州工匠，进行修复彩绘。大战之前，这座经历200多年风雨的天后宫，仍然金碧辉煌。可惜，在大战中，宫内外的装饰全部损毁，主体建筑只剩下大半个空壳，艰难支撑到20世纪50年代。

启动重建时，老人们对此只有金碧辉煌的大致记忆，对具体形貌却说不准确。为了获得可靠数据，枣庄派人到泉州，拍摄了数十幅不同时期、不同规格的天后宫照片，枣庄组团去台湾考察时，又专门考察几座著名的天后宫（妈祖庙）。通过比照，他们发现，泉州和台湾的天后宫，数百年来的风格一脉相承，没有变异，不同之处只是规模的大小。

于是，他们以泉州的天宫后为原型，严格遵照台儿庄天后宫当年的空间尺度，所有的建筑材料均从泉州定制和采购，庙前的几根高浮雕盘龙石柱，也都是费尽周折从泉州运来，整个庙宇建设都出自泉州老工匠之手。

所谓"原工艺"，是指当年的建筑、雕刻、装饰工艺。

台儿庄古城内的建筑，90%以上为砖木结构，另有不到10%的欧式石构建筑。石构建筑的工艺，有中兴公司办公大楼做参照，而砖木结构建筑，涉及京派、徽派、晋派、江浙、闽南、岭南、鲁南7种风格流派。为了保证重建的每一座建筑都具有原真性，负责工程建设的古城投资公司，组建古建工艺研究团队，对不同风格的砖木建筑工艺进行梳理，小范围实验，制定标准。

在建设过程中，他们从全国筛选出30多家最好的古建队伍，来自全国各地的1000多名木雕、砖雕、石雕能工巧匠各献绝活。质检人员对瓦工、木工、雕工、塑工、画工的各个环节，进行跟踪监管，防止改变传统工艺。

所谓"原籍工匠"，是指重建某些当年外地客商所建的标志性建筑时，由该座建筑的原籍工匠承建，确保"原汁原味"。晋派的万家大院、山西会馆、关帝庙，由山西平遥工匠承建；徽派的久和客栈、徽州会馆由安徽工匠承建；闽南风格的天后宫、福建会馆，由泉州工匠承建；江南水乡风格的浙人会馆，由浙江工匠承建，木雕作品由东阳的木雕工艺师负责；丁字街的欧式建筑，请来比利时的建筑师指导。

参与重建的许多工匠，已经七八十岁，而且没有传人，这使台儿庄有可能成为最后一座"手工版的古城"。

为了让历史街区与现代旅游完美结合，台儿庄古城在建设和运营过程中，着力打造百庙、百馆、百业、百艺的"四百"工程。

"百庙"：根据文献记载和口述史，在先期维修和重建清真寺、关帝庙、天后宫、泰山行宫、天齐庙、百子庙、月老庙、菩提寺、大王庙、天主堂、耶稣堂等庙宇的基础上，逐步恢复重建古城中的近百座庙宇，展示台儿庄历史上丰富多彩、多元共生的宗教文化。

"百馆"：以大战文化、运河文化、鲁南文化为精髓和主题，规划100个博物馆。目前已建和在建的有40多个，包括中国酒器博物馆、招幌博物馆、邮政博物馆、银行博物馆、珠算博物馆、奏疏博物馆、税史博物馆、私塾博物馆、武科举博物馆、驿站博物馆、票号博物馆、青楼博物馆、监狱博物馆、粮仓博物馆、镖局博物馆等，其余50多个正在启动。这些博物馆大多是国内唯一的主题博物馆，如运河招幌博物馆，是国内首家展现运河沿线传统商业广告、商标文化为主题的博物馆，陈列出民国前各式招幌500余件、招徕市声60余种、馆藏实物300余件，再现古运河流域著名中华老字号、市井商贩贸易繁忙的场景。

在古城百家博物馆，不是有人愿意出资就能建成。这项工作启动之始，走了一些弯路。重建团队发现之后，研究博物馆建设程序，在一次专题会议上提出要求：文化展馆建设，首先是撰写大纲，明确定位，不能先找施工人员进行设计，再补写大纲。要按照3个流程走，不能倒置。第一个流程，写主题创意大纲，以一个专家为主，其他人出主意。写出主题创意大纲，陈展专家才能写陈展大纲。陈展技术人员是公用的，或者说是工具性的，撰写创意大纲的人，是那个领域的权威学者。专家把主题创意大纲写好之后，再往下走，进入第二个流程。

第二个流程是找懂市场的团队，论证这个创意是否符合市场要求，能不能与旅游市场对接，表现的主题如何让游客参与互动。这样，就让懂经营和懂高科技的专家一起策划。走完这一步，才能进行招标，进行深度策划。找专家，要"激光制导"，不要漫无边际撒网。

最后一个流程，是商家策划，旅游活动策划，多媒体策划。如果策划得好，施工时要价太高，我们就只用他的策划，付给他相应的费用，另找别人施工。

重建团队提出，这3步，首先是立意，后面是技术，立意有立意的要求，技术有技术的标准。走完这3步，才能撰写陈展大纲。这些流程，不能走错，否则时间成本太昂贵。

自此以后，基本按照这样的程序实施，没再走弯路。

"百业"：古城内的店铺一店一品，没有两家重复的店铺，集中展示传统的、民族的、手工的工艺。

"百艺"：为全国各地的非物质文化遗产搭建展示、交易、传承的平台，已引入60多个非物质文化遗产，包括柳琴戏、运河大鼓、鲁南皮影、伏里土陶、曹县面人等，已被评为国家级非物质文化遗产博览园。

曾经对台儿庄古城重建持否定态度的阮仪三，在仔细考察重建情况后，目光中的挑剔和苛刻渐渐变成赞许和喜悦。他认为，枣庄在历史文化遗产保护和古城重建方面，与他一向倡导的"四性原则"不谋而合。这"四性原则"是：原真性、整体性、可读性、永续性。

阮仪三对其"原真性"的解读是，要保护历史文化遗存原先的本来的真实的历史原物，要保护它所遗存的全部历史信息，整治要"整旧如故，以存其真"的原则，维修是使其"延年益寿"而不是"返老还童"。修补要用原材料、原工艺、原式原样以求达到原汁原味，还其历史本来面目。

他所倡导的"整体性"是指：一个历史文化遗存是连同其环境一同存在的，保护不仅保护其本身，还要保护其周围的环境，特别对于城市、街区、地段、景区、景点，要保护其整体的环境。这样才能体现出历史的风貌，整体性还包含其文化内涵形成的要素，如街区就应包括居民的生活活动及与此相关的所有环境对象。

什么是"可读性"？阮仪三说："是历史遗物就会留下历史的印痕，我们可以直接读取它的'历史年轮'，可读性就是在历史遗存上应该读得出它的历史，就是要承认不同时期留下的痕迹，不要按现代人的想法去抹杀它，大片拆迁和大片重建就是不符合可读性的原则。"

在阐述"永续性"时，阮仪三说："保护历史遗存是长期的事业，不是今天保了明天不保，一旦认识到，被确定了就应该一直保下去，没有时间限制。有的一时做不好，就慢慢做，不能急于求成，我们这一代不行下一代再做，要一朝一夕恢复几百年的原貌必然是做表面文章。"

文化之魂

自从台儿庄房地产项目被叫停后，手执教鞭的杨传珍，眼光从来就没有离开过这座让他爱恨交加的小城。

2010 年初，他欣然领受一项任务：为重建的古城撰写导游词。

此时的杨传珍，已经不同当年。此前，他已为枣庄 20 多个旅游景点撰写 40 余万字导游词，他一手操办的"海峡两岸文学艺术高端论坛"，从对岸请来 15 位顶尖级的学者、作家、诗人和出版家，令学界刮目相看。他起草的开幕词和闭幕词，感动了两岸学人。

台儿庄古城的重建，让杨传珍热血沸腾。在他看来，重建台儿庄古城，不仅是政府的使命，也是每一个枣庄人的责任。这些年，他带着学生，一次次进入台儿庄采风，足迹遍布每座建筑，收集资料，寻找灵感。他意识到，重建古城，不光是建几幢房子，也不光是引进好的业态，更重要的是要赋予文化内涵，这才是古城的灵魂。画一条龙，要想让它飞起来，关键在点睛，文化就是让古城复活的点睛之笔。

急不可耐的杨传珍，很快写出 4 万字的导游词草稿。

当过业余政务导游、写过导游词的杨传珍，对这篇导游词的水准，心中没底，想借助"外脑"，遂将这个草稿贴到个人博客上，公开征求意见。一位热心的网友，又复制之后发表到鲁南论坛上，不到 3 天，点击率过万。关于修改意见的留言，不下 500 条。

台儿庄古城管委会主任王广部打来电话，邀请杨传珍到古城过年，顺便邀请台儿庄的文化人一起修改这篇导游词。

杨传珍去了古城。十几位台儿庄的文化精英，又提了上百条意见。杨传珍几乎是照单全收，一一采纳。然后，把修改稿发到博客上。当天晚上，转载量过百。

这时候，他看到这样的一条长篇留言：

已经建成的"台城旧志"景区，仅占整个古城的十二分之一。你的导游词现在写到 4 万字，等到全部建好，乘以 12，是不是将近 50 万字？你不要把好东西全部用上，要善于"引而不发"。这个景区的导游词，1 万字足够。许多精彩故事，你不要为派不上用场而发愁。

对"复活古城"的介绍，不能有半点虚假，要"是其所是"，每句话都要有来历。穿插其中的掌故，文献里有的，不要另行创作，对民间传说的使用，要慎之又慎。撰写导游词好比建亭子，四根柱子最好全是真的，如果缺一根，可以借助想象"创作"一根补上，如果有三根是假的，就失去了学理依据。

导游词是说给游客听的，游客也许听不连贯。因此，一个意义单位，最好要用一两句话就表达清楚，一语中的，不绕弯子。讲述历史故事，要选择最精彩、最吉祥的部分，间接地祝福游客。导游是用学问托起来的艺术，简洁、通俗、唯美是基本要求。要把深刻的主题变成妙语连珠的解说，用轻松的形式化解沉重的内容。

低水平导游，是"看景说话"，告诉游客，这是一座什么房子，多大面积，做什么用途。中等水平导游，讲游客看不懂的内容，画龙点睛，让游客了解景物背后的历史。高水平导游，讲游客看不到的东西，为静态的景物赋予灵性，为景区营造文化气场，离开之后，对景区念念不忘。

导游所讲的内容，来自导游文本，我希望古城的导游词是高水平的。

这段没有留名的建议，见解独到深刻，给了杨传珍很大启发。

这之后，台儿庄古城的重建，稳步推进。杨传珍则及时跟进，建一条街区，就写一条街区。

这期间，山东省政协启动"区域文化通览"的编纂工程，"枣庄文化通览"的撰写任务，交给枣庄学院，杨传珍作为主力，成为重要的担纲者。

繁重的教学、科研和服务古城的任务交叉在一起，学校感到于心不忍，决定把他调出中文系，到区域文化研究院从事研究。正式办理调岗手续之前，校长与杨传珍做了这样一番对话：

校长说："到研究院，对工作有利。可是，离开教学岗位，晋升职称可能受到影响。你的年龄已经不小了，还没评上正教授……"

杨传珍说："既然这么说，我也实话实说，一个人，'知止而后立，立而后成'。我不要正教授了，只想把古城的导游词写出来。再说，职称是身外之物，我这辈子有个副教授就知足了。"

校长问："你在高校安身立命，评不上教授，不感到遗憾吗？"

杨传珍说："离开中文系，我唯一的遗憾是，执教8年，没有开设《古代文论》课程，那是我的长项啊！但是，能够服务台儿庄古城，这个遗憾也就抵消了。"

校长感慨地说："哎呀，如果人人都像你这样豁达、淡泊，还有什么事情不好办！"

是的，杨传珍与台儿庄的感情非常复杂。枣庄市政府重建台儿庄古城的决策，与他的心灵追求契合。此时此刻，职称、待遇，已经退居其次。何况，正教授与副教授的待遇，也就是一两千块钱。

做自己梦寐以求的事情，等于养生，能够多活10年，比多拿工资重要！杨传珍这样想，但是没说出来。

现在，当你置身于台儿庄古城，听到导游姑娘或小伙绘声绘色地讲解时，眼前静止的景物似乎变活了。这洋洋洒洒将近10万字的导游词，就出自杨传珍之手。当然，光靠杨传珍一己之力还远远不够，可他是一个集大成者，吸纳了众多研究者的成果，并把它们变成形象直观、引人入胜的"声音"。这些导游词，就像是敞开的一扇扇窗口，让人们轻易地洞察到每一处建筑的前世今生。

不过，光靠这10万字的导游词，还不能涵盖古城浩瀚的历史文化内涵。古城的每一条街、每一条河、每一幢房屋、每一处景观，甚至是建筑中的一些细节，都蕴含着丰富的院落文化、庙宇文化、衙门文化、商埠文化、民俗文化，成为古城的点睛之笔，赋予以灵动的生命。细细咀嚼、品味这些历史文化内涵，能够把握古城的清晰脉络，感受到古城的迷人魅力。

历史上，台儿庄有上百个院落群，一个院落群就是一个家族。清时，台儿庄先后出过三轮显赫一时的"四大家"。清初，有郁、台、花、马四大家；康乾时，有燕、尤、赵、万四大家；晚清时，有陈、王、袁、骆四家，不过这时候已不再称"大",而称为"晚清四小家"。

循着这些复原的家族院落的历史痕迹,你会发现,每一座院落都巧妙地凸显出某个主题文化。比如"扶风堂"(万家大院)的"忠孝",比如"三恪堂"(陈家大院)的"好客"。

万氏家族祖籍在陕西扶风,后迁至山西,再经江西南昌迁居台儿庄。族谱中自称"南昌万",而堂号为"扶风堂"。暴富的万老爷,在建造宅院时,取名"扶风堂",俗称万家大院。

万老爷的发迹,有一段口口相传的传奇:万老爷初到台儿庄时,在运河岸边开了一家药店,兼顾接诊看病。有位遭贬的朝廷重臣途经台儿庄时,得了气臌病,上岸请万老爷医治。寒暄中,万老爷了解到他的处境,知道他得的是心病,便没有给他开药,而是连着给他讲了几天笑话,让他心情大悦,没过几天就不治而愈。恰在这时,朝廷恢复这位官员的一品官衔,总理运河漕务。这位漕务官给万家送来4个金元宝。精明的万老爷分文未收,而是请求搭载官船做几趟生意,拿现在的话说,就是走私。漕务官满口答应。几年下来,万老爷赚了40万两银子,相当于1.8亿元人民币,遂成台儿庄首富。

万家大院"扶风堂"建于清康熙年间,后来又几经扩建。大战期间,多座房屋被密集的炮火摧毁。战后,衰落的万家雇不起工匠,仅修复部分房屋。新中国成立后,万家大院收归集体所有,成为粮管所,房屋被改得面目全非。古城重建前,已鲜有人知道简陋破旧的粮管所,就是当年富丽奢华的万家大院。

只有院里那棵几百年的老银杏树,还多少能唤起万家后人对先辈的零碎追忆。大战前,这里原有两棵银杏树,年年结果。大战中,其中一棵毁于战火,剩下的这棵,竟然7年不结果,像一个铮铮铁骨的人一般有气节,直到日军投降后,它才重新结果。

精心修复的"扶风堂",显赫地矗立在古运河北岸,岸边便是清乾隆二十八年(1763年)建的万家码头。该建筑以四合院为基本结构,包括核心院和外围的子孙院,采用青砖青瓦的梁柱式砖木结构,楼高院深,墙厚基宽,设计精巧,砖雕、木雕和石雕刀工精湛,其豪华程度为台儿庄之最。

整座建筑除了传承晋派建筑规制外,还充分展现我国古代"天时、地利、人和"的哲学与建筑思想,更传递万家先辈的价值取向:忠孝传家。那棵幸存的古银杏,雍容华贵,枝繁叶茂,状如华盖。银杏树俗称"公孙树",爷爷种树,孙子吃果,与"孝"有着不解之缘。树南侧的砖墙上,镌刻着"祚胤永锡",意为长辈把福分永远赐给后代;树北侧的砖墙上,镌刻着"孝悌节让",意为晚辈对长辈孝顺、尊重、礼让。两块牌匾,与"公孙树"相映生辉。

在这里,每一块砖,每一片瓦,每一块木雕,都不是随意垒砌的。大院廊檐下的木雕,上层是诗、棋、书、画,下层是老人与儿童欢愉的场景,都围绕着万家大院的故事,都紧扣着"报与答"的主题,展现的是祥和美满与富贵幸福。大院回廊四周的砖雕,刻的是"二十四孝"故事。在中华民族的传统美德中,百善孝为先。一个"孝"字,让万家大院复活了。

木雕、砖雕,原本是没有语言的,当你赋予它们生命以后,它们就有语言了。

坐落在大衙门街的"三恪堂",俗称陈家大院,是清末民初"四小家"之一陈家的府第。陈家是晚清时期崛起的大户,先祖原居河南淮阳,西晋末年,为避北方游牧民族南侵,迁至福建漳州。在陈氏族谱中,还记载着这样一个故事:

清代中叶时,漳州盗匪猖獗,陈家是富裕大户,为了防范盗匪,陈家想出一招:把银子熔铸成一个个大圆球,每个重达上百斤。一天半夜,十几个土匪闯进陈家,每人抢走一个银球。由于银球滑溜,扛也不是,抱也不是,只好放在地上滚着走。眼看要天明,土匪头子决定丢弃银球逃命。但贪财的喽啰们不肯听,土匪头子只好顾自逃了。陈家报案后,官府派兵缉拿,轻易抓住了这批土匪,很快将土匪统统杀头。

陈家人将此喜讯告诉老爷后,陈老爷大吃一惊。他只是希望追回银子,并没想要土匪的命。这下子,他知道闯祸了,土匪头子肯定不会善罢甘休。他立刻吩咐收拾金银细软,带着全家逃命。果然,陈家前脚刚离开,土匪头子带着人马夜里就摸到,一把火将陈宅化为灰烬。

第十四章 画龙巧点睛

陈老爷原打算回到故乡淮阳，途经安徽泾县时，听说河南蝗灾严重，便改变主意，让长子跟着熟悉的闽南商人到台儿庄经商，自己带着次子在泾县落了户，长子则在台儿庄成家立业。次子传到第四代时，还出了一个进士。

到咸丰年间，为躲避太平天国军，泾县的陈家后裔陈扶清举家北迁，先在江苏邳州窑湾短暂停留，后投奔台儿庄的本家堂兄弟，在台儿庄落户经商。

陈扶清经商尤重诚信，老少无欺。陈家的"陈万祥"商号，从清代延续到民国，一直经营到今天。"陈万祥"布店有个老规矩：量布的尺子半年之后就换掉。因为陈家人认为，尺子用久后容易磨损，若短了一丝，卖一尺布就少一丝，卖10丈布就少一寸，一年若卖几千丈布，就是赚了一笔昧心钱。

明清时期，朝廷在运河、长江、沿海等交通枢纽处设置了钞关，这是对过往关卡的船只、商品征税的专门机构。台儿庄没设钞关，由淮安的钞关负责收取税银。难能可贵的是，每到年底时，陈扶清都会主动把税银送到淮安，在生意最兴盛的20多年里，一共上交税银1.6万两。陈家也因此与淮安钞关关系密切，其官员路过台儿庄时，喜欢住在陈家。

农民起义军捻军兴起后，曾多次攻打台儿庄，陈扶清因为协助清廷派来的僧格林沁平乱有功，获赠六品官衔，出任税务官，陈家也成为"晚清四家"之首。同治年间，陈扶清购买了一块地皮，建起气派的陈家大院，取名为"三恪堂"，他没有选择徽派建筑或闽南建筑风格，而是青睐鲁南建筑实用、内敛的风格，但比传统的鲁南大院建得更精致。

三恪堂的"恪"，在古代与客人的客是通用的。据史书记载，周武王灭掉商纣王之后，没有对前朝遗民赶尽杀绝，而是把商之后封于宋、夏之后封于杞、帝舜之后封于陈，并且把他们称为"三恪"，表示他们是周朝的客人，不是臣子，应该受到尊敬。帝舜的后代因为封地在陈国，便以封地为姓，成为陈姓的先祖。陈家大院用"三恪"作为堂号，大概有两层含义：一是不忘先祖，表明他们是帝舜的后人；二是表明为人处世的态度，即敬畏天地、尊重他人、与人为善、广结善缘。

大战时，陈家大院严重受损，战后修复，直到20世纪70年代才拆除。

台儿庄涅槃

台儿庄 50 岁以上的人，都对三恪堂有印象。

因为陈扶清曾出任过税务官，且陈家长期自觉纳税，所以重建后的三恪堂被设置为中国运河税史馆，同时兼营餐饮住宿。鉴于陈家为人处世的态度，遂以好客文化作为"三恪堂"的院落文化主题。三恪堂第一进院子展现的是"惠风和畅"，院落西侧是"惠风堂"，东侧为精巧别致的"畅园"，正前方向为"望和楼"。置身其中，远方来客会有宾至如归的温暖感。

紧挨着"三恪堂"的"久和客栈"，也蕴含着相同的文化理念。这个客栈最初建于 1691 年，其主人是安徽商人胡文广。胡文广原先是书生，乘船赴京赶考，途经台儿庄时，迷上这里的环境和氛围，当即决定放弃科考，留在这里经商。台儿庄大战爆发前夕，一位随军记者在拍摄中国军队进驻台儿庄时，画面背景凑巧就是久和客栈。复建的久和客栈，便是以这幅照片为蓝本。胡文广的经商理念是"和为贵"，由于经营有方，他成为台儿庄的富商。他把堂号取名"久和"，希望后人永远恪守和为贵的理念，诚信经营。复建营业的久和客栈，仍继续以"和"为本。

台儿庄古城所建的各博物馆，有一个共同特点：与台儿庄和运河都有着千丝万缕的联系。

清代以来，随着商业贸易业的发展，台儿庄涌现多家镖局，镖局需要习武之人，台儿庄民间遂习武成风。每年的正月初五到元宵，随处可见各种武术表演。荒年时，台儿庄的武术班子还远赴江苏、安徽、河南表演谋生。乾隆年间，台儿庄的习武之人金殿安一举考取武进士的功名。他的两个儿子，一个考上武举人的第一名，即解元；一个考上武进士。前些年，台儿庄还被命名为"中国武术之乡"。这些得天独厚的优势，成为台儿庄建"中国武科举博物馆"的充足理由。

中国的武科举始于公元 8 世纪初武则天执政时期的"武周"，终止于 20 世纪初的清末，延续 1200 年，不过中间曾有中断，实际实施时间为 800 年。建成后的"中国武举文化陈列馆"，设在古城武进士第后楼，面积 300 多平方米，既表现中国武举文化的博大精深，让参观者对中国科举制度的分项"武科举"有一个大致了解，又展示武科考试的过程和各种兵器；既介绍枣庄历史上的武科名人，让人领略他们的英武，又不激发年轻人的暴力倾向；既传播武举文化知识，又使参观者感到好看、好玩。

在筹建中国武科举博物馆的过程中，还发生一件趣事。一位台胞听说台儿庄曾出过一个叫金殿安的武进士，热情地提供一个细节：乾隆四十几年时，朝廷派往台湾的最高武官就叫金殿安。负责撰写武科举博物馆布展大纲的杨传珍大喜过望，认为这是为武科举博物馆锦上添花。但是，出于学者的求实和严谨，他没有顺着竿子爬，而是认真考证，发现清代曾出过两个金殿安。一个是台儿庄人，另一个则是聊城人。台儿庄的金殿安是乾隆四十年（1775年）科举时的武进士，而聊城的金殿安则是乾隆四十二年（1777年）恩科时的武进士（清代时，正常的考试叫科举，有时皇帝突发慈悲增加一次考试，这样的考试叫"恩科"）。担任台湾最高武官的，是聊城的金殿安。虽然考证没有达到预期结果，但是经受住了历史检验。

在大战前，国民政府就在台儿庄设有邮政所。台儿庄沦陷后，经万国邮联与日本交涉，邮政所没有关门，邮递员仍是国民政府的人，既为日本军人服务，也为国统区的军人服务，邮递员的工作服成了护身符，自由出入沦陷区和国统区，成为台儿庄的独特景象。为此，枣庄与国家邮政局在台儿庄共建了国家驿站博物馆。

台儿庄的很多博物馆还有一个共同特点：档次高，都是国家有关部门建立或把关的。司法部共建国家运河监狱博物馆，国家粮食局共建国家运河粮仓博物馆，人民银行建国家钱庄博物馆，国家质监总局建国家度量衡博物馆，国家烟草总局建国家烟馆博物馆……这些博物馆，都能在台儿庄的历史上找到影子。

重建一座古城，不仅是复原有形实体，更重要的是为人类保存文化基因。犹如人的生命，都是由蛋白和 DNA 组成，人类的蛋白相同，但每个人的 DNA 不同，所以每个人的长相不同、性格差异。建筑也如同人的生命，砖头、木头、石料等建材相同,但其蕴含的文化DNA却不一样。用同样的建筑材料,把中华文化的DNA克隆进去,是一件非常浩大的工程,没有哪个建筑大师敢自夸把中华优秀文化完全体现出来。

  从一粒种子,到百花绽放,台儿庄古城的文化之苑争奇斗艳,古城之魂随之灵动。

第十五章　两岸谋共识

宝岛之行

2008 年冬，台北。

这个季节，山东已经万木肃杀，台北依然郁郁葱葱，空气中荡漾着秋的气息。

台北桃园机场，一架来自上海的班机缓缓降落。山东枣庄代表团一行人步出机舱门时，一位身材颀长、脸庞瘦削的儒雅老者笑脸相迎。他叫廖正豪，是接任马英九的台湾前"法务部长"、海峡两岸法学交流协会理事长、台湾中华台商服务总会会长、台湾向阳公益基金会董事长，也是台湾著名的"打黑英雄"。虽已退休，但在岛内很有影响力，不仅形象好，还有广泛的人脉，对两岸交流非常热心。

枣庄代表团此次台湾之行，有一项特别的任务。

从决定重建台儿庄起，枣庄就开始谋划"两党协作、两岸共建"的构想。他们向国台办提出，希望能组团赴台，搜集相关史料，商谈从两党层面、经济文化层面和两岸青少年层面，推进两岸合作交流的有关事宜。

国台办对枣庄的构想很重视，专门听取枣庄的汇报，最后拍板决定：在台儿庄建一个海峡两岸交流基地，由国台办授牌；枣庄组团赴台洽谈具体事宜，国台办商请廖正豪协助成行。

在廖正豪的热心帮助下，枣庄代表团的签证手续一路绿灯，很快成行。

刚从秘鲁出席 APEC 会议归来的国民党荣誉主席连战，在"国家政策基金研究会"接见了枣庄代表团。连战是这个基金会的董事长。

12月1日上午,廖正豪陪同代表团抵达基金会时,国民党副主席兼秘书长林丰正已早早地在楼下恭候,热情地将他们领进会客室。

会客室不大,能容十三四个人。代表团一行10人刚坐定,连战就含笑而入。代表团长将国台办主任王毅的亲笔信交给连战,详细介绍了台儿庄古城的重建计划,希望构建"两党协作、两岸共建"的平台。

连战频频颔首。他说:"枣庄是个好地方,台儿庄有历史,重建台儿庄古城,我很赞成啊。时间越来越久了,现在距离台儿庄战役已经70年了,转眼80年、90年、100年,你们能够现在掌握着这个时间,重建被战火毁坏的古城,很好。台儿庄是大战的遗址,有不同寻常的意义,重建古城是很有意义的一件事情,我们尽力而为、全力配合,尽量提供一些史料,但关键靠你们,要建得很真实,那个时候的环境是什么样,日本人怎么欺负我们,都要一点一点地做好,真实最有价值。"

连战回忆说:"2005年,我头一次到大陆去。这一年,胡锦涛总书记在七七抗战纪念时(指2005年9月3日在中国人民抗日战争暨世界反法西斯战争胜利60周年纪念大会上)讲了一番话,第一次肯定了国民党军队在正面战场上的贡献,这是一个划时代的重要讲话。大陆一些出版社也都收集有关抗战历史的资料,这些书籍也慢慢出来了。我觉得这都是很正面的,我们没有什么解不开的矛盾,都是中国人,我们尊重历史,都是中华民族,都是中国人打的仗嘛,不是汉奸打的,是中国人打的,有什么好掩掩盖盖的?我觉得这是很了不起的事情。"

"大家都是龙的传人嘛。"连战说。

连战说:"把台儿庄建成两岸交流基地非常有必要,可以铭记历史、昭示后人。"他向枣庄客人建议,征集台儿庄大战史料的事,可以与国民党党史馆主任邵铭煌联系,与国民党党史会合作,共同收集整理,共同思考如何把它做好。他还建议代表团与郝柏村深入交流一次。

连战说:"我是很希望将来有机会能够去看一看的。"

在枣庄代表团的行程中,原先没有与亲民党主席宋楚瑜见面的计划,因为廖正豪与宋楚瑜的特殊关系,临时添加了这项内容。

廖正豪原是国民党党员,后来加入亲民党。宋楚瑜参选"总统"时,本来是邀他竞选"副总统",被他婉拒,才改邀张昭雄,廖正豪则担任亲民党竞选委员会主委。

廖正豪对枣庄代表团成员说:"你们应该见见宋楚瑜,宋楚瑜也想见见你们。"

枣庄代表团立刻请示国台办,国台办欣然应允。

宋楚瑜对这次会见十分重视,事先做足了功课。相对于连战的字斟句酌,口才极佳的他很放得开,侃侃而谈,出口成章:

1945年8月15日,是中国人不能忘记的日子。1972年,周恩来先生会见田中角荣,重申《波茨坦条约》,把中国的土地全部还给中国。像这样的历史我们不能忘记,也正是从这样的角度,我们回顾1938年台儿庄战役。当时中国人在武器装备差的情况下,用大刀和血肉来筑成民族新的长城。不仅要回顾这段历史,所有中国人都要回顾保卫乡土的这个概念。陈会长(指海峡两岸关系协会会长陈云林)今年8月份陪我去看长城,从小就知道长城,这是第一次去看长城,看完后,他让我题字,我写了两句诗"长城不改卫国志,海峡不阻两岸情"。长城好像在太空时代、飞弹时代失去了作用,但是长城没有改变保卫国家的志向,那就是海峡母子两岸情,海峡不会阻隔两岸的情感。用同样的心情去回顾台儿庄,去想到当年用大刀队、用血肉同日本的机关枪相斗争,捍卫的是民族的气节、民族的精神,一个国家民族捍卫土地的决心。

用这些血淋淋的事情,我想讲到未来,未来是什么?是怎样去发奋自强。我也是所谓的"归国学人",当年很年轻地回来,我三十几岁在政府机关做事。每个人都用一样的眼光看到,国外的经验是不是都可以搬到中国?不见得。但是人家有好的、前瞻性规划的事情,我们应该吸取。我虽然是留美的学生,却到过日本所有的城市,很有计划地去认识日本所有的岛屿。从北海道到本州,从四国到九州,几乎所有的大城市都去过。日本有许多我们可以借鉴的地方,比如创新的思想境界。台湾受到日本人统治,在日本的教育是重视中国文化、尊重中国文化的,在台湾推行的是皇民化的教育,是不尊重中国文化的,这是有区别的。中国留学生,包括日本,都向西方学习。台湾这四五十年来,蒋经国先生和国民党汲取了很多教训。民国三十八年,怎么会跑到台湾来,许多该建设的事情没有建设,老百姓在十分厌战的情况下,大家还自己打来打去。在这种情况之下,退到台湾,而本身国民党内部也有很多问题。汲取那些教训,就不会犯同样的错误。

所以你们今天到台湾来看看,60年来台湾或有一些成长和进步,但是我们在这个过程当中,也走过弯弯曲曲的道路,提供给你们参考。台湾60年最大的突破,就是大家能够放下过去的武装对立,希望和平发展。两岸合,则有两利,两利才合。和平发展,先发展和平。过去大家武装对立吵吵闹闹几十年,但是看到现在发展出来的状况,让我们很欣慰。我们亲民党自2005年以来,突破万重,开始推动搭桥之旅,大家可以互相借鉴。但是这个当中,第一就是要正本清源,你们这次来就是还原历史公道,把历史搞清楚了,就不会有党派的争争吵吵,大家都曾经为捍卫民族的尊严和领土完整而流血牺牲过。只要把历史回归到现实,就会了解台湾这块土地根本不是日本的,也不可能与大陆永远分开。但是怎么样化解掉当中的恩恩怨怨,需要很大诚意。

所以我们欢迎你们来,我们也期待与山东、与枣庄、与台儿庄发展更好的关系。我一直很希望去山东,我父亲是在青岛学海军的,14岁从湖南老家来到青岛,沈鸿烈的海军基地。我是在湖南出生,从大陆到台湾有50年,但是对大陆的感情还是很深厚,希望大家多了解台湾人的心声。两岸之间有差异,大陆是中国特色的社会主义,我们台湾实行的是有台湾和中国特色的社会主义,我们称为三民主义,大陆称为新三民主义,也一样的,都是希望以民为本。蒋经国先生以前讲话常说的,人民的小事就是政府的大事,官员吃得苦中苦,百姓变成人上人,同样的道理。

我提点小小的建议,你们可以到鹿儿岛参观西乡隆盛的家,公园有他的塑像,他写了《帝国兴废在圣战》。我到美国等国家与地区,都喜欢去看一些战史馆。世界上有两个地方吧,一个是滑铁卢,它在现场做一个小的模型,用一个点来反映当时的战役,旁边炮声隆隆。另外一个就是圣彼得堡,也就是列宁格勒,双方血淋淋的战争场面,用蜡像馆的形式,真人的样子,面积很大,像一个城,其实是假的。台儿庄的最后一战,大刀队在冲,就是这样的感觉,令人毛骨悚然。如果建设台儿庄古城,旁边再建一个战史场景馆,很有意思的。里面有一个很大的房间,声光电都有。

原来只知道大战故地,现在还是一座运河古城,运河货通天下嘛。这是一个很好的民族教育,希望有机会去参观。我们1949年到台湾来最多的就是山东人,山东同乡会台湾最多,有几十万人。虽然我们有不同的过去,但是我们有共同的未来。我们所追求的和平愿景,能带给大家的希望,重新振作起来。8月份我到北京访问的时候,凤凰卫视访问我,问我看了这次奥运有什么感想,我说从台湾去的也好,从国外去的也好,看的只是风景,现在看到的是愿景。过去是历史,现在是未来。感受到大陆愿意与世界接轨。但是奥运会之后应该干什么,不仅要在经济上,还要在文化上,在国民的素质上,在制度建设上。经济发展只能解决一部分的问题,要全面的解决就是要全面的提升,全面的改革。现在要卸下历史的包袱,共创双赢的愿景。所以你们来,用北京话说,就是忒高兴了。墨子的家乡还在不在?墨子思想是兼爱非攻,很有意思。我们台北有很多路用山东地名来命名的。

今天见到你们非常高兴,希望有机会去台儿庄。

让枣庄代表团意外的是,国民党党史馆主任邵铭煌乍一见面时,却没给他们好脸色看。

在国民党党史馆,从邵铭煌客气的寒暄中,代表团成员们惊讶地品出了隐隐的冷意。宾主坐定后,邵铭煌开门见山,直接表露自己的不满:"台儿庄大战怎么是共产党打的呢?是我们国民党打的!"

代表团成员们一愣,面面相觑,一时间被他的话搞糊涂了,平静地问道:"邵主任这话从何说起?"

"我看到一个资料,说大陆是这样宣传的。"

台儿庄涅槃

"邵主任去过台儿庄吗?"

邵铭煌摇摇头:"没去过。"

"怪不得您说这话。您误会了。"代表团一行人呵呵笑了,"我们从来就没说过是共产党打的,一直说这是国民党正面战场打的第一场胜仗。1992年时,我们修了大战纪念馆,台儿庄区政府投入的钱,相当于当年区财政收入一半以上。中共中央宣传部、中央财政拨款,又帮我们扩建大战纪念馆,中央财政还拨款运营、免费开放,中宣部把它列为全国爱国主义教育基地。您应该去看看。"

"有这事?我倒真要去看看。"邵铭煌显得很吃惊,脸色微微泛红,露出几分羞赧。

客人告诉邵铭煌:"我们胡锦涛总书记在纪念抗战胜利60周年时,充分肯定了国民党军队在正面战场上的贡献。"

"这个我听说了,在岛内反响很大。"邵铭煌频频点头,脸上的表情很快变得生动起来,热情地陪着他们参观党史馆,还找出两本有关台儿庄大战的小册子,是1938年国民政府编撰的,复印后送给代表团。

这时,代表团才吃惊地发现,台儿庄大战70年来,国民党居然没有一本专门介绍、研究台儿庄大战的书籍。

这次见面,让邵铭煌对大陆有一次全新的认识。两年后,他的儿子还参与台儿庄古城泰和楼的设计。

在台湾,枣庄代表团还见到白崇禧之子、著名作家白先勇。

当时,白先勇正在美国,接到廖正豪的电话后,专程从美国返回与代表团见面,还陪着代表团参观国史馆。

白先勇不满地说,"国民党到台湾后,只出过一本台儿庄大战的研究史料,很薄的一本,里面竟然没有提到李宗仁和白崇禧的名字,也没有他们的照片,可见国民党歪曲历史歪曲到什么程度。"

在国民党的军史馆,代表团发现,在介绍台儿庄大战时只有简短一句话。

白先勇道出缘由:"李宗仁与蒋氏父子之间本来就有矛盾,加上李宗仁后来又回到大陆。"

第十五章 两岸谋共识

12月6日下午，枣庄代表团登门拜访国民党元老郝柏村。

郝柏村1919年8月生于江苏省盐都葛武镇郝荣村，早年曾任蒋介石的侍从官，后任"参谋总长"、"国防部长"、"行政院长"等职，1993年8月当选国民党中央副主席，退休后曾多次赴大陆祭祖、省亲、旅游。

与枣庄代表团见面时，九旬老人精神矍铄，操着一口浓重苏北口音，纵论两岸，精辟睿智，放胆直言，少有顾忌：

台湾与大陆不大一样，作为台湾这边看，一个感触就是贫富差距。乡下人住得都挺好，像我的房子就很小，还不如农民家里，一般的家里都是两层楼，尽管他们家里也是经济不好。大陆从（19）79年到现在30年了，30年的进步。在中国的历史上，很少有30年不打仗的。虽然现在两岸表面上还没有签订停战协定或和平协定，实质上却是30年没打仗，这在中国的历史上是很少见的。讲起来，你们这一代很幸运，像我们这一代，是抗战和内战的一代。抗战时我19岁，然后打内战，一直到（19）49年，（19）49年时我才30岁，30岁就到台湾来了。

邓小平有两句话，我觉得很重要。一句是：让一部分人先富起来。第二句是：实践是检验真理的唯一标准。孙中山的很多政治理想很好，我看现在大陆也尊其为"国父"，反倒是民进党把他忘了。我看现在很好，两岸共同尊重孙中山，不管是中华民国，还是中华人民共和国，他是共同的国父。孙中山过世时不到60岁，推翻了满清政府，他读的书很多，包括马克思的政治思想、经济思想，很了不起。后来他提出，三民主义要实行三步走：军政时期、训政时期、宪政时期。

我们知道，从（19）49年一直到（19）79年，两岸的军政时期都没有结束。按照大家的理解，北伐结束应该是军政时期的结束，北伐是国共两党共同合作完成的。实质上，抗战时抵御外辱、国共合作也是军政时期，但从法律上讲，那时候应该是训政时期。所谓训政，就是教育人民行使"四权"，即选举、罢免、创制、复决。就光说选举权，绝对不是三年五年、十年八年能选好的，美国搞民主搞了 200 多年，台湾是从（19）95 年才开始选举的，一人一票，这也是中华民族历史上从来没有的。从县长、市长的选举，一直到立法委的选举，这些制度大致都是按西方的，但是现在还是有毛病，有买票啊等等事情发生。所以，邓小平讲建设中国特色的社会主义。我主张，中国也实行中国特色的民主主义。

你看现在的选举，按照西方的制度，参选得有知名度，选个村长还可以，乡里乡亲的大家都熟悉，选个县长就不一定了。知名度要靠媒体，要媒体就要有钱，没钱就没媒体，真正好的政治家不一定爱这些。现在台湾选举也是有很多花样，我们明知道，但是也很难把他们完全消除。另外，议会里打架等怪现象，这应该是民主国家初期的斗争现象。

英国的国会我去看过，议员们分开坐，议长高高在上，首相和部长坐在右面，左派坐在对面。所谓"左派"就是反对党、非执政党，人家公开进行辩论。我去坐了一段时间，感触很深。

过去，国民党在大陆执政时，行政效率最高的，一个是海关，一个是邮政。我们中国的邮政，过去时穷乡僻壤，再远的地方也给你送到，还有海关，但是这两个部门以前都是英国人在管理的，这些跟你们讲起来，都是历史上不知道的事情。英国是一个法治社会，民主不能离开法制。所以，现在的台湾还是有一些差距，你看看现在台湾的建设就能看出来。

大陆城市都建设得很好，这次我到临沂、枣庄也看了城市建设，都是长期规划的。临沂、蒙阴我都去了，还有邳州我也去了。现在就要注重乡村的建设，注重农村的规划，往后 20 年，农村也许就家家有汽车。现在台湾也在做这些工作。

我看你们最近通过了法律，农地允许流转，农民可以有从小地主到大佃农转变的趋势，农业生产的趋势，自己种肯定不行。这叫"大佃农"。也就是我们耕不动了，可以将土地租给几个有能力、专业的农民耕种，我们也可以得到收益。这个事情台湾很早以前就有。

台湾的土地改革是因为在大陆的失败开始的，因为在大陆没搞好。共产党在（19）49 年后把所有的地主都赶走了。村里 1000 亩地，500 个人，就一人分两亩，自己种，地是国家的，不属于你，后来才实行包产到户。这个两亩地归你种，大家一起吃、一起种，其他都是政府的。这样农民就没有积极性了。现在，农民不交税了。但是大陆的农民只有减少四分之一人口才能富裕起来。

台湾（19）50年开始土地改革，地主自己不种地，都是分给佃农种，一个佃农20亩。后来政府出钱给地主股票，让地主将土地所有权交出来，再将土地交给佃农，佃农每个人交20%左右的费用。所以，现在台湾的地这么紧张，原来的佃农现在都不得了。

（19）49年时的台湾，95%是农民，种香蕉啊什么的。现在95%是工业，农民只占5%。台湾的农民跟大陆不能比啊。

台湾的土地改革比较温和，地主也没有犯罪，现在大陆的富豪比台湾还多。大陆的包产到户，农民享有基本的受益权，地在农民自己手中，有一部分交给政府，剩下300斤也好，500斤也好，都属于他自己。

……

我想，两岸都应该尊重历史真相。这次，我也到孟良崮、连云港去看了，我看里面讲到"击毙师长张灵甫"，他不是被击毙的，他是自杀的。对军人来说，不管打胜仗还是打败仗，不成功便成仁，不可以诬蔑他，你看日本人打败之后切腹自杀，我们还尊重呢。黄百韬也是自杀，不是被击毙的，邱清泉也是，这些都应该被尊重。内战时，有些东西是打胜了就都正确。但是抗战时，他们不是为国民党死的，是为中华民族死的，应该成为中华民族后辈们共同的精神支撑。内战国民党失败了，但是抗战时的功劳不能完全抹杀掉。

当天晚上，新党主席郁慕明宴请枣庄代表团。这是郁慕明与枣庄政府官员的第三次见面。第一次见面是在3个月前的2008年9月。鲁台经贸洽谈会在潍坊举行，郁慕明应邀出席。会上，枣庄市领导向郁慕明介绍了重建台儿庄古城情况，引起郁慕明的极大兴趣，当即答应邀请。10月11日，郁慕明就带着建筑专家专程来到台儿庄。

郁慕明一直以来都是坚定的"统派"，对重建台儿庄古城和建设两岸交流基地十分赞同，对枣庄代表团极尽地主之谊，特地召集几位新党骨干成员一起招待代表团。

席间，他感慨地说："恢复重建台儿庄古城，一方面体现出大陆在改善国共两党关系方面的最大诚意和善意；另一方面展现抗日战争的壮烈场景，使之成为一个国共合作的见证、一座抗战历史的丰碑、一种民族精神的象征，有利于增强两岸同胞的民族归属感。"

2009年12月17日，全国首个海峡两岸交流基地在台儿庄成立，国民党荣誉主席连战、亲民党主席宋楚瑜、新党主席郁慕明等，纷纷发来贺信、贺电。海峡两岸关系协会副会长张铭清、台湾财团法人向阳公益基金会董事长廖正豪等共同为交流基地揭牌。

台湾工党主席郑昭明也出席了揭牌仪式，他说："通过台儿庄古城重建，纪念当年的台儿庄大战，推动两岸年轻人的爱国认同，是一个很好的主题。台儿庄海峡两岸交流基地的成立，搭起了爱国认同的平台，最终会把两岸人民团结在一起，实现祖国和平统一。"

2010年5月4日，连战和夫人连方瑀、国民党副主席林丰正、国民党中央评议委员会主席徐立德、丁懋时等莅临台儿庄，为海峡两岸交流基地的标志建筑"泰和楼"奠基。连战欣然题词："古贤名教富北辛，厚土奇峰泽鲁南。"

2011年5月12日，枣庄市举行台儿庄古城开埠仪式时，国民党荣誉主席吴伯雄及夫人戴美玉、国民党中评会主席团主席张荣恭、台湾新党主席郁慕明、海峡两岸关系协会副会长王富卿等应邀出席。

吴伯雄感慨地说：

我看过世界上很多的古城、古迹，但没有一个地方像台儿庄古城这样宏大、这样精美，把我们的很多民间文化艺术精华都展现了出来，很了不起。在这里能够体会中华文化的博大精深，体会艺术之美，对于华夏儿女、炎黄子孙来说，是一件很骄傲的事情，也是后人永远学习的一个标杆。对于台儿庄，我们有着共同的民族认同，在这里每个人都能够强烈地感受到自己就是其中的一分子，把台儿庄作为两岸交流基地再合适不过。希望两岸人民更多地到这个地方来，一辈子没有来过的人会觉得终生遗憾。

他为台儿庄古城题词："昔日抗战威武不屈，今朝古城情系两岸。"

台湾政治生态的特殊性，迫使其政治人物经常会说一些自相矛盾的选举语言。国民党、亲民党的政治理念，也与共产党存在明显差异。但是，从这些政治人物的表态中不难看出，在对"一个中国"的认同上，蓝营也好，橘营也罢，与共产党是基本一致的。而重建的台儿庄古城，更是凝聚了海峡两岸同胞对"中华民族"的高度认知。

拳拳之心

在台湾的政治人物中，对台儿庄倾情最深、与大陆交往最密切的，莫过于郁慕明。

郁慕明1940年出生在上海崇明岛，祖上是从山东沿大运河迁徙到南方的。他只知道祖上的堂号，却不知道祖籍在山东的具体位置。2008年10月，他首次到台儿庄时，台儿庄旧城拆迁已近尾声，到处一片废墟，古城重建工程还是一张平面图纸。听说台儿庄历史上曾有"郁半街"，遂萌生寻根之念。当他踏进清真寺，走到寺内两棵古树之下时，突然产生一种奇怪的感觉。这种感觉说不清、道不明，强烈冲击着他的内心。听说这个清真寺所在地过去就是郁家花园时，他怦然心动，非常惊讶，急切地打听起郁家的历史。

台儿庄的郁氏祖居安徽，明嘉靖二十年（1541年），始祖郁桐先是迁到江苏邳州，二世祖郁诚言到台儿庄经商定居，可惜英年早逝。其妻杨氏能持家善理财，带大3个孩子，个个成才。随着运河漕运的发展，从个体户发展成庞大的家业，特别是大儿子郁守然，还在京城做官，官至国子监丞，成就了台儿庄郁氏家族的辉煌。

三世祖郁守然蒙冤犯死罪后，殃及家族四处避难，郁家势力凋零。后来，郁守然的冤案得到平反，郁家才又开始恢复元气。传到五世祖郁仁澍时，家道得以振兴。郁仁澍知书达礼，富甲一方，曾被朝廷列为候补知县。不料，长子与媳妇闹矛盾，媳妇一气之下，自缢身亡。其媳妇娘家人仗着与王爷沾亲带故，将自杀诬成谋杀，一纸状书告到朝廷。皇上盛怒，将郁家列为朝廷重犯。为逃避灭顶之灾，郁家又四处逃散，隐姓埋名，直到风波过后，郁家后人才陆续迁回。三世祖和五世祖的两番磨难，致使台儿庄郁氏家谱中六世失考3支，七世失考4支。

郁慕明倒吸一口冷气：这段历史，怎么与父亲告诉他的祖上传闻如此相似！难道，台儿庄就是自己孜孜以求的根？向来沉着稳重、处变不惊的郁慕明，顿时百感交集，一时难以控制自己的情感，泪花纷飞。虽然一时无法确认，但在冥冥之中，他把自己的命运与台儿庄紧紧联系在了一起。

后来，经过台湾女作家郁馥馨的反复求证得知，郁慕明祖上的堂号，先是缘自肥城，后来到了台儿庄，再从台儿庄沿运河南下。

2011年5月13日，"战争与和平——两岸抗战文学论坛"开幕式暨郁家码头揭碑活动在台儿庄举行。郁慕明为郁家码头纪念碑揭碑，纪念碑的背面，是他撰写的碑文："……既睹运河古城之重建，堪称伟业；复喜陆台交流之再启，可谓盛事。斑斑旧迹，切切乡音。今兹重游，会郁家码头之重现，不胜欣喜。人不忘家，性之本也。"

一腔游子之情，跃然碑上。

揭碑仪式上，郁慕明感慨不已："2008年我第一次来时，看到的台儿庄古城是平面的，现在变成了立体的，古色古香，有一种历史的感受。"

他接着说："台儿庄能够成为海峡两岸交流基地，源于当年的那场战役。1938年的台儿庄大战，成为八年抗战的一个重要转折点，凝聚了中华民族的信心和力量。今天的台儿庄作为两岸交流基地，相信能够成为中华民族发展的一个重要节点，就像当年台儿庄大战胜利一样，对此我内心充满了信心。通过台儿庄古城，我们看到的不只是一个历史的片段，而是一个民族未来的发展。中华民族曾经创造过和正在创造着辉煌，在苦难年代也有过非常了不起的经历。台儿庄不仅是一个古城、名城，还是一个文明城、文化城。两岸同胞来到这里，既能够看到中华传统文化，又能够了解过去那段历史，相信它一定会成为一座国际性、现代化的文明城。"

2013年6月8日，"心手相连共筑中华梦"两岸和平文化论坛在台儿庄古城举行，郁慕明应邀出席，这是他第四次莅临台儿庄。他在会上说："台儿庄过去有过繁盛和毁于战争的历史，战争过后几十年，枣庄市把它重建起来。这块土地昭示我们，应该追求和平的未来。中华文化一向都是以和为贵，中华文化所讲究的是'和合'，能够和平的'和'，也就能够导向团结、合作的'合'。"他回忆从2008年以来，多次参访台儿庄的感受，深切地表达了对两岸和平的期盼，希望台儿庄进一步做好古城遗迹的保护、传承工作，把台儿庄建设成世界关注的古城，成为很多年轻人有深刻印象的地方。

我也应邀参加这次论坛，席间与郁慕明相识。因素来对他拳拳爱国之情敬重有加，我萌生一个念头：与他深谈一次，围绕他的家世、台儿庄重建、两岸关系以及新党、国民党、民进党等话题，做一番深入交流。当我提出这个要求时，他欣然应允。

当天晚上，郁慕明谢绝一切访客，闭门与我畅谈至深夜。我提前做了准备，录下我俩的对话。一番推心置腹的交流，让我俩成为莫逆之交，后来多有联系。

此番长谈，我被郁慕明身上浩然正气所感染，征得他的同意后，我将两人的对话精心整理出来。过了几天，我给人民日报海外版总编张德修打电话，希望能在海外版发两个整版。

张德修显得十分吃惊："什么，发两个版？两岸问题是高度敏感的话题，连我们长期从事对台报道的记者都深感棘手，你从来没有接触过，能把握好分寸吗？不要说发两个版，连发千把字都很困难。"

我自信地说："我当了十多年海军，对两岸关系一直非常关注，1996年台海危机以来，每天《参考消息》第8版的台湾专题报道，是我必读的内容；有了网络后，我几乎每天都要搜索海内外的涉台报道和评论。可以说，我对台湾情况很熟悉，分寸把握上应该没有问题。"

张德修沉吟了一下道:"这样吧,你先把稿子传给我看看再说。"

当天下午4时许,张德修给我打来电话,热切地说:"你的稿子不要给别人,我要发独家专访,给你发两个整版!"

我惊喜地说:"您认可了?"

他说:"我上午先看了一遍,不错!为了稳妥起见,我们又请国台办领导审阅。国台办刚才答复说,对稿子很满意,尺度把握得相当好,没有任何修改意见,可以全文刊发!"

2013年6月19日和20日,《人民日报海外版》连续两天,在第三版开设"本报独家专访"整版专栏,以"和平是基础,发展是过程,统一是目的——对话台湾新党主席郁慕明"为题,分上、下篇全文刊登我与郁慕明的对话。文章发表后,被媒体广泛转载,不仅在大陆引起热烈反响,在台湾反响也不小,国台办十分满意,认为"这是台湾政治人物在大陆的最大篇幅报道"。

事后,有同事不解地问我:"你从未涉及过对台报道,为什么对两岸关系这么熟悉,尺度把握得这么精当,一出手就一鸣惊人?"

我呵呵一笑:"哪里是什么一鸣惊人?我是三十年磨一剑。"

美国哈佛大学有一句著名的校训:时刻准备着,当机会来临时,你就成功了。

以下,是我与郁慕明对话的全文。通过这些对话,可以看到一位爱国者的拳拳之心和肺腑之言,也可以观察到海峡两岸关系的现状和台湾的政治生态。

他因父亲一句话,阴差阳错到台湾,一辈子与台湾结下不解之缘;他不畏权贵,在国民党十三全会上慷慨陈词3分钟,被列为非主流派,从此遭到李登辉打压,最后不得不与国民党分道扬镳;他从不掩饰自己的政治主张,是台湾政党领袖中第一个在公开场合主张两岸必须和平统一的人,被大陆民众誉为是台湾"最具中国心的中国人";他长期以来奔走于两岸之间,为两岸的交流合作与和平发展不辞辛劳;他渴望中国统一强大、渴望中华民族振兴的爱国情怀,赢得了大陆民众的广泛赞誉和充分尊重。他就是台湾新党主席郁慕明。

6月8日,"心手相连共筑中华梦"两岸和平文化论坛在山东省枣庄市台儿庄古城举行,台湾新党主席郁慕明应邀出席。会议期间,本报记者对郁慕明主席做了3个多小时的独家采访,围绕海峡两岸等话题深入交流。在与郁慕明的交谈中,记者感受到了一股直冲霄汉的浩然正气,感受到了两岸和平统一的强大力量。

关于郁家历史:"我是两岸早年直航的见证人"

徐锦庚:我了解到一个有趣的背景:您1940年7月19日出生于上海一个富有的药商家庭,1948年,您父亲到台湾参加一个博览会,本来是要带二儿子同行,却因为临出门时儿子的书包还未收拾好,教子甚严的郁老先生一气之下改带作为小儿子的您赴台。结果,蒋介石集团随即败退台湾,你们父子只得在台湾待了下来,谁知这一待就待到了现在。为此,您常常感慨地说,您到台湾"真是阴差阳错"。

是这么回事吗?能否介绍一下您的家史?我很好奇,您其他家人现在的情况怎样?

郁慕明:我家应该不只是药商,包括银行、纺织、电气等产业的投入都有。祖父和父亲都是单传,所以长辈们抱孙心切,希望多子多孙,没想到12个姐妹几乎是排队出来,我是最小一个,排行第十七。目前还有11位,上下4代超过180位。

抗战胜利,台湾光复,急需生活用品,举办国货博览会,我父亲决定去台投资,带我祖母坐飞机去,让我排行第十一的姐姐、第十五的哥哥和公司职员坐船去。出发前一天,我父亲问哥哥,书包整理好没有?他说没有,父亲说,那你不用去了,换老幺去。就是这样一句话,我们全家分隔了42年才又相聚。

我要强调的是,从我上面说的亲身经历,证明两岸之间早年的空中、海上交通就是直航,而且不用办什么签证,我就可以取代我哥哥上船去台湾,因为这是一国的国内航线!

我们留在台湾后 20 年,我母亲才以侨眷身份经香港到台北会面。我则是 1990 年回上海,相隔了 42 年。

徐锦庚:台儿庄历史上,明末清初时曾经有"郁台花马"四大富户。台儿庄至今还流传着"郁半街,花半营"之说。您的祖上也是世居台儿庄,清代时离开台儿庄的吗?自 2008 年您第一次来台儿庄拜祭抗日将士、寻根访祖以后,这是第四次来台儿庄。您 2011 年来台儿庄时题写的"台儿庄郁家码头",已被刻成石碑立在郁家码头上。能否介绍一下您的家族与台儿庄的渊源关系?

郁慕明:我家的族谱是曾祖父开始修的。听我的父亲说,我们应该是从山东到上海来谋生发展的。郁氏家乘有载"吾郁氏系出黎阳"、"以黎阳天行族人公墓简称黎阳族墓",从一世天行公到五世光发公时,开始以"光怀锡元慕……"等 20 字为谱名,所以到我已是第九代。2009 年到台儿庄,当时的枣庄市市长特别带我去看郁家码头,及介绍郁家花园遗址前两棵已经 400 年的大树,还说台儿庄有很多的郁姓人。这使我非常惊讶,这两年也多次与当地郁氏宗亲沟通交流,知道了更多有关郁氏的信息,现正进一步在寻根确认中。

徐锦庚:我很冒昧地问一个私人问题,我看连战先生、宋楚瑜先生来大陆时都带着夫人来,怎么没看到您带夫人来?

郁慕明:"民族之旅"新党规划 30 位,人数不多,所以都不带家眷。另外还是因为我太太不能太劳累,较少出外活动。这么多年来,她难得几次跟我到大陆参观访问。

关于台儿庄:"建议在台儿庄举办国共论坛"

徐锦庚:台儿庄大战的历史评价很高。它是鸦片战争以来,中国军队在抵御外侮的正面战场上取得的第一场胜仗,极大地鼓舞了全国军民抗战必胜的信心,为抗日战争的最后胜利做出了巨大贡献。为此,台儿庄被誉为"中华民族扬威不屈之地"。同时,它也是日本军队自明治维新以来,在正面战场上的第一次败仗。

李宗仁曾回忆说:"台儿庄捷报传出后,举国若狂。京、沪沦陷后,笼罩全国的悲观空气,至此一扫而空……经此一战之后,几成民族复兴的新象征。"周恩来给予了高度评价:"这次战役,虽然在一个地方,但它的意义却在影响战斗全局、影响全国、影响敌人、影响世界!"

请问,在台湾,包括您本人,是如何评价台儿庄大战的?

郁慕明:台儿庄一役确实杀了日本军人的锐气,让中国人产生了自信,日本没那么可怕,打败它也是可能的。拼着这股民心士气,粉碎了日本"三月亡华"的美梦,8年艰苦奋战,牵制住日本军力,消耗掉日本国力,最后只得无条件投降。日本好战派喜欢说,日本不是被中国打败的,是被美国打败的,但是中国付出惨痛代价,撑住最坏的局势,使日本不仅无法得逞,反而疲态显现。美国袖手旁观多少年,珍珠港事件波及自身,不得不参战,用两颗原子弹结束战争,多少是享受现成,沾了点光!

25年前,台湾把过去的抗战史列入学校课本,李登辉上台后去中国化,接着陈水扁8年,牺牲千万军民同胞光复台湾的"台湾光复节"不见了,还用台湾只有400年历史的意识形态教育下一代,自我矮化,莫此为甚;另一方面,"故宫博物院"展示1949年时期自大陆转运过来的国宝,都是中华民族极具价值的历史文物,一直被当作是台湾的骄傲,也是外宾、陆客来台最红火的景点。李扁的史观自相矛盾,可笑至极。二战后,所有被日本侵略过的国家,都有抗日战争纪念馆,只有台湾没有。现在终于有学者建议,要把"总统府"改成抗日纪念馆,忠烈祠也要搬家,因为这些都是日本人留下的日式建筑,面向东的设计,其意是面向日本,向日膜拜。新党强烈支持这个建议,我们必须具有坚定的民族意识。

徐锦庚:台儿庄大战后,国民党及其政府曾决定"在台儿庄重建新城"。然而,国民党及其政府却始终未能圆这个梦。台儿庄区政府于1993年建成台儿庄大战纪念馆。现在,共产党的政府又圆了国民党未圆之梦。您对此有何评价?

郁慕明:非常好!两岸之间因为战争把很多的梦给破坏掉了,还付出了极惨痛的代价，我们要记住教训，彼此都要放开心胸，共同为大局着想。像现在习近平总书记提到的"中国梦"。要圆"中国梦"，不是只有大陆的"中国梦"，还包括台湾的"中国梦"、全世界的中国人都要共同去圆这个梦。

我过去在美国演讲，曾说"华人"应是外国人称的，我们称自己应该是中国人才对。中国现在崛起，领导者的心胸也很开阔，希望把过去的历史更真实的一面呈现出来。台儿庄一战牺牲了很多的国军将士，但不管是国军还是共军，诚如夏将军（指台湾国防大学前校长、退役空军上将夏瀛洲——记者注）在北京说的"今后不要再分什么国军、共军，我们都是中国军队"。

重建台儿庄的梦想成真，由小看大，只要两岸一条心，精诚团结，一定能圆中国梦，唯其如此，世界才能有真正的和平！

徐锦庚： 2009年12月，台儿庄成为大陆第一个海峡两岸交流基地。您如何评价这个交流基地的作用？您认为就它目前的发展，在两岸未来迈向和平统一的过程中，是不是有机会扮演一个重要的角色？

郁慕明： 台儿庄这个首座两岸交流基地还没有很好地发挥它的作用，在台湾好像没有太多报道，应该要扩大宣扬，如何让这个交流基地能够广为周知，扩大影响。我提个建议：下一次两岸论坛不如选在台儿庄开，更有意义。

徐锦庚： 您对台儿庄古城重建有什么好的建议？

郁慕明： 重建在硬件上面是恢复过去的面貌，另一方面这一段历史又要让人们不能忘记，必然保留原有的一部分战争的遗迹，这些遗迹要有一个完善的规划。对某些特定游客，尤其是年轻人，来这里不只是看看台儿庄重建以后的面貌，应该针对当年战争留下来的遗迹，做一系列感人的旅游路线的解说。听说今年已经拍完《台儿庄》40集的影视剧，这么长的影视剧，一定有很多演员，有一些实景。拍完以后，应该保留部分实景，陈列演员的道具、服装，将电视剧里面扮演将军士兵的演员照片与真人真事的照片对照展出，这就是有血有肉有感情的记录和展示，可以直接打动人心。

日本广岛遭遇过原子弹的袭击，日本绝对不会让年轻人忘记这段历史，而且凭这段历史还把自己说成是受害者，到世界各地去广做宣传。我们却很欠缺这方面的宣传力，应该让全世界都知道台儿庄古城是二战史上的重要战场,打过一场关键战役。

关于两岸关系:"维持现状是对下一代不负责任"

徐锦庚： 在大陆，我们都知道，国民党、亲民党、新党统称为"泛蓝"，而新党又是其中的"深蓝"。新党1993年成立的时候，气势如虹，表现出强劲的生命力，鼎盛时期自己号称"精神党员"达到六万。记得您曾说过，"新党虽然是小党，但对于两岸之间追求和平、追求未来和平统一的部分也是义不容辞"。您还说过，"新党党员敢于说出自己是堂堂正正的中国人。新党的存在，是要致力于光'中'耀'族'，重燃中华民族、炎黄子孙之光芒"。

但是，新党后来逐步走向泡沫化，据说目前党员总数仅有千余人。请问，作为一个泡沫化的政党，新党在致力两岸未来和平统一方面还能够发挥哪些作用？随着两岸关系的进一步深化，新党是否还有机会东山再起？

郁慕明： 新党不仅是"深蓝"，更是"正蓝"，因为我们保持中国国民党的正统理念、民族意识。现在的国民党变了。不像蒋总裁和蒋主席（指蒋介石、蒋经国——记者注）时代的中国国民党重视血统、道统和法统。李登辉当家后，中国国民党成了台湾国民党。马英九上台，多少党员期待他拨乱反正，依据国统纲领，实现国家统一大业。他却欲振乏力、失去方向，搞个"不统、不独、不武"的三不政策。既不合宪，又违党章，只图个维持现状，8年任满交差了事，责任感、使命感何在？

新党不能接受马英九的不统主张，明确提出"和平是基础，发展是过程，统一是目标"的三是立场，两岸就是"要和要统"，才是向历史负责、向人民负责的作为！所以我们才是"正蓝"。

1993年新党成立宗旨，并非要搞垮国民党，而是牵制李登辉的国民党，令其无法为所欲为，所以在策略上并不要求大家入党，而是继续留在国民党内，否则一旦入新党而被国民党开除党籍，岂非两败俱伤？到选举时候，新党提出的政见、理念，选民认同支持，投票时投给新党，给李登辉一些压力，施政方向就不会偏离太远。那时党员两三万，投给新党的票高达140万票左右，在立法院当选21席立法委员，也因此，国民党、民进党两党联手在立法院修法，立个"单一选区两票制"的选举法规，挤压当时第三大党的新党。目前新党虽小，但我对新党还是充满信心的，只要我们立场不变，目标不变，还是会有一群志同道合的有识之士，一起呼群保义，振兴中华。

徐锦庚： 5月5日，您在台湾"中国文化大学"社会科学院"台湾政党的两岸观"系列讲座的首场演讲时说，新党的两岸观就是"要和要统"，希望建设台湾为非战之区和平之岛；中国只有一个，现在的两岸难题要找的是"方法"而非其他；两岸文明程度有差异，但透过教育，这种差异是可以弭平的；新党不急统，主张"和平是基础，发展是过程，统一是目标"，必须有耐心，不必再去反共。您还说，过去台湾成为四小龙之首，是因为当局有效率，但现在宣扬民主成就却只看到民粹的可怕；有人说大陆不民主，但大陆10年后的政治接班人，现在就在接受各方检验，长达20年才能上台；民主不是临时抱佛脚，没经过历练就接掌大位拿到权力，只会让民主质量愈来愈糟。

应该说，您的这些观点是很有积极意义的，得到了大陆多数网民的认可，但也遭到了一些网民的激烈攻击。对此，您是怎么想的？

郁慕明： 那次演讲，我讲了一个小时，听众问了差不多一个小时，台湾《旺报》那篇文章登了一部分内容，问题出在大陆媒体转载的标题上。《旺报》的标题是《中国只有一个　两岸有耐心差异可弭平》，我说的两岸文明有差异，是非常中性的，差异是你有你好的一面，我有我好的一面，彼此有差异，有些外在的表向也会差很多，所以，大家要有耐心，差异会弭平的。新党的两岸关系就是"要和要统"，非常清楚。而大陆媒体转载时却变成了《两岸不能急统　因双方文明程度差太多》，结果，这个"差太多"引起了一些大陆网民的强烈不满，有的骂得非常难听，说明他的文明确实不够的。当然，我这次演讲也遭到台湾一些网民攻击，因为他们认为我是急统派。

我在演讲中也说，台湾不要自我标榜民主，过去民主的成就今天已变成可怕的民粹，我说大陆下一个10年接班梯队已经备位在那边，而这些接班人在前10年早已经在省、市就位，他们是历经20年的磨炼，成为党政领导人。台湾呢？今天下一任的领导人在哪里？都是"急就章"选举造就的媒体宠儿，能经过什么样的磨炼？马英九如此，陈水扁如此，都是"急就章"出来的领导人，欠缺长期多面向的磨炼，也就谈不上拥有自己的团队。只有选举班底，哪来各种领域的班底！这就是民主选举的"急就章症候群"，选前高民意支持度，选后立刻超低支持率，陈、马都逃不过这个噩梦。

过去台独的理论基础是大陆太穷，台湾绝不能和大陆统一。现在大陆已是世界第二大经济体，这个问题不再存在，转而强调大陆不民主，可是台湾的民主也没多踏实，每况愈下，再民粹下去，自顾不暇，丢人现眼。再下一步，迟早会说大陆不够文明，还不如由我先下这个棋，两岸提早面对，相互影响，彼此要有耐心，差异自可弭平！

我的话讲得这么透彻，一些网民不了解具体内容，只看个标题，或是跟着楼上就开骂，这是浅碟文化和快餐文化带来的困扰。解决之道，在于谅解、包容，不要管一些人的说三道四，只求多数人为民族大义，正面、积极把教育办好，尤其要从家庭教育做起。只要有耐心，两岸的文明差异可以弭平，这才是我的意思。

徐锦庚：《联合早报》5月24日发表了石之瑜的一篇文章《为何台湾的统与独都失去希望？》。看了这篇文章后，我对马英九及其政府很失望，对台湾未来迈向统一的前景也很担忧。请问您是如何评判当前台湾统独之争的？据您分析，目前的两岸关系是处在哪一个阶段上？目前台湾民众中，希望独立、希望统一、希望维持现状的比例是怎样的？新党的泡沫化，是不是意味着台湾统派力量的日渐式微？

郁慕明： 石之瑜教授在台湾算是非常有想法、非常理性的，而且常常一语道破很多事情，他所提到的对于"统"跟"独"，现在好像都被挤到两边去。他对于"独"分析得很对，因为"独"几乎没有出路，根本不可能推动，陈水扁、李登辉要是能做的话，怎么不做？所以肯定不能独的。但是对"统"的担忧，是不一定的。因为在"统"的变量里，大陆处于一个关键的地位。对"独"而言，日本不可能出面帮你"独"，美国也不敢宣布你可以"独"。可是，大陆对"统"立场坚定。问题是如何寄希望于台湾人民，结合台湾的"不独"力量，完成和平统一大业！

持平来说，两岸的统一大业应是对等的，固然实力有大小，但是立场一致，尊严相当。就宪法层面，两岸主张的领土主权是重叠的；在国际的代表权方面，则是有先有后，充分证明两岸本是一个中国。虽然过去，彼此军事对峙，经过这些年来，两岸都体会到和平的重要性，应该吸取对方的优点，共同致力于中华民族的复兴才是正途！

不过马英九第二任，似乎愈发偏向维持现状，那就是不负责任，安于现状。可是现状是不断在改变的，无法永远维持的。当大陆的现状不断在改变，越改变的时候台湾原来的筹码就越少。当筹码越来越少的时候，你到最后就不得不被统一。

新党追求的统一是当彼此还能被对方接纳或者是尊重时，对等地谋求"合统"是有尊严的。若是安于现状，只能混过一时，但把问题留给下一代，让下一代去承受苦果，就是不负责任，新党必须说真话！

徐锦庚：去年大陆新版护照把日月潭、清水断崖等景点印在内页，引起台湾内部反弹。而您表示，这是一种长期以来"宁认美日做干爹，不愿中国当兄弟"的恐共心态。您还批评李登辉，口口声声说要爱台湾，但钓鱼岛明明是宜兰的，碰到日本人时，竟要低着头说钓鱼岛是日本的。您还说，类似的情况就像台湾的许多政客，总是期待人家来保护台湾，"看到美日就矮了一截"。

我注意到，在很多场合、时机，您从不掩饰自己的政治主张，不怕绿营说您卖台。您是台湾政党领袖中，第一个在公开场合主张两岸必须和平统一的人，高呼"要做堂堂正正的中国人"，也曾明言"大陆和台湾都是中国领土"。您这种渴望祖国统一强大、渴望中华民族振兴的爱国情怀，赢得了大陆民众的广泛赞誉和充分尊重。

请问，您这样放胆直言，有没有顾虑？在选举至上的台湾政坛，您的言行是不是影响了您的选票？赞同、支持您的人多不多？会不会有"曲高和寡"之感？

郁慕明：这个不是怕不怕的问题，我没有卖台，有何可惧？大陆把日月潭、清水断崖印在护照里，又怎么样？过去我们把黄河、长江印在教科书里面，人家也没骂你，人家也没说你剽窃。你自己说大陆是固有疆域，人家把它印在护照里，这是帮我们做宣传。印在上面并没有羞辱到你，也没有矮了一截。你去向美日认干爸，才是矮了一截，有人说"只要国军挺过72小时，美国就来保护我们"，这才叫矮人一截。

影响选票不要紧，就算我没有被选上什么，可是我的声音在。毛泽东也讲过"星星之火可以燎原"，星星之火只要不灭，永远有机会。等到自己没有信心了，自己瓦解了，都没有声音，那当然就没有机会了！新党将自己比作北极星，宁做一颗高高挂在天空上的北极星，虽然孤独，但是指引方向。

徐锦庚： 听说您现在不只自己经常参访大陆，最近也多次组织台湾的年轻学子参访大陆，请您谈谈有关组织这些活动的想法和做法，目前有没有什么具体的成果？

郁慕明： 去年，我们集合了120名年轻人，分成三线四个团到大陆，我带领着他们走了北线、中线和南线。北线是清朝崛起的路线，从北京到承德避暑山庄、赤峰、内蒙古高原，再到锦州看辽沈战役纪念馆，到沈阳"九一八"纪念馆、沈阳故宫、大帅府，那就是清朝兴起、紫气东来的路线。骑在马上，远眺一望无际、广大辽阔的锦绣山河，这些来自台湾的青年朋友都感觉非常震撼。中线是从西安到延安，西安是十三朝古都，延安是看共产党的崛起，当时毛主席他们都住在窑洞里，这条沿线是中华历史和共产党崛起的路线。南线是从南京、杭州、宁波、上海到参观台商的工厂，是体会国民党当年的历史跟改革开放以后两岸经济合作的路线。

这些年轻人回台湾后，都写了心得感想，我们集结编了一本《中华儿女策马中原——2012文史体验营记实》。今年，我们还要组织90个年轻人，今年走北线、南线和西南线，我带队走西南线。西南线是从昆明到腾冲，这是抗日远征军的路线，那里当年还死了很多将士，那里还有纪念碑、军人墓。我们要让台湾的年轻人了解中国的历史，认识自己民族的根源。

徐锦庚： 据报道，李登辉5月31日下午在其新书发表会上称，有人喊"中华民族"，但民族主义的时代已过去，现在的台湾是由2300万人所组成的新时代，"台湾历史不是5000年，而是400年"。他在刚出版的新书中声称，台湾最大的悲哀就是"国不成国"，到今天为止都自称为"中华民国"，是否可以改称为"台湾"？他认为应修"宪"，让"宪法"和"台湾化"的现况不再剥离。您是怎么评价李登辉观点的?

郁慕明: 所谓"国不成国"是我们该讲的,不是他讲的,因为他把中华民国弄成国不成国。他现在说要修宪改成"台湾",为什么当年他做总统的时候不改?他这是祸国殃民。现在这把年纪,还在那里胡言乱语。他说要台独,有种就宣布独立,敢吗?

说台湾历史不是5000年,而是400年,请问,台湾历史假如只有400年的话,孔子、关公、妈祖、观音菩萨、端午节、过年、中华文字等这些东西,哪样是台湾土生土长的?既然只有400年历史,就先把故宫文物统统送回北京吧!别占了便宜又卖乖。

徐锦庚: 蔡英文的文胆姚人多前不久直言,台独、建国已经失去主流市场,说服大多数人民相信可以独立的时代过去了。蔡英文对此辩称,"我们已是主权独立国家"。而苏贞昌则说,台湾既已是主权独立国家,何必再回头喊台独?所以他的两岸立场,就是1999年民进党全代会通过的《台湾前途决议文》,台湾应对自己有信心,不要老是换讲法,把自己累得半死。

您如何评价蔡英文和苏贞昌的话?他们的话可否理解为,民进党明知"法理台独"目标不可能实现,但为了不被深绿的台独基本教义派绑架而故意偷换概念,实际上是在台独立场上的退缩?

郁慕明: 不是退缩,他们本来就是隐藏的。对他们来说,中华民国现在是个壳,他们是借壳上市,本质都是台独,但是为了应付美国、应付大陆,需要保有中华民国这块招牌。我只要问他一句:你的中华民国是哪时候开始的?他们说是1949年。所以在台湾,中华民国有两种不同的认知,一种是1911年的中华民国,一种是1949年的中华民国。大陆现在慢慢地开始把过去抗战、国军的历史恢复史实,那就说明大陆开始接受1949年以前的中华民国。如果大陆不接受1949年以前的中华民国,那不就是跟台独一样吗?这是很微妙的。今天台湾为什么会有"台独"声音?因为他们套用了大陆的话,说中华民国早就没了,1949年以后台湾就是主权独立的国家。然后再强调台湾的历史只有400年,跟大陆全部切割。

不管是蔡英文、苏贞昌,还是陈水扁、李登辉,他们说的话往往是自相矛盾。把李登辉以前的话翻出来，实在惨不忍睹。他以前讲大陆跟台湾本来就是一个国家，台湾人就是中国人。现在他说什么？"那是我被逼的"。你当了总统，你是被谁逼？这都是经不起考验的。

徐锦庚：大陆政协主席兼中共中央对台领导小组副组长俞正声说，只要民进党不主张台独就可以接触。苏贞昌5月24日表示，有诚意沟通、互动，就不要设定任何框架，不要谁去规范谁，谁去指导谁。您对大陆与民进党接触的前景是怎么看的？是持乐观态度，还是持悲观态度？

郁慕明：我跟民进党打交道的经验不算少，他们的本质就是为了选举。所以，本质不会变的。但是，这些人又很现实。这边也想要，那边也不肯丢，这就是他们的岛民心态。他们希望与大陆关系缓和，缓和以后跟大陆不要那么敌对，选举时就可以跟选民讲，现在跟大陆处得都很好，你们就相信我们当家、我们执政也不会有什么问题，因为很多人害怕他们一执政，两岸关系就坏了，生意人也不能投资了。这是选举的目的。

大陆不要对民进党抱有幻想。民进党的人在微博上谈风花雪月不谈政治，大陆网民看了会觉得这些人还不错嘛。同样的人，我只要把他们在台湾讲的话发到网上去，就会清楚他们在台湾就是个"独"。

徐锦庚：2009年5月，高雄世运会前夕，高雄市市长陈菊到大陆推介高雄世运观光，见了北京和上海两位市长，话说得很动听，大陆给予了她特殊礼遇。当年7月，大陆派出庞大的代表团参赛，世运会举办得非常成功。然而，一个月后，陈菊就邀请达赖到台湾举办"八八风灾祈福法会"，接着又宣布在高雄电影节上播疆独分子热比娅纪录片。当时外界评价陈菊"政治手段阴险毒辣令人震惊"，因为连美国等一些西方国家，还不敢把达赖和热比娅在两个月的时间内玩弄一番。在民进党内部，也没有人像她这样，玩弄政治手段到了登峰造极的境界。可是，最近陈菊又换了副面孔。高雄今年9月将举办亚太城市高峰会，她开始放话说，"高雄市对两岸关系态度一向开放友善，达赖与热比娅事件是误解，这些误解都已经过去了"。这是不是一种人格的堕落和分裂？

郁慕明：她说误解，当然是说大陆对她的误解，她一定会这样说，因为他们还要常常来大陆。这就是我看不起他们的地方,不要一方面吃香喝辣的,两头都想占便宜。李登辉一辈子换了多少位置?哪里有香的、哪里有好的就往哪凑,吃香喝辣,永远是他占到便宜,可是你能骗多久?

徐锦庚:马英九最近在接受中视专访时,在谈到两岸领导人会晤问题时说,两岸领导人会晤存在头衔与称谓困难,短时间内无法解决。您认为,两岸领导人会晤的时机是否成熟?您对两岸领导人会晤有什么好的建议?

郁慕明:两岸领导人现在见面的时机还没有成熟,不管政治协议还是军事协议,它必然有先头部队,都要差不多谈成的时候,见面的意义就更大了。所谓的称呼,是心态的问题。假设真正是政治协商,就尊重对方现有的称谓。为什么?因为放在后面的是更大的目标。不要忘记,毛主席当年到重庆还喊"蒋委员长万岁",但是他喊了怎样?结果他拿下了天下。假设当时还各有坚持,今天会有这样的局面?

老实讲,称呼中华民国政府民选的总统,并不表示你抛弃了中华人民共和国今天当家的地位。譬如两位领导人会面时,习总书记说:"马总统,欢迎你来,我们是一家人。"虽然叫他"总统",但是我们是一家人,我们要共同有智慧地去创建我们的新中国。假设马英九坚持不称呼习主席,表示他小气,格局不大。

如果你称呼他"马总统",他称呼你"习主席",结果怎样呢?我可以说,石破天惊!美国都不知道该怎么办了,两岸合起来了,会吓到他们,他们现在最怕这一点。两岸最大的目标是实现一个中国。这是观念问题。依中华人民共和国在国际的地位,习总书记不至于称呼一声"马英九总统",地位就被矮化了;马总统也不会称呼一声"习主席",就被斗垮了。

徐锦庚:马英九4月29日出席"汪辜会谈20周年"纪念茶会时表示,台湾政府推动大陆政策,一定是在"中华民国"宪法架构下,以台湾为主、对人民有利的原则下,并遵循先急后缓、先易后难、先经后政的优先级;不论在岛内或岛外,"我们都不会去推动两个中国、一中一台或台湾独立"。单独从这段话来看,似乎是有积极的意义,但如果摆在他所论述的"不统、不独、不武"以及他在推动两岸关系的作为来看,并没什么值得期待。您如何评价？

郁慕明：完全没有新意，就是把以前的话组合在一起了。你今天说是两岸要一起努力，还是跟过去讲得一模一样。你不搞两个中国，一中一台，不搞台湾独立，本来就是这样。但是问题在于，你要不要统一？你要不要遵守你的宪法？重要的是这个。什么"先经后政"等这些名词，都是文字游戏，重点是，我不管你什么先经后政、先易后难，我只问你，你要不要追求统一？统一是不是你的目标？现在，马英九就是想8年平安稳住，不惹是非。但看起来四平八稳，其实暗潮汹涌。假如真的是四平八稳，民调会很高。

徐锦庚：台湾各党派正在为两岸互设办事处一事激烈攻防。蓝营认为，目前常态性在大陆经商、工作的台商已超过100万人，官方在大陆成立办事处就近协助台商解决困难，是非常必要的事。绿营则以台湾、中国是"国与国关系"为由强力杯葛。您认为两岸互设办事处有无必要？应该如何设立？

郁慕明：当然要有办事处了，为什么？凡事都离不开政治，什么叫做先经后政？ECFA（海峡两岸经济合作架构协议）没有政治在后面做后盾，ECFA签得成吗？两岸成立办事处是务实的，该服务的事项就去推动，该讨论的事项两边就讨论。名称方面，民进党称这是国与国。请问中华民国在很多国家用的都不是大使馆，但还是照样在运作，不也是政治吗？大大方方地务实做事就好。我们今天经济谈到某一个阶段，一定要进行政治协商，才能够再继续扩大经济领域的互惠互利。

台湾必须考虑，继续维持现状下去，对大陆来说，他干吗还要陪着你国民党玩？如果都没有进展，国民党跟民进党当家又有什么分别呢？我们一再提醒国民党，当民进党也讲你同样话的时候，投票给国民党跟投给民进党有什么两样？这样态度暧昧不明导致的后果，国民党恐怕20年也翻不了身。

徐锦庚：您对钓鱼岛的立场一直都是非常坚定鲜明，最近您还表示，台湾人民必须团结一致，坚定地保卫自己的固有疆域，钓鱼岛可以成为海峡两岸联手的契机，可以成为让中华民族走向伟大的契机。但是，在钓鱼岛问题上，国民党不敢理直气壮，只求渔权，不敢讲主权，民进党更是向日本献媚。马英九当年是个保钓热血青年，为什么今天变得这样畏首畏尾？

郁慕明： 当年，他在台大走上街头保卫钓鱼台，到美国哈佛大学后，他选的博士论文写的就是《钓鱼台的法理依据》，证明钓鱼岛属于台湾省宜兰县。哈佛大学通过了这篇论文，授予了他博士学位，说明认可他的观点，他大可理直气壮地要求美国表明立场，归还主权。

马英九之所以这样畏首畏尾，恐怕还是基于亲美政策，避免影响对美关系。

徐锦庚： 您长期以来这样放胆直言，难道就没有人威胁您？

郁慕明： 以前有，李登辉时代，我被恐吓过3年，每天晚上一两点钟，清晨五六点就被电话骚扰、恐吓，我就申请刑事警察局监听我的电话，居然不了了之。更何况我的原则、主张前后一致，从不变来变去，也没有害任何人。是就是，不是就不是，你不赞同是你的权利，我也没逼着你要和我一样。

徐锦庚： 台湾"广大兴28号"渔船遭菲律宾公务船枪击后，大陆政府对菲律宾政府施加压力，大陆民众对台湾渔船的遭遇高度关注，要求政府帮助台湾护渔。可以说，菲律宾政府态度的软化，与大陆的强硬有直接关系。台湾基督教长老教会海员渔民服务中心的庄约翰牧师，处理船只与人员扣留事件经验长达16年。他感叹说："五星旗真的比青天白日旗在海上实用得多，许多台籍渔船也会在船上准备五星旗买个保险，这是绝对有效的事实。"然而，台湾当局却希望大陆不要插手此事。您对此有何评价？单凭台湾的力量，菲律宾会买账吗？

郁慕明： 菲律宾买不买账还是看美国。菲律宾这次敢挑衅，是美国在背后撑腰。离开美国，菲律宾还没有那么大的胆子。美国从钓鱼岛到黄岩岛到现在的南海问题，都是在挑衅，美国在后面叫个小丑出来跳两下，试试大陆的口气，探探底线，看看中国怎么表示。台湾也莫名其妙，自己居然在电视上自夸武力超过菲律宾。后来我写了一段，说台湾人既然自己吹嘘武力超过菲律宾，在钓鱼岛事件上为什么不出来说？你还是欺负弱者，欺软怕硬，这是丢脸的事情，这样也陷马英九于不义。

对菲律宾我们应该用心胸宽阔的语气，说我们并不希望战争，但是对渔民的生命财产，我们是有责任保护的，只要站在护渔的诉求，要求是非公道就可以，不要说"我力量比你大，我要打你"，徒贻人笑柄、把柄而已。

第十六章　游子归故里

寻梦之旅

2010年3月，苏南古镇甪直。

"下雪啦！"外面有人嚷了一嗓子。郁馥馨惊奇地推开窗户，阴沉的天空中，正飘舞着白色的小粒子，这就是雪吗？怎么跟灰尘似的，她有点失望。在台湾土生土长的她，虽然年已四十八，却从来没有看过下雪，以为雪都是一片一片的呢。

郁馥馨望着天空，呆呆地出神。雪不知不觉停了，可她的脑子里依然乱雪纷飞，思绪飘忽不定。

郁馥馨传承了父亲的基因，郁化清是台湾著名的童话作家。她也热爱文学，富有才情，从台湾中兴大学中文系毕业后，成为《台湾日报》副刊编辑、生活版主编，后来又跳槽到台盐公司，担任工会管理员、《盐光》杂志主编，是联合报家庭版专栏作家，一支笔温婉多情、感性率真，温暖了很多人。

不过，自古才女多薄命，郁馥馨感情生活一直没有着落，虽说谈了几次恋爱，却都是无疾而终。她是个崇尚自由的人，外表谦和随性，内心固执倔强，眼睛里容不得沙子，交友宁缺毋滥。所以，到40岁时，还没把自己嫁出去。做父母的，先是心急如焚，慢慢变得听天由命。

没想到，40岁时，郁馥馨交了桃花运，先是通过网络以文会友，结识一群大陆朋友，后又与深圳一个文学青年狂热相爱，3年后，毅然放弃优越舒适的工作和生活，不顾一切地直奔爱情而去，展开一场轰轰烈烈的姐弟恋。

两个不同环境成长的人，生活习惯不同，思想观念迥异。当爱情浓烈时，分歧被忽略。激情过后，生活趋于平淡，分歧逐渐显露。一段历时 7 年的感情，最终以分手结束。郁馥馨离开台湾时，带着 3 个行李箱，4 年后黯然离开深圳时，行李更加简单，所不同的是，多了一颗百孔千疮的心。

这段感情，几乎耗尽郁馥馨的生活热情。自 2007 年 11 月离开深圳后，在长达两年的时间内，她无力走出失败的阴影，一直郁郁寡欢，萎靡不振。

郁馥馨有个闺蜜小杨，在苏州高新区开一家外贸公司。不忍看到她这个模样，对她说："郁姐，你老是躲在家里，不跟外界接触，也不是办法。不如来苏州帮我吧，虽然没办法给你很好的待遇，好歹有个工作寄托。"

郁馥馨苦笑一声："我能做什么呢？"

小杨歪头想了想，说："做什么都好，比如说会计或出纳。"

郁馥馨与方块字打惯了交道，对数字没有感觉，财务既不是她的专业，也不是她的兴趣。可是，除此之外，又没有更好的办法，她总不能窝在家里等死。

于是，2010 年春节后，郁馥馨又带着不多的行李，从台湾飞到上海，来到苏州甪直镇。几年前，她在朋友的撺掇下，在甪直买下一个带院子的小屋，平时闲着，交给朋友看顾，偶尔会从深圳来这里住几天。

再来苏州，她已没有了往年的心境，院里那棵桂花树，虽然依然绿叶茂密，却不再亲切而有诗意。会计的职业，不是她的理想，但她还是咬牙接了过来，一切从头学起，重新再来，找一个安顿心灵的所在。

是啊，人生苦短，她已经年近半百了，生活总要继续，她必须走出阴影，舔干伤口，继续前行。不过，夜深人静时，她常常暗自神伤：此生休矣，再无追求。

雪虽然停了，天空依然阴沉着脸。郁馥馨收回纷繁的思绪，回到书桌前，打开电脑，邮箱里有一封新邮件，发件人叫冯伟。

"哦，台儿庄。"郁馥馨自言自语。

她对台儿庄并不陌生。前些年，奶奶刘艳华在世时，她每年都要去探亲。

那个小镇虽然破败零乱,却带给她丝丝缕缕的牵挂和温暖。她也结识了几个朋友,比如,会写小说的作家吴敬凤,还有这个宣传干部冯伟。不过,奶奶5年前去世后,台儿庄于她不再有特殊意义,她渐渐生分起来,5年来再也没有涉足。

冯伟带来一则喜讯:台儿庄正在重建古城,即将开城,请她父亲为开城活动撰写楹联,有机会回来看看。

"建古城?"郁馥馨嘟囔了一句,并没在意。大陆到处都在建仿古建筑,她已经司空见惯。她把冯伟的信转发给父亲,然后向冯伟回复交差,就把这事搁一边了。她已在苏州工作,在甪直有自己的房子,要努力与甪直、与苏州培养感情。

很多念头的形成,仿佛都是冥冥注定。

过了几天,因为临近清明节,郁馥馨忽然想起奶奶,也惦记起台儿庄的朋友,便给吴敬凤打了个电话,相互说起自己的近况。

"听说台儿庄在建古城?"郁馥馨顺口问道。

"古城已经建好一部分了,跟以前很不一样喽!"吴敬凤显得很兴奋,"你找个时间过来看看吧,苏州离台儿庄很近。"

古城重建跟我有什么关系呢?郁馥馨还是没在意,可是"苏州离台儿庄很近"这句话打动了她,她很想跟老朋友见面叙旧,而且也觉得隔了这么多年,她应该给奶奶上炷香,祭拜一下,表达一下心情,也代父亲尽份孝心。

"五一"假期,郁馥馨返乡探亲扫墓,与吴敬凤和冯伟见了面。冯伟一看到她,就热情地说:"走,我陪你去参观一下古城!"

这个时候的古城,第一期工程刚刚竣工,四周还是一片工地。没想到,这次参观,竟然彻底改变郁馥馨的命运。一颗几近枯竭的心,又重新注入希望的甘泉。她做出一个疯狂的决定:回到台儿庄,回到祖辈先人生活过的故乡!

这段心路历程,后来被她写进散文《我的古城我的梦》:

从现实到梦想的距离,只有一大一小两个行李箱,还有几个钟头的车程。

台儿庄涅槃

我从台湾到苏州，再从苏州辗转来到台儿庄——这个离古代不远、跟现实很贴近的一个我梦寐以求中的古城。

这段路说远不远，但充满了曲折，仿佛命运安排，使得我更加义无反顾。过去每次离开，我总是对亲友说还会再来。其实意愿不高，如果不是奶奶还健在，估计都没打算再过来了。距离上一次告别，已经有四五年的时间，朋友说现在台儿庄很不一样，整个古城都要重建起来。我完全没有古城的概念，古城跟我也没有特别的相关性；再说，奶奶都过世好多年了。我其实也不那么喜欢台儿庄，它既不像文明城市那么时尚鲜亮，也不像偏远乡间那么纯粹安宁，它在两者之间不痛不痒存在着，很长一段时间被绝尘而去的进步和繁荣搞得有些蓬头垢面。我去干吗呢？已经没有探亲的理由，更没有旅游的欲望。

一个偶然的机会我还是回来了，到郁家墓园为奶奶扫墓献香，顺便带着过客的心理游赏了一下古城。是的，台儿庄真的很不一样了，虽然到处的拆迁使得这个地方更加显得混乱不堪，但一边破坏、一边建设，旧的房子拆除了，一地的狼藉令人惊心动魄；但仿佛一夜之间，新的建筑又一座座拔地而起，任谁都能感觉到一股很踏实、很强大的生命力到处蠢蠢欲动，让你对这个地方的未来充满了无限的期待和向往。

古城的建设也超过我的想象，当天色逐渐翻黑，古今穿梭、新旧交融的古城，已经仿佛是个虚拟世界，璀璨的灯光把古城点缀得更加不似在人间，好像置身其中，连一个普通人都有一种异于平常的光彩。特别是听古城的朋友转述了郁家曾有的辉煌历史，当时还穿过第二期工程正紧密加工的建筑区，很艰难地爬上爬下，踩着泥地去看郁家码头。那时候我对台儿庄、对古城就有完全不同的想法了。好像在风里漂泊惯的异乡人，忽然有了依归，感觉一种莫名的力量在怂恿你赶快落地为安。

回去后我就仿佛若梦了，面对自己真正的现实，我越发坐立难安。是继续往前走呢？还是顺势转个弯？古城的过去包含了我的父辈和更多的族人，以及更遥远的先人，他们曾有辉煌的过去，也有困顿的现况。现在古城的重建，让很多台儿庄人未来美好的轮廓都眉目清晰起来，我的未来也会在这里吗？

第十六章 游子归故里

还在苏州的时候,每到傍晚,我一圈圈绕着小区散步,其实心里已经想象着我在古城生活了。那时我会经常站在运河边,耳边不再是那些听得很吃力的吴侬软语,而是四面八方都有风声传来,我很期待也很害怕,但是我知道风是往哪一个方向吹的。

命运真奇妙。好像很多曲折都是奔向同一个目的而去。不是太巧就是太不巧。回老家生活的念头是如此迫不及待,要先把苏州的工作辞了,还要在台儿庄预备个落脚的地方。我其实经常是瞻前顾后懒怠成性的人,这样的决心并不容易。

自己大半生在朋友眼里,都被认为是鲁莽行事。不是,我其实都深思熟虑过,但命运推动着我,性格造就了我,于是经常放手一搏。而且明明身单力薄,却妄想要跟现实和世俗对抗,难怪一路颠簸。好像离开台湾这几年,做什么都不容易,做什么也都不对。本来只想求个安稳,等到连这个都不可多得时,却又始终振作不起来。我以为就这样了,做一份自己不喜欢又没有发挥余地的工作,直到油尽灯枯与草木同朽。就像台儿庄之前给我的感觉一样,也许当时的台儿庄人对自己世代居住的地方,既不喜欢但又走不开,早早也就习惯了或放弃了,也许直到世界末日。

古城的重建就好像"平地一声雷",这个据说明末清初"一河渔火,歌声十里,夜不罢市"的繁荣古城,经过时代变迁,又经过战火摧毁,仿佛一头睡了好几百年的狮子,几乎再也没有翻身余地,竟然就这么重新惊醒过来,又将以王者的姿态,再现"天下第一庄"的盛名和辉煌。甚至惊动了在台湾外省第二代也差不多奄奄一息的我,被广袤古城重建带来的无限希望和商机,和对郁氏家族曾有辉煌历史的骄傲和使命感,冲击得也跟着精神抖擞起来,于是我毫不犹豫来了,一场寻根和扎根的旅程已经开始。

因为出离人生规划,又来得突然,人真的来了,还恍然如梦。其实连土生土长的本地人都跟我说,对于古城的重建也好像做梦一样。太快了,包括拆迁和重建。一般都说破坏容易,建设难,古城重建的速度也让人有李白大梦的感觉。几天不见就展现惊人的改变,仿佛它是鲜活的,有历史的姿态,有时代的意义,还有更多更多人生命和生活的延续。

是的，我的古城，也是我的梦。我走进梦里，而梦也还没有醒。

从台儿庄回到苏州后，小杨诧异地发现，几天不见，郁馥馨整个像换了一个人，原本呆滞僵硬的脸庞，变得活色生香，长久紧蹙的眉头，也开始上下飞舞起来。

"你打鸡血了？"小杨诧异地问。

"你才打鸡血呢！"郁馥馨夸张地打了小杨一下，"我是找到人生归宿了，快为我祝贺吧！"

"你找到爱情了？"小杨惊喜万分。虽然事发突然，可这正是她梦寐以求的奇迹，因为郁姐终于一扫阴霾，且老有所依了。

"爱情？"郁馥馨愣了一下，随即朝小杨调皮地眨眨眼，"噢，对，对，是爱情。"

"快说，他长得啥模样？是干什么的？你们什么时候结婚？"小杨连珠炮似的追问，急切地要分享喜悦。

"他呀？"郁馥馨狡黠地笑笑，卖起关子，"你听了别吃惊噢。"

"快说，快说！别卖关子了，我已经急不可耐了。"小杨急得直跺脚。

"他是个年纪很大的老头子。"郁馥馨憋住笑，表情一本正经。

"多老？"小杨吓了一跳，直勾勾地盯住她。

"嗯，"郁馥馨歪着头想了想，"至少 400 岁吧。"

"什么什么？！"小杨以为自己听错了。

"400 岁！"郁馥馨大声说，"他叫台儿庄！满意了吧？嘻嘻嘻！"

看到小杨大惑不解的样子，郁馥馨笑得前仰后跌，捧着肚子直喊哎哟。

2010 年 7 月 30 日，距离上一次到台儿庄，刚刚过去 3 个月，郁馥馨拖着一大一小两个行李箱，背着一台笔记本电脑，再次出现在台儿庄。就像当年王冠五在激战中炸毁运河浮桥，郁馥馨也断了自己的退路：不仅辞掉苏州的工作，还卖掉甪直的房子，无牵无挂，打算终老台儿庄。

吴敬凤接过郁馥馨的行李，一路走，一路摇头："不可思议，不可思议，疯了，简直疯了！"

第十六章　游子归故里

看到郁馥馨,古城管委会文化组主任王兆海张着大嘴,半天合不拢。他原是请郁馥馨转告父亲郁化清,欢迎他回老家定居,古城可为他设立一个创作室。没想到,郁馥馨没请到"真神",却把自己请来了。

郁馥馨解释道:"我爸的情况比较复杂,不可能回来长期居住,但是我单身一人,去哪儿都无所谓。"

"可是,可是,"王兆海挠着脑袋,吞吞吐吐,"我这儿都是一个萝卜一个坑的,怎么安排你呢?"

郁馥馨这才觉得唐突:是呀,人家并没有邀请我呀,自己太率性鲁莽了,说来就来,事先也不和人家商量一下。临行前,小杨和苏州的朋友都劝她,三思而后行,可以心动,不能冲动,更别轻易行动。但她行事向来我行我素,天马行空惯了,根本听不进。

看到王兆海左右为难的样子,她连忙摆摆手:"没关系的,没关系的,我自己找地方住,不用安排工作,就在古城当志愿者吧!"

王兆海想想,也没有更好的办法。古城管委会是政府办的,郁馥馨是台湾人,身份特殊,如何安置她,他说了不算。

郁馥馨让吴敬凤帮忙提行李,投奔本家亲戚郁高峰,郁高峰家住在古城以北的前枣庄村。论辈分,郁高峰是侄儿辈,叫她姑姑。前些年,郁馥馨回来看望奶奶时,与他有来往。后来,奶奶去世后,他帮忙清明祭扫。

前枣庄村的人大半姓郁。郁馥馨这辈子从没见过这么多姓郁的人,而且从家谱追溯起,她在台儿庄的辈分很高。高峰的17岁儿子贝贝,见了她,一口一个"姑奶奶",叫得她心花怒放。对这个称呼,郁馥馨既亲切又新鲜,以至于干脆改了自己的博客名,就叫"郁家姑奶奶"。

两周后,郁馥馨通过吴敬凤帮忙,在台儿庄新城区租下房子。这是一幢旧住宅,在四楼,因久无人居,里面有一股陈腐的味道。高峰一家帮忙打扫干净后,她添置了点简单家具,就搬了进去。

她是个随遇而安的人,看到吴敬凤怜悯的目光,她淡然一笑,自我安慰:"只要慢慢有点人气,会舒适温馨起来的。"

当客人走后，只剩下她一人时，不大的屋子，显得格外静寂。虽然身居陋室，孤身一人，她却没有孤独感，反倒有一种归宿感，像是在路途上疲于奔波的人，回到家里后的那种舒适。

她推开窗户。老住宅小区，虽然房屋陈旧，但有一个好处，树比较茂盛。盛夏时节，正是枝繁叶茂的时候。窗外，一阵劲风刮过，一片绿叶，忽然脱离枝干，飘飘摇摇，划着轻盈的弧形，无声地落在地上。

这一幕，被郁馥馨尽收眼底。她心里一动：这片树叶，与自己的命运何等相似！虽然尚未衰老，却因风的意外变故，在大地的召唤下，提前回归母亲怀抱。

她默然笑了：血缘，真是一种很奇特的东西，父亲对故乡的眷恋，居然通过基因传递到她灵魂深处了。

她清楚地记得，还是刚识字的时候，看到一张表格上，有"籍贯"两个字，她问父亲该怎么填，父亲不假思索地说："山东峄县台儿庄。"

"为什么呢？"她不解。

父亲低沉地说："那是爸出生的地方，爷爷奶奶就住在那里。"

"离南投很远很远吧？"她好奇地问，她从没见过爷爷奶奶模样，估计他们肯定远在天边。

这句话刚出口，她就惊讶地发现，父亲忽然眼圈泛红，扭过头去，遥望远方，久久没有回应，沉默半晌，说了一句让她这辈子都忘不了的话：

"不远，就在爸爸的心里！"

从那以后，几十年来，她填过无数的个人资料，每次填"籍贯"，都忘不了父亲的那句话，还有说那句话时的表情。

父亲给她取的这个名字，一直让她感觉沉重。还在台湾时，有个会看姓名学的朋友跟她说，这个名字"取得太好，天怒人怨，注定孤独"，她都是当笑话说给人听。有时认识新朋友，一听说她姓郁，都会说这个姓很少见啊。是的，光是这个郁姓，就让她有种孤独感。

后来有一次，当她因填表而再一次想起父亲那句话时，忽然悟出，父亲给她取名时，内心其实是深怀着对亲人和家乡的相思之苦。

父亲的情结深深感染了她,每次填籍贯时,她都会油然产生孤独感。甚至每次看到风筝、浮萍时,她都会联想到父亲的命运,还有自己的命运。一连串的问题,长久困扰着她:我是哪里人?我从哪里来?我要到哪里去?

俯瞰那片落叶,她忽然找到了答案:哦,这就是我的归宿。一种从来没有过的轻松感,从她心里滑过。

"血浓于水"。以前,每次听到有人这样说海峡两岸时,她并没有往深处想,这一刻,她终于悟出其中的深刻寓意了。

夜已经深了,她毫无睡意,打开电脑,反复播放印度歌曲《像风一样自由》。这是电影《三傻大闹宝来坞》里的主题曲,她特别喜欢。主题曲的歌词,恰能表达她此时的心情——

他如风一般自由
似风筝翱翔天际
他去哪里 让我们去寻觅
我们为脚下的路途牵引
他却在独辟自己的蹊径
路途艰难却毫无忧烦
我们为明日愁颜
他只顾畅享当今
让每一刻壮美不凡
他来自何处
触动你我心弦却又消失不见
他去哪里 让我们去寻觅
烈日之下 他如同一片林荫
大漠之中 他便似一片绿洲
对受伤的心 他是良药一剂
恐惧着 我们都泥足于井底
无畏着 他畅游于海天之际

毫不迟疑地接受潮汐
他如一片浮云独自飘逸
却是我们最好的知己
他去了哪里 让我们去寻觅
……

圆梦之旅

"大姐,自从你来台儿庄,我的酒量大有见长。"说话的人,叫郁全照。

郁馥馨笑笑:"我酒量也越来越好,咱俩是相互增长。"

那天,他们从古城回来,路上一起去吃晚饭,郁全照说:"来几杯?"

"不喝。"郁馥馨摇摇头,兴致不高。为了在古城重建郁家大院,她和郁全照跑软了腿,却苦于实力和财力不足,多少有些泄气。

"何以解忧?唯有白酒。"郁全照用她的话来逗她。

"还喝吗?"郁馥馨抬头看了他一眼,口气动摇了,"好吧,那就半斤吧。"

经历了感情上的大起大落后,郁馥馨无法排遣内心苦楚,"何以解忧?唯有白酒",久而久之,遂成酒中女豪杰,平素看到酒,就迈不动步子了。

郁全照笑了,他太了解本家大姐了。于是,要了半斤白酒,两人分着喝。

郁全照是台儿庄电影院的经理,也是郁馥馨来台儿庄后第一个认识且走得最近的郁家人。自从郁馥馨到了台儿庄后,他俩一直努力挖掘郁家的历史。

郁馥馨想起十几年前,她与吴敬凤通信时,吴敬凤给她的地址是"枣庄市台儿庄电影院旁边"。那时,她就对这个电影院有一种奇怪的感觉。第一次到台儿庄探访奶奶,吴敬凤带她在地摊炒菜喝酒,也是在台儿庄电影院门口。那时候,电影院前那条街都是户外炒菜,白天太阳下山了,这些个体户的炉火便烧了起来,微弱的灯光下,整条街都显得闹腾而零乱。但对郁馥馨而言,却是陌生和新鲜的,她就像一个随时掉头而走的游客一样,对当地的人情世故,感觉处处稀奇有趣,又处处事不关己。

一个念头的成就和一个行动的促成,得经过多少曲折的过程和微妙的转变,天时、地利、人和,缺一不可。

以前,父亲郁化清返乡探亲回台湾后,兴致勃勃给她看郁氏家谱时,她并没仔细看过。没料到活到快半百了,很多模糊的概念竟然开始明晰起来。

郁氏家族的兴衰史,因岁月的冲刷而消失,又因古城的重建而重现。传说中的郁家大院、清真寺的前身郁家后花园、箭道街的郁家跑马场、古韵犹存的郁家码头,不只对郁馥馨造成冲击,也让当地的郁姓族人与有荣焉,庆幸找到了自己的根源。原来,这个"郁"字一点都不孤独。他们抓住这条根源,开始紧密地团结起来,而郁馥馨的回归,更让他们振奋起来。

郁馥馨对古城越来越着迷。"该让爸回来看看了。"她对自己说。

郁馥馨理解老人的心情。如果她到台儿庄是一场寻梦之旅,父亲则是一场圆梦之旅。

郁化清虽然在台湾组建家庭,有了一女两儿,孙辈绕膝,生活幸福美满,但在内心深处,孤独感却挥之不去,对亲人的思念愈来愈烈。由于两岸敌对分离,在40多年间,他得不到家乡亲人的任何信息。台湾开放探亲后,因是军公教人员,他无法成行,甚至连通信也不行。无奈,他只好辗转托一个同学的关系,终于打听到家乡亲人的情况:

郁化清离开家乡时,曾祖母已96岁高龄,早已作古。三祖父后来在徐州落户安家,已经去世。父亲郁德义和叔叔在贾汪各开了一家饭馆,新中国成立后,饭馆被公私联营。父亲早在1958年就病故,叔父后来也病故。原先开澡堂的大爷,"文革"中被批斗关押,不知所踪,大娘后来进了养老院。母亲刘艳华独自照顾祖母8年,为老人送了终,她原先在幼稚园带孩子,被人检举儿子在台湾,经常有人上门检查,上面不放心让她继续带孩子,将她发配去砸石子,后来又安排到毛巾厂当工人,一直干到退休。

海峡对岸的刘艳华,接到儿子音讯后,抚摩着儿子的全家福照片,号啕大哭了一场,抖抖索索地翻出自己的照片,托来人捎给儿子。

郁化清收到母亲的照片后,怔怔地看了半天。照片里的母亲,鹤发鸡皮,老态龙钟,哪还有年轻时的俏丽模样!捧着照片,郁化清不顾妻儿在场,大放悲声。为母亲，为亲人，也为自己——光阴如梭，不仅母亲已经老迈，自己也在渐渐老去。

听着父亲悲怆的哭声，看到父亲抽动的肩膀，郁馥馨忽然觉得，一直以乐观、坚强示人的父亲，原来这么孤独、脆弱、无助！

郁化清思母心切，立刻给南投县长写了封信，要求提前退休。县长劝慰他："你年龄不大，身体还好嘛。"

郁化清说："我老母亲在大陆，我要回去探亲。"

但这个请求，没有被批准。

郁化清不甘心，听说大陆的亲人可以到台湾来探亲，费了很大劲，终于如愿。年迈体弱的刘艳华，长期以来足不出户，这回不知哪来的勇气，居然强打精神，独自一人经香港到了台湾。

母子相见时，郁化清扑通一声跪在地上，给母亲磕了3个响头，母子俩抱头痛哭。

刘艳华在台湾一住3年，郁化清低眉顺眼，嘘寒问暖，竭尽为儿孝道。

1989年，郁化清终于办理了提前退休手续。1991年中秋，他与妻子一道，陪同母亲同返家乡。

近了，近了！当家乡出现在眼前时，郁化清瞪大眼睛，试图要把眼前的情景对接儿时的记忆，却怎么也对接不上。是啊，整整41年了，家乡的一切都变得很陌生，当年的模样已荡然无存。

少小离家老大回，乡音未改鬓毛衰。依然操着浓重乡音的郁化清，百感交集，情不能已，跪在家乡的土地上，深深地亲吻着。

从那以后，郁化清每年都要回家乡，回到母亲身边，度过两个月的快乐时光。虽然年逾古稀，但依偎在母亲身边，自己还是个老小孩。

2005年，91岁的刘艳华去世，郁化清一下子苍老许多，家乡也忽然成了故乡，他失去了回乡的动力，每次提起台儿庄，都会重重地叹口气："唉！母亲不在了，没啥亲人了，回去也没多大意思了。"

尽管这么说，但郁馥馨知道，台儿庄仍然顽强地占据着父亲的内心深处，是父亲一辈子都挥之不去的乡愁。

第十六章 游子归故里

2010年初秋，郁化清在相隔多年之后，又一次踏上故乡的土地。虽然母亲已不在，但他的心情同样迫切，一是台儿庄古城的重建，触动他内心最柔软的地方；二是一直让他放心不下的长女，居然回归自己的故乡。台儿庄又成了他的牵挂，他又有理由回来了。

其实，对他们这些生活在台湾的外省人而言，无论离开家乡时年纪多么小，无论他们在台湾已经居住数十年，如今都已是耄耋老人，但异乡终究不是故乡，故乡也始终魂牵梦萦。只不过，有时候囿于现实条件，不能回来；有时候物是人非，不敢回来。

本来，对郁化清来说，台儿庄早已物是人非，剩下的只有记忆中的浓浓乡愁。如今，重建的古城，让他的乡愁有了寄托。当然，更多的则是骄傲。

这一回，郁化清的长孙郁浩元陪伴同行。他的两个儿子因为工作和个人因素，无法陪同，正好郁浩元服完兵役赋闲在家。在姑姑郁馥馨的极力鼓动下，他对自己的祖籍和根源也产生了很多向往。

因租住的房子简陋，郁馥馨将他们安置在古城的久和客栈。祖孙俩在台儿庄古城待了10天。这里虽然才完成第一期工程，但眼前的现实和未来的希望，已足以令他们目不暇接、心旌荡漾，每天都会认识很多人，会有各种不同的触动和冲击。最让他们兴奋的是，在台湾难得遇到一个郁姓人，在这里却遍地是亲人。

这10天中，不断有媒体记者来采访他们。有报社的，有电视台的，有电台的，有网络的，经常应接不暇。他们的经历和故事，成为台儿庄古城的一张靓丽名片。

不过，一家三代人，对古城却有着不同的理解和寄托：郁化清是满足了心愿，陶醉在家乡巨变的欣喜之中；郁馥馨则认为，古城在重建，自己也在重建，那种令她动容又动心的根源和因缘，使她产生一种与古城休戚相关的命运感；郁浩元则还是年少轻狂，他不为寻梦，更不为圆梦，只是把古城当猎奇之处。

一天早上，郁馥馨从租住的小区来到古城，与爷孙俩会合。走到古城第一家商店"乾唐轩"门口时，看到王兆海正跟一个短发、娇小、戴眼镜的年轻女性在路边交谈。

听了王兆海介绍，郁馥馨才知道，她叫王展，是枣庄电视台专题部主任。听说她的父亲就是郁化清，且也在古城，王展眼睛立刻亮了起来，说："我家里有郁伯伯的一套童话集，我从小就看过他的书。能不能安排个时间让他接受采访？"

郁馥馨就这样认识了王展。

那天，正好古城有个小记者参访活动，王展采访完郁化清后，就把这些小记者拉到郁化清住的久和客栈院子里，让孩子们团团围着郁化清，策划了一个"听郁爷爷说故事"的节目。

郁化清用抑扬顿挫的声调念他写的儿歌和童诗，还把三只蚂蚁如何从台湾漂洋过海、千辛万苦到济南、游台儿庄古城的故事说给他们听。

孩子们一个个仰着头，沉浸在郁爷爷的吟诵中，一起进入了他的童话世界。

报效桑梓

孩子们离开后，郁化清依然十分兴奋。他忽然产生一个念头：自己年事已高，能力又有限，无法为家乡建设出力，如果有出版社愿意出版我的作品，何不无偿捐出在大陆的版权，将自己的毕生心血献给家乡的孩子们？

这个念头，在郁化清心里藏了两年。两年后，他再度回到台儿庄，在接受山东广播电视台经济广播主持人朱帅采访时，说起这个心愿。

"这是好事啊，我来联系！"朱帅大包大揽。回到济南后，他立刻联系山东文艺出版社编辑张芃芃。

张芃芃听了很惊讶，立刻利用假期专程赶到台儿庄，与老先生整整交谈了一天。回来向社领导汇报后，社领导当即拍板，要为郁老先生圆这个梦。

第十六章 游子归故里

2013年10月，郁馥馨陪同父母来到济南。作品版权捐赠仪式设在山东广播电视台的播音室。后来，山东电台推出一档《三代人的两岸情》的特别节目。

节目一开始，有这样一段介绍：1948年10月16日，一个16岁的少年离开家乡台儿庄，在海峡那边用文字倾诉思乡之情；1991年中秋月圆之际，离乡43年后，他第一次回到故乡，从此，浓浓的乡情开始尽情地释放，感动了女儿、感染了孙子，打动了无数两岸同胞。

接下来，是一位声音磁性的男中音诗朗诵：

当微笑挂在脸上／脸就显得特别漂亮／好像花朵／开在春天
当微笑藏在心里／心里就充满了快乐／好像春天／开满了花朵

主持人介绍说："刚才您听到的诗歌来自台湾小学课本，在台湾家喻户晓，朗诵者是台湾新党主席郁慕明。这首诗的作者郁化清老先生是郁慕明的本家，祖籍枣庄市台儿庄，是台湾著名的童话作家，目前已经出版13本童话集，多篇作品被选为台湾中小学的国文教材。"

郁慕明也是郁化清作品的忠实读者。在接受电话采访时，郁慕明诠释了他对郁化清的理解：

他从1948年离开台儿庄，一路经过一段坎坷的岁月，在流亡的岁月里流走了青春年华，也流走了童年的美梦，但是流不走思乡的哀愁，流不走往日的记忆，他对家乡的思愁。他还是叶落归根。到现在年纪大了，他写的一些童话童诗捐给家乡，这也表示他的一份心意，所以他今天希望把文集捐给家乡，分享给年轻的小朋友们，使他们在成长的过程中能够用一个比较简单的文字、语词，慢慢对外界事物有一个更多的了解。

岁月沧桑，已经81岁的郁化清期望有生之年对家乡、对两岸统一多尽一份力。在与主持人的对话中，他感慨地说："作为作家，我早在20年前就在文学创作的时候，用蚂蚁的动物形象开始了对两岸的交流。比如台湾蚂蚁游济南、台湾蚂蚁游北京等，这样的文章我写了20多篇，今天两岸能够发展到现在这个样子，已经很不容易了，我很有信心，两岸将来和平统一是必然的趋势，也是必然的结果。"

老先生还兴致勃勃地谈起自己的"中国梦"："首先是自己先自强，两岸先统一。中国强了，实现祖先留下来大同的思想。'大道之行也，天下为公。'这种大同的思想，是2000多年来我们做的梦，要在我们这一代实现这个梦想，不只是做梦。就像古城一样，古城也是梦，现在古城盖起来了，这个梦实现了。"

节目中，出现了郁浩元的声音。他在电话里说："爷爷以前给我讲台儿庄故事时，我感觉台儿庄科技的发展和建设是有些薄弱的，当我去看到这个古城，发现与以前所想象的很不一样，古城重建的技术和发展都非常快，当时我还挺惊讶的。看到这座古城也让我特别向往，也有想回到老家来发展的想法，如果可以的话，我也希望能够回到老家，为家乡的发展做贡献，毕竟那才是我们的根。"

郁浩元的这番话，让郁馥馨特别感动。之前，她曾无意中在郁浩元的QQ个人资料里发现，他把故乡从台湾南投改成山东枣庄。她相信也期待自己的侄子，终有一天也能在台儿庄落地生根，开启他新的人生中最丰富多彩的一页。

捐赠仪式上，郁化清将自己作品的中文简体版权无偿捐赠给山东文艺出版社，图书出版后不要任何稿费，出版社负责将郁化清的作品集结成书，作品出版后以郁化清的名义，向台儿庄的小学捐赠部分图书，圆他回馈家乡的梦想。

签完字后，郁老感慨地说："心愿得偿，了无遗憾了。"

是的，郁化清的心愿已了。但是郁馥馨在台儿庄要走的路才刚开始呢。

两岸使者

郁馥馨的一切起点，缘于那篇《我的古城我的梦》。这篇文章，原本是古城台儿庄网约的稿。后来，郁馥馨听从郁全照的建议，将文章发表在鲁南论坛里。因为很随意，所以并不太在意。

枣庄一位市领导正巧在论坛上看到此文，读罢深受感动，将其列为宣传古城的材料，逢人便讲。在市里的一次旅游工作会上，他还当众将文章念了一遍，引起很多枣庄人的关注。一个回归故乡寻根筑梦的台湾单身女子，顿时蒙上一层传奇色彩。

2010年中秋，郁馥馨和郁全照等人策划了一个行动：利用中秋佳节团圆的机会，把郁氏族人邀请到台儿庄电影院门口，举行郁氏家族烤肉活动，加强亲友们之间的联系。

王展闻讯后，找到郁馥馨："郁姐，我有一个创意，将烤肉活动改成两岸视频交流，让你和家人通过视频共同赏月，看见彼此过节的情况，我通过电视即时转播。"

郁馥馨大喜过望，紧紧搂住王展："好妹妹，这个主意太妙了！"她立刻通过电话遥控，把海峡对岸的家人全部调动了起来。

在王展的热心联络下，这场特殊的两岸共婵娟活动，在赵家大院里如期举行。通过电视镜头，郁馥馨与海峡对岸的父亲面对面交谈。

这个新颖的创举，获得很大成功，把一个自发性的民间活动，上升到两岸交流的层次。

尝到甜头后，他们又琢磨起下一个活动。郁馥馨告诉王展和郁全照，台儿庄胜利中学的流亡学生，在每年的10月16日，也就是他们离开家乡的日子，都会在台湾开同学会，已经整整延续60年，当年年龄最小的，如今也已经80岁左右，很多人已经多年没有回过故乡。

王展一听，眼珠滴溜溜一转："我有个想法，可以通过视频，让这些思乡心切的老人们亲眼目睹故乡的变化，看到古城重建带给故乡的生机和希望。"

郁全照兴奋地说："哎呀，这可是一次宣传古城的好机会！"

王展问郁馥馨："郁姐，你在台湾媒体干过十多年，能不能与台湾的电视台联系一下，请他们共同参与？"

郁全照赞许道："这个主意好！可以借助台湾媒体的力量，扩大活动效应。"

郁馥馨皱皱眉头："我离开台湾太久，媒体很多老朋友都失去联系，而且大半已不在岗位上。"

郁全照急中生智："对了，要不请新党主席郁慕明先生帮忙？他来过台儿庄，又是本家人，说不定愿意帮这个忙。"

"我试试。"郁馥馨口里应着，心里把握并不大。虽然是本家人，但她与郁慕明并不相识，何况离活动只有几天时间。她托台湾的朋友，把活动方案传真到新党的办公室。

转眼到10月15日。明天，就是胜利中学流亡学生的餐会日，郁馥馨还是没收到任何回音。晚上，王兆海请她和王展吃饭。眼看明天的活动就要泡汤，他们的心情都不轻松，一个个强颜欢笑。

突然，郁馥馨的手机响了。一看，是台湾朋友号码，郁馥馨的心剧烈地跳了一下，手一哆嗦，手机脱离手心，在空中翻了个跟斗，眼看就要掉到地上。

王兆海和王展慌了，不约而同地伸出手来接。幸亏郁馥馨反应还算快，一把抓住，她吐了一下舌头，颤抖着接通电话，里面传出悦耳的声音："馥馨，郁主席已经确定明天参加胜利中学的餐会，媒体也已经联系好了！"

三人欢呼雀跃，蔫吧下去的精神霎时振作起来。

第二天，万家大院那棵百年银杏树下围满了人。同是胜利中学流亡学生的张忠瑶和张存贤正好返乡探亲，也加入阵营。镜头前，海峡对岸的"老孩子"们，听着古城重建情况的介绍，看见万家大院古色古香的建筑，恍如做梦一般，一个个激动不已，有几位老人甚至哭出声。

因为这次活动，郁馥馨与郁慕明有了第一次的隔空接触，种下了之后组织两岸文化论坛的因缘。

一篇《我的古城我的梦》，两次两岸的视频交流活动，让郁馥馨成了台儿庄的名人招牌和两岸交流的使者。凡到古城采访的记者，都无一例外地要采访她。

随着影响力的扩大，郁馥馨梦想的轮廓越来越清晰，一步步变成现实。

不久，台儿庄古城管委会交给郁馥馨一项任务：为古城创办一份杂志。

郁馥馨大喜：这正是我的梦想呀，我要把它做成一张古城的名片！

郁馥馨终于有了一张属于自己的办公桌，更找到一个施展才能的平台。那个冬天虽然寒冷，但郁馥馨却浑身暖暖的。没有助手，她请几个朋友帮忙，在寒冷的夜晚和昏暗的灯光下，焕发激情和创意，很快就拿出创刊号。

一眨眼，古城新潮杂志《天下@第一庄》已问世4年，到2014年底，共出版16期。每一期杂志，从版面设计或内容，都浸透着郁馥馨个人的才华和巧思。

杨传珍是《天下@第一庄》的常客。这16期杂志中，至少发表杨传珍10篇关于台儿庄的散文，而且多是重头戏。

郁馥馨最初向杨传珍电话约稿，是要把他执笔的导游词改成推介式文字。杨传珍则把刚刚脱稿的《台儿庄的黎明》发到郁馥馨的邮箱，郁馥馨读了之后，感到他的语风似曾相识。见面之后，都有一种说不出的情愫，两人不约而同地以兄妹相称，不感到刻意与突兀。

3年之后，杨传珍回临沂老家，从老辈人口中得知，曾祖母是郁家姑娘，按辈分，郁馥馨是自己的"三世表妹"，不由得感叹"血浓于水"的心灵感应，在现实生活中的确存在。

台儿庄是大陆首个海峡两岸交流基地，郁馥馨在编写杂志之余，自觉充当起两岸交流使者的职责。2011年5月，她与台湾幼狮文艺的主编吴钧尧共同策划、组织了"战争与和平——两岸抗战文学论坛"。同年10月，她协助古城天后宫，从台湾大甲镇澜宫迎来妈祖的分灵。

郁馥馨的心越来越热。这个弱不禁风的女子，居然不知天高地厚，懵里懵懂地干了件大事。

那是2013年5月底的一天，我接到郁馥馨的电话。

"社长大人好。"她通常都是这么充满谐趣地称呼我，"有件事要请你帮忙。"

"郁姐好，什么事？你尽管说。"

"是这样的，我打算在古城办个'两岸和平文化论坛'活动，希望能邀请你参加。"

两岸和平文化论坛？好大的口气！这该是国台办干的事。我有点不相信，追问了一句："都准备好了？台湾嘉宾邀请好了？"

"放心，都准备好了，郁主席来。"郁馥馨口气很轻松。

我一听是新党主席郁慕明要来，就放心了。

郁慕明已多次到过台儿庄，2011年5月，郁馥馨参与策划、组织的"战争与和平——两岸抗战文学论坛"，他也出席了。这样的活动，至少山东省台办会出面协调。

我满口答应。其实即便郁慕明不参加，对这位为两岸交流倾心尽力的台湾女子，我一直心怀敬意，很愿意为她做点事。

这个活动办得非常成功，我也在那次活动中认识郁慕明，并为此有了那番深谈和那篇对话。

这次活动结束后很久，我才无意中知道，郁馥馨策划这次活动，过程并不顺利，除了她太不了解两岸不同的政治环境和做事方式，也因为在多次左右为难的决策过程中，轻信了别人的建议，走了很多的弯路，差点酿成一场大事故。

就在她已经确定参加活动的两岸人员名单，特别是郁慕明已经答应出席后，政府单位表示根据规定不能主导活动，致使无法确定主办方，也因此经费无法到位。郁馥馨进退不得，几乎要发疯了。

有天早晨，一夜未眠的郁馥馨，望着窗外的晨光，心一横：反正横竖是死，不如孤注一掷。提起笔，给台儿庄古城管委会的领导写了一封信：

我知道自己犯了太过鲁莽和一厢情愿的错误。犯了错就必须付出代价，我会努力去弥补错误，并且愿意为我自己的错误付出代价。

我会试着去拉一些企业赞助，如果拉不到赞助，我就宣称"主办人已死，活动取消"，这虽是玩笑话，但现在我真的是心如死灰。

请原谅我的不自量力和情绪化，今后，我会尽量保持一种比较平和的心态去做我该做的事，希望我还能坚持自己的信仰，并且相信信仰终究会带给我力量。但愿最后一切顺利。

她说不清这是一封什么性质的信。是求援？是决心？是要挟？或许兼而有之。她顾不了这么多。她觉得奇怪：平时总是低眉顺眼的，今天怎么了？兔子急了，难道真会咬人？

信交给古城管委会领导后，郁馥馨接到电话，是万家大院的老总袁琪。

袁琪说："你在干吗呢？没事中午过来吃饭。"

"不去了，我现在哪有心情吃饭。"郁馥馨情绪正低落着。

袁琪说："饭总要吃，事情也会过去，你还是来吧，王立也在这儿，咱们姐妹三个还可以聊聊天。"

郁馥馨还是去了，而且把写信的事告诉了她俩，她俩听了都大笑，但对她目前的处境也都很担忧。袁琪还一直打电话给从外地到古城一起打拼的好兄弟们，包括千里走单骑的杨军、伦达老总吴伯国和龙湾艺术交流基地的李亮。

李亮第一个就说她："写这信真是幼稚。"

郁馥馨哭笑不得，说："我除了以死相拼，还能怎么办？这样吧，我现在跳运河以明志，我的遗言就是你们一定要帮我促成这个活动，完成我最后的心愿。"

李亮那头也笑不可抑，说她活该，自讨苦吃。

虽说电话两边都嘻嘻哈哈的，郁馥馨心里却真的萌发了跳河的念头。

就在这个时候，她的手机响了，是古城管委会办公室打来的，说想跟她讨论一下这次活动的事情。

接着，枣庄市台办主任毕志伟也给她打了电话，说："姐姐，你的胆子也太大了，这么重要的事你事先都没跟我商量一下？"

其实，郁馥馨之前已打过招呼了，可能没找对人，也可能这事没她想得那么简单。

毕志伟毕竟是台办主任，经验丰富，立刻上报到枣庄市委。市委十分重视，当即采取补救措施，一方面让毕志伟赶紧上报省台办，一方面指令市委宣传部牵头负责。待一切安排妥当时，距活动6月8日的活动计划只剩两三天。

所有人都动起来以后，倒是关关难过关关过，终于在最少的资源下完成了这个几乎是不可能的任务。

参加论坛的客人，多数是郁馥馨自己邀请的。除了大陆和台湾客人，还有联合国和日本、马来西亚的相关人士。大部分的客人也都是郁馥馨动员在枣庄的朋友去高铁站和徐州机场接。由于郁馥馨分身乏术，这些深明大义的朋友自掏腰包，热情款待客人，给客人们留下了美好的印象。

郁馥馨默默承受着别人的误解和责难，怀着惶恐不安的心，赎罪般地跑前跑后。当郁慕明如约而至时，她终于有了宽慰和抒发的地方，趋前拥抱他，说："主席，见到您真好，就像见到亲人一样。"

枣庄市委领导在会见郁慕明前，特意走到郁馥馨面前，微笑着握握她的手，善解人意地说了句："你辛苦了。"

短短一句话，让这个台湾女子浑身暖暖的，一切的惶恐和委屈，都烟消云散了。

何以祝贺？唯有白酒。活动结束后，乾唐轩的董事长于春明摆了一个小型庆功宴。

其实，不光是这次庆功，郁馥馨每次遇到挫折、失意、消沉时，于春明都会邀她喝一口，为她打气鼓劲，只不过开场白变了，"何以解忧？唯有白酒"。甚至是寒冷季节，也有一个"何以取暖？唯有白酒"的理由。

于春明也来自台湾，是外省人二代，籍贯山东潍坊，已在枣庄创业15年，在峄城拥有一家六七百人的北钛河陶瓷厂，制造的乾唐轩活瓷产品已经成为枣庄的一张名片，很多枣庄人到台湾观光、探亲、访友，也喜欢带着这个台湾人研发的活瓷产品。

说起于春明与枣庄的因缘，也很奇妙。他在台湾桃园做陶瓷起家，原先计划在东莞设厂，2000年到广东参加全国对台招商会议时，认识了枣庄市招商局局长。招商局局长充分展现了酒文化的魅力，凭着一顿酒的工夫，就与于春明成为莫逆之交。

招商局局长原打算去海南，这时豪气干云地对他说："老于，你跟我到枣庄看看吧。你要来，我就不去海南了。"

于春明也是爽人爽语："行，我就跟你走，到枣庄去办厂！"

两个真情流露的豪爽男人，就这样一诺成行。

古城大衙门街的第一个店面，便是于春明的"乾唐轩"店，店面正好就在镌刻着"大陆两岸交流基地"牌坊的进门处，所以显得格外有象征意义。

对于落实两岸文化交流，于春明这个古城第一家注入台湾元素的店，有前瞻性，也有代表性。最初，他来古城考察时，古城还是一片废墟，只有几处残破的大战遗址。没想到，才短短两年，这个过去叫繁荣街的大衙门街，就真的繁荣起来了，让他直呼奇迹。

于春明是枣庄台商协会的会长，委托郁馥馨负责创办《枣庄台商》杂志，给了她一份优厚的薪金，彻底解决了她入不敷出的窘境，使她有一个自由的空间和随意生活的条件。

灵魂律动

有一天，郁馥馨忽然发现，她这辈子注定与"台"结缘：祖籍台儿庄，生长在台湾，曾在台湾日报和台盐公司工作，现在定居台儿庄，又为台儿庄古城和台商协会工作。一个"台"字，几乎包罗了她的一生。

自从成为台儿庄的标志性人物后，密集的关注和赞誉，令郁馥馨有点承受不住，这并非是她所需要的。她觉得自己笨嘴拙舌，只习惯于用文字表达，并不喜欢抛头露面。但她想，只要古城需要，她愿意成为街面上的青石板，任由行人践踏。

现在，她还有一个新的身份：枣庄市政协委员，每年的"两会"上，她都是记者追逐的目标。

我是在2011年冬天去台儿庄古城采访时认识她的。当时，她坐在角落，人和位置都不起眼，相较别人的侃侃而谈，她更是寡言少语，但每一句话都充满真诚和感情,特别我一听说她来自台湾,对她的印象立即深刻起来。

当时,正下着雨,座谈会结束后,大部分的人都坐车走了,她和一个摄影记者留在原地等雨停。和她打招呼,她一副魂不守舍的样子,颇觉奇怪。后来她告诉我,当时,她看见院子里有棵不知名的小植物,居然在这冬天还是绿意盎然,联想起自己已知和未知的命运,不由得有些感慨。

后来,我再去台儿庄做采访,郁馥馨就是我必见者之一。与郁馥馨第二次见面时,正赶上台儿庄单位接待中午禁酒的第一天,主陪为了尊重客人,还是征询我的意见,我一向怕酒,一听正中下怀。

鲁南向来以酒文化著名。席间,因为突然不喝酒,一时大家都不知道怎么吃饭了,虽说以山药汁代酒进行,气氛还是热络不起来。我为了缓和气氛,说了关于喝酒的笑话,大家这才有了话题。

这时,古城记者站的站长高启民朝我挤眉弄眼,冷不防冒出一句话:"没酒喝,郁姐最不习惯了。"

大家哄堂大笑。显然,有这个想法的,不只高启民一人。郁馥馨脸上露出尴尬的笑容。

我赶紧替她解围:"没关系,等下你接受采访,特别允许你一边聊一边喝酒,我也陪你喝一点。"

郁馥馨感激地朝我笑笑。

饭后,我要采访她和王展,正商量到哪谈时,郁馥馨忽然来了兴致:"干脆到我家吧,我家有酒!"

我哈哈大笑。我只是为了替她解围,顺口说的,没想到她当真了,真是个实诚的女酒徒。

我问她:"你喜欢什么下酒菜?"

她来了劲头,爽快地说:"一般我是不需要下酒菜的,但是我喜欢花生米。"

我又忍俊不禁:"这么巧!我也喜欢花生米。"

那天下午,我们几个人就在她家里聊着,本来不怎么说话的她,喝了点酒以后,话也多了,不只说起从苏州来台儿庄的初衷,也第一次聊起自己跟大陆结缘的那段感情故事。

时间过得好快，一晃，郁馥馨已在台儿庄过了 5 年。虽然梦想和现实还有一段距离，但她很知足，命运待她不薄，她有很多选择，不会一条道走到黑。她已经不在乎在古城有没有独立的工作室，也不在乎有没有郁家大院，因为她感觉整个古城都是她的，她在这里留下很多深刻的脚印和感情。不管那些放得下或放不下的，她的现在、未来都和古城紧密相连，她对郁全照说："真的，古城就是为我们而建，也为我们所有，只要我们的心是自由的，就连整个世界都是我们的。"

这几年，她从台湾到苏州，再从苏州到台儿庄，面对完全不同的环境、不同关系的人，犹如脱胎换骨般，从对社会的感知，到生活方式和思维习惯，已完全适应大陆的社会环境。虽然天空还是一样的天空，土地还是一样的土地，但心境已经大不相同。

回想起刚到深圳时的情况，她有一种恍如隔世之感。40 岁之前，她对大陆完全陌生。到了深圳后，仍对大陆存在着很深的隔阂，强烈感到缺乏安全，虽然住在闹市区，每当夜里独自在家时，即便屋里屋外灯火通明，也会莫名其妙地害怕。几年后的今天，即便月黑风高，她也敢独自在台儿庄行走夜路。

现在，下班后回到家里，她就感到特别踏实、温馨。因为，这屋子是自己买下的，她已成为真正的台儿庄人。她很享受这样的环境，就像是运河之畔的那棵老柳树，带着潇洒自若的随意，在摇摆不定的律动中，养成属于自己的姿态，自在由心，自由如风。

她发觉，自己的生命已完全融入台儿庄古城，能感觉到它生命的脉动和自己的心跳，逐渐应和成一种难得的灵犀，那种律动很难用言语形容。所以，她决定，把自己托付给古城。每次从巍峨的西城门进出时，她都会仰望着它，就像仰望着心仪已久的伟岸男子，心里反复说着一句话：你若不离不弃，我必生死相随。

她记得一句歌词：是鬼迷了心窍也好，是命运的安排也好，然而这一切已不再重要。

虽然未来仍旧是一个谜，但她相信，前面，会有更精彩的故事。

台儿庄涅槃

她曾经苦苦思索：我来古城，要寻找一个什么样的梦呢？现在，她终于明白了：不再有兵荒马乱和生离死别，古城永远祥和安宁。

夜深人静时，她摊开泰戈尔的诗集，伴随着自己喜欢的轻音乐萨克斯，轻轻地吟诵起来：

我不祈祷在险恶中获得庇护
让我祈祷可以勇敢地面对它们
我不要祈求痛苦终止
让我祈求我的心可以战胜它们
在人生战场上我不盼望盟友
而是发现自己的力量
我不要在不安和恐惧中渴望救助
让我祈愿我的坚韧可以赢得自由
我虽是个弱者
只在成功中感觉到你的仁慈
但请让我在失意时发现你紧握住我的手
……

第十七章 文化展魅力

微博开街

古今中外,开张庆典,无非是烟花爆竹、鼓乐红绸、官员致辞、要人挥剪。然而,你见过2000多万人同时剪彩的空前盛况吗?2011年10月1日上午,台儿庄古城的顺河街开街仪式,就创造了这样的纪录。

顺河街是古城历史上最繁华、也是重建后最具代表性的一条街。与传统模式截然不同的是,此次开街仪式借助的是最时尚的网络工具——微博,嘉宾散布于国内海外,穿越了寥廓时空。

10月1日上午,在台儿庄古城顺河街广场,一个大屏幕前,摆着一溜电脑,由30余人组成的微博媒体直播团队严阵以待。

10时整,主持人轻击鼠标,发出第一条微博:"城市是社会的,古城是人类的。我们恢复重建的台儿庄古城,再造了古城的重大文化价值,现在通过微博传递,让世人充分享受到这种价值。东方古水城,英雄台儿庄,一个可以寻梦的地方……"

这条微博,标志着顺河街开街仪式的正式开始。

当主持人的微博发到第六条时,远在北京的教育部语文出版社社长、原教育部新闻发言人王旭明捷足先登:"一条古运河畔用青石板铺成的古街道,用微波开街剪彩。时空剪彩,长假网游,微波对接历史,余味悠长。"

中央电视台节目主持人张泽群紧随其后:"台儿庄古城融南汇北、中西合璧,多元文化特征鲜明,运河水工文化遗存完整,摇曳舟楫可遍游全城。它源于历史又高于历史,既是爱国主义教育基地,又是极具人文魅力的旅游之城。"此时,张泽群正在央视主持人大赛现场。

第三位亮相的嘉宾,是身在台北的廖正豪先生,廖先生十分关注台儿庄古城重建,几年来一直在台湾不遗余力地在推介台儿庄。他热情称颂:"京徽闽晋风格殊胜,江北外滩游人如织。谨祝蓬勃发展、继往开来!"

第四个登场者,是正在东北农村度假的王中军:"我虽远在千里之外,但是我能想象到今日之台儿庄古城秋水长河,游人如织,歌声不绝,台儿庄古城是个好地方。"

王中军是华谊兄弟传媒股份有限公司董事长,这年3月,在联想集团董事局主席柳传志的怂恿下,他到台儿庄考察,一见倾心,当场决定在台儿庄设立影视基地,回京后又鼓动好友、万通集团董事局主席冯仑到台儿庄投资。

正在瑞士机场的冯仑立刻遥相呼应:"我喜欢在历史现场读历史。在朋友开发的台儿庄古城,能够触摸历史的脉络和温度,也很有独特的文化与生活的意趣。"

而作为王中军与台儿庄古城的"媒人"——身在广东汕头的柳传志自然不会缺位。联想集团已在枣庄投资180亿兴建煤化工项目,柳传志可谓是台儿庄古城复活的见证人。他盛言推崇:"台儿庄古城的重建把中国很多的文化保留下来,并巧妙地将传统文化与现代文化休闲旅游相结合,是值得您看、值得您去的地方。"

台湾的行政文化建设委员会的许耿修先生虽然人在台北,也密切关注这一微博盛宴。他通过微博表达喜悦之情:"江北水乡,运河古城,秋色宜人,游人如织,值得寻游,文化产业蓬勃发展,各项事业蒸蒸日上,在海峡另一岸报以诚挚的祝福!"

出乎意料的是,枣庄市邀请的嘉宾尚未来得及全部亮相,在"门外"等候多时的网友们,早已顾不上秩序,迫不及待地蜂拥而至。来自四面八方的微博,犹如闸门乍开的激流喷涌而出。

来自福建的"镜庚888"说:"台儿庄,一个不用言说就明白内涵的城市,台儿庄古城顺河街开街,让我们回到过去,记忆还是那样犹新啊——"

当地的"刘青miki"说:"没有一颗心,会因为追求梦想而受伤,当你真心渴望某样东西时,整个宇宙都会来帮忙。"

拥有近百万粉丝的"米娜"这样写道:"有一个这样的地方,它的身上滚滚而过的是京杭大运河的百年沉淀,它的内心流淌的是万民铁血忠魂滚烫的鲜血;它既是东方古水城、内河层层相环绕,又是天下第一庄,处处天子显神威。这就是台儿庄古城,一个让人欲罢不能的梦幻之地。"

写微博不需要标题,不需要段落,更不需要漂亮的词汇。三言两语,现场记录,发发感慨,晒晒心情,相比传统博客中的长篇大论,微博的字数限制恰恰使用户更易于成为一个多产的博客发布者。它的便捷性、即时性和互动性,使这一新生事物一出现就迅速得以普及。

就在网友们你来我往、争相"剪彩"时,台儿庄古城的游客摩肩接踵。正在这里游览的检察日报社党委书记、社长张本才,得知顺河街举行微博开街庆典,自告奋勇地向博名为"国际摄影协会"的朋友推介这一消息。这个拥有8万多粉丝的微博博主立刻转发,引来了一大群粉丝"围观",古城微博开街的消息瞬间在国际国内摄影爱好者和他们的朋友中不胫而走。

台儿庄古城管委会提供的数据显示,根据网络后台不完全统计,在这场微博盛典中,参与的博主和粉丝超过2000万人。他们既是嘉宾,也是主人。直到晚上8点半,粉丝们仍在不断跟进。

在创造价值的同时,还要注重传播价值、共享价值。这就是这次微博庆典的初衷。

台儿庄古城,一个可以让人圆梦的地方。

文化是软实力,也是生产力。这句话,在台儿庄古城得到验证。

2011年初,枣庄邀请王中军为台儿庄拍部电影,王中军不以为然:"全国的古城我几乎都去过,我不相信台儿庄有你们说得这么好,我不相信中国有这么好的古城。"

事有凑巧,联想集团在枣庄投资180亿的煤化工项目,而联想集团董事局主席柳传志恰是王中军的好友。听到柳传志赞不绝口,王中军终于动心,慕名来到台儿庄。这一看，不得了！回京的当天晚上，他就跑到万通集团董事局主席冯仑家里，把台儿庄古城吹了个天花乱坠，声称自己要在台儿庄建影视基地，鼓动冯仑也到台儿庄投资。

冯仑感到纳闷：王中军是个很挑剔的人，这回怎么像发现大美女一样兴奋？带着一番好奇心，这年夏天，冯仑也来到台儿庄，果然名不虚传！当即决定要在台儿庄投资，人还在机场候机室，就迫不及待地开起公司视频会，研究合作、投资事宜。

没想到自己促成这么一串项目，柳传志颇有成就感。他由衷感叹道："我们这代人，最怕我们民族的文化断代、断层，看了台儿庄古城项目我们就放心了，因为民族文化在这里得到了传承。"

未乘上古城经营"首发车"的企业，则赶紧亡羊补牢。2009年，枣庄市政府曾邀请中国旅游公司香港分公司到台儿庄考察，港中旅无人响应。2011年，港中旅连续派出两位副总赴台儿庄，看了以后既惊又喜，说已经痛失一次机遇，不能再错失良机。

文化自信

蟾蜍、陶鬹、大站狮、孩儿枕、东夷族神、西周水牛樽……船形街上，甘言地的伏里土陶店琳琅满目。2011年6月19日，一群客人走进伏里土陶店，打头的是位中央领导，听了甘言地的介绍后，眉开眼笑："看来，我们的美院毕业生不一定要到事业单位，可以来做文化传人嘛。"

这位中央领导一路走，一路赞许，一路阐述着自己的观点：

台儿庄古城这个项目很好、很成功，给我留下了深刻美好的印象。

古城重建是一件很了不起的事情，不是一个简单的旧城重建，而是一个文化重建，对传承文化遗产、繁荣文化事业、发展文化产业做出了贡献。

台儿庄古城文化遗产传承保护做得很好，不仅保护传承了本地的文化遗产，也保护传承了外地的一些文化遗产。像道升酒馆，现在好多人都不知道酒是怎么生产的，对传统工艺了解得就更少。而你们建了这个酒文化展馆，把这些传统酿酒工艺展示出来，把中国的酒文化在这里集中展示，非常好。

依托台儿庄古城创办文化产业园，为传承文化遗产、发展文化产业搭建了一个很好的平台，对全国的非物质文化遗产保护都很有意义。你们搭建这样一个平台，门槛很低、条件很优惠，而且优中选优，这很好。这个项目很有意义，文化部要列入国家级文化产业示范园区，到台儿庄古城来深入调研一下，对他们给予指导、支持。

如何推进文化体制改革、繁荣文化事业？宣传部门要到台儿庄古城来认真总结一下。

传承、弘扬文化遗产，最根本的办法就是进入市场。进入市场，才会有更多的人来消费，才会有更多的人来继承。文化遗产走进市场，天地广阔。一些美术专业毕业的学生，可以让他们来学习非物质文化遗产，给这些文化遗产传承人当徒弟，既解决就业出路问题，也解决非物质文化遗产传承问题，不一定非要组建一个事业单位。作为非物质文化遗产传承人，也要根据群众需求不断推陈出新，才能更好地开拓市场、发展壮大。

6月21日上午，济南南郊宾馆俱乐部会议室，这位中央领导在听取山东省委、省政府工作汇报后的讲话中，有这样一段话："枣庄市打造台儿庄古城，发展文化产业、保护非物质文化遗产，有决心有魄力，敢干会干巧干，是大思路大手笔，看了以后很震撼！"

建设部原部长汪光焘考察古城后，赞叹道："台儿庄古城的恢复重建，充分尊重历史，严格按照历史恢复原来的面貌，把最有纪念意义的东西保护下来，把经济社会发展中的文化积淀传承下来。同时，融入一些现代元素，利用现代技术手段，实现了对传统文化元素的更新和发展，不仅展现了各种历史文化符号，而且将成为中国发展史上的一个重要符号，留给我们及后人更多对历史的回忆和对未来的向往。"

住房和城乡建设部副部长仇保兴带着行家挑剔的眼光，仔细考察后兴奋地说："作为城市的发展、文化的传承，我们在台儿庄找到一个典范，台儿庄古城的重建，走出一条保护古物、传承古物、创造古物的独特经验，是资源枯竭型城市转型，文化发展、经济复兴实现可持续性发展的新模式，将成为京杭大运河的申遗工作中最精彩的篇章，对促进京杭大运河申遗工作的开展意义重大。"

2011年7月20日，在古城调研的国家文物管理局局长单霁翔说："枣庄把一个城镇整体作为文化遗产保护对象，这在世界范围内都是少见的，非常具有震撼力。在这里，大战文化、运河文化、鲁南文化等文化要素相互叠加，形成一个有机统一的文化载体，展现出独特的文化魅力和非常美好的前景。尤为难得的是，古城重建将物质的文化景观和非物质的文化空间有机统一，凝聚了'我有他无'的特色文化内涵，这是文化遗产保护史上一项具有开创性的工作。"

单霁翔的观点是，文化遗产保护的创新空间很大，关键是要把握好文化保护和城市发展的关系。就文化遗产保护而言，成功的标准有3条：一是要体现文化遗产的尊严，让人们感受深刻、心向往之，成为一个城市的骄傲和市民的骄傲；二是要让文化遗产保护成为促进经济社会发展的积极力量；三要让文化遗产保护的成果惠及民众，老百姓才会支持和投入到这项工作中来。他认为，这些文化遗产保护理念，今天在台儿庄古城都得到了验证。

对台儿庄一往情深的舒乙，在评价古城时更是不吝赞美。在一次接受记者集体采访时，他直言不讳，语锋犀利：

台儿庄古城的复建，我觉得有非常多的做法值得其他的地方来取经。因为到现在为止，古城、古镇、古村庄的保护和发展，找不到一条非常成功的路。在全国范围内都是这样。我们文化名城有一百多座，古镇现在也有相应的评比，古村落也有，但是，搞到现在为止，找不到一条成功的经验。这是这个领域里，非常头疼的一件事情。今天来看了台儿庄，我觉得，不必头疼了。有了好经验，等于说是破冰的船，就像第一个回归的鸿雁有了第一声鸣叫。非常地了不起，有了重大的突破性的意义。

我在世界范围内也看到过很多历史文化名城。做得最好的,是京都,但是我意外发现,台儿庄做得几乎比京都还要好,我觉得它的意义已经超过了中国的范围,可以在世界上坐得住。在最近的30年里,中国有几个地方是非常蓬勃的,比如说江南有个水乡,叫周庄。云南也有个水乡,叫丽江。湘西也有个水乡,叫凤凰。我可以告诉你,台儿庄比周庄、比丽江、比凤凰,要好很多倍,中国人不知道,不知这个意义太非凡了。你知道,周庄也好,丽江也好,凤凰也好,在黄金周去多少人吗?每一个小地方每天大概是十几万人,那么7天下来要超过百万,蜂拥到那个小镇,看中国古代的镇是什么样子。现在有了台儿庄,那些地已经被比得无地自容了。那些地方,还有那些地方的理念以及发展的状态,令人担忧,绝不是学习的榜样。相反的,可能是错误的榜样。这个地方,是真正的成功的榜样,好得不得了。

很简单,你到周庄去看,能把你的兴趣完全败坏掉。因为它100个商店全一样,全是非常低级的、现代的小商小贩在那充斥着市场。包括丽江,没有本地的特色,要不然就全是卖熊猫(玩具),要不然就全是卖很低劣的那些东西。这个地方(指台儿庄)你看,它是每个商店都不同,没有重样的,你可以带着极大的兴趣来走每一个商店,而这些商店是建立在中国真正的非物质文化遗产上的手工艺品。有现代化了,工艺没变,但是设计变了,很符合年轻人的喜好,包括服装、玩具等,所以这个是真正的发展方向。中国要保持老的传统,又要现代化,怎么做?这么做!因为现在非物质文化遗产保护也要走一个光明的未来。怎么走,不知道?看这。我觉得是非常有启发性的东西。就像刚才所说的,一个打工仔,他有原来的手艺,他没有出路,但是被确定为非物质文化遗产之后,在这里他就可以找到出路,他一天可以赚1000元,一个月可以赚3万元,不得了!这就是商机了,同时又救活了非物质文化遗产。所以,这个地方的路是这么走的。

我觉得,这个地方的一个很大优点,就是它充分地占有了资料,充分地挖掘了中华历史文化的积淀,尽量把有关台儿庄的资料,过去的照片也好,过去的文献也好,口述的历史也好,全部占领,尽量把它搞到手,不慌不忙地整理。有了这个雄厚的文化基础,再来搞,都有根有据,那是不得了。那就不是仿古一条街了，它本身就是古老的，我都可以拿出明确的证据，我这个是根据这个来的，只不过这个被战火毁掉了。我根据我的资料来重新建设它。每一个地方、每一块砖、每一个造型、每一个细节都是有根有据的，这样是一条绝对正确的路，不是想当然的，不是千层一面地去搞。

对运河来说，我觉得这是非常珍贵的、鲜活的一段，像这样保持完整性、原真性的运河段，越往南越难找，再往北也枯竭了，偏偏在这个地方，又有水，又居中，南北交流在这里。找到这么一段，真是千载难逢，太幸运了，把它原汁原味地保护下来，的确是对大运河的申遗起了一种决定性的展示作用。联合国的专员过来考察，就到这里来嘛，看看古运河是什么样子，这里都是原真的，都是跟环境是协调的，那就比较容易通过，所以这里对运河来说是第一宝地，不得了的标本，具有真正的代表性。很多细节我都很感动，包括对不同地基的水平面的保护，对抗战遗址的保护，都是具有重大的文物价值和历史价值，也是整个中国近代史的一个活标本，非常了不起。

中国在抗战中牺牲非常大，死了那么多人，现在想要看到二战的遗址，很难了。战争时期的陪都重庆，我以前生活过，现在我去了以后感到非常痛心，没有很好地保护，大量地被破坏掉。这个地方能找到50多处台儿庄战役的真正遗址，包括残垣断壁、弹痕，那是很了不起的事情。现在距离抗战已经很远了，不仅能找到，不拆它，还能标识出来，给大家看，非常了不起。这在世界上恐怕也是难以找到的，因为毕竟沉寂70年了，根本找不到这样的机会了，幸亏原来这里不够发达，意外地保存下来。但是遇到了很好的决策者，知道它的价值，知道它的珍贵，完全是一个珍珠，是一个闪亮的金子，在世界上都难找到。

（记者：现在网上有一种说法，中国的几大古城，到平遥是去怀旧，到丽江是艳遇，到周庄是疗伤，到台儿庄是寻梦，您怎么看待这4句话？）

绝对不能相比，如果说台儿庄是100分，那些地方就是20分，完全不是一个水平。这样来评比的话，大大低估了台儿庄的水平，台儿庄是这么高，那些不行，那些甚至可以说是失败的。周庄是失败的，丽江是失败的，不行的。不能那么比，那么比是贬低了台儿庄。我刚才说了，它甚至比京都做得还要好,这个太了不起了,我刚才摸的那个砖,他真的比京都做得好啊。所以我觉得这个思路是有突破性的,是有示范性的,这对广大的中国执政者是一个好的样板。对旅游者太幸福了,到这里,其他的地方不用看了。我相信,将来这个地方的旅游者不得了,宣传出去以后要发宏财。

中国的官员很有意思,中国的官员任期很短,5年,最多再干一届。很多官员追求政绩的想法很简单,把旧的拆了,建新的。我要表现我的很简单,全都推掉,不管好坏,建一堆新的,因为新的是我的东西,保护老的不是我的东西,是他人的、前人的东西。有时候专家说,要有传统,有民族风格,那就花更多的钱造个假的。这是中国官员的普遍心态。这个是一个好的典型,真正地挖掘自己的宝贝,真正了解它在抗战当中的价值,它在运河当中的价值,它在文化中的价值,那么多份档案、照片,画的图,一看这是真的。这相当于给大家做了一个表率。

北京时间2014年6月22日,在卡塔尔首都多哈举行的第38届世界遗产大会宣布,中国的两个项目双双入选《世界遗产名录》,一个是中国大运河项目,一个是中国与吉尔吉斯斯坦、哈萨克斯坦联合提交的"丝绸之路:长安—天山廊道路网"项目。

"大运河"文化遗产申请项目由隋唐宋时期以洛阳为中心的隋唐大运河,元明清时期以北京、杭州为起始的京杭大运河,从宁波入海与海上丝绸之路相连的浙东运河3条河流组成,涉及沿线8个省市27座城市的27段河道和58个遗产点,河道总长1011公里。大运河是世界上开凿时间较早、规模最大、线路最长、延续时间最久的运河,被国际工业遗产保护委员会在《国际运河古迹名录》中列为最具影响力的水道。

目前,已有多项国外运河及其相关的遗产被列入《世界遗产名录》,其中包括法国的米迪运河、比利时的中央运河的四条吊桥、加拿大的里多运河、英国的旁特斯沃泰水道桥与运河和荷兰的阿姆斯特丹17世纪运河区。

告慰先烈

　　战后的台儿庄，无土不沃血，无墙不饮弹。数十年过去，爱国将士冲锋的呼喊犹在耳畔，惊魂夺魄的场面似在眼前。

　　2011年9月23日，台儿庄古城西门城墙重建正在施工，黑土下，蓦然惊现两具尸骨残骸，遗骸的头上还戴着钢盔，其中一具钢盔多处腐烂，钢盔紧裹遗骸头部骨骼，钢盔下有一粒淡白色弹头，在阳光下显得格外刺眼。遗骸右侧，有一根锈迹斑斑的杆状物，露在外面有一米长。

　　施工现场一阵骚动，人们纷纷围拢过来，惊奇地注视着眼前的场景，内心无不受到强烈冲击。古城管委会立即保护现场，请来专家进行保护性挖掘。随后，在现场陆续发掘出头盔、大刀、枪支等遗物。这则新闻，引起社会的广泛关注。

　　他们究竟是中国军人，还是侵华日军？仅从现场遗物和残骸很难判断。为准确判断他们的生前身份，台儿庄请来山东大学人类学专家和考古学专家，鉴定的结果是：逝者为中国籍男性骨殖，年龄分别在25岁和35岁左右；从其装备样式及体内所中弹头型号断定，逝者均为中国军人，但名字无从考证。

　　专家推测，这两名军人应该是在激战中丧生，被炮弹炸起的泥土所掩埋，清理战场时未被发现，所以被埋藏了整整73年。

　　大战时，西北角是战斗最激烈的地方之一。"57把大刀定乾坤"的传奇，就发生在这个地方。发现遗骸的位置，原来是一处水洼。烈士遗骸的重见天日，再现当年大战的惨烈，也展现了中华儿女誓死捍卫家国、慷慨赴死的不屈精神。

　　2012年4月8日，是台儿庄大战胜利74周年纪念日。这天上午，台儿庄邀请当年参战将士及其亲属和各界代表，举行庄严的烈士遗骸安葬仪式，缅怀先烈，告慰英灵。

　　上午9时，台儿庄城区内，长鸣不息的防空警报，犹如悲壮的呜咽，收紧了人们的心。西门墙内北侧的起骸处，花圈环绕，激昂的《大刀进行曲》，令人血脉贲张。8名青年身着黑西装，手戴白手套，轻轻托起盛放烈士遗骸的灵柩，在4名武警战士的正步引领下，缓缓走向城门外。街道两侧，近万名群众神情肃穆，默默为两位无名英烈送行。

9时38分，伴随着舒缓的安魂曲，烈士遗骸被安放到墓宫中。千余代表集体默哀3分钟，并向无名英雄献花。原国民革命军三十军三十师八十八团老兵、93岁的张玉泉先生为无名英雄墓点亮长明灯。这位参加过台儿庄战役的老兵热泪纵横："当年一同打日本鬼子，我们还幸运地活着，你们却不在了，请你们放心，咱们的江山有人守！"

原国民革命军三十军军部副官倪志本之孙倪辉抹去泪水，诵读台儿庄大战无名英雄公祭祭文，悲怆之声在台儿庄上空回响：

维公元2012年4月8日，台儿庄大战胜利74周年之际。谨以虔诚之心，沉痛之情，敬致黄花清酌，公祭于台儿庄大战无名英雄墓前。

台儿庄者，中华民族扬威不屈之地也！徐淮之北，齐鲁之南。津浦在望，陇海相连。扼守彭城之门户，堪作兵家之重藩。

1938年春，日军进犯我台儿庄以围徐州。守城将士同仇敌忾，浴血奋战。歼敌万余，是为台儿庄大捷。

追思当年，何其壮哉！却看今朝，何其荣哉！是乃赋辞于故地，抒怀于陵前：

当夫倭寇入关，亡我之心正盛；龙裔慷慨，报国之士当前。于是卫我乡园，乃有一战。

至若北门之役，枪弹摧骨，炮火扑面。赤血奔流，黄云黯淡。怀壮志而赴死，聚士卒以争先。内巷之争，表丹心我当敌忾，挥白刃谁肯息肩？健儿逞忠勇，杀声惊乎疆场；人民御外侮，兵威动于昊天。

苦战16日，铁血布满阵地，碎尸遍陈街巷。古寺墙上，弹痕累累；北城门下，火海茫茫。终战之后，城野满疮。千年古镇化焦土，三万壮士作国殇。九千英名垂后世，两万忠骨映荣光。

台儿庄破敌之功,刑天多猛志;李宗仁得意之作,青史映宏篇。灭日军不可战胜之神话,争国际正义力量之奥援。茫茫血雨,书写历史;烈烈征师,开辟乾元。

于今烽火之色无寻,和平之意正酣。远承千百年之丕业,自当求稳;新造亿万人之福祉,慎勿控弦。观盛世之神州,重兴百业;看和谐之世界,最需多元。是乃重建古城,再续前篇。扬抗战精神,承先烈遗愿。越台海以共勉,展宏图而无边。

噫乎!朴守其贞,冥冥灭灭。魂如有灵,以鉴我心。保我河山,佑我中华!神明不灭,其志恒常!黄花一束,清酌一觞。呜呼痛哉,伏惟尚飨!

魏燕是国民革命军五战区少将副监甘复的外孙女,现任宋庆龄基金会文化交流部部长。她在致辞中,衷心感谢台儿庄人民所做的这一切。

屈令婉,台儿庄大战中三十一师代副师长屈伸之女,退休前是北京化工研究院工程师。不愧是将门之后,她一张国字脸,两条浓黑眉,英气逼人,模样酷似乃父。2005年,纪念反法西斯胜利60周年之际,胡锦涛总书记亲自颁令,授予98名抗日将领的英雄勋章给他们的后人,她也荣获宝贵的一枚。台儿庄纪念馆从揭幕仪式到几次纪念活动,都邀请她参加,这次也不例外。

遗骸安葬仪式上,屈令婉说:"一晃70多年过去了,战争的硝烟早已散尽。曾经,我们的父辈、祖辈们,怀着一腔报国热情,战斗在这里,血洒疆场。他们有的长眠于此,有的还健在。无论是逝者还是生者,无论是声名显赫的高级军官,还是一名普通的无名战士,都不愧民族英雄的称号。"

"今天来到台儿庄,仿佛当年一幕幕惊天动地的战争画面又若隐若现地重现在我的眼前。一想到我的父亲,当年不顾生死,奋力拼杀的事迹时,我便抑制不住自己,顿时泪如泉涌,热血激荡。"屈令婉咬了咬颤抖的嘴唇,努力克制住自己的感情,"当年父亲对我的谆谆教导,我将永记在心。生为将士的后代,更要不辱先人,为中华民族的繁荣富强贡献自己全部的力量。"

"今日安葬的抗战英雄,是数万名在台儿庄大战中牺牲的英雄群体代表。

尽管我们不知道他们的姓名,也不知道他们的家乡,更不知道他们是否还有亲人在世。"屈令婉握紧拳头,"但在此,我想说一句,我们台儿庄抗战将士的子女就是您的儿女,台儿庄就是您的家乡!"

63 岁的李晓进,是李宗仁的侄孙,也应邀参加这项活动。他在墓碑前面深深的三叩首,让不少人潸然泪下。"我是今天唯一一个在碑前叩首的人,我的心情真的是非常激动。虽然我对这段历史研究不深,但我对它有着非常深的感情。"他说,"这个活动非常有意义,搭建了一个平台,把所有抗战后辈子孙联系到了一起,对于以后研究抗战文化,发扬抗战精神都是很有意义的。"

安葬仪式上,参战将士家乡代表等为墓地后侧的抗战英雄雕塑揭幕。这是一组奇特的雕塑:一堵残垣断壁,一位年轻战士,表现的是中国军人摧不垮的忠魂热血和铁骨豪情。黑色大理石上的铭文和"30000"数字,记述着台儿庄大战捐躯的 3 万将士视死如归的壮举。

2014 年 4 月 8 日,又一个台儿庄大战胜利的周年纪念日,来自全国各地的参战将士后人、台胞台属和社会各界人士,再次来到台儿庄,向台儿庄大战无名英雄敬献花篮,祭典先烈。

在宣读前来悼念的参战将士后人名单时,每念一个,人群中都会引起一阵骚动。因为,对他们的先辈,台儿庄人太熟悉了:屈伸之女屈令娟、屈令婉;仵德厚之子仵晓东;王范堂之子王春宣、之女王慧煊;一二四师参谋长邹慕陶之孙邹维、孙女邹小芳;三十师八十八团医务兵张玉泉之子张秀俊……

"苦战 16 日,铁血布满阵地,碎尸遍陈街巷。古寺墙上,弹痕累累;北城门下,火海茫茫。千年古镇化焦土,三万壮士作国殇……" 71 岁的屈令婉在宣读祭文时,几度哽咽,"咱们民族危亡的时候,多少人的生命,几万人牺牲,而台儿庄的人民也付出这么多才换来今天,所以我们感觉到这是一个不屈之地,也是一个英雄的土地。"

68 岁的仵晓东展开一份珍贵礼物:连战的题词"民族之光"。他道出了这份礼物的由来:连战一直很关注他的父亲仵德厚,但一直未曾谋面,为此特地写下"德厚老先生惠存　民族之光　连战",托一位在西安的台商带到大陆,老人闻讯后十分高兴,一直盼着能看到这幅字。令人惋惜的是,2007年6月7日,当这位台商辗转送到泾阳县龙泉乡雒仵村仵家时,老人刚刚于前一天下午去世,与这幅字失之交臂,遂成终生遗憾。

"这幅字在家里的箱子底压了7年,非常珍贵,"仵晓东说,"我无偿捐献给台儿庄大战纪念馆,肯定也是他老人家的心愿,希望能以此纪念台儿庄大战的胜利,也以此促进海峡两岸的交流。"

不过,多家媒体在报道此事时,却说连战这幅题词是在"惊闻仵德厚去世的消息后"写下的,这与事实不符。果如此,连战就不会写"德厚老先生惠存"几个字了。

这一天,台儿庄大战纪念馆还收到另外几份珍贵礼物:屈令婉捐出父亲参战时使用过的毛毯,张秀俊捐出父亲大战时所用的听诊器等遗物。

重树信心

王展玲珑小巧,神情有点忧郁,一颦一笑平静矜持,说得高兴时浅浅一笑,说到不快处微微皱眉,是位教养有素的知识女性。

王展是矿工的后代。爷爷是枣庄煤矿的八级机电技师,在一次事故中致残。奶奶是居委会主任,有一副热心肠,劝架啦,牵线做媒啦,帮人找工作啦,每天忙得不亦乐乎。父亲是枣庄人民广播电台首任台长,母亲是《枣庄日报》记者。在矿工们眼里,王家闺女有出息:长得漂亮不说,还是枣庄市电视台的专题部主任呢。可是,外人哪里知道女孩子的内心挣扎?

王展清晰地记得,多年来,她常被莫名的孤独感困扰:儿时的闺蜜、身边的同事,凡是模样俊俏的,一个个都像逃难似的,挖空心思离开枣庄,另栖高枝。她们的理由很充分:枣庄的煤快挖完了,一座资源枯竭性城市哪有前途可言?

生于斯,长于斯,王展眷恋故土。可是,她也十分迷茫:枣庄的前途在哪里?人生的出路在何方?

枣庄也曾骄傲过：世界上第一辆用马牵引的木制车辆，是4000多年前的枣庄人奚仲发明的；中国工业史上的第一支股票、第一艘轮船、第一列火车、第一个现代化港口，都诞生于枣庄中兴公司，如果不是受战争影响，今天的枣庄可能就是英国的曼彻斯特、美国的底特律……

枣庄历史积淀深厚，从夏商周至秦汉，名人辈出：奚仲为大禹造车，仲虺乃商汤贤相，毛遂勇于自荐，孟尝君养士三千，滕文公第一个实践孔孟仁政思想，叔孙通帮刘邦制定朝廷礼仪，匡衡官至西汉宰相。然而，自西晋末年"五胡乱华"之后，这块文化高地却陷入千年的落寞沉寂。

西晋末年，北方少数民族南侵，鲁南一带的世家大户纷纷举家南逃至江苏武进，一度把武进县改为南兰陵，导致鲁南一带精英人才大量流失，剩下的大多是平庸之辈。从东晋到南北朝，枣庄很少出现文化名人，正史里更见不到枣庄籍的仁人贤士，直到北宋末年才零星出现几位，经过数百年才慢慢续上中断的文脉。金、辽南侵后，刚冒出的几个名人又被迫南迁至浙江金华一带，枣庄再次陷入文化黑暗时期。直到明朝洪武和永乐年间大移民之后，枣庄文化才逐渐复兴。泇运河开通、京杭大运河改道枣庄之后，随着外来人口大量涌入，枣庄的政治、经济、文化开始进入繁荣期。

到了近现代，虽然人口结构没有发生剧变，但枣庄的政治、经济、文化也几经起伏。

枣庄的低谷期，与其资源性经济结构有关。

煤炭是枣庄的最大资源优势，早在1500年前的南北朝时期，这里就开始了煤炭开采。到了近代，枣庄因煤而兴，成为一座工矿城市，是我国民族工业的发源地之一，历经130年的工业化开采。新中国成立后的计划经济时代，枣庄累计外调原煤4亿吨，按照当时物价，贡献值为64亿元，江浙沪的一半煤炭由枣庄供给。煤炭成为枣庄的主要经济支柱，财政收入的六成来自于煤炭，甚至有"一天三顿饭，两顿靠煤炭"的说法。

然而，成也萧何，败也萧何。1997年，亚洲金融风暴席卷亚洲各国，打破了亚洲经济急速发展的景象，各国经济萧条，中国经济也处于低迷状态，煤炭严重滞销，利润直线下降，枣庄断了财路，财政陷入极度困难的境地。

枣庄矿业集团是枣庄最大的煤炭企业，也是枣庄财政最大的财神爷，平时市领导也会让着他们三分。有一天，集团董事长江卫苦着脸找到市领导："现在矿里煤炭堆积如山，再不运走，就要自燃了。我不要钱，请帮忙把我的煤运出去，让需要煤的电厂先用，什么时候有钱再给。枣矿的工厂可以停产，但枣矿的学校不能不发工资，得让老师给孩子上课。你们能不能组织点儿救助，我们连发工资的钱都拿不出来了。"

市领导一听非同小可，动员全市给枣矿捐款。团市委行动最快，发动全市团员青年捐款。年轻人虽然踊跃响应，但内心却充满迷惘：原来是指望枣矿来养我们，现在却要我们捐款，我们将来的出路在哪里？

最大的企业尚且如此，其他企业可想而知。

照理说，堂堂一个地级市的市长，几百万资金用不着亲自把关签批。然而在枣庄，财政动用 10 万元，也须市长亲自签批。时任市长自我解嘲：枣庄穷得不如其他市的一个局！

山东设有 17 个省辖市，枣庄是继济南、青岛、淄博之后，所设的第四个省辖市，车牌号是"D"，说明枣庄的经济和城市规模曾经居山东前列，很让枣庄人自豪。然而，没落之后的枣庄，社会地位却逐渐下降，成为山东的边缘市。枣庄的干部到省里开会时，很想与省直部门或兄弟市的人套套近乎，但别人却缺乏交流的兴趣。久而久之，枣庄人陷入自卑当中，开会坐后排，见人先低头。

自卑感和边缘化感，也生发出一些莫名其妙的小道消息：忽而传要被济宁合并了，忽而传要被临沂合并了，忽而又传要被两个邻市瓜分了，闹得大家人心惶惶。

尤其是传说被临沂合并，更让枣庄人产生挫败感。临沂是沂蒙山区，一直以来都比枣庄落后，很多产业是从枣庄嫁接过去的，如陶瓷业、纺织业以及物流业，都是从枣庄引进的。但是，临沂的基础设施、城市建设却赶到了枣庄前面。

枣庄的没落，让干部群众的情绪低迷。人们有一种普遍担忧：现在枣庄有煤挖尚且这么困难，一旦煤挖尽了，岂不是更糟糕？越来越多的人对枣庄的前景感到渺茫，看不到希望，上上下下弥漫着悲观情绪，人心涣散，人心思走。

迷惘中的王展，打算步闺蜜和同事的后尘。她是个文艺青年，擅长制作电视专题片，多次获过大奖，各大电视台正在广罗人才，不愁没地方去。

如果不是 2006 年冬天的那个会，王展或许早已远走高飞了。

那是 2006 年 12 月 25 日，王展接到紧急通知，市政府马上要开一个动员会，立刻赶到会场全程录像。

会议的名称叫"运河古城重建领导小组动员大会"，与会者是各县市区和各部门的一把手，一位市领导手拿话筒，口气铿锵激昂，神态像个演说家。

王展一边忙碌，一边竖着耳朵听。听着听着，她内心受到了强烈冲击：市里要重建台儿庄古城！

最让她震撼的，是这样一句话：枣庄如果不马上行动起来，就会面临很大的滑坡，甚至还会有存在不存在的问题！

这段话，恰恰是枣庄人最敏感的心病。

会议结束后，心潮澎湃的王展急急回家，给妈妈打了一个电话，一股脑儿地叙述了会议的内容。妈妈听后，长久没有吭声，最后冒出一句："咱们枣庄有希望了！"

长期郁闷的王展，忽然变得阳光灿烂，断然决定：不走了！事后她说：是台儿庄古城的重建，让我看到了枣庄的希望，也看到了人生的未来。

台儿庄古城重建启动后，她被市委宣传部派驻到古城记者站，负责影像资料的录制、整理。虽然没有大块时间从事她所喜爱的专题片制作，但她心甘情愿、乐此不疲。

一座古城的横空出世，犹如一剂强心针，让王展和越来越多的枣庄人看到了希望，重树起信心。这希望和信心，来自文化的力量。在台儿庄古城，你可以强烈感受到这种力量。

船形街土陶店的店老板甘言地，是伏里土陶工艺的传人，这伏里土陶产自枣庄市山亭区，工艺已流传6000多年。过去，伏里土陶没销路，甘言地只好四处打工，靠卖力气挣钱，到船形街重操旧业后，每天收入上千元，还带了3个徒弟，都是美院毕业生。

李燕是山东柳琴戏的传人，原来跟着别人唱红白喜事，也就图个温饱。现在，她成了船形街中央舞台上的演员，游客经过时就献上一段，徒弟慕名而来。

陈守科是家族第四代皮影戏传人，过去生意清淡，是台儿庄古城为他提供了施展绝活的舞台。现在，他开皮影道具店兼街头表演，忙得不亦乐乎。"在古城，我找回了尊严！"他的自豪溢于言表。

"扶风堂"门口，坐着一位开朗的老汉。客人走近时，他会操起鸳鸯板，敲着大鼓，亮上几嗓子。他叫褚恩泉，是省级非遗项目运河大鼓的传人。他说："祖宗的手艺传不下去，就是大不孝啊，现在古城给我一个舞台，我心中有着落了！"

而枣庄赋予古城更大的期望：以重建古城作为突破口，实现枣庄转型，继而振兴枣庄。以古城为龙头的枣庄旅游业，几乎在一夜之间成长起来。

说来让枣庄人脸红。直到2007年底，枣庄仍没有一家五星级酒店，没有一个地接导游，没有一辆旅游大巴，三星级以上的床位不到一千张，过夜游客不足一万人次，旅行社都是往外地带游客，导游侃起外地景点如数家珍，却说不出枣庄景点的子丑寅卯。

从2010年开始，过往北京南站的人，都会看到一个醒目的广告牌：台儿庄，一个可以寻梦的地方——枣庄二日游。此时，台儿庄古城刚刚开放了一条街。枣庄把台儿庄古城、微山湖湿地、国家级森林公园抱犊崮、冠世榴园、铁道游击队影视城等资源整合打包，串珠成链，打造"枣庄二日游"旅游品牌。

仅仅过了一年，到2011年底，就有66个城市的600多家组团社参与"枣庄二日游"活动，其中220多家定期向枣庄输入客源，京、沪、杭等5个城市开通到枣庄的旅游专列，连云港、临沂、青岛等30个城市开通枣庄二日游直通车。枣庄自己拥有105辆旅游大巴、400名地接导游，新增宾馆78家、床位1.4万张,已建、在建五星级酒店10家,仍然满足不了游客的住宿需求,经常"一房难求"。2012年上半年,枣庄接待过夜游客超过15万人次,是2007年全年的15倍。仅这年的国庆长假,到枣庄的游客就达438万人次。

当然,最大的亮点还是台儿庄古城。自2010年"五一"试运营以来,古城的旅游业发展一日千里。2011年1月,在山东省旅游局、齐鲁晚报、齐鲁文化研究中心联合主办的"齐鲁文化新地标"评选活动中,台儿庄古城以群众投票最高、专家全票通过,荣膺"十大齐鲁文化新地标"榜首。也是这一年,台儿庄古城成为山东旅游"六张名片"之一。2012年11月,台儿庄古城又获批为国家5A级景区,是山东仅有的7家5A级景区之一。

游客人数更是年年攀升:2009年,接待游客60万人次;2010年,达到120万人次;2011年,为150万人次;2012年,达到300万人次。2014年,已突破400万人次。

有朋自远方来,不亦乐乎。现在,台儿庄人有了新的烦恼:来逛古城的亲朋好友越来越多,买门票、请吃饭的费用,成了一笔不小的经济负担。

农民可是沾了大光。这几年,枣庄光是微山湖的咸鸭蛋每年就可卖2亿枚。一个咸鸭蛋2元钱,农民光这一项收入就达4个亿。枣庄的咸鸭蛋不够卖,又卖掉了临近的济宁市和临沂市几个县的咸鸭蛋。到每年10月份,连济宁的咸鸭蛋也卖完了,就卖徐州的。枣庄有18万亩石榴园,过去因为产量大,销售渠道不畅,每年都有大量石榴烂在家里,这几年供不应求,连裂开口的石榴也卖到4元一斤。自己的石榴卖完了,又卖起云南、四川的石榴。

对枣庄来说,文化旅游只是刚刚兴起,经济转型已经渐成规模:200多个过亿元的煤化工项目相继落户,煤炭从燃料变成原料,是全国最大的煤化工及精细化工基地之一。

昔日人心思走,如今已变成人才回流。过去,台儿庄全区拥有硕士学位的毕业生不到10人,2011年一下子录用48名硕士和博士。一些原先在京、沪等地工作的枣庄人,也纷纷到台儿庄谋职。古城游船上的船妹子,几乎是清一色的音乐学院毕业生。

还有一个有趣的现象:过去因为枣庄穷,每当来了领导或贵宾,市领导总爱领到最富有的滕州市,而受莱芜从泰安独立出来的刺激,滕州市长期不服枣庄管辖,明里暗里努力多年,欲从枣庄市独立出去,像莱芜一样单独设市。自从台儿庄古城崛起后,"台儿庄"成了枣庄头号招牌,枣庄都爱把客人往台儿庄带,滕州市受到很大冷落,"滕独"势力失去底气,被迫偃旗息鼓。现在,枣庄人打趣说:"滕独"不可怕,"台独"才可怕。

重振枣庄雄风!枣庄人正在从文化起步,悄悄地圆自己的梦。

精神家园

忙碌了一年,又一个冬天到了,我再次融入台儿庄。济南已经白雪皑皑,这里却是细雨霏霏,湿润的空气中还能嗅到暖意,让我恍惚置身于江南故乡。

古城有条丁字街,两侧均是欧式建筑,当年中兴公司就设在这条街上。从一个弄堂穿过去,欧式建筑的后面,隐藏着一座上海石库门,它就是惟扬坊,取意于《尚书》中的"我武惟扬"。一个"坊"字,让人油然想起江南建筑。

步入惟扬坊,中央是一个小天井,四周是两层楼的木屋,楼上的布局,像72家房客的味道,房间窄小,天井的屋檐下,还有一些小小鸽子笼,让人想起《马路天使》里的镜头。从上到下,所有的格局和布置,紧凑逼仄而有条不紊,一如20世纪二三十年代老上海,它就是根据1935年时的上海里弄布置。据说,一些上海游客置身其中时,常常会发出一声夸张的惊叹。

因为是冬季,游客少了,夜幕降临时,惟扬坊显得格外静谧,徐小凤正在浅声吟唱着《三年》,有点淡淡的伤感和乡愁,让人怀旧,勾人思念。茶室里,我与惟扬坊的老板袁琪每人一壶苦荞,对坐而谈。

出于礼貌,我没问袁琪的年龄,估计有五旬了吧。但见装束时尚海派,举止优雅得体,摇曳的烛光下,披着一条围巾,款款品茗,娓娓而谈,一副怡然享受的神态,羡煞我这整日疲于奔命者。

袁琪原是广州市园林建筑工程公司设计师,2008年8月,台儿庄古城对外招标时,她率一个团队来竞标,中标后负责万家大院、船形街的船、闽南民居和惟扬坊的设计建设。工程完工后,她对古城情意难舍,竟然辞掉原来的工作，转行经营起万家大院和惟扬坊。

"你看，"袁琪指指外面的天井说，"每一个房间里都能看到这个天井，就像置身在上海弄堂里，可以听到左邻右舍在喊，'张家姆妈，你家来客人了'、'李家姆妈，你家水龙头漏水了'，那种感觉特别好。"

"旺季的时候，这里全住满了客人，门窗都打开，底下就在唱老上海的歌，我们的歌手叫红玫瑰，她就是唱30年代的老歌，有邓丽君的，有周璇的，有徐小凤的，有蔡琴的。客人们说'再来一首'，很有劲。他们跟我们的waiter（服务生）说，我送这个小姐一瓶啤酒、一支玫瑰花。我这儿全是红玫瑰，接待游客的时候，用的都是红玫瑰，连茶壶上都是玫瑰，桌上也都是玫瑰，可以为一首歌、一杯酒、一句经典语言、一个微博送上一朵玫瑰，我能让这个地方遍地都是玫瑰，很浪漫。现在是淡季，我让歌手休息了。"

袁琪轻轻抿了一口茶，沉浸在回忆中："2008年8月，我第一次到台儿庄时，路太差了，车子底盘擦得沙沙响，我说难怪鬼子赢不了，这跟鬼子进庄似的。

"那时候的台儿庄刚刚拆迁完，一片废墟，还保留了一些老房子，没有什么特别的感受。那时候什么都没有，很难说抱有热情。对古城的这种情结是逐渐的，万家大院就像一个孩子，把它带大以后很难舍弃。

"我们团队在万家大院里倾尽了全部感情。那里的每一块砖，每一片瓦，每一块木雕，我们完全用自己的感情和理解去打造。当我们描绘的一砖一瓦显现出来的时候，这种感情慢慢地掺杂进去了。等它建完以后，我对大院的感情已经发生了变化，我还舍得放它吗？肯定舍不得放。

"现在，万家大院属于一片红灯笼的天地，在寒冷的冬天，到处充满着暖暖的红灯笼，真的很美。创造了它，就要给它最健康和最有生命的东西。夸万家大院的人很多，有人夸那棵树漂亮，有人夸木雕很精细，万家大院是有生命和语言的地方，包括它的色彩，都传递着生命的信息。

"南京有个房地产企业的总裁，旅居澳大利亚好多年，他昨晚住在万家大院，今天中午跟我说，他晚上两点半都没睡觉，在大院子里转悠着，安安静静地坐在那里，心想这一辈子如果拥有这么一个院子，死足矣。"

我问道："你这儿有蔡琴的歌吗？"

"有啊，你喜欢？"

"喜欢她那种淡淡的沧桑和忧伤，特别喜欢那首《被遗忘的时光》。"

"哎呀，我也特别喜欢！"她扭头对服务生说，"换上蔡琴的吧。"

"是谁在敲打我窗？是谁在撩动琴弦？那一段被遗忘的时光，渐渐地回升出我心坎……"蔡琴的歌，仿佛是专为这样的氛围设计的。

袁琪似乎已经灵魂出窍，入定般静静坐着，直到旋律静止，才回神来，冲我歉意地笑笑，接着回答我的问题：

"我在这里待了几年？从2008年到现在，我从没离开过，已经待了6年，很多人问我，为什么能在这里待这么长时间？我很难用语言来描绘，反正有一个结就系这儿了，这是对古城的情结，很难说得清楚、道得明白。

"前段时间，在枣庄的项目碰到不开心的事，觉得特别为难，感到很辛苦。有一天傍晚，我从外面回来的时候很疲惫，一进古城看到那种灯光，眼泪刷拉就下来了，就是像回到家的感觉。对古城，我们真的有家的感觉。出了古城，我很难说。有一天我哭的时候，在微博上写：居然发现被泪水浸泡的灯光是五彩的。你试试看，你哭的时候看灯光绝对是五彩的。在这种地方，有暖暖的东西可以释出内心的一些痛苦，包括一些心事。

"我在南师美院上学时，中秋节不放假，我们几个同学到街上走，看到每家每户暖暖的灯光，我们经常会掉眼泪，会想家。在台儿庄，我又找到这种感觉。我对古城的每一个角落都很熟，冬天哪怕再冷，我知道有一个窝在这里是很暖的——我的惟扬坊很暖，我的万家大院也很暖，总之有一个牵挂。

"我一直爱说这么一句话：哪里有牵挂，哪里就是家。我在纽约待那么多年，对它却没有什么牵挂。前两天有重庆的记者问我，你愿意留下来，是觉得这儿的美食好，还是因为这儿的景观好？我说都不是。就像你爱一个人，问你到底爱他什么，那种感觉说不出来。"

袁琪动作轻盈地给我添上茶水，继续说："我从小生活在南方，在国外生活很多年，回国后在上海生活很多年，然后到常州、苏州、广州，但是在台儿庄古城，我找到了我的梦想，找到了我的归宿。我的女儿在美国，每次她回国时，我都要把她留在这里，让她感受一下家的温暖。受我的影响，她很想到古城来，她喜欢在古城边弄杯咖啡，玩着电脑，发微博、微信，非常酷，她有一大帮微控友都到这儿来了。

"人一生中会有很多目标，政治家有政治家的目标，商人有商人的目标。无论什么样的目标，都会寻找一种回归的路。我更愿意接近这种宁静和回归的感觉，在这种感觉里，我能找到自己想要的东西。在这里，没有大城市那种塞车和嘈杂，连吵架都很少听到，人与人之间懂得礼让，是一种令人流连忘返的生活状态。很多人到这里后，都被这里迷上了，不愿意离开，也想像我一样留在这，可以慢条斯理地做一些事，不受这样那样的困惑。

"每个人都有浮躁，我们不讲洗尽铅华，就是洗尽浮躁。无论你怎么拼，怎么搏，总有一天会找到自己想停下来的港湾，这个港湾还可以让你做点事，这可能是我们这群人愿意待在这儿的原因。

"我们这帮设计师团队，愿意留在这儿的，不只我一个人，是十几个人，都舍不得走。所以，它不是一个人的车站，不是一个人的港湾。在这儿待的感觉太好了，别人不能理解，是因为他有放不下的东西。我已经愿意放下一些东西，就像有的人愿意去当和尚和尼姑，是因为他愿意放下所有的东西，我在这里找到了一个港湾。

"我还带动了南师的好多师弟，有一个小伙子是内蒙古人，是满族正黄旗的后裔，学雕塑的。他在大学的那几年，就已经在跟我接触台儿庄，毕业没回家，拎了几大箱行李就投奔台儿庄，就在这儿扎根了。他开了一个店送给他女朋友，他女朋友是沈阳美院学动漫原创的，也过来了。我还感染了一帮人，他们的感觉跟我基本上一样，可能是我们的语言都是共同的。"

临别时，袁琪说："古城有一种感染力，有一种独特的魅力，它能让你在这个地方静下来，想浮躁都躁不起来。"

她向我建议，可以去见见崇华楼的王立、"千里走单骑"酒吧的杨军，还有古城的其他很多人，他们来自天南海北，有的还是来自台湾，但都有着同样的感受，都把古城当成自己的家，视作心灵的港湾。

台儿庄涅槃

古城顺河街的南段，崇华楼傍着古运河。步入其间，惊讶地发现，里面的装饰既考究又温馨，上下两层总共只有24个房间，每个房间都有一个很大的盥洗室，面积同酒店普通标间差不多。每个房间的风格不尽相同，除了3个各为美式、地中海式和非洲式风情外，其余房间均体现着中国文化的元素，并且通过软装、挂饰、色彩、家具的迥异，各显春秋，无一雷同。置身其中，能感受到奢华和舒适，是一种低调的奢华，不是炫耀的奢华。

总经理王立是个八零年代末姑娘，一副胖嘟嘟的可爱模样，说话软声细语。她说，这里的装修是她一手操办的，这些家具都是她自己设计、定做的，在市场上买不到，大部分家具材料都是竹子，床也是，竹子体现中国人的韧性顽强、刚直不阿，并且没有气味，所有的东西都非常环保，"追求的就是家的感觉"。

"我为什么来这？说是偶然，其实也是缘分。"王立慢声细语，"我父亲原来是军人，转业到北京，后来又下海做贸易，我在北京长大，因为我妈妈特别喜欢上海，后来全家就定居在上海。我大学毕业后，先在证券公司，后来改做贸易。我父亲的祖上是山东蓬莱，我太太爷爷是当地的县令，我对山东始终有一种情结。我爸爸籍贯填北京，但我喜欢填山东。

"2011年2月，我陪着爸爸妈妈，开车从北京回上海。路过山东时，爸爸说，有个地方叫台儿庄，有没有兴趣去看看？我口上说好，心里却在嘀咕，一个因为战争出名的地方，有啥好看的？

"然而，当我们踏进古城时，我马上就愣住了。小的时候，我曾经反复做一个梦。梦里，我来到一个美丽的地方，里面有河，有鲜花，有古老的建筑，还有熙熙攘攘的人群，梦里有个声音轻轻对我说，回来吧。我发现，台儿庄古城正是我梦里一直寻找的那个地方。精美的古建筑，弯曲的石板路，清澈的运河水，让我欣喜，让我震撼，让我着迷。

"我们住在万家大院隔壁的赵家大院，也叫马可·波罗驿馆。因为行程紧凑，我们只住了一晚。夜里，我在一座座流光溢彩的桥上流连，在一座座建筑前徘徊，想到明天即将离开，心里生出许多不舍和眷恋。

"回到上海后，我对台儿庄魂牵梦绕，想了很久，我跟父母长谈了一次，想再回台儿庄，在古运河边开一个宾馆，文化旅游业是一个朝阳产业，既有稳定的收入，又可以交到很多朋友。父母很支持我的想法，筹资 1000 万，让我做启动资金，因为他们笃信一件事，与其给子女留下财富，不如留一个平台，这样可以让我视野更开阔，路也越走越宽。

"古城管委会负责招商的领导听了我的梦想后，把我带到顺河街。当我看到崇华楼清雅的徽派建筑，王公桥下潺潺的流水，还有门前这条有着几百年历史的古老堤岸时，我知道，这里就是可以让我圆梦的地方。这里的点点滴滴，倾注了我的全部心血。我的梦想，也在一点点变成现实。"

王立递给我两页纸，有点羞涩地说："这是我写的一篇文章，我为什么来古城，我对古城的感受，都写在里面了，写得不好，请别见笑啊。"

文章的题目是《在河之洲，华楼筑梦》，字里行间，可以看到一个追梦女孩内心的细腻世界。文章结尾这样写道："华灯初上，每当我站在王公桥上，审视这座我心爱的小楼，回首这一路走来的艰辛，我都觉得很骄傲。台儿庄，我的第二故乡，我会伴着古城，一起看长河日出，一起听暮鼓晨钟，一起数繁星满天……"

当我从郁馥馨、袁琪、王立、杨军这些新台儿庄人的内心世界走出来时，我看到了台儿庄美好的明天。

冬日的阳光温柔体贴，轻抚着静谧的古城。我徜徉在铺着青石板的街上，触摸 3 万先烈的英灵，品味千年运河的沧桑，耳边一曲缠绵悱恻的《寻梦台儿庄》，让我怦然心动：

风依船，柳依岸
梦中的水乡不曾改变
情也绕，魂也牵
走出了乡愁走不出思念
月河街，爱河巷
复活的古城今夜无眠

台儿庄涅槃

灯影长，桨声远
一河的渔火道一声晚安
不想和你说再见
那一回眸好似穿越了千年
也许我们前世有缘
遇见你，你就走进我的心田
不想和你说再见
这一瞬间仿佛凝固成永远
相信我们今生有约
走近你，回到了久别的家园……

2014 年 11 月初稿
2015 年 3 月定稿

报告文学创作是桩苦差事(跋)

黄传会

写了多年的报告文学,我最深切的体会是:报告文学创作是桩苦差事。

说其"苦",是因为有三"难":选材难;采访难;"文学笔法"难。

读徐锦庚的长篇报告文学《台儿庄涅槃》,感到这三"难"他都遇到了,但又都被他一一攻克了。

题材起码决定报告文学的一半价值。

一位评论家说过,对一个时代来说,总是存在一些让人们最为焦虑和痛苦的问题。这种包含着时代重大问题的题材,可以称之为"时代的迫切性题材"。与这些题材相关的人物与事件,不仅严重而普遍地影响了人们的生活,改变了人与人之间的关系,而且还深刻地改变了一个时代的社会风气,改变了人们的道德意识和行为方式,甚至改变了历史的前行方向。

面对这个大江东去、鱼龙混杂、泥沙俱下、风云变幻的时代,如何保持清醒的头脑,做出准确的价值观判断,捕捉"时代的迫切性题材",难!

更何况,在以信息技术为核心的媒体多样发展、媒体引导生活、媒体重塑世界的今天,密集得如森林般的信息正在淹没或吞没文学,选取一个已经被各种信息轰炸得头昏脑涨的读者感兴趣的题材,难!

锦庚选中台儿庄这个题材,可以称得上是一个"时代的迫切性题材"。

1938年3月,侵华日军挟攻克淞沪和屠戮南京之淫威,南北夹攻战略要地徐州,急欲打通津浦线,进而夺取中国政治、军事和经济中心武汉。中国军队在装备严重落后的劣势下,用血肉之躯在台儿庄与日军殊死决战,以3

台儿庄涅槃

万多人的生命，歼敌 1 万余人，赢得台儿庄大捷。

台儿庄大捷是自鸦片战争以来，中国军队在抵御外侮的正面战场上取得的第一场胜仗，也是国共两党第二次合作的辉煌战果，极大地鼓舞了全国军民抗战必胜的信心，改变了西方观察家对亚洲战局的估计，为抗日战争的最后胜利做出了巨大贡献。同时，它也是日本军队自明治维新以来，在正面战场上的第一次失败。为此，台儿庄被誉为"中华民族扬威不屈之地"。

《台儿庄涅槃》以宏阔的视角和刚健的叙述，全景性地再现了这场震惊中外的战争，实际上它是在记录一段珍贵的国家记忆，是在讴歌中国军民反法西斯的坚强意志和中华民族不屈不挠的精神。

然而，《台儿庄涅槃》不仅仅是对当年那场战争的追忆和缅怀，作家同时还在热切地关注着这块故土的重生。70 年来，这片几乎被人们忘之脑后的二战废墟，在沉寂中沦为破败的棚户区。战争硝烟消失了，但是贫困的乌云依然笼罩在台儿庄上空。台儿庄难道就此一蹶不振了吗？台儿庄人在苦苦思索、在耐心寻找，改革开放的深度发展，给了台儿庄一个新的机遇——重建台儿庄，让台儿庄重新崛起。

这是一次新的起飞——重建台儿庄，建设者们把它作为一项系统工程，以"留古、复古、扬古、用古"为原则，融历史性的存在和共时性的精彩为一体，集中展示古城历史上最精彩的面貌，赋予古城灵动的生命，被誉为"精美到可以用放大镜看"，成为传承和创新中华民族优秀传统文化的典范。

浴火重生，新台儿庄古城，成为大陆第一个海峡两岸交流基地。它是海峡两岸血浓于水的象征。

读《台儿庄涅槃》，我们眼前呈现出一副历史与现实的风云图，反思历史，照应现实，警示今日，昭示未来。

报告文学的"报告性"，也就是真实性，决定了当作家选准一个题材之后，必须"三贴近"，必须深入生活，必须进行"田野调查"。有人说，报告文学作家采访的深度与广度，决定了其作品的深度与广度。

显然，锦庚在采访上是下足了功夫的。他已经记不得自己曾经多少次踏上这块土地，去寻找被战火和热血染红了的一座座城墙、一个个掩体。他像大海捞针似地去寻找那场战争的幸存者，与他们一起钩沉已经沉睡的历史。这种采访是一种抢救性的采访，作家不去抢救，那些史料将永远遁入如大海般浩瀚的历史的深处。锦庚同时也在热切地关注着重建的台儿庄，在这块焕发着新生命光彩的土地上，一直在追踪着建设者的足迹。

我被书中一个个细节所感染，透过这些感人细节，我们不难看出作家的采访是何等的细致与深入！

报告文学写作的采访，不仅是一种体力活，更是一种脑力活，其难度在于你能否用敏锐的目光，捕捉到具有"文学"意义的人物和细节。有时跑了半天路，聊了半天，这个人物或这个事件不典型，你还得重打锣鼓另开张。有时，人物和事件倒是挺典型，可挖掘不到细节还不行，你还得继续"走"下去。所以，我说报告文学是"走"出来的文学。

《中国文体学辞典》对报告文学的解释是："以文学手法来处理新闻题材，即以现实生活中的真人真事为写作内容，以文学笔法为表现手段的一种文学样式。"

报告文学的主体意识是文学，而不是新闻，文学性是报告文学这种文体合法性的根基，这是毋庸置疑的。关键的问题是如何运用文学笔法？文学笔法许多种，哪些可用？哪些不可用？虚构显然是不允许的，想象允许吗？心理描写允许吗？报告文学作品中人物的心理活动应该如何描写？

总之，将小说、散文、诗歌甚至戏曲的"文学笔法"，准确地用在报告文学创作上，难！

显然，锦庚是深谙"文学笔法"在报告文学写作中之运用的。

《台儿庄涅槃》分上卷"浴火"、下卷"重生"。时间间隔半个多世纪，内容上篇写战争，下篇写建设，掌握不好，就可能变成不连贯的上下两个板块。锦庚巧妙地将郁家、杨家等几个家庭几代人跌宕起伏的命运，贯穿于古城的毁灭与重生之中，结构精巧，感情充沛，荡气回肠。这种写法就是有别于新闻报道的"文学笔法"。

我注意到书中一架收音机的运用。收音机第一次出现是1936年12月13日，枣庄新中华饭店老板郁德义从收音机里听说了东北军少帅张学良和西北军首领杨虎城发动兵谏,拘捕了正在西安的蒋介石的消息。借此,作家已经巧妙地向读者交代了全文的时代背景。收音机的第二次出现,是在南京沦陷后,"郁德义一直眉头紧锁。收音机里,战局越来越紧张,消息一天比一天糟……"收音机最后一次出现是在1948年9月25日,"郁德义从收音机里听到一个惊人消息:陈毅和粟裕的部队与许世友部队东西夹击,昨天攻克济南,山东省主席王耀武抵挡不住,率兵突围。"一架小小的收音机,像是京剧舞台上的一件小道具,贯穿全剧,一直在发挥着作用。这也是"文学笔法"。

正因为作家调动了尽可能多的"文学笔法",那场已经远离我们半个多世纪的战争,竟然被写得如此的丰沛饱满,书中的一些人物如周恩来、李宗仁、张自忠、庞炳勋、王铭章、蒋介石等,才显得如此栩栩如生,而台儿庄的重建一波三折,扣人心弦。

锦庚长期从事新闻工作,在报告文学作家队伍里算是"新人",然而,虽为"新人"却出手不凡。近几年,他的短篇报告文学作品《"懒汉"治村》《颁错奖》《因为爱,所以爱》《尼山远望》等被广泛传播,分别被《新华文摘》《学习活页文选》《红旗文摘》等转载,并入选多个纪实文学年度选本。2014年,他与铁流合作的长篇报告文学《中国民办教育调查》《国家记忆》,分别获得第六届鲁迅文学奖和第十三届全国精神文明建设"五个一工程"奖。

我与锦庚有缘:都是海军出身,现在又在报告文学领域并肩作战,可谓既是战友,也是文友。他在海军干了十三年,并且是在潜艇部队工作。十三年的劈风斩浪,十三年的海底历练,给予锦庚一笔无形财富。转业后,他一步步成长为人民日报的名记者。作为海军老兵,我为自己战友的成长进步深感自豪。

我发现一些优秀的新闻记者,他们贴近生活,目光敏锐,视野开阔,懂得选材,只要掌握了一定的文学笔法,便得心应手,将报告文学写得流光溢彩。锦庚可以说是其中的一位。

碧波荡漾,大海无垠。此时,一艘艘潜艇正悄悄游弋在像夜色般迷茫的海底。它们在积蓄着力量，它们在做战术机动……

在报告文学这支独特的"大军"里，锦庚不也像一艘"潜艇"吗？他时时都在择机而动。

（作者为海军政治部创作室原主任、中国报告文学学会常务副会长、著名报告文学作家）

后 记

台儿庄大战,从小就镌刻在我的脑海里。

2008年秋,我调到人民日报社山东分社,恰巧台儿庄古城重建拉开序幕,遂慕名前往。在台儿庄大战纪念馆里,有一面庞大的烈士墙,上面刻着密密麻麻的名字,都是在那场战役中为国捐躯的将士。我伫立在烈士墙前,触摸着这些凄神寒骨的英名,涌起写作此书的冲动。经过6年努力,终于如愿付梓。

台儿庄大战有两层非凡意义:其一,它是鸦片战争以来,中国军队在抵御外侮的正面战场上取得的第一场胜仗;其二,它是国共两党第二次合作的光辉结晶,尤其是倾注了周恩来的诸多心血。知前者众,知后者寡。而台儿庄的重建,又有着特殊背景:国民党政府欲建未果,共产党政府终于圆梦。

鉴于此,我对拙作的定位是:既是抗战题材,也是两岸题材,讲述在国家和民族的大命运中,一座小城以及与这座小城息息相关的几代人跌宕起伏、悲欢离合的命运。

创作过程中,我有幸得到很多文学界前辈的热情鼓励和悉心指导,如中国报告文学学会常务副会长、著名评论家李炳银先生,海军大连舰艇学院著名教授、著名传记文学作家、恩师陈明福先生等。中国作家协会副主席、中国报告文学学会会长、著名报告文学作家何建明先生和海军政治部创作室原主任、中国报告文学学会常务副会长、著名报告文学作家黄传会先生,还不嫌作品浅陋,欣然拨冗作序跋。

同时,我还得到很多朋友的倾力支持和无私帮助,包括枣庄市委市政府、

后 记

台儿庄区委区政府的相关同志,以及我的同事张忠先生、四川建川博物馆馆长樊建川先生、临沂市志办公室主任朱海涛先生、台湾作家郁馥馨女士等。在采访中结识的枣庄学院副教授杨传珍先生,不仅提供许多台儿庄史料和重建资料,还帮助校正书稿瑕疵。封面和封底上大战中的台儿庄与重建后的台儿庄图片,由台儿庄古城管委会记者站站长高启民先生提供。

对文学界前辈的鼓励指导和诸多朋友的支持帮助,在此深表谢意。

我还参阅了大量书籍史料,因数量繁多,难以对编著者一一道谢,在此一并深表敬意。

作者